PRATIQUE
GRAMMAIRE

610 exercices

B2

Évelyne Siréjols
Giovanna Tempesta

Direction éditoriale : Béatrice Rego
Marketing : Thierry Lucas
Édition : Noëlle Rollet
Conception maquette : Dagmar Stahringer
Conception graphique et mise en pages : AMG
Couverture : Sophie Ferrand

© CLE International / Sejer – Paris 2020
ISBN : 978-2-09-038991-3

Avant-propos

Ce manuel est dédié aux étudiants étrangers, grands adolescents et adultes, souhaitant améliorer leur maîtrise de la grammaire française en groupe classe ou en autonomie.

Il est découpé en dix-sept chapitres indépendants avec des renvois utiles d'un chapitre à l'autre, correspondant aux principaux points de grammaires abordés dans les méthodes au niveau B2 du CERL.

À l'intérieur de chaque chapitre, les exercices sont conçus de façon très progressive, précédés, à chaque étape, d'un bref rappel grammatical. Ce rappel est illustré par des exemples accompagnés de règles courtes et simples, dans le respect de l'approche communicative.

Les exercices sont présentés sous des formes variées afin d'éviter toute monotonie. Ils abordent le plus souvent des aspects culturels du monde francophone contemporain.

À la fin de chaque chapitre, des activités de bilan permettent de vérifier l'acquisition des points abordés. Les corrigés des exercices, dans le livret, permettent un apprentissage en autonomie.

Évelyne Siréjols
Giovanna Tempesta

09 • Le subjonctif — p.135
La conjugaison du subjonctif présent — p. 135
Les emplois du subjonctif — p. 138
Le subjonctif passé — p. 158
Le subjonctif et l'infinitif — p. 161

10 • Le passif et la nominalisation — p.165
Le passif — p. 165
Les autres tournures passives — p. 169
La nominalisation — p. 171

11 • Le participe présent, le gérondif et l'adjectif verbal — p.176
Le participe présent — p. 176
Le gérondif — p. 178
L'adjectif verbal — p. 181

12 • La négation et la restriction — p.186
La négation — p. 186
L'association de plusieurs négations — p. 190
La négation de l'infinitif — p. 193
La restriction — p. 196

13 • L'expression de la cause — p.200
La cause avec l'indicatif — p. 200
La cause avec le subjonctif — p. 204
La cause avec un nom — p. 205
La cause avec les autres formes verbales — p. 210

14 • L'expression de la conséquence — p.217
La conséquence simple — p. 217
La conséquence avec la manière et l'intensité — p. 222

15. L'expression du but — p.227
Le but avec le subjonctif — p. 227
Le but avec l'infinitif — p. 232
Le but avec un nom — p. 236

16 • L'expression de l'opposition et de la concession — p.238
L'opposition — p. 238
La concession — p. 242

17 • L'expression de l'hypothèse et de la condition — p.255
La condition avec « si » — p. 255
Les autres expressions de la condition — p. 260

01 • Les pronoms relatifs

A. Les pronoms relatifs simples (Rappel)

• « Qui », « que », « où » et « dont »

Peux-tu me rendre le roman que je t'ai prêté et dont j'ai oublié le titre ? L'auteure, qui est italienne, parle de Naples, où elle a passé son enfance.

- Les pronoms relatifs permettent de relier deux ou plusieurs phrases.
- « Qui » remplace un sujet, « que » remplace un complément direct, « où » un complément de lieu ou de temps et « dont » un complément du nom, du verbe ou de l'adjectif commençant par « de ».

✋ On n'utilise jamais « dont » après un groupe prépositionnel finissant par « de » (au centre de...)

1 Reliez le début et la fin des phrases.

a. *Thalasso, c'est le dernier film*
b. Depardieu est un acteur
c. Houellebecq,
d. Le centre de thalasso
e. Les deux protagonistes,
f. Ils séjournent dans un bel hôtel
g. Les séances de soins
h. Je conseille de voir cette comédie

1. qui a un grand charisme.
2. où ils suivent un régime diététique et frustrant.
3. qu'ils subissent relèvent de la torture.
4. *que j'ai vu.*
5. où les situations sont souvent burlesques.
6. qui joue dans ce film, est un auteur controversé.
7. qui ne se ressemblent pas, sont attachants.
8. où se déroule le film est désert.

2 Complétez par « qui », « que » ou bien « où ».

Exemple : Je vais te montrer la maison **où** j'ai grandi.

a. J'allais à l'école .... tu vois au bout de la rue.
b. Là, c'est la librairie .... nous fournissait nos livres.
c. Et voilà la boulangerie .... on achetait des bonbons au détail.
d. Le cinéma, ... proposait des programmes tout public, a été démoli.
e. L'année .... j'ai appris à nager, j'étais encore à l'école primaire.
f. Ma première institutrice, ... j'aimais beaucoup, habitait dans cette maison.
g. Le square .... était en face de l'école a été remplacé par cet immeuble.
h. J'ai perdu de vue mes copines, ... ont toutes quitté le quartier.

3 Reliez les phrases en utilisant « qui », « que/qu' » ou bien « où ».

Exemple : Vous pouvez passer vers 10 heures. À cette heure-là, il y a peu de monde au guichet.
→ Vous pouvez passer vers 10 heures, **où** il y a peu de monde au guichet.

a. Elle a enfin récupéré son colis. Ce colis venait d'Inde.
→ ....

b. J'ai trouvé dans ma boîte aux lettres un avis de passage. On m'y invitait à aller retirer une lettre recommandée.
→ ....

c. Je n'ai pas encore reçu ta carte. Tu me l'as envoyée de Turquie cet été.
→ ....

01. Les pronoms relatifs

d. Tu as acheté des timbres. On utilise ces timbres pour des lettres non prioritaires.
→ ....

e. Je connais bien la nouvelle factrice. Elle est très consciencieuse dans sa tournée.
→ ....

f. Nous allons habituellement dans un bureau de poste. Il se trouve en face du tramway.
→ ....

g. Vous m'avez apporté un courrier. Je ne pensais pas le recevoir si vite.
→ ....

h. Nous n'avons pas pu lire cette adresse. La pluie l'avait en partie effacée.
→ ....

4 Complétez par « où », « d'où » ou bien « par où ».

Exemple : La ville d'où il vient se trouve en Afrique de l'Ouest.

a. L'itinéraire .... vous êtes passés n'était pas le plus court.
b. La station de métro .... il faut partir se trouve sur la ligne 2.
c. L'université .... ils étudient se trouve en banlieue de Grenoble.
d. Le trajet .... je te conseille de passer est un raccourci.
e. Le village .... ils ont fait étape est à mi-chemin.
f. Il ne sera pas à Reims le jour .... nous y travaillerons.
g. Le nom de la ville .... est partie sa carte postale est à moitié effacée.
h. Vous arriverez à un moment .... les pluies sont particulièrement fréquentes.

5 Reliez le début et la fin des phrases.

a. C'est un film   **1.** où la mise en scène est très originale.
b. On a vu un numéro de cirque   **2.** qu'on ira voir à Marseille cet hiver.
c. J'adore cette danseuse   **3.** dont j'ai détesté le synopsis.
d. Je vous recommande ce spectacle   **4.** dont l'exposition se déroule au Mucem.
e. J'ai réservé des places pour un spectacle   **5.** dont tout le monde parle actuellement ?
f. Vous connaissez cet acteur   **6.** qui exposera bientôt à Montréal.
g. Elle a rencontré le photographe   **7.** qui donnait le vertige.
h. Nous avons découvert un jeune talent   **8.** dont la grâce est exceptionnelle.

6 Réunissez ces phrases avec « dont ».

Exemple : Elle termine la rédaction d'un roman. Ce roman paraîtra à l'automne prochain.
→ Le roman **dont** elle termine la rédaction paraîtra à l'automne prochain.

a. Mon ami m'a donné la recette d'un dessert. Ce dessert a toujours beaucoup de succès.
→ ....

b. Je tairai le nom de ma voisine. Cette voisine est une femme excentrique.
→ ....

A. Les pronoms relatifs simples (Rappel)

c. Les Thierry ont besoin d'un véhicule. Ce véhicule doit être récent et confortable.
→ ....

d. J'ai perdu la trace de mes copains. Je vais essayer de retrouver ces anciens copains.
→ ....

e. Nous avons parlé de cette ville. Cette ville se trouve tout près de Périgueux.
→ ....

f. J'ai envie d'un nouveau manteau. Ce manteau se trouve dans la boutique à côté de chez moi.
→ ....

g. Il a oublié le titre de cette chanson. Paul voudrait écouter une chanson de Delerm.
→ ....

h. Nous n'avons plus de nouvelles de Nathalie. Elle vit maintenant à Angers.
→ ....

7 Réécrivez ces phrases en utilisant « dont ».

Exemple : Alice a récupéré un fauteuil. Personne n'en voulait.
→ Alice a récupéré un fauteuil **dont** personne ne voulait.

a. Ces clients sont de mauvais payeurs. Je me serais bien passé d'eux.
→ ....

b. Roxane n'a pas pu rencontrer le professeur. Je lui avais dit beaucoup de bien de lui.
→ ....

c. La choucroute est un plat d'hiver. Louis est fou.
→ ....

d. L'ordinateur est un outil de travail essentiel. Je m'en sers constamment.
→ ....

e. La Vénus de Milo est une statue superbe. J'ai une reproduction de cette statue chez moi.
→ ....

f. Laurent a écrit un article sur un artiste. Il est fier de cet article.
→ ....

g. Les enfants ont passé leurs vacances dans une maison de famille. Marco en a hérité récemment.
→ ....

h. La crise des migrants est un sujet d'actualité. Toute la presse s'en empare.
→ ....

8 Réécrivez ces phrases en utilisant « dont ».

Exemple : J'ai oublié le nom de cette actrice. → C'est une actrice **dont** j'ai oublié le nom.

a. Je reconnais le style de ce designer.
→ ....

b. Emmanuelle a acheté l'affiche de ce film.
→ ....

c. Ton ami a lu le dernier roman de cet auteur.
→ ....

01. Les pronoms relatifs

d. Nous avons adoré l'intrigue de cette pièce de théâtre.
→ ....

e. Il écoute régulièrement un morceau d'un concerto de Brahms.
→ ....

f. Anna est une auditrice fidèle de cette émission de France Culture.
→ ....

g. Le public applaudit un spectacle de la troupe de Decouflé.
→ ....

h. Elle est en train de chantonner une chanson de Zaz.
→ ....

9 Complétez par « qui », « que », « dont » ou bien « où ».

Exemple : L'environnement est un sujet *dont* tout le monde se préoccupe.

a. Les horaires .... les enfants déjeunent ne sont pas favorables à leur apprentissage.
b. La manifestation .... nous avons faite revendique le respect de la planète.
c. Vous devriez trier vos déchets plastiques, ... pourront ainsi être recyclés.
d. La maire .... tout le monde approuve souhaite interdire le centre-ville aux voitures.
e. Le lundi est une journée .... on incite la population à ne plus consommer de viande.
f. L'organisation de vide-greniers permet de revendre des objets .... on n'a plus l'utilité.
g. Il est important de limiter la consommation, ... est souvent excessive.
h. Éteignez complètement les appareils .... vous ne vous servez pas.

10 Reliez ces phrases avec « qui », « que », « dont » ou bien « où ».

Exemple : Amélie a choisi cette robe ; sa coupe correspond bien à son style.
→ Amélie a choisi cette robe dont la coupe correspond bien à son style.

a. Pourquoi tu ne mets plus cette écharpe ? Tu l'as achetée au début de l'hiver.
→ ....

b. J'aime ce manteau ; sa couleur se marie bien avec tes cheveux.
→ ....

c. Mon fils a déchiré son pantalon. Je venais tout juste de le raccourcir.
→ ....

d. Julien a perdu ses nouveaux gants. Il était très fier de ses gants.
→ ....

e. Je ne porte pas ces chaussures ; leurs talons sont trop hauts pour moi.
→ ....

f. Je pourrais t'emprunter ton sac orange ? il irait parfaitement avec mes bottes.
→ ....

g. Ma mère préfère des vêtements larges ; ils cachent un peu ses rondeurs.
→ ....

h. Paul a organisé une soirée vernissage. Emma y portait une jolie robe longue.
→ ....

B. Les nuances dans les phrases relatives

> **• La valeur explicative ou déterminative**
>
> **Les passants**, qui traversaient la rue, n'ont rien vu. (Valeur explicative.) ≠ **Les passants qui traversaient la rue** n'ont rien vu. (Seulement ceux-là, les autres ont vu quelque chose : valeur déterminative.)
> - Une relative entre virgules a une valeur explicative et non essentielle. On peut la supprimer sans modifier le sens.
> - Une relative qui n'est pas entre virgules a une valeur déterminative, essentielle, et exclusive : la supprimer modifie le sens.

11 Indiquez si les relatives ont une valeur explicative (E) ou déterminative (D).

Exemples : Les habitants, qui apprécient le député, seront conviés à la préfecture. (E)
Les élèves dont le nom commence par les lettres A à D iront en salle 12. (D)

a. Le conducteur, qui était fatigué, s'est assoupi au volant.
b. Les enfants dont les parents ne sont pas encore arrivés peuvent aller dans la cour.
c. Le portefeuille que vous avez choisi me plaît beaucoup.
d. La tarte dont vous m'avez donné la recette est vraiment facile à préparer.
e. Les personnes qui consomment beaucoup de fruits et légumes sont généralement bien portantes.
f. Les employés dont le salaire a été augmenté sont allés fêter l'événement.
g. La ville de Paris, où seront célébrés les Jeux olympiques, se modernise.
h. La Bretagne, dont le patrimoine culturel est riche, accueille un nombre croissant de touristes.

12 Ajoutez ou non les virgules en fonction des indications D (déterminative) ou E (explicative).

Exemple : Pendant le mois de décembre**,** où le magasin sera ouvert le dimanche**,** les clients pourront effectuer leurs achats. **(E)**

a. Les passagers dont le nom figure sur cette liste sont invités à se présenter au guichet 21. (D)
b. L'issue de secours qui donne sur la cour est momentanément condamnée. (D)
c. L'avenue des Champs-Élysées qui commence sur la place Charles-de-Gaulle descend jusqu'à la place de la Concorde. (E)
d. L'automne qui s'achève le 20 décembre nous a apporté froid et pluies. (E)
e. Les salles de réception où se retrouvaient les invités d'honneur sont magnifiquement décorées. (D)
f. Le restaurant où nous avons dîné récemment est fermé le dimanche soir. (D)
g. Le dernier roman de Modiano que j'ai lu m'a beaucoup plu. (E)
h. La pièce qu'on nous avait conseillé de voir n'est plus jouée dans ce théâtre. (D)

13 Ajoutez si nécessaire les virgules en fonction des indications données.

Exemple : Les yaourts Lacta qui ont été achetés entre le 1er et le 15 septembre doivent être retournés au plus vite dans les points de vente. (*seuls*)

a. Les étudiants qui s'inscrivent en master 2 doivent se diriger vers le secrétariat du 1er étage. (*seuls*)
b. L'autoroute A14 où un accident s'est produit ce matin est fermée au niveau de la sortie 12. (*information secondaire*)

01. Les pronoms relatifs

c. Les femmes qui sont accompagnées de jeunes enfants sont prioritaires pour s'asseoir. (*seules*)
d. L'interdiction de la vente de tabac et d'alcool pour les mineurs qui n'est pas toujours respectée pose un problème légal. (*information secondaire*)
e. Les locataires des appartements où l'eau a été coupée hier sont priés d'excuser le dérangement. (*seuls*)
f. Les feuilles sèches des allées qui peuvent occasionner des chutes doivent être balayées. (*seules*)
g. Le toit de l'immeuble dont certaines tuiles se sont envolées sera rénové le mois prochain. (*information secondaire*)
h. Les grosses branches d'arbres que le vent a arrachées seront enlevées dans les meilleurs délais. (*information secondaire*)

C. Les pronoms relatifs composés

• « Lequel, laquelle, lesquels, lesquelles »

Les amis **chez qui/lesquels** je pars pour quelques jours ont une nouvelle maison. Le village **dans lequel** ils ont acheté a beaucoup de charme et la place **sur laquelle** ils vivent est agréable.

- « Lequel », « laquelle », « lesquels » et « lesquelles » sont des pronoms relatifs composés. Ils remplacent un être animé ou une chose.
- Ils sont utilisés après une préposition sauf après « à » et « de » : par, chez, avec, sous… + lequel, laquelle, lesquel(le)s.

 Pour un être animé, on utilise plutôt « qui » que « lequel ».

14 Soulignez les pronoms relatifs composés.

Exemple : – De ces deux boîtes, laquelle voulez-vous ? – Celle sur <u>laquelle</u> il y a un ruban.

a. L'article dans lequel il y avait des photos était très clair.
b. Vous prenez lequel ? – Je vais prendre le stylo-plume.
c. Les chaises sur lesquelles vous êtes assis sont en plein soleil, changeons de place.
d. La mairie contre laquelle se trouve l'école a une belle architecture.
e. Parmi ces entrées, laquelle choisissez-vous ?
f. Regarde cet arbre dans lequel il y a un gros nid.
g. La rue près de laquelle nous habitons est calme et arborée.
h. De ces deux candidats, pour lequel pensez-vous voter ?

15 Complétez par « lequel », « laquelle », « lesquels » ou « lesquelles ».

Exemple : Mon frère, sans <u>lequel</u> je ne serais pas ici, m'a toujours aidé.

a. L'exercice sur .... tu travailles semble bien compliqué.
b. Les enfants avec .... vous jouez sont très calmes.
c. L'armoire sous .... tu as rangé tes chaussures est couverte de poussière.
d. Attention, le mur contre .... tu t'appuies vient d'être repeint.
e. Les routes par .... nous sommes passées étaient désertes.
f. Mes grands-parents, chez .... je vais passer une semaine, vivent à Bordeaux.

C. Les pronoms relatifs composés

g. La journée pendant .... se déroule le colloque a un programme bien chargé.

h. L'arbre derrière .... ils sont cachés est gigantesque.

16 Reliez le début et la fin des phrases.

a. Les acteurs
b. La pièce
c. Les auditeurs
d. Les répliques
e. Les costumes
f. Les actrices
g. La scène
h. L'orchestre

1. pour qui vous jouez ce morceau vous attendent.
2. pour lesquels vous avez demandé des retouches sont prêts.
3. pendant laquelle vous intervenez commence bientôt.
4. avec qui je joue cette pièce sont excellents.
5. parmi lesquelles vous avez été choisie sont toutes étrangères.
6. dans lequel elle est premier violon donne un récital.
7. pour laquelle vous avez réservé des places a une bonne critique.
8. sur lesquelles vous travaillez sont difficiles à mémoriser.

17 Réécrivez avec « qui » quand c'est possible.

Exemples : La personne avec laquelle je voyage est une amie. → La personne **avec qui** je voyage est une amie.
La valise sans laquelle je ne peux me déplacer est très pratique. (impossible)

a. Le gamin avec lequel tu es rentré de l'école n'est pas très poli.

→ ....

b. Le banc sur lequel vous pique-niquez me semble parfait.

→ ....

c. Le chien pour lequel tu as acheté un os a l'air heureux.

→ ....

d. La femme chez laquelle tu loges semble très aimable.

→ ....

e. Les meubles avec lesquels vous avez aménagé votre intérieur sont superbes.

→ ....

f. Le colis pour lequel vous vous êtes déplacé est introuvable.

→ ....

g. Nous vous attendons au café, vous et le collègue avec lequel vous avez suivi le stage.

→ ....

h. Prenez votre parapluie sans lequel vous risquez de vous faire mouiller.

→ ....

18 Remplacez « qui » par « lequel », « laquelle », « lesquels » ou « lesquelles ».

Exemple : Amandine et Joseph sont des amis avec qui je partirai peut-être en vacances cet été.
→ Amandine et Joseph sont des amis **avec lesquels** je partirai peut-être en vacances cet été.

a. Anita est une femme pour qui l'argent n'a pas d'importance.

→ ....

b. Noé est le garçon devant qui tu étais assis au théâtre hier.

→ ....

01. Les pronoms relatifs

c. Mon frère a croisé le candidat contre qui il s'était présenté au conseil d'administration.
→ ....

d. Les Lamy sont des amis sur qui on peut compter.
→ ....

e. Leurs filles sont des gamines pour qui la musique est essentielle.
→ ....

f. Ma mère est une femme sans qui je n'aurais jamais apprécié la littérature.
→ ....

g. Ces amis par qui nous avons trouvé notre appartement sont des gens exceptionnels.
→ ....

h. Les personnes sur qui je suis tombée au musée étaient des amis d'enfance.
→ ....

19 Réécrivez avec « lequel », « laquelle », « lesquels » ou « lesquelles ».

Exemple : Léa aime dessiner avec ses crayons pastels. Elle les emporte partout.
→ Léa emporte partout ses crayons pastels **avec lesquels** elle aime dessiner.

a. Tristan ne se déplace jamais sans son carnet de croquis. Il est en permanence dans son sac.
→ Le carnet de croquis sans ....

b. Le peintre dispose sa toile contre un chevalet. Il est pliant.
→ Le chevalet contre ....

c. L'artiste a choisi une boîte d'aquarelles. Dans cette boîte, il y a ses couleurs préférées.
→ L'artiste a choisi une boîte d'aquarelles dans ....

d. Le sculpteur travaille sur un bloc de pierre. Ce bloc de pierre est situé sous la lampe.
→ Le bloc de pierre sur ....

e. Vous avez acheté des esquisses. Vous avez eu un coup de cœur pour ces esquisses.
→ Vous avez acheté des esquisses pour ....

f. Tu as posé pour un portrait. Ce portrait est très réussi.
→ Le portrait pour ....

g. Denis peint avec des pinceaux chinois. Ils sont arrivés de Shanghai le mois dernier.
→ Les pinceaux chinois avec ....

h. Tu as sélectionné des estampes. Parmi ces estampes, l'une me plaît particulièrement.
→ Tu as sélectionné des estampes parmi ....

• Reprise avec « lequel », « laquelle »…

J'ai rencontré Mme Leroi et son fils, **laquelle** m'a invité à une soirée. • La police a entendu les témoins, **lesquels** se sont rétractés.

« **Lequel** » est parfois placé loin du mot qu'il reprend et séparé par une virgule. Il permet de reprendre le sujet afin qu'il soit plus clair.

C. Les pronoms relatifs composés

20 Simplifiez ces phrases en remplaçant « lequel/laquelle… » par « qui » ou « que ».

Exemple : Mon frère et sa femme, lequel déteste les magasins, ont décidé de faire leurs achats en ligne.
→ Mon frère, **qui** déteste les magasins, et sa femme ont décidé de faire leurs achats en ligne.

a. Nous avons invité le directeur et les employés, lequel se déplace pourtant rarement. Ils sont tous venus.
→ ....

b. Les pommes et le coing, lesquelles viennent de mon verger, m'ont permis de préparer une délicieuse gelée.
→ ....

c. Les glaces et les cafés, lesquelles viennent de la meilleure pâtisserie, de la ville, vous seront offerts.
→ ....

d. Sa grand-mère et ses parents, laquelle a du mal à se déplacer, arriveront en même temps.
→ ....

e. Les trottinettes et les vélos électriques, lesquelles présentent un réel danger, sont interdits dans le parc.
→ ....

f. Ils sont abonnés au *Monde* et à *La Revue française*, lequel est un quotidien du soir.
→ ....

g. Pierre et Alice, lequel a divorcé il y a peu de temps, envisagent de se pacser.
→ ....

h. Mes amis et moi, lesquels viennent d'arriver de Montréal, serions ravis d'aller à ta soirée d'anniversaire.
→ ....

21 Reliez le début et la fin de ces phrases qui expriment l'insistance.

a. Arthur et Zoé vont dans une nouvelle école,
b. Pour skier, je me suis acheté des chaussures neuves,
c. On vient d'achever la construction d'une bibliothèque,
d. Personne n'a plus entendu parler de Marie Laforêt,
e. Nous avons décidé de ne plus prendre l'avion en France,
f. Le maire a décidé l'enlèvement de ces arbres sur l'avenue,
g. Nous habitons dans le Marais,
h. Élise a pris la mauvaise route pour venir chez toi,

1. lesquelles me font mal aux pieds.
2. laquelle est consacrée aux albums de manga.
3. lequel nuit à la planète.
4. lesquels gênaient les travaux d'urbanisme.
5. lequel est un quartier très animé le soir.
6. laquelle est plus près de chez nous.
7. laquelle était de plus verglacée.
8. laquelle était une chanteuse à succès dans les années 70.

• « Duquel », « de qui » et « dont »

C'est un sujet **dont/duquel** je n'ai pas envie de parler. • Le village près **duquel** ils vivent est très escarpé.
• Le professeur **dont/de qui** tu parles est absent.

• « **Duquel, de laquelle, desquels, desquelles** » (« de + lequel ») s'utilisent avec un groupe prépositionnel (à cause de, près de…) ou un verbe (parler de, rêver de, priver de…). « **De qui** » peut remplacer « duquel, de laquelle, desquels, desquelles » quand on parle d'une personne.

• « **Dont** » peut s'employer avec un verbe construit avec « de », mais pas avec un groupe prépositionnel finissant par « de » (à cause de, près de…).

01. Les pronoms relatifs

22 Reliez le début et la fin des phrases.

a. Véra se sent bien avec les gens près
b. La maison
c. Le prétexte à cause
d. L'homme près
e. La romancière à propos
f. Les immeubles au milieu
g. Les rockers
h. Les amis loin

1. duquel elle s'est absentée n'est pas très correct.
2. desquels tu travailles sont déprimants.
3. desquels elle s'est installée.
4. dont il est question viennent de Liverpool.
5. de qui tu as choisi de vivre est formidable.
6. desquels vous habitez vous rendent souvent visite.
7. dont on rêve donnerait sur la mer.
8. de laquelle tu écris un article m'est totalement inconnue.

23 Soulignez la ou les formes correctes.

Exemple : Je refuse de lire ce roman à propos *de qui* / *duquel* / *dont* vous n'êtes pas d'accord.

a. Te souviens-tu de ce roman *de qui* / *duquel* / *dont* je ne retrouve pas l'auteur ?
b. Les comédiens, à cause *de qui* / *desquels* / *dont* la troupe ne joue plus, envisagent de monter une nouvelle pièce.
c. L'engagement du réalisateur, *de qui* / *duquel* / *dont* on a conscience, a facilité le travail de tous.
d. Les activités culturelles, loin *de qui* / *desquelles* / *dont* je vis maintenant, me manquent.
e. Le film *de qui* / *duquel* / *dont* il est ici question s'appelle *Les Innocentes*.
f. Cette chanteuse *de qui* / *de laquelle* / *dont* on dit beaucoup de bien est toute jeune.
g. La pièce, *de qui* / *de laquelle* / *dont* je me souviens mal, m'a beaucoup ennuyé.
h. Le spectacle *de qui* / *duquel* / *dont* vous me parlez ne me tente pas.

24 Complétez par « dont » ou « duquel » à la forme correcte. (Il y a parfois deux possibilités.)

Exemples : C'est un réalisateur dont / duquel on entend beaucoup parler.
C'est un réalisateur autour duquel la foule se presse.

a. Les difficultés financières à cause ……………… le tournage a été interrompu trouveront vite une solution.
b. L'actrice ……………………………………………… on fait l'éloge est une jeune Québécoise.
c. La ville près ……………………………………………… le film sera tourné se trouve dans le Nord.
d. Les personnages principaux, ……………………………………… on se souviendra, ont marqué le public.
e. Les figurants au milieu ……………………………………… l'actrice joue ne sont pas des comédiens professionnels.
f. Le roman ……………………………………………… est inspiré le film date du début du XXe siècle.
g. Les décors ……………………………………………… s'est servi le réalisateur ont été légèrement retouchés.
h. L'église près ……………………………………………… se déroule la scène finale nous a beaucoup émus.

25 Complétez par « de qui » ou « duquel » à la forme correcte. (Il y a parfois deux possibilités.)

Exemples : Les personnes près *de qui* / *desquelles* vous êtes assis sont mexicaines.
L'immeuble en face duquel nous travaillons est en travaux.

a. Les employés à cause ……………………………………… vous avez été licencié s'étaient plaints de vous.
b. Ma famille, loin ……………………………………… je ne reste jamais longtemps, me manque vite.
c. La pluie, en raison ……………………………………… l'autoroute est fermée, vient de cesser.

C. Les pronoms relatifs composés

d. Le lac près .... ils ont planté leur tente est très calme.
e. Nous avons réuni nos plus anciens amis, ... nous sommes restés très proches.
f. La grève à la suite .... le trafic est perturbé prendra fin demain matin.
g. Le directeur par la faute .... la commande n'a pas été préparée est très ennuyé.
h. On peut entendre la rivière au bord .... ils ont construit leur bungalow.

26 Transformez ces phrases en utilisant « duquel », « de laquelle », « desquels » ou « desquelles ».

Exemple : Son collègue est resté longtemps absent *à cause de la grippe* qui était très forte cet hiver.
→ La grippe **à cause de laquelle** son collègue est resté longtemps absent était très forte cet hiver.

a. Elle a vécu la plus grande partie de sa vie *près de Marc*, qui part maintenant s'installer au Québec.
→ ....
b. Vous vous êtes séparés *à cause des enfants* qui ne supportaient pas vos disputes.
→ ....
c. Nous habitons *loin de nos parents* et ils le vivent mal.
→ ....
d. Ils ont eu un différend *à propos d'un sujet* qui n'en valait pas la peine.
→ ....
e. Les fleurs poussent *au milieu de la pelouse*. Elle est ainsi plus agréable à regarder.
→ ....
f. La cathédrale se tient *au cœur de la vieille ville*. Cette dernière offre de belles promenades aux visiteurs.
→ ....
g. Nous avons discuté longuement *à propos de la déforestation*. Elle a provoqué un débat houleux.
→ ....
h. Tu dois contourner le rond-point ; *au centre de ce rond-point*, il y a une sculpture monumentale.
→ ....

• « Auquel » et « à qui »

L'acteur **auquel/à qui** je pense vit dans cet arrondissement. • Le médicament **grâce auquel** elle a guéri est épuisé.

- « Auquel, à laquelle, auxquels, auxquelles » s'utilisent après « à », dans un groupe prépositionnel (grâce à, jusqu'à...) ou avec un verbe (s'intéresser à, penser à, participer à...).
- Pour une personne, on peut aussi utiliser « à qui ».

---

27 Complétez par « à/de qui » ou « auquel/duquel » à la forme correcte.
(Il y a parfois deux possibilités.)

Exemples : Le passager **auquel/à qui** j'ai parlé arrivait d'Amsterdam.
L'arbre près **duquel** vous êtes assis est un très vieux chêne.

a. Le vernissage .... nous sommes invités commence à 18 heures.
b. Les invités à côté .... nous avons pris place étaient pour la plupart collectionneurs.
c. La conférence .... j'ai assisté était passionnante.
d. Les hôtesses, grâce .... nous avons obtenu de bons sièges, se sont bien occupées de nous.

01. Les pronoms relatifs

e. Le sondage .... vous avez répondu est organisé par *Mediapart*.
f. Le photographe à cause .... vos portraits sont flous a pourtant bonne réputation.
g. Les journalistes .... nous avons eu affaire connaissaient parfaitement le sujet.
h. Le défilé de mode .... Emma a participé était magnifique.

28 Reliez le début et la fin des phrases.

a. Le groupe
b. Le pont près
c. Les ouvrages à propos
d. Les tours
e. Les sujets de thèse
f. Les revues
g. La troupe
h. L'université

1. duquel je vis est le plus ancien de la ville.
2. desquelles on a une vue superbe sont actuellement fermées.
3. à laquelle je suis inscrite offre des chambres d'étudiants.
4. auquel j'ai adhéré défend les droits des enfants.
5. à laquelle vous appartenez organise une tournée en Europe.
6. auxquels il réfléchit concernent tous la sociologie.
7. desquels vous n'êtes pas d'accord me semblent sans intérêt.
8. auxquelles vous êtes abonné m'intéressent beaucoup.

29 Transformez ces phrases en utilisant « auquel » ou « duquel » à la forme correcte.

Exemple : Louise pense *à cette ville* qui se trouve au pied du mont Blanc.
→ La ville **à laquelle** pense Louise se trouve au pied du mont Blanc.

a. Nous nous sommes adressés *à des passants* qui nous ont répondu aimablement.
→ ....
b. Pour obtenir ce poste, Pierre a fait appel *à mon oncle* qui vient d'être nommé directeur.
→ ....
c. Tu passes *à côté de sujets* qui sont à mon avis préoccupants.
→ ....
d. Nous sommes très proches *de nos amis* qui s'intéressent à l'art brut.
→ ....
e. Paul a téléphoné *au centre médical* qui est le plus proche de son domicile.
→ ....
f. J'ai demandé *à mon ancien directeur* une lettre de recommandation qu'il m'a aussitôt envoyée.
→ ....
g. Vous vous préparez *à ce long voyage* qui vous permettra de découvrir l'Amérique.
→ ....
h. Nous nous sommes retrouvés *au milieu de chercheurs* qui étudiaient les effets du dérèglement climatique.
→ ....

30 Complétez par le pronom relatif, simple ou composé, qui convient. (Il y a parfois deux possibilités.)

Exemples : La foule au milieu **de laquelle** je me trouve est très agitée.
La vitesse **à laquelle** roule cette voiture est étonnante.

a. Les manifestants à cause .... la police a chargé se sont dispersés.
b. L'artiste .... vous vous adresserez ne parle qu'anglais.
c. Alice a égaré son bracelet, ... elle était très attachée.

C. Les pronoms relatifs composés

d. Les problèmes à propos .... on se réunit sont considérables.
e. La situation au sujet .... vous m'écrivez demande réflexion.
f. Les personnes près .... je m'apprête à emménager sont très sympathiques.
g. Le village au centre .... vous louez une maison est très bruyant.
h. La voisine .... je rends des petits services m'a offert une plante magnifique.

• « Où » et le pronom relatif composé

La colline en haut **de laquelle** est bâti le château est très boisée. = La colline **où** est bâti le château est très boisée.

« Où » peut être remplacé par une préposition (dans, sur, par, à travers, via), ou un groupe prépositionnel avec « de » (en bas, à gauche, en face) + « lequel » « duquel ».

---

31 Reliez le début et la fin des phrases.

a. La tour Eiffel, du haut de
b. Notre-Dame, en face de
c. Le pont Mirabeau, sous
d. La place Charles-de-Gaulle
e. La place de l'Hôtel-de-Ville,
f. Le centre Pompidou,
g. Le musée d'Orsay,
h. La fondation Louis Vuitton, dans

1. lequel coule la Seine, a été célébré par Guillaume Apollinaire.
2. d'où on admire le tracé du vieux Paris, a été construit en 1977.
3. où avaient lieu au XVIIIe siècle les exécutions capitales, s'appelait autrefois la place de Grève.
4. laquelle se trouve l'ancien palais de justice, domine l'île de la Cité.
5. dans lequel sont regroupés les mouvements du XIXe siècle, a ouvert ses portes en 1986.
6. laquelle on peut visiter des expositions d'art contemporain, a été construite par Franck Gehry.
7. laquelle on voit tout Paris, mesure 320 mètres.
8. où se tient l'Arc de triomphe a été créée par le préfet Haussmann.

32 Réécrivez les phrases et remplacez « où » par « lequel », « duquel » ou « auquel » précédé d'une préposition. (Il y a parfois deux possibilités.)

Exemple : Le village où nous sommes passés était fortifié.
→ Le village **par lequel** nous sommes passés était fortifié.

a. Le gîte où les randonneurs ont dormi était très calme. → ....
b. La colline où ils ont pique-niqué était verdoyante. → ....
c. L'hôtel où nous sommes descendus était confortable. → ....
d. La chambre d'où nous avions une belle vue nous convenait parfaitement. → ....
e. Le château où nous envisagions de jeter un œil était fermé pour travaux. → ....
f. Les tours où nous voulions monter étaient inaccessibles. → ....
g. L'étape où nous envisagions de faire une halte nous a surpris agréablement. → ....
h. La rivière où nous nous sommes baignés nous a détendus. → ....

01. Les pronoms relatifs

33 Transformez ces phrases avec un pronom relatif complexe, puis avec « où ».

Exemple : Roxane a un appartement sous les toits. Elle y habite depuis quelques mois.
→ L'appartement **où Roxane habite / dans lequel Roxane habite** depuis quelques mois est sous les toits.

a. Elle accède à son immeuble par des ruelles ; elles sont étroites et mal éclairées.
→ ....

b. Pour s'y rendre, elle doit passer à travers une cour ; cette cour est plantée d'arbres.
→ ....

c. Son appartement est situé au 6ᵉ étage. Elle y accède via plusieurs couloirs.
→ ....

d. Elle a installé un grand canapé dans son salon. Elle s'y assoit le soir pour lire.
→ ....

e. Près de la fenêtre, elle a organisé son bureau. De là, elle domine toute la ville.
→ ....

f. Elle a mis un tableau noir dans sa cuisine. Elle y note les choses à faire.
→ ....

g. Dans l'appartement à côté du sien vit un jeune couple. Elle va souvent dans leur appartement.
→ ....

h. Dans l'immeuble, de nombreuses fêtes sont organisées. Roxane y est souvent invitée.
→ ....

• Le neutre avec « quoi » ou « lequel »

Ce **à quoi** je tiens, c'est ma famille. • S'il y a bien une chose **à quoi/à laquelle** je ne m'attendais pas, c'est à te rencontrer ici. • C'est un point **sur lequel** nous ne reviendrons pas.

• Le pronom relatif « quoi » s'emploie après une préposition avec le neutre : « ce », « rien », « quelque chose ».

• Quand « quoi » remplace une chose, on peut aussi utiliser « lequel, auquel… »

---

34 Reliez le début et la fin des phrases. (Il y a parfois deux possibilités.)

a. Ce
b. Les idées
c. La manifestation
d. Les raisons
e. Le point
f. Les enfants
g. La cause
h. Le sujet

1. auxquelles ils s'opposent sont peu recevables.
2. sur lequel vous insistez me semble un détail.
3. à laquelle vous adhérez nous est familière.
4. à quoi vous faites allusion est sans intérêt.
5. sur quoi tu reviens ne me concerne pas.
6. auxquels tu apportes ton aide te le rendent bien.
7. pour lesquelles vous n'avez pas voté me sont incompréhensibles.
8. à laquelle vous avez pris part aurait rassemblé plus de 12 000 personnes.

C. Les pronoms relatifs composés

35 Reformulez avec un pronom relatif composé quand c'est possible.

Exemples : Ce pour quoi nous sommes ici ne vous concerne pas. (impossible)
La raison pour quoi il y a une opposition est évidente.
→ La raison **pour laquelle** il y a une opposition est évidente.

a. Le sujet sur quoi porte la conférence me tient à cœur.
→ ....

b. Le texte à quoi il fait référence n'est pas très clair.
→ ....

c. Ils ne savent pas à quoi ils pourraient se raccrocher.
→ ....

d. Les propos à quoi il a tenu à répondre n'avaient aucun intérêt.
→ ....

e. Il existe peu de raisons pour quoi il se mette en colère.
→ ....

f. Il n'y a pas grand-chose sur quoi je voudrais revenir.
→ ....

g. Les idées contre quoi il s'oppose sont très défendables.
→ ....

h. L'opposition à quoi vous faites face est tout à fait justifiée.
→ ....

36 Reliez ces phrases avec « quoi » ou « lequel » précédé d'une préposition. (Il y a parfois deux possibilités)

Exemple : Ils ne se sont pas présentés. La raison nous en est inconnue.
→ La raison **pour quoi / pour laquelle** ils ne se sont pas présentés nous est inconnue.

a. Le directeur a proposé une solution. On ne pouvait pas souscrire à cette solution.
→ ....

b. Nous allons vous présenter des projets. Nous travaillons sur ces projets depuis plusieurs semaines.
→ ....

c. Vous ne pouvez pas ignorer cela. Votre famille compte sur cela.
→ ....

d. Ce point est essentiel. Ils font référence à ce point.
→ ....

e. Les enfants réclament leur part de l'héritage. Ils y ont droit.
→ ....

f. Vous avez réagi contre cette décision. La décision était de renvoyer cette employée.
→ ....

g. Ces débats étaient houleux. Ils ont pris la parole au cours des débats.
→ ....

h. Cela portait sur la diffusion de cette information. Je me suis opposée à cela.
→ ....

01. Les pronoms relatifs

D. La mise en relief

• Avec « ce qui / ce que / ce dont / ce à qui / ce à quoi »

Ce qui nous manque le plus, **c'est** le soleil et la chaleur. • **Ce dont** on est certains, **c'est** que les enfants sont heureux. • La sérénité, **c'est ce à quoi** elle aspire.

Pour insister et mettre en relief un groupe nominal, on utilise « c'est » avec :
- « ce qui » pour un sujet et « ce que » pour un complément ;
- « ce dont » pour un complément du nom ou un verbe construit avec « de » ;
- « ce » + préposition + « qui/quoi » pour les compléments avec une autre préposition.

37 Reliez le début et la fin des phrases.

a. Ce dont on rêve,　　　　　　　　　　1. c'est quand il décidera de prendre un appartement.
b. Ce à quoi ils pensent,　　　　　　　　2. c'est partir avec toi un week-end à Bruges.
c. Ce qui m'ennuie,　　　　　　　　　　3. c'est d'une bonne bouillabaisse.
d. Ce que je me demande,　　　　　　　4. c'est que les enfants manquent d'argent.
e. Ce que tu as décidé,　　　　　　　　 5. c'est la crainte de nous faire de la peine.
f. Ce que je voudrais,　　　　　　　　　6. c'est d'une semaine de vacances.
g. Ce dont j'ai très envie,　　　　　　　 7. c'est de poursuivre tes études.
h. Ce qui les retient,　　　　　　　　　 8. c'est à déménager.

38 Complétez par « quoi » précédé d'une préposition.

Exemples : Une paire de chaînes, c'est ce sans quoi on ne peut pas prendre la route en montagne l'hiver.

a. L'abandon des déshérités, c'est ce .... l'abbé Pierre a milité toute sa vie.
b. Les inégalités sociales, c'est ce .... nous devons lutter.
c. L'éducation de tous, c'est ce .... nous gommerons les inégalités sociales.
d. Le respect de l'environnement, c'est ce .... est fondée la politique des Verts.
e. Il suffit de persévérance et de motivation, c'est ce .... on réussit dans la vie.
f. Les scandales financiers, c'est ce .... le football français a été discrédité.
g. Le harcèlement sexuel, c'est ce .... s'opposent les femmes aujourd'hui.
h. Nous savons tous ce .... mène la corruption.

39 Complétez par « ce que », « ce qui » ou « ce dont ».

Exemple : Matéo a eu le tact de ne pas divulguer ce dont tu l'avais entretenu.

a. Obtenir ma licence en juin, c'est .... est le plus important pour moi.
b. Pouvoir visiter une exposition chaque jour, c'est .... nous rêvons quand nous sommes à Paris.
c. La violence dans les rues, c'est .... m'affole le plus.
d. Il n'a pas plu cet été en Bretagne, ... est tout à fait exceptionnel.
e. Arthur a annulé son mariage, ... a profondément choqué ses parents.
f. Nous nous sommes égarés et pourtant nous avons exactement suivi .... vous nous aviez indiqué de faire.

D. La mise en relief

g. Paul n'est pas arrivé à l'heure au rendez-vous, ... je ne me suis pas étonné.

h. La montée des eaux, c'est .... tout le monde redoute.

40 Complétez par le pronom relatif manquant, précédé ou non d'une préposition.

Exemple : Ce **que** nous souhaitons, c'est partir quelques jours ensemble à Marseille.

a. Ce .... nous tient à cœur, c'est visiter le Mucem.
b. Ce .... nous venons en mai, c'est aussi pour assister au concert d'un artiste local.
c. Ce .... nous nous intéressons, c'est la création contemporaine.
d. Ce .... il se préoccupe, c'est les artistes régionaux actuels.
e. Ce .... nos amis insistent, c'est l'obligation de réserver les entrées en ligne.
f. Ce .... nous ennuie, c'est qu'on ne pourra pas loger chez nos amis marseillais.
g. Ce .... nous allons faire, c'est une réservation de chambre sur Airbnb.
h. Ce .... nous nous réjouissons, c'est le temps printanier annoncé à Marseille.

41 Réécrivez ces phrases en mettant en relief les mots en italique.

Exemple : *L'énergie solaire* permet de chauffer la maison.
→ **C'est l'énergie solaire qui** permet de chauffer la maison.

a. *Nous rêvons* d'être totalement autonomes au niveau énergétique.
→ ....

b. *Je me consacre* à la préparation de mon potager bio.
→ ....

c. On mangera exclusivement *les fruits et légumes de notre jardin*.
→ ....

d. *Nous attendons de* notre éolienne qu'elle produise l'énergie pour l'éclairage.
→ ....

e. *Le système de gouttière* approvisionne en eau notre cuve.
→ ....

f. Nous nous nourrissons en grande partie *de nos poules et de nos lapins*.
→ ....

g. On utilise dans le potager *nos propres engrais naturels*.
→ ....

h. Je m'occupe *des plantes et des animaux de la propriété*.
→ ....

• **Avec « celui/celle/ceux/celles qui / que / dont / à quoi »**

Ton voisin, **celui que** nous avons croisé chez le fleuriste, est très aimable.

Pour insister sur un groupe nominal, on peut utiliser le pronom démonstratif « **celui, celle, ceux, celles** » suivi de :

- « **qui** » pour un sujet et « **que** » pour un complément direct ;
- « **dont** » pour un complément du nom ou un verbe construit avec « de » ;
- « **préposition + qui/quoi** » pour les compléments avec une autre préposition.

01. Les pronoms relatifs

42 Complétez par un démonstratif suivi de « dont » ou « qui » et précédé ou non d'une préposition.

Exemple : Tu vois ce groupe de jeunes ; ma fille est **celle qui** marche devant au milieu.

a. Nos collègues sont tous présents ; ....
je déjeune le plus souvent sont Théo et Noémie.

b. Voici notre nouvelle locataire, ...
nous louons le studio depuis un mois.

c. Elle a rendez-vous avec ses clients, ...
elle s'occupe depuis quelques mois.

d. On invite aux défilés les meilleures clientes, ...
ont les moyens de s'acheter de la haute couture.

e. Nos plus anciens collaborateurs, ...
....on travaille depuis de longues années, sont conviés
à notre gala annuel.

f. Les premiers passagers, ...
.... le siège est compris entre les rangées 1 et 15, sont priés de
se présenter au comptoir d'embarquement.

g. Les personnes suivantes, ...
le nom commence par les lettres A à J, sont attendues en salle 4.

h. Les quatre enfants, ...
vous jouiez dans la cour, sont les enfants de nos voisins.

43 Transformez ces phrases avec un pronom démonstratif suivi de « qui » ou « que ».

Exemple : Tu partages ta vie avec cet homme. Il m'est très sympathique.
→ Cet homme, **celui avec qui** tu partages ta vie, m'est très sympathique.

a. Elle collabore avec cette femme. Elle ne nous l'a pas présentée.
→ ....

b. Élise nous avait prêté quelques CD ; on a eu plaisir à les écouter.
→ ....

c. Nous avons rencontré des enfants adorables. Ils habitent en face de chez elle.
→ ....

d. Mélanie rend souvent service à ses voisins. Ils viennent d'emménager.
→ ....

e. Ma mère a retrouvé sa robe de soirée, elle l'avait portée pour une première à l'Opéra.
→ ....

f. Léon me parle souvent de son directeur. Ce dernier a pris ses fonctions en janvier.
→ ....

g. Le petit dernier est né au début de l'été. Il pleure toutes les nuits.
→ ....

h. Nos nouveaux locaux sont situés dans le centre historique. Nous les avons entièrement refaits.
→ ....

Bilan 1

1. Complétez par des pronoms relatifs.

Le cœur de Paris sur la rive droite, ... (a) l'on pourrait situer entre les Grands Boulevards et l'avenue de l'Opéra, est troué de passages couverts .... (b) permettent de traverser des pâtés de maisons sans se mouiller ni prendre froid. Les magasins .... (c) ils abritent, et dans .... (d) on peut encore découvrir de beaux articles, ne vous laisseront pas indifférent. Vous aurez également plaisir à vous installer dans un confortable restaurant .... (e) les suggestions gastronomiques vous allécheront. Ce peut être aussi un lieu idéal .... (f) retrouver des amis pour prendre un thé.

Ces passages, ... (g) on donne aussi le nom de « galeries », datent pour la plupart du milieu du XIXᵉ siècle, période sous .... (h) la capitale devient un vaste chantier .... (i) le préfet Hausmann est un des instigateurs.

Ces passages, parmi .... (j) il ne faudra pas manquer la galerie Vivienne ni le passage des Panoramas .... (k) abrite le théâtre des Variétés, ... (l) est toujours en activité depuis 1807, sont saisissants par leur beauté. Généralement surmontés d'une vaste verrière .... (m) procure une lumière naturelle, ils sont richement décorés de mosaïques aux motifs colorés grâce .... (n) nous parvient un aperçu de l'architecture typique de ce Paris du Second Empire.

2. Complétez par des pronoms relatifs

La fondation Louis Vuitton, ... (a) est située dans un magnifique bâtiment en lisière du bois de Boulogne, a organisé en 2019 une grande rétrospective d'une architecte visionnaire, Charlotte Perriand. Née en 1903 et morte en 1999, cette pionnière a mené une vie libre, marquée par une recherche permanente de la créativité à .... (b) elle a consacré le travail de toute son existence. C'est par elle, en effet, ... (c) le design et l'architecture d'intérieur ont été révolutionnés. Son nom est indissociablement lié à celui de Le Corbusier, ... (d) elle a poussé la porte à l'âge de vingt-quatre ans pour lui proposer ses plans futuristes de meubles tels que chaises en tubes, tables rétractables, fauteuils enveloppants.

Le Corbusier, avec .... (e) les débuts ont été difficiles, lui a vite accordé sa confiance ; ainsi a-t-elle collaboré avec l'architecte célèbre pour définir un nouvel art de vivre. Au cœur de ses préoccupations, parmi .... (f) figurent en priorité la place de la femme et celle de la nature dans la société moderne, ainsi que l'utilisation de matériaux industriels dans le mobilier, elle a su tourner le dos au style Art déco .... (g), dès les années 1920, la société bourgeoise avait adhéré. Sa recherche de la simplicité, sa fascination pour le monde industriel et son travail sur l'aménagement de petits espaces de vie par .... (h) elle a signé ses créations nous surprennent encore. Ses meubles, ... (i) certains comme les bibliothèques en kit ou le bureau Boomerang siègent encore dans nos intérieurs, n'ont pas pris une ride. Elle nous a légué le goût des espaces épurés .... (j) elle s'est initiée lors de son séjour au Japon. C'est au Japon .... (k) elle a découvert une architecture de bois, de paille et de papier .... (l) elle a su intégrer dans ses créations à la fois classiques et actuelles, créant ainsi un nouvel « art d'habiter ». C'est elle aussi à .... (m) l'on doit le concept de la cuisine bar grâce .... (n) la femme n'est plus enfermée dans la cuisine. Le dernier grand chantier .... (o) elle a réalisé a été l'aménagement de la station de sports d'hiver Les Arcs dans les Alpes, ... (p) elle s'est consacrée de 1967 à 1989 et .... (q) les espaces d'habitation à la fois esthétiques, fonctionnels et confortables couronnent l'aboutissement de son « art d'habiter ».

02 • Les pronoms compléments

A. Les pronoms compléments directs (Rappel)

• « Le », « la », « les », « me », « te », « nous », « vous »

L'éclair, je vais le prendre et cette tarte, prends-la pour toi. Tu pourras la manger au goûter.

- Un complément d'objet direct peut être remplacé par le pronom de 3e personne « le », « la », « les ».
- Aux 1res et 2es personnes, les pronoms sont « me », « te », « nous » et « vous ».
- Le pronom est toujours placé devant le verbe, sauf à l'impératif affirmatif.

 Le pronom se place devant l'infinitif.

44 Reliez les éléments qui vont ensemble. (Il y a parfois plusieurs possibilités.)

a. Cette actrice,
b. Ce journaliste,
c. Ma série préférée,
d. Cette présentatrice,
e. Le magazine *28 minutes* d'Arte,
f. Les téléfilms français,
g. Cet épisode,
h. Cette émission,

1. on le trouve très intéressant.
2. nous les regardons rarement.
3. ils la suivent régulièrement.
4. on les adore pour leur sens de l'humour.
5. je ne la manque sous aucun prétexte.
6. n'oublie pas de l'enregistrer.
7. nous l'avons vue avant-hier dans un film.
8. mes parents le jugent trop maniéré.

45 Répondez en employant « me », « te », « nous » ou « vous ».

Exemple : Tu m'emmènes ? – Oui, je t'emmène. / Non, je ne t'emmène pas.

a. Vous nous conduisez au parc ? – Non, ...
b. Ils nous invitent à leur soirée ? – Oui, ...
c. Vous m'entendez bien ? – Non, ...
d. Nous vous accompagnons au concert ? – Oui, ...
e. Je vous ramène chez vous ? – Non, ...
f. Tu m'embrasses ? – Non, ...
g. Vous nous appréciez ? – Oui, ...
h. Tu ne me regardes pas dans les yeux ? – Si, ...

46 Complétez par « le », « la », « l' » ou « les ».

Exemple : Cet article, je le lirai en ligne.

a. Ces photos, je .... connais, elles ont paru dans la presse écrite.
b. Mes vieux magazines, je vais .... donner à ma voisine.
c. J'aime beaucoup ce photographe et je voudrais .... rencontrer.
d. Ce quotidien, mes parents .... reçoivent tous les matins. Ils sont abonnés.
e. Cette interview, je vous .... recommande, elle est très intéressante.

A. Les pronoms compléments directs (Rappel)

f. Alex a rencontré le rédacteur en chef de ce mensuel et il .... a écouté avec plaisir.
g. J'ai pris rendez-vous avec ce journaliste et je .... verrai la semaine prochaine.
h. Mes amis apprécient cette revue ; ils .... achètent tous les mois.

47 Transformez selon le modèle.

Exemple : Vous devez ranger cette robe dans le dressing. → **Cette robe**, rangez-**la** dans le dressing.

a. Vous ne devez pas cirer ces chaussures. → ....
b. Tu dois porter ce costume au pressing. → ....
c. Nous ne devons pas laver ces pulls à la machine. → ....
d. Vous devez repasser cette chemise à fer doux. → ....
e. Nous devons nettoyer ces bottes. → ....
f. Tu dois mettre ces sous-vêtements dans la commode. → ....
g. Vous devez repasser nos jeans. → ....
h. Tu ne dois pas porter cette ceinture avec ta jupe noire. → ....

48 Réécrivez en remplaçant les mots en italique par un pronom.

Exemple : On ne souhaite pas acheter *cette voiture*. → On ne souhaite pas **l'**acheter.

a. Paul désire louer *son studio de Lyon*. → ....
b. Adèle envisage de partager *son appartement*. → ....
c. Nos amis voudraient envoyer *les enfants* en vacances. → ....
d. Lisa ne peut pas recevoir *ses amis* chez elle. → ....
e. Je ne sais pas conduire *cette grosse moto*. → ....
f. Nous ne pouvons pas accueillir *Louise* chez nous. → ....
g. Vous ne savez pas faire fonctionner *le scanner* ? → ....
h. On devrait terminer *la licence* cette année. → ....

• **Le pronom « en »**

– **Vous prenez un dessert ? – Non, je n'en veux pas, mais Myriam en prendra sûrement un.**

- Quand le complément d'objet direct commence par « du », « de la », « des », « un » ou « une », il est remplacé par le pronom « **en** ».
- Il peut s'employer avec un nombre qui précise la quantité.

---

49 Reliez les questions et les réponses.

a. Voudriez-vous rencontrer nos voisins ?
b. Pourrais-tu me donner du sucre ?
c. Pourriez-vous garder ma fille ce soir ?
d. Tu n'as pas vu mes clés ?
e. Vous me donnerez votre adresse de vacances ?
f. Vous avez des animaux ?
g. Vous avez un parking au sous-sol ?
h. Tu as reçu ton colis ?

1. Bien sûr, je la prendrai chez moi.
2. Si, je les ai vues sur la table tout à l'heure.
3. Oui, nous en avons deux, un chat et un lapin.
4. Oui, je vais vous la noter sur un Post-it.
5. Oui, on les rencontrera avec plaisir.
6. Non, nous n'en avons pas encore.
7. Oui, je l'ai reçu ce matin.
8. Désolé, je n'en ai pas.

02 • Les pronoms compléments

50 Réécrivez en mettant en relief les mots en italique, suivant le modèle.

Exemples : Éloïse voudrait passer *son permis de conduire*.
→ Le permis de conduire, Éloïse voudrait **le** passer.
Elle va prendre *des leçons de conduite* dès lundi.
→ Des leçons de conduite, elle va **en** prendre dès lundi.

a. La famille veut offrir *les cours de conduite* à Éloïse. → ....
b. Elle devra d'abord apprendre *le Code de la route*. → ....
c. Elle ne connaît pas encore *beaucoup de panneaux routiers*. → ....
d. Elle pense mémoriser très vite *les règles essentielles*. → ....
e. Elle prendra *sa première leçon* avec un moniteur expérimenté. → ....
f. Il va expliquer à Éloïse *les principales manœuvres*. → ....
g. Éloïse a décidé de prendre *des notes* après chaque leçon. → ....
h. Elle devrait passer *l'examen* avant la fin de l'année. → ....

• L'accord du participe passé

Ces enfants, je les ai gardés le week-end dernier. La petite fille, je l'ai connue bébé.

Dans un temps composé avec l'auxiliaire « avoir », le participe passé s'accorde avec le pronom complément quand il est placé avant.

✋ Le participe passé ne s'accorde jamais avec « en ».

---

51 Reliez les éléments qui vont ensemble.

a. Ses amis,
b. Des expositions,
c. Des produits gras,
d. Les produits bio,
e. Des amis,
f. De l'eau,
g. Cette exposition sur Bacon,
h. Les bouteilles d'eau,

1. vous en avez beaucoup visité.
2. on en a trop mangé.
3. il en a perdu beaucoup ces dernières années.
4. tu n'en as pas bu assez aujourd'hui.
5. je les ai mises au réfrigérateur.
6. il les a invités la semaine dernière.
7. ma mère les a toujours utilisés.
8. on ne l'a pas vraiment appréciée.

52 Répondez en employant un pronom et faites les accords nécessaires.

Exemple : Vous avez vu *cette pièce de théâtre* ? – Oui, nous **l'avons vue**.

a. Marion a renouvelé *son abonnement à la Philharmonie* ? – Oui, ...
b. Vous avez retenu *vos places pour le concert de Bach* ? – Non, ...
c. Ton ami a invité *tes parents* au ballet ? – Oui, ...
d. Arthur a réservé *ses places pour le spectacle de cirque* ? – Oui, ...
e. Tu as retrouvé *l'adresse du cabaret* où on va samedi ? – Non, ...
f. Vous avez annulé *ma place pour le concert de Nekfeu* ? – Oui, ...
g. Augustin a choisi *un spectacle pour le soir de Noël* ? – Non, ...
h. Tu as visité *l'exposition Degas au musée d'Orsay* ? – Oui, ...

A. Les pronoms compléments directs (Rappel)

53 Répondez en utilisant un pronom et faites les accords nécessaires.

Exemple : Tu as préparé tes bagages ? – Non, je ne **les** ai pas préparé**s**.

a. Vous avez pris un sèche-cheveux ? – Non, ...
b. Tu as mis de côté tes sandales ? – Oui, ...
c. Vous avez pris le linge dans la buanderie ? – Non, ...
d. Vous avez emporté des draps ? – Oui, ...
e. Ta sœur a mis sa tablette dans sa housse ? – Oui, ...
f. Tu as rechargé ton téléphone ? – Non, ...
g. Ton père a chargé la voiture ? – Non, ...
h. Vous avez mis la chienne dans son panier ? – Oui, ...

B. Les pronoms compléments indirects

- « Me », « te », « se », « lui », « nous », « vous », « leur » (Rappel)

– Vous avez écrit à Suzanne ? – Oui, on **lui** a écrit. • Je ne **leur** ai pas téléphoné. • – Tu **me** donnes ton adresse ? – Non, je **te** donne mon numéro de téléphone.

Les pronoms indirects sont identiques aux pronoms directs pour les 1res et 2es personnes. Pour la 3e personne, on utilise « **lui** » au singulier et « **leur** » au pluriel.

54 Souligner les verbes qui se construisent avec un complément indirect.

demander – inviter – inciter – refuser – interdire – plaire – manquer – aimer – répondre – écrire – téléphoner – informer – montrer – expliquer – parler – proposer – détester.

55 Soulignez les pronoms indirects.

Exemple : Vous nous préviendrez et vous **nous** expliquerez.

a. Je vous contacterai et je vous dirai tout.
b. Tu nous as téléphoné et tu nous inviteras.
c. Je vous ai écouté et je vous ai compris.
d. On nous écrira et on nous informera.
e. On s'écrivait et on s'entendait bien.
f. Ils me rejoignaient et ils m'offraient un café.
g. Je t'aimais et je ne te cachais rien.
h. Elle nous détestait et elle nous le montrait bien.

56 Cochez ce que le pronom indirect remplace.

Exemple : On vous répondra dans quelques jours.
  ☐ à toi   ☑ à ta mère et toi   ☐ à vos parents

a. Ce tableau nous appartenait depuis plusieurs années.
  ☐ à moi   ☐ à mes amis   ☐ à mon frère et moi

02 • Les pronoms compléments

b. Le directeur vous a fait confiance.
☐ à toi ☐ à Marine et toi ☐ à Léon et moi

c. Ces longues soirées d'été nous manquent.
☐ à Pierre et moi ☐ à Julie et sa sœur ☐ à tes amis et toi

d. Il ne vous a pas obéi.
☐ à ses parents ☐ à Julie et toi ☐ à Paul et moi

e. Ce film ne nous a pas plu.
☐ à Sophie et moi ☐ à tes amis et Paul ☐ à mes frères et toi

f. Je vous propose de partir quelques jours.
☐ à toi ☐ à Alice et toi ☐ à mes amis

g. Il nous suggère de venir les rejoindre.
☐ à Marco et moi ☐ à Véra et toi ☐ à ma sœur et Véra

h. Je vous interdis de prendre position.
☐ à toi et moi ☐ à Loïc et Paul ☐ à Mathilde et toi

57 Complétez par « le/l' », « la/l' », « lui », « les » ou « leur ».

Exemple : Lucile et moi rejoindrons nos amis plus tard, mais nous les avons prévenus.

a. J'ai prévenu mes parents que nous .... rendrions visite le week-end prochain.
b. Les enfants n'étaient pas très sages et je .... ai interdit de regarder cette vidéo.
c. Nos copains, nous .... invitons samedi soir, je .... ai demandé d'apporter un dessert.
d. C'est l'anniversaire de Claire mais on .... fait une surprise. On espère que ça va .... plaire.
e. J'aimerais bien voir Jeanne pour .... demander ce qu'elle compte faire pour Noël.
f. Tu as vu Mme Legras, que .... as-tu dit ? Comment .... as-tu mise en garde ?
g. Les colocataires, je .... ai autorisés à utiliser ta salle de bains et je .... ai demandé de remettre tout en ordre après leur passage.
h. Thomas avait oublié son pull et je le .... ai renvoyé par la poste, mais il m'affirme qu'il ne .... a pas encore reçu. Bizarre !

• « À/En » + pronom indirect

Je pense à lui chaque jour et je me rends compte que je tiens vraiment à lui. • Tu me manques et je pense sans cesse à toi. • – Il s'intéresse à l'art ? – Oui, il s'y intéresse beaucoup.

Certains verbes (« faire référence à », « penser à », « tenir à », « renoncer à », « croire en »…), parfois pronominaux (« s'habituer à », « s'associer à », « s'intéresser à », « s'adresser à », « s'opposer à », « s'adapter à »…), se construisent avec « à » + « moi, toi, lui, elle, nous, vous, eux, elles » pour une personne ou avec « y » pour une chose.

---

58 Soulignez les verbes suivis de « à + pronom » pour remplacer une personne.

acheter – <u>s'adapter</u> – s'adresser – annoncer – apporter – apprendre – faire référence – cacher – confirmer – conseiller – demander – dire – écrire – s'habituer – s'intéresser – lire – louer – manquer – montrer – faire mal – s'opposer – pardonner – parler – penser – faire attention – se présenter – promettre – proposer – rappeler – renoncer – répondre – ressembler – servir – songer – tenir.

B. Les pronoms compléments indirects

59 Reliez les éléments qui se correspondent.

a. Il s'intéresse à Thomas.
b. Il pense trop à son travail.
c. Il s'intéresse à la musique.
d. Il pense trop à sa famille.
e. Il s'intéresse à ses amis.
f. Il pense à nos amis et moi.
g. Il pense trop à ses parents.
h. Il s'intéresse à ma sœur et moi.

1. Il pense trop à elle.
2. Il s'intéresse à eux.
3. Il pense trop à eux.
4. Il s'intéresse à nous.
5. Il y pense trop.
6. Il s'intéresse à lui.
7. Il s'y intéresse.
8. Il pense à nous.

60 Complétez par « lui » ou « à lui ».

Exemple : Tu pourrais lui acheter un pain au chocolat ?

a. Il faudrait qu'on .... écrive plus souvent ; ça .... ferait plaisir.
b. Ça .... plairait qu'on s'adresse .... sur ce ton ?
c. Elle .... a promis de renoncer ....
d. Je tiens .... et je le .... ai dit.
e. Son frère .... rappelle qu'il .... ressemble.
f. Je .... conseille de penser .... plus souvent.
g. Elle s'habitue .... et elle le .... montre bien.
h. Je .... loue une chambre que je .... ai proposé de repeindre.

61 Soulignez l'élément en italique qui convient.

Exemple : Elle m'écrit à moi chaque semaine et elle m'assure à moi qu'elle m'est très attachée à moi.

a. Mes propriétaires me font confiance à moi et je crois qu'ils me s'habituent bien à moi.
b. Ce chien m'appartient à moi, il me s'habitue à moi et il me tient à moi.
c. Mes amis me manquent à moi et ils me s'intéressent à moi.
d. Ma mère ne m'envoie plus de mails à moi pourtant elle me fait confiance à moi.
e. Mes enfants me s'opposent parfois à moi pourtant ils me manquent à moi.
f. Paul me s'adresse à moi quand il veut me demander à moi un service.
g. Mes amis me font attention à moi et ils savent me s'adapter à moi.
h. Vous me faites référence à moi alors que vous ne me vous intéressez pas à moi.

62 Réécrivez en remplaçant « les gens » par « vous » ou « à vous ».

Exemple : Je m'adresse aux gens et je demande aux gens de l'aide.
→ Je m'adresse **à vous** et je **vous** demande de l'aide.

a. Elle s'intéresse aux gens et parfois elle s'oppose aux gens. → ....
b. Je m'adapte aux gens et souvent je donne des conseils aux gens. → ....
c. Elle se présente aux gens et elle sourit aux gens. → ....
d. Je téléphone aux gens et j'annonce aux gens une bonne nouvelle. → ....
e. Cette valise appartient aux gens et elle manque aux gens. → ....

02 • Les pronoms compléments

f. Elle tient aux gens et elle s'intéresse aux gens. → ....

g. L'ermite renonce aux gens mais il pense aux gens. → ....

h. Je pardonne aux gens et ça plaît aux gens. → ....

63 Réécrivez en remplaçant les mots en italique par un pronom précédé ou non de « à ».

Exemple : Je m'oppose à *ce candidat*, il n'est pas assez déterminé.
→ Je m'oppose **à lui**, il n'est pas assez déterminé.

a. Mes collègues demandent une augmentation *au directeur*. → ....

b. Les témoins ont fourni des preuves *à l'avocat*. → ....

c. Les jeunes s'intéressent beaucoup *à ce héros*. → ....

d. Il parle *à ses amis* rudement. → ....

e. Les passagers se sont adressés *aux employés de l'aéroport*. → ....

f. Manuela s'adapte bien *à ses nouveaux collègues*. → ....

g. Nous apportons *à Vincent et Catherine* une bouteille de champagne. → ....

h. Elle s'est présentée *à la responsable marketing*. → ....

64 Répondez en utilisant « lui », « leur », « à lui », « à elle », « à eux » ou « à elles ».

Exemple : Louis s'est adapté à son nouveau colocataire ? – Oui, il s'est adapté **à lui**.

a. Aglaé s'est adressée à l'hôtesse ? – Oui, ...

b. Vous avez pardonné son erreur à Mme Bonpain ? – Oui, ...

c. Tu t'es présenté à la directrice du personnel ? – Oui, ...

d. Vous avez demandé un rendez-vous au banquier ? – Oui, ...

e. Ta fille s'est habituée à ses nouveaux professeurs ? – Oui, ...

f. Alex a montré le fonctionnement de l'imprimante à la stagiaire ? – Oui, ...

g. Vous avez proposé un aménagement d'horaire à Léa ? – Oui, ...

h. Emma s'est opposée à ses parents ? – Oui, ...

65 Réécrivez ces phrases et utilisez « y » ou « à eux », « à elles ».

Exemple : Je dois m'intéresser à mes collègues. → Je dois m'intéresser **à eux/à elles**.

a. Amélie pense chaque jour à ses prochaines vacances. → ....

b. Demain, Anita va se présenter à ses nouveaux responsables. → ....

c. Nous ne nous opposons pas à ces réformes. → ....

d. Camille a fait face aux agresseurs. → ....

e. François doit s'adapter à ses nouveaux horaires. → ....

f. Léo ne s'oppose pas à ses supérieurs. → ....

g. Nous devons nous présenter à nos conseillers bancaires. → ....

h. Ils se sont opposés au projet de rénovation. → ....

B. Les pronoms compléments indirects

66 Remplacez les mots en italique par « y », « à lui », « à elle », « à eux » ou « à elles ».

Exemple : Il ne peut pas résister *à son sourire*. → Il ne peut pas **y** résister.

a. Judith aime se confier *à son frère*. → ....
b. Nous avons souvent affaire *à notre avocat*. → ....
c. Cette année, ils participeront *à notre fête*. → ....
d. Adressez-vous plutôt *aux hôtesses*. → ....
e. Elle pense souvent *aux malheureux*. → ....
f. Nous tenons beaucoup *à cette maison*. → ....
g. Il croit très fort *à son pouvoir de séduction*. → ....
h. Elle s'est très vite attachée *à ses parents adoptifs*. → ....

• « De » + pronom indirect

– Tu te souviens de mes amis espagnols ? – Oui, je me souviens bien **d'eux**. • Passe-moi le marteau, j'**en** ai besoin. • – Vous êtes heureuse de cette nouvelle ? – Oui, j'**en** suis très heureuse.

Certaines expressions verbales (« avoir besoin/peur de », « être » + adjectif + « de », « manquer de »...) et certains verbes pronominaux (« se souvenir de », « s'occuper de », « se moquer de »...) se construisent avec « de » + « moi, toi, lui, elle, nous, vous, eux, elles » pour une personne et avec « en » pour une chose.

---

67 Soulignez les expressions verbales construites avec « de » + pronom de personne.

se souvenir – continuer – parler – dépendre – interdire – venir – décider – changer – hériter – sortir – se servir – empêcher – conseiller – se méfier – répondre – demander – envisager – rire – suggérer – se moquer – attendre – se soucier.

68 Reliez les questions et les réponses.

a. Tu te moques de Sophie ?
b. Ta fille manque d'énergie ?
c. Vous vous moquez de la politique ?
d. Tu as rêvé d'Hugo ?
e. Mme Leroux s'occupe de son fils ?
f. Tu as envie d'un café ?
g. Tu t'occupes de ton jardin ?
h. Ils rêvent d'un bungalow près de la mer ?

1. Oui, elle s'occupe souvent de lui.
2. Oui, je m'en occupe de temps en temps.
3. Oui, ils en rêvent depuis longtemps.
4. Pas du tout, je ne me moque pas d'elle.
5. Non, cette nuit, je n'ai pas rêvé de lui.
6. Non, elle n'en manque pas.
7. Oui, je m'en moque totalement.
8. Oui, j'en ai envie.

69 Répondez en utilisant un pronom.

Exemple : Vous avez besoin de ce stylo ? – Non, je n'**en** ai pas besoin.

a. Tu as besoin de moi cet après-midi ? – Non, ...
b. Ta fille dépend encore de vous ? – Non, ...
c. Tu es fière de ton mari ? – Oui, ...
d. Vos enfants manquent d'argent ? – Oui, ...
e. La stagiaire a peur de son chef ? – Non, ...

02 • Les pronoms compléments

f. Vous vous servez de ce dictionnaire ? – Non, ...
g. Tu es fatigué de ce travail ? – Oui, ...
h. Vos enfants sont contents de leurs professeurs ? – Oui, ...

70 Réécrivez en remplaçant les expressions en italique par un pronom.

Exemple : Nous sommes déçus *de ce résultat*. → Nous **en** sommes déçus.

a. Vous avez besoin *du plombier*. → ....
b. Nous manquons *d'imagination*. → ....
c. Vous avez peur *du noir* ? → ....
d. J'ai envie *d'une glace au chocolat*. → ....
e. Tu es heureux *de cette naissance*. → ....
f. Ils se moquent *des gens dans la rue*. → ....
g. Nous avons besoin *de nos amis*. → ....
h. Elle se souvient très bien *de ma grand-mère*. → ....

71 Réécrivez en remplaçant les mots en italique par « leur », « à eux » ou « d'eux ».

Exemple : Je prends soin *des enfants*. → Je prends soin **d'eux**.

a. J'interdis *aux gens* de déposer des publicités dans ma boîte aux lettres. → ....
b. On se soucie *des SDF*. → ....
c. Le directeur demande *aux bénévoles* d'être plus ponctuels. → ....
d. Mon amie s'intéresse *aux artistes contemporains*. → ....
e. Vous vous moquez *des personnalités politiques*. → ....
f. Ma mère s'intéresse *aux grands hommes*. → ....
g. Nous nous préoccupons *des enfants des rues*. → ....
h. On s'adresse *aux assistants sociaux*. → ....

72 Réécrivez ces phrases en utilisant « y », « en », « à lui / à elle » ou « de lui / d'elle ».

Exemple : On est sensibilisé à l'écologie depuis longtemps.
→ L'écologie, on **y** est sensibilisé depuis longtemps.

a. On parle de ces affaires de corruption dans la presse. → ....
b. Je m'intéresse beaucoup à ce jeune écrivain. → ....
c. L'actrice est ravie de cette critique. → ....
d. Tu ne devrais pas te moquer de ta voisine. → ....
e. Vous devez vous adresser au service des aides sociales. → ....
f. J'aimerais faire appel à ce chercheur. → ....
g. Tu pourrais t'inscrire à ce cours de dessin. → ....
h. Vous faites confiance à ce journaliste ? → ....

B. Les pronoms compléments indirects

73 Répondez librement en utilisant « y », « en », « à » + pronom ou « de » + pronom.

Exemple : Vous souvenez-vous de vos amis d'enfance ? – Oui, je me souviens **d'eux**.

a. Avez-vous déjà vu un film du réalisateur Cédric Khan ? – ....
b. Avez-vous peur des fanatiques ? – ....
c. Vous intéressez-vous à l'écologie ? – ....
d. Dans le métro, vous méfiez-vous des pickpockets ? – ....
e. Vous confiez-vous à vos amis ? – ....
f. Vous opposez-vous parfois à votre père ? – ....
g. Avez-vous besoin de réconfort ? – ....
h. Vous plaignez-vous de vos voisins ? – ....

74 Remplacez les mots en italique par « de lui », « d'elle », « d'eux », « d'elles » ou « en ».

Exemples : Il connaît tous les secrets *de ce village*. → Il **en** connaît tous les secrets.
Je me souviens très bien *de ce maire*. → Je me souviens très bien **de lui**.

a. Floriane n'a rien hérité *de ses parents*. → ....
b. Nous n'avons pas pris de photos *de Laura*. → ....
c. Il ne m'a pas dit ce qu'il pensait *de son voyage*. → ....
d. Elle dit beaucoup de mal *de sa voisine*. → ....
e. On se doutait *du résultat*. → ....
f. J'ai obtenu un autographe *de la chanteuse Angèle*. → ....
g. Pourquoi tu te méfies *du prof de maths* ? → ....
h. On se soucie *de sa santé*. → ....

C. Les pronoms compléments neutres : « le », « en », « y »

— • « Le » neutre ————————————————————————

– Tu peux expliquer à Élise ce que vous allez faire ? – Oui, je vais **l'**expliquer à Élise. • – Tu me dis quand vous envisagez de partir ? – Je ne **le** sais pas encore.

Le pronom neutre « le » peut remplacer un infinitif ou une proposition qui commence par « si », « (ce) que », « pourquoi », « quand », « où »...

75 Réécrivez ces phrases en employant le pronom neutre « le ».

Exemple : Ma sœur m'a dit que Maman avait fait une mauvaise chute. → Ma sœur me l'a dit.

a. Julia m'a expliqué pourquoi il fallait qu'on vienne tous les deux. → ....
b. Elle m'a assuré que Maman ne souffrait pas. → ....
c. L'employé m'a affirmé que le train pour Nîmes était direct. → ....
d. Je me demande s'il y aura de la place dans le TGV. → ....
e. On ne sait pas à quelle heure partira le prochain train. → ....
f. Je me demande comment nous irons de Nîmes au village. → ....
g. Ma sœur m'a proposé d'envoyer un taxi à la gare. → ....
h. Nous avons décidé que nous appellerions un taxi en arrivant à Nîmes. → ....

02 • Les pronoms compléments

> **• L'infinitif repris par un pronom neutre**
>
> – Vous envisagez de vous marier ? – Oui nous l'envisageons. • – Vous avez envie de partir en voyage ?
> – Oui, nous en avons envie. • – Vous songez à partir en Ardèche ? – Oui, nous y songeons.
>
> Un infinitif peut être remplacé par un pronom neutre :
> - Un infinitif seul est repris par « le ».
> - « À » + infinitif est repris par « y ».
> - « De » + infinitif est repris par « le » ou « en » selon les verbes.

76 Classez ces expressions verbales selon le pronom qui peut remplacer le verbe à l'infinitif.

Je le/l'….	J'y…	J'en…
a,		

a. J'envisage d'aller au théâtre.
b. J'arrive à nager le crawl.
c. Je tiens à réussir cet exercice.
d. Je crois connaître cet homme.
e. Je suis ennuyé de faire ce détour.
f. Je fais exprès de chanter faux.
g. Je souffre de vivre seul.
h. Je renonce à déménager.
i. J'évite de fumer en public.
j. Je rêve d'acheter un voilier.

77 Classez ces expressions verbales selon le pronom qui peut remplacer le verbe à l'infinitif.

Je le/l'….	J'y…	J'en…
	a,	

a. Je songe à divorcer.
b. Je promets de revenir.
c. J'ai peur de regarder un film.
d. Je regrette de partir maintenant.
e. Je parviens à skier.
f. J'ai envie de poser une question.
g. Je réussis à apprendre l'italien.
h. Je décide de changer de vie.
i. Je m'oblige à parler russe.
j. Je songe à reprendre mes études.

78 Complétez par « le », « en » ou « y ».

Exemple : Passer la nuit ici, je vous le conseille.

Passer la nuit ici, je vous…
a. …………… dissuade.
b. …………… encourage.
c. …………… ai convaincu.
d. …………… autorise.
e. …………… suggère.
f. …………… invite.
g. …………… recommande.
h. …………… parle.

79 Répondez en utilisant « le », « y » ou « en ».

Exemple : Vous espérez trouver un studio ? – Oui, je l'espère.

a. Vos enfants pensent à partir au Mexique ? – Non, ……………………………………………………………
b. Vous êtes heureux de nous accueillir ? – Oui, ……………………………………………………………

C. Les pronoms compléments neutres : « le », « en », « y »

c. Tu décides de suivre cette formation ? – Non, ...
d. Anaïs craint de perdre son emploi ? – Oui, ...
e. Louis est prêt à changer de ville ? – Non, ...
f. Es-tu certain de faire le bon choix ? – Oui, ...
g. Il est capable de prendre cette décision ? – Oui, ...
h. Vous avez besoin de recruter du personnel ? – Non, ...

80 Répondez en utilisant « le », « y » ou « en ».

Exemple : Vous comptez revenir la semaine prochaine ? – Non, nous n'y comptons pas.

a. Avez-vous besoin de prendre l'air ? – Oui, ...
b. Voudrais-tu m'accompagner au restaurant ce soir ? – Non, ...
c. Tu promets de me donner des nouvelles ? – Oui, ...
d. Vous êtes certain de ne pas accepter ce poste ? – Oui, ...
e. Alice regrette de ne pas aller au théâtre ? – Non, ...
f. Laurent admet s'être trompé ? – Oui, ...
g. Vos parents ont reconnu avoir fait une erreur ? – Non, ...
h. Son ami a refusé de participer à ce débat ? – Non, ...

D. La double pronominalisation (Rappel)

> • **La place des doubles pronoms**
>
> – Vous avez offert ce livre à Manuel ? – Oui je **le lui** ai offert. • – Tu as demandé un conseil à tes parents ?
> – Non, je ne **leur en** ai pas demandé.
>
> Dans une phrase avec deux pronoms, direct et indirect, l'ordre est le suivant :
>
> • me/te/nous/vous + le/la/les + verbe   • m'/t'/l'/nous/vous/les + y + verbe
>
> • le/la/les + lui/leur + verbe   • m'/t'/lui/nous/vous/leur + en + verbe
>
> ✋ « Y » et « en » sont toujours juste devant le verbe conjugué.

81 Reliez les éléments qui se correspondent.

a. Tu envoies tes enfants à la montagne ?
b. Vous servirez cette tarte à vos amis ?
c. Tu me donnes un biscuit ?
d. Ils ont envoyé ce colis à Marianne ?
e. Vous avez posé ces questions au restaurateur ?
f. Tu as retrouvé la recette dans ton livre ?
g. Elle a écrit ce mail aux Dufour ?
h. Vous expliquerez à Mélodie comment préparer cette sauce ?

1. Non, elle ne le leur a pas écrit.
2. Non, ils ne le lui ont pas envoyé.
3. Non, je ne l'y ai pas retrouvée.
4. Oui, je les y envoie.
5. Oui, je le lui expliquerai.
6. Non, on ne les lui a pas posées.
7. Oui, je la leur servirai.
8. Oui, je t'en donne un.

02 • Les pronoms compléments

82 Retrouvez ce que le pronom en italique remplace.

Exemple : Tu *les* lui as rendues ?
  ☐ les timbres   ☑ les enveloppes   ☐ des photos

a. On ne le *lui* dira pas.
  ☐ aux enfants   ☐ à Mélanie   ☐ bonjour

b. Tu ne les y verras pas.
  ☐ mes amis   ☐ au bar   ☐ à la propriétaire

c. Tu la *leur* laisses ?
  ☐ ta voiture   ☐ à tes enfants   ☐ à Monica

d. Ils *les* y emmèneront.
  ☐ Pierre et Julia   ☐ au cinéma   ☐ mon ami et moi

e. Vous *le* leur demanderez.
  ☐ à vos voisins   ☐ l'argent   ☐ l'adresse

f. Je *la* leur ai déjà rendue.
  ☐ les clés   ☐ la monnaie   ☐ aux clients

g. Ils *l'*y accompagneront.
  ☐ ta fille   ☐ de prison   ☐ au restaurant

h. Je *vous* y retrouverai à midi.
  ☐ ton frère et moi   ☐ ta mère et toi   ☐ les collègues

83 Insérez dans la phrase le pronom correspondant au mot entre parenthèses. Faites l'accord si besoin.

Exemple : Louis t'accompagnera dimanche (au cirque). → Louis **t'y** accompagnera dimanche.
a. La société m'envoie (en Argentine). → ....
b. Tu me donnes (tes coordonnées). → ....
c. Vous allez nous offrir (cette toile). → ....
d. Je vous ai transmis (ces bonnes nouvelles). → ....
e. Il nous téléphonera (le résultat du concours). → ....
f. Ils m'ont demandé (le chemin le plus court). → ....
g. J'ai expliqué la démarche à suivre (à vous). → ....
h. Ils inviteront au restaurant dimanche (mon ami et moi). → ....

84 Remettez les phrases dans l'ordre.

Exemple : pas / apportera / elle / nous / ne / ce / les / soir / ici → Elle ne nous les apportera pas ici ce soir.
a. en / je / demain / lui / parlerai → ....
b. pas / le / ils / ne / ont / leur / hier soir / distribué → ....
c. immédiatement / lui / rendras / le / tu → ....
d. pas / ne / y / rangeais / l' / habituellement / je → ....
e. nous / pas / ne / en / tu / as / refusé → ....
f. bientôt / vous / on / en / parlera → ....
g. me / vous / déjà / interdit / l' / avez → ....
h. souvent / les / elle / vous / demande → ....

D. La double pronominalisation (Rappel)

85 Reliez les questions et les réponses.

C'est toi qui as emprunté...

a. ses outils à Véra ?
b. son pinceau à ta mère ?
c. un tournevis à tes parents ?
d. des pinces au plombier ?
e. mon marteau ?
f. sa boîte à outils à Louis ?
g. une paire de ciseaux à la gardienne ?
h. un rabot au menuisier ?

Oui, c'est moi qui...

1. leur en ai emprunté un.
2. lui en ai emprunté.
3. les lui ai empruntés.
4. lui en ai emprunté une.
5. lui en ai emprunté un.
6. te l'ai emprunté.
7. le lui ai emprunté.
8. la lui ai empruntée.

86 Répondez en utilisant deux pronoms compléments et faites les accords nécessaires.

Exemple : As-tu rangé ces documents dans le dossier ?
– Non, je ne les y ai pas rangés.

a. As-tu aidé le comptable à calculer les bénéfices ?
– Oui, ...
b. Avez-vous envoyé les factures aux clients de Rouen ?
– Oui, ...
c. Alice a-t-elle remis les devis à Mme Blanchard ?
– Non, ...
d. L'assistante a-t-elle demandé aux employés leurs disponibilités ?
– Oui, ...
e. La directrice a-t-elle communiqué à son équipe les nouveaux horaires ?
– Non, ...
f. Avez-vous expliqué au stagiaire le fonctionnement du scanner ?
– Non, ...
g. Les employés ont-ils demandé une augmentation à la directrice ?
– Oui, ...
h. La secrétaire a-t-elle montré le nouveau logo aux prestataires ?
– Oui, ...

• **Les doubles pronoms à l'impératif**

– Vous voulez des framboises ? – Oui, donnez-m'en une barquette. / Non, ne m'en donnez pas. • – Je peux rejoindre tes amis au restaurant ? – Oui, rejoins-les-y. / Ne les y rejoins pas.

Dans une phrase avec deux pronoms, direct et indirect, l'ordre est le suivant :
- À l'impératif affirmatif, les pronoms sont placés derrière le verbe avec un tiret.
- À l'impératif négatif, les pronoms sont placés devant le verbe.

✋ Pronom direct + « y » ; pronom indirect + « en ».

02 • Les pronoms compléments

87 Reliez les éléments qui se correspondent.

a. Ne rangez pas les chaussettes dans ce tiroir.
b. Mettez le linge sale dans la machine.
c. Placez les chaussures dans le coffre.
d. Ne séparez pas les T-shirts des chemises.
e. Enlevez la boue des bottes.
f. Ne pliez pas les chemises dans la buanderie.
g. Nettoyez les taches des vêtements.
h. Placez les bonnets en haut de l'armoire.

1. Ne les y pliez pas.
2. Ne les y rangez pas.
3. Enlevez-l'en.
4. Placez-les-y.
5. Ne les en séparez pas.
6. Nettoyez-les-en.
7. Mettez-l'y.
8. Placez-les-y.

88 Réécrivez à l'impératif en employant des pronoms.

Exemple : Vous ne donnez pas mon adresse à Sophie. → Ne la lui donnez pas.

a. Victor envoie ce colis à sa copine. → ....
b. Tu ne demandes pas à Marion des informations. → ....
c. On retrouve Daniel au théâtre. → ....
d. Nous ne quittons pas le foyer avec les acteurs. → ....
e. Vous prévenez votre ami du retard de train. → ....
f. Tu expliques la leçon à Béatrice. → ....
g. Vous n'expédiez pas ces courriers à Lyon. → ....
h. Tu informes la famille de cette bonne nouvelle. → ....

89 Imaginez ce que ces pronoms remplacent et réécrivez librement des phrases complètes :

Exemple : Ne les y emmène pas. → N'emmène pas les enfants au parc.

a. Ne leur en parle pas. → ....
b. Ne t'y mets pas maintenant. → ....
c. Ne lui en offrez pas. → ....
d. Offre-le-moi. → ....
e. Rends-les-lui. → ....
f. Donnez-lui-en. → ....
g. Ne m'en apporte pas. → ....
h. Ne vous y attardez pas. → ....

Bilan 2

1. Complétez la biographie de Louise Michel par des pronoms.

Louise Michel naquit en 1830 au château de Vroncourt en Haute-Marne, d'une relation entre le fils du châtelain et une servante. Ses grands-parents .... (a) élevèrent et .... (b) firent donner une bonne instruction. Les philosophes des Lumières comme Voltaire et Rousseau, elle .... (c) découvrit pendant l'adolescence et elle s'intéressa beaucoup .... (d).
À l'âge de vingt ans, après la mort de son père et de ses grands-parents, Louise Michel fut chassée du château et devint institutrice. Elle fonda une école libre ; elle .... (e) enseigna pendant trois ans selon les principes républicains. Puis, Louise Michel s'installa à Paris où elle exerça le métier d'institutrice. Elle .... (f) fit la connaissance d'hommes engagés politiquement comme Jules Vallès et Victor Hugo. Elle écrivit pour des journaux d'opposition et rédigea des poèmes. Elle .... (g) adressait à Victor Hugo qui s'intéressait .... (h). Ils entretinrent tous deux une longue correspondance. Louise Michel devenue militante s'engagea pour aider les femmes à vivre de leur travail. Cette activité politique, elle .... (i) poursuivit jusqu'à sa mort.
En 1870, pendant la Commune de Paris, Louise Michel, surnommée « la Vierge Rouge », s'engagea comme révolutionnaire et tenta d'assassiner Thiers, le président de la République. Sa mère fut alors arrêtée et menacée d'être exécutée. Pour .... (j) faire libérer, Louise Michel se rendit. Elle fut condamnée à la déportation en Nouvelle-Calédonie. Elle n'..................... (k) partirait qu'en 1880. L'anarchie, c'est pendant sa déportation qu'elle commença à s'..................... (l) intéresser.
À son retour à Paris, Louise Michel reprit son activité militante. Elle donna des conférences et défendit l'abolition de la peine de mort, les ouvriers et les chômeurs. Les calomnies et le manque de liberté d'expression s'aggravaient, Louise Michel .... (m) fut lassée et elle décida de s'installer à Londres en 1890. Elle .... (n) dirigea une école libertaire puis rentra en France cinq ans plus tard. Arrêtée à plusieurs reprises lors de manifestations, elle fut emprisonnée pendant trois ans avant d'être libérée grâce à Clemenceau.
Louise Michel mourut d'une pneumonie à Marseille en 1905 au cours d'une tournée de conférences. Une foule de 120 000 personnes .... (o) accompagna lors de ses funérailles jusqu'au cimetière de Levallois.

2. Complétez ce dialogue en mettant les verbes à la forme qui convient et en ajoutant les pronoms nécessaires.

« Bonjour madame, je voudrais parler à Charlotte, s'il vous plaît.
– Ne quittez pas, je .... (a. passer).
– Charlotte, c'est Hugo. Tu es allé au lycée cet après-midi ?
– Évidemment que je .... (b. aller). Pourquoi ?
– Tu .... (c. pouvoir dire) ce que vous avez fait en français et en histoire ?
– En français, on a étudié un poème de Baudelaire, « Spleen », tu .... (d. connaître) ?
– Oui, je crois que je .... (e. déjà lire). La prof vous a parlé de Baudelaire ?
– Oui, elle .... (f. parler), de sa vie et de son œuvre. Pour le prochain cours, on doit .... (g. faire une recherche sur).
– On .... (h. pouvoir faire) en bibliothèque ?
– C'est ça. Et en histoire, on a commencé à étudier la Commune. Tu n'as qu'à regarder dans ton livre.
– Cette période, je .... (i. connaître) bien ; je .... (j. déjà étudier) l'an dernier. Tu as pris des notes ? Tu .... (k. pouvoir passer) pour que je .... (l. recopier) ?
– Écoute, ... (m. demander) plutôt à Antoine, les miennes sont illisibles.
– D'accord, je .... (n. demander) mais je n'aime pas .... (o. avoir affaire) ; il fait toujours des histoires !
– Alors demande à Pauline, tu .... (p. pouvoir compter sur) ; ce qu'elle fait, elle .... (q. faire) toujours très bien.
– Bonne idée. Merci et à demain. Je .... (r. retrouver toi) vers 9 heures.

03 • Les adjectifs et les pronoms indéfinis

A. Les adjectifs indéfinis

> **• L'expression de l'imprécision**
>
> Il possède **plusieurs** studios de **différentes** dimensions. • **Chaque** appartement dispose d'une terrasse.
>
> - Les adjectifs indéfinis expriment des nuances imprécises de quantité, de qualité, de ressemblance ou de différence.
> - Ils sont suivis d'un nom. Certains s'accordent avec ce nom, d'autres non.

90 Reliez le début et la fin des phrases.

a. Nous nous ressemblons,   1. différents locataires.
b. J'ai déménagé il y a un mois,   2. quelque temps ensemble.
c. J'ai invité   3. nous avons les mêmes goûts.
d. Certains voisins sont venus,   4. avait apporté une boisson, un plat ou un dessert.
e. J'ai rencontré   5. j'habite dans un autre quartier désormais.
f. Vous avez passé   6. plusieurs voisins à la pendaison de la crémaillère.
g. Chaque invité   7. votre aide.
h. Je n'avais nul besoin de   8. d'autres personnes ne se sont pas déplacées.

> **• L'imprécision de quantité et de qualité**
>
> Comme tu es naïf ! Tu crois à **n'importe quelles** histoires. • **Aucun** Français ne peut voter avant dix-huit ans. • **Tout** travail mérite salaire.
>
> - La quantité : nul(le), aucun(e), pas un(e), pas de, plus d'un(e), chaque (individualité, habitude), tout/tous/toute(s) (désigne la totalité ou a le même sens que « n'importe quel », « chaque »), plusieurs, différent(e)s …
> - La qualité : certain(s), certaine(s), quelque(s), n'importe quel(s)/quelle(s), je ne sais quel(s)/quelle(s)…
>
> ✋ « Chaque » est toujours suivi d'un nom au singulier et « plusieurs » d'un nom au pluriel.

91 Complétez par « quelques » (un petit nombre) ou « plusieurs » (plus de deux).

Exemple : Il ne reste plus que quelques places au premier rang, monsieur.

a. J'ai écouté .... opéras italiens, mais ce sont ceux de Verdi que je préfère.
b. Il lui suffit d'entendre .... notes de rock pour se mettre à danser.
c. Nous avons acheté .... versions de ce titre de jazz. C'est celle de Charlie Parker la meilleure.
d. Je possède .... livres de cet écrivain mais je n'en ai lu qu'un seul.
e. Faites vite, il reste encore .... billets disponibles pour le concert.
f. Je ferai une très grande tournée avec .... de mes musiciens ainsi qu'un orchestre classique.
g. .... possibilités s'offrent à nous dans le domaine musical. Mais nous devons faire un seul choix.
h. Il ne subsiste que .... exemplaires de la première édition de cette œuvre.

A. Les adjectifs indéfinis

92 Complétez par « quelques » (un petit nombre) ou « quelque » (un, une).

Exemple : J'ai quelques problèmes à résoudre.

a. Avez-vous .... idée de la ville où ils souhaitent habiter ?
b. Dans .... années, nous vivrons dans de meilleures conditions.
c. Si vous avez .... hésitation, téléphonez-moi.
d. Nous travaillerons .... part en Californie ou en Floride.
e. J'ai déjà envisagé de déménager à l'étranger, il y a .... temps.
f. Il ne me reste que .... formalités à effectuer pour obtenir mon visa.
g. Je ne me le pardonnerai jamais si .... chose t'arrivait dans ce pays !
h. Vous avez eu .... bonnes idées. Nous allons les retenir pour notre voyage.

93 Complétez par la forme correcte de l'adjectif « tout » et précisez quand « tout » signifie « chaque ».

Exemple : Tout cours annulé doit être signalé au secrétariat. (Tout = chaque.)

a. .... étudiant a droit à une place dans notre faculté.
b. Je passe .... mes examens à la fin du semestre.
c. Nous avons cours .... la matinée.
d. .... les horaires seront affichés près du secrétariat.
e. Les professeurs aimeraient connaître le nom de .... élève.
f. .... les épreuves auront lieu dans l'amphi B.
g. Le doyen de l'université a été félicité par .... le monde.
h. .... examen doit se dérouler dans le calme le plus absolu.

94 Complétez par « tout » ou « chaque ».

Exemple : Chaque jour, je recherche du travail dans toute la ville.

a. Dans son C.V., il a oublié d'indiquer .... ses qualifications et .... expérience professionnelle.
b. J'ai consulté .... les offres d'emploi sur Internet et j'ai lu .... les petites annonces.
c. .... lettre de motivation mérite qu'on la lise avec attention. C'est pourquoi je vous demande de lire .... les documents.
d. .... les bulletins de salaire sont distribués .... mois.
e. Vous n'avez pas pris .... vos congés payés ni .... vos RTT*.
f. Le directeur a accordé à .... CDI une augmentation et à .... CCD une prime.
g. .... emploi à temps plein qu'on m'a proposé .... ces années s'est soldé par un licenciement.
h. Je toucherai .... ma retraite à 62 ans mais d'ici là, je dois travailler .... jour.

* RTT : réduction du temps de travail.

95 Complétez par « nul », « plusieurs », « quelques », « aucun », « chaque » ou « tout ».

Exemple : Nul être humain n'est capable de faire une chose pareille.

a. .... problème a une solution.
b. .... parent n'est venu à son anniversaire.
c. N'investis pas ton argent dans ce placement, son rendement est ....

43

03. Les adjectifs et les pronoms indéfinis

d. Je l'ai rencontré .... fois mais on ne s'est jamais parlé.
e. .... jour il me répète qu'il va chercher du travail mais il n'en fait rien.
f. Il ne reste en France que .... semaines.
g. Je n'irai .... part sans lui.
h. Il n'y a .... raison que tu me reproches tout cela.

• La ressemblance et la différence

Je porte le même prénom que ma grand-mère. • **Son fils demeure à une autre adresse.**

- La différence : autre, l'autre / les autres, un autre, une autre / des autres, d'autres…
- La ressemblance : même, le, la, les même(s)…

---

96 Complétez par « différent », « certain », « quelques » ou « autre » à la forme qui convient. (Il y a parfois plusieurs possibilités.)

Exemple : J'ai voyagé dans *différents* pays et j'y ai rencontré *différentes* personnes.

a. .... associations œuvrent pour la protection de la faune sauvage et .... associations luttent pour la préservation du patrimoine naturel.
b. À la fin du voyage, il ne restait plus que .... touristes intéressés par le circuit.
c. WWF œuvre à la conservation de .... espèces emblématiques menacées sur les continents.
d. On nous a proposé de participer à .... campagnes d'information. Mais il y a seulement .... causes qui nous interpellent.
e. Elle réalise .... expositions et .... événements pour sensibiliser le grand public.
f. Nous n'éditons que .... guides mais nous diffusons .... brochures pour protéger les milieux et les espèces.
g. Notre association demande l'arrêt de la chasse le dimanche et la réhabilitation de .... animaux dits « nuisibles ».
h. La préservation des oiseaux, et plus particulièrement de .... oiseaux migrateurs comme la cigogne, nous tient à cœur.

97 Mettez au pluriel les mots en italique en choisissant « d'autres » ou « des autres ».

Exemple : J'ai *un autre film* à voir. → J'ai **d'autres films** à voir.

a. Je n'ai aucune idée *de l'autre spectacle qui passe* actuellement.
→ ....
b. Il me faudrait *une autre place*, s'il vous plaît.
→ ....
c. Ils ont interprété *une autre œuvre musicale* dont je ne me souvenais plus.
→ ....
d. Nous avons regardé les reproductions *de l'autre catalogue*.
→ ....
e. Elle a joué *un autre morceau* de Ravel.
→ ....

A. Les adjectifs indéfinis

f. Je ne savais pas que ta mère s'intéressait *à un autre art*.

→ ....

g. Ce rôle a été joué *par une autre actrice célèbre*.

→ ....

h. Les étudiantes des Beaux-Arts ont fait une copie *de l'autre sculpture*.

→ ....

98 Complétez par l'adjectif indéfini « n'importe quel » à la forme correcte.

Exemple : Pouvez-vous me passer n'importe quelle assiette, s'il vous plaît ?

a. Alors où est ce qu'on mange ? – Oh ! Dans .... restaurant, pourvu qu'il soit français.
b. Tu as une préférence pour une cuisine ? – Oh, non, achète .... plat.
c. C'est un vrai cordon-bleu, il réussit .... recettes de cuisine.
d. Lucas est très influençable. Il suit .... conseil.
e. Dans son pays, il n'y a pas de règle, on déjeune à .... heure de la journée.
f. Il a l'habitude de quitter la table pour .... raisons.
g. Ils ne servent pas .... poissons dans ce haut lieu de la restauration.
h. Les restaurateurs n'ont pas choisi .... spécialités locales.

99 Soulignez la réponse correcte.

Exemple : Je ne m'attendais pas à une *même/autre* réaction.

a. Nous avons été choqués par les *mêmes / autre* comportements.
b. Ils étaient surpris par *d'autres / de mêmes* remarques.
c. Je décidai de partir *le même / l'autre* jour à la *même / autre* heure.
d. Une *même / autre* attitude aurait été impardonnable.
e. Nous avons eu *la même / l'autre* réaction face à *d'autres / de mêmes* agissements.
f. Il a admiré les œuvres des *autres / mêmes* artistes.
g. Nous sommes consternés devant *la même / l'autre* attitude d'agressivité.
h. Nous partageons *le même / l'autre* goût pour la danse.

B. Les pronoms indéfinis

• **L'emploi des pronoms indéfinis**

Nul n'est censé ignorer la loi. • Tu achèteras quels chocolats ? – **N'importe lesquels**. • Se sentir utile et faire **quelque chose** pour **autrui** est le moteur des bénévoles.

- Le pronom indéfini remplace un adjectif indéfini suivi d'un nom.
- Certains sont variables, d'autres invariables.

03. Les adjectifs et les pronoms indéfinis

100 Soulignez les pronoms indéfinis.

Exemple : Tous les participants ont évalué leur voyage. Tous ont été satisfaits de l'hébergement.

a. Certains ont critiqué la restauration. Plusieurs ont détesté le petit-déjeuner et quelques autres ont regretté l'absence de vin à table.
b. Chacun a donné son avis sur le voyage organisé mais tous n'ont pas voulu répondre à toutes les questions.
c. Plusieurs personnes ont insisté sur la qualité des repas servis.
d. Quelques-uns ont été déçus par le temps consacré aux visites, d'autres ont apprécié le choix des excursions.
e. Les voyageurs ont eu quelques problèmes de connexion à l'hôtel.
f. Les uns se sont plaints de la guide, les autres de la situation de l'hôtel, d'autres du confort.
g. Certains passagers auraient voulu descendre dans un hôtel de catégorie supérieure.
h. Aucun d'entre eux ne s'est opposé au départ anticipé lors du dernier site visité. Tous ont approuvé le changement de programme.

101 Reliez le début et la fin des phrases.

a. Quelqu'un
b. Chacun,
c. Aucune
d. Certaines
e. Rien
f. Tous
g. Personne
h. On

1. étaient impatientes de partir.
2. ne pouvait l'ignorer.
3. n'était plus comme avant.
4. ne peut pas te le dire.
5. a téléphoné à l'agence ?
6. à tour de rôle, a commenté l'actualité.
7. d'elles n'a répondu au courrier.
8. étaient en conflit avec lui.

• La singularité ou la pluralité

J'ai acheté des biscuits. **Quelques-uns** viennent de Bretagne **d'autres** de Normandie. Choisis **n'importe lesquels**, ils sont excellents. Demande à **n'importe qui**, tu verras.

La singularité et la pluralité :
• un(e), un(e) autre, d'autres, chacun(e), plusieurs, certain(s)/certaine(s)…
• quelqu'un/quelques-un(e)s, quelque chose, quelques autres…
• n'importe qui (= « quiconque »), n'importe quoi, n'importe lequel/laquelle/lesquels /lesquelles…

---

102 Complétez par le pronom indéfini de la liste qui convient. Un même pronom peut être employé plusieurs fois.

quelqu'un – quelque chose – n'importe qui – n'importe quoi – n'importe lequel – n'importe laquelle – quiconque (2 fois).

Exemple : Passe-moi un stylo, n'importe lequel.

a. ………………………… voudra participer à ce voyage devra demander un visa.
b. ………………………… a appelé les secours.
c. ………………………… répondra à notre enquête recevra un bon d'achat.
d. Les invités ont apporté ………………………… pour toi.

B. Les pronoms indéfinis

e. Il a très bon caractère, il parle avec ....
f. Elle n'est pas difficile. Achète-lui ....
g. Il veut lire le journal. Prends-lui ....
h. Elle aime toutes tes robes. Prête-lui ....

103 Soulignez la réponse correcte.

Exemple : Demande ton chemin à *n'importe qui* / *quiconque* dans la rue.

a. Je prendrai *n'importe quel* / *n'importe lequel* vin blanc.
b. Arrête une voiture, *n'importe quelle* / *n'importe laquelle*. Elle nous conduira à la prochaine station essence.
c. J'adore tous les fromages. Choisis *n'importe lequel* / *n'importe quel*.
d. *N'importe qui* / *Quiconque* réussira ses examens sera récompensé.
e. On va voir *n'importe laquelle* / *n'importe quelle* pièce de théâtre quand on n'a pas réservé.
f. Je vous conseille le poisson. Vous aimerez *n'importe quel* / *n'importe lequel*.
g. Installe-toi sur cette chaise ou sur *n'importe laquelle* / *n'importe quelle*.
h. Je ne vais pas louer *n'importe quelle* / *n'importe laquelle* voiture.

104 Complétez par « n'importe lequel » à la forme qui convient, « n'importe qui » ou « n'importe quoi ».

Exemple : Il ferait n'importe quoi pour de l'argent.

a. .... pourrait entrer chez toi, vu que tu laisses la clé sous le paillasson.
b. Posez-moi des questions, ..., je vais y répondre.
c. Prenez des macarons, ..., ils sont tous bons.
d. Voulez-vous des spaghettis ou des farfalles ? – .... pourvu que ce soit des pâtes.
e. Arrête de dire ....
f. Vous désirez quelle bière belge ? – ....
g. De ces pantalons, lequel préférez-vous ? – .... fera l'affaire.
h. N'importe quelles cravates lui plairont. – Ah non, pas .... Il préférera celles-ci.

• La quantité nulle, la totalité et l'identité ou la différence

Rien ne pouvait me faire plus grand plaisir que ce bijou. • Ils m'ont **tous** offert un cadeau. **Certains** m'ont envoyé une carte d'anniversaire.

- La quantité nulle : aucun(e), pas un(e), personne, nul(le), rien…
- La totalité au singulier ou au pluriel : tout/tous/toutes, chacun(e)…
- L'identité ou la différence : le/la/les même(s), l'un(e)/l'autre, les uns/les unes/les autres, d'autres, autrui, autre chose…

✋ « Tous » [tus] : le « s » final se prononce.

03. Les adjectifs et les pronoms indéfinis

105 Répondez négativement aux questions en utilisant un pronom indéfini.
(Il y a parfois plusieurs possibilités.)

Exemple : Avez-vous vu l'assassin ? – Non, je n'ai vu **personne**.

a. A-t-il volé quelque chose ? – ....
b. Les témoins ont-ils entendu crier ? – ....
c. Le cambrioleur a-t-il emporté quelque chose ? – ....
d. A-t-il dérobé vos bijoux ? – ....
e. Avez-vous reconnu l'agresseur et le passant ? – ....
f. Quelqu'un viendra avec vous ? – ....
g. Quelqu'un de vous saurait répondre ? – ....
h. Quelqu'un se plaint de l'enquête des policiers ? – ....

106 Soulignez la bonne réponse.

Exemple : Avez-vous visité beaucoup d'appartements ? – Non, *quelques-uns* / *plusieurs* seulement.

a. Avez-vous vu toutes les annonces immobilières ? – Oui, sûrement. En tout cas, j'en ai vu *plusieurs* / *quelques-unes*.
b. Y a-t-il des commerces à proximité ? – Oui, et même *certains* / *plusieurs*.
c. Les voisins sont-ils bruyants ? – *Les uns* / *Les autres* sont discrets, *certains* / *les autres* font un peu de bruit.
d. Il y a beaucoup d'immeubles anciens ? – Ça dépend. *Certains* / *Plusieurs* sont modernes et *d'autres* / *quelques-uns* sont anciens.
e. Qui sont ces personnes ? *Certaines* / *Les unes* sont propriétaires et *les autres* / *plusieurs* locataires.
f. Tu connais tous tes voisins ? – Non, mais j'en connais *plusieurs* / *certains*, M. et Mme Lepage.
g. Les fenêtres donnent sur la rue ? – Oui, *quelques-unes* / *les unes* donnent sur la rue mais j'ai de la chance, *certaines* / *plusieurs*, dont celle de ma chambre, donnent sur la cour.
h. Dans le quartier, y a-t-il des appartements en location ? – Non, très peu. *Quelques-uns* / *Plusieurs* sont en agence.

107 Répondez aux questions en employant « tout », « tous », « toutes » et faites les accords nécessaires.

Exemple : Vous avez pris vos affaires ? – Oui, nous les avons **toutes** prises.

a. Est-ce que tu as enregistré tous tes bagages ? – Oui, ...
b. Ils ont réservé seulement leurs places ? – Non, ...
c. Vous êtes prêt pour votre départ ? – Oui, ...
d. Rien ne va, ça vous inquiète ? – Non, ...
e. Il croit n'avoir rien fait pour préparer ce voyage ? – Au contraire, ...
f. Tes amis viendront te dire au revoir ? – Oui, ...
g. Tu as perdu tes clés de valise ? – Non, ...
h. Vous utilisez les transports en commun à Paris ? – Oui, ...

B. Les pronoms indéfinis

108 Complétez par « chacun », « chacune », « on », « tous » ou « toutes ».

Exemple : Les voyageurs sont contrôlés à la police des frontières. Chacun doit présenter son passeport.
a. Elles prendront un avion qui fera escale à Rome puis .... d'elles prendra une correspondance.
b. Les garçons, voyagez en classe affaires, ainsi .... d'entre vous pourra dormir confortablement.
c. Soyez vigilantes et .... de vous pourra voyager sans problème.
d. Ici .... ne vend pas d'articles hors taxes.
e. Ils étaient .... venus m'accueillir à l'aéroport.
f. Mes amies avaient .... apporté des fleurs pour les adieux.
g. Et puis .... est parti .... chez soi.
h. .... d'entre vous doit aller à la douane pour déclarer ses marchandises.

109 Complétez par « le, la, les même(s) », « un autre », « d'autres », « autrui », « les uns » ou « les autres ».

Exemple : Ne fais pas à autrui ce que tu ne voudrais pas qu'on te fasse.
a. Mes quatre enfants sont très différents. .... sont studieux, ... sont paresseux.
b. J'adore tes boucles d'oreilles. J'ai exactement .... à la maison.
c. Tu commandes toujours le même vin mais je vois que tu en as pris .... aujourd'hui.
d. J'aime bien ce sac, je voudrais .... mais en blanc, s'il vous plaît.
e. Il est bien plus difficile de se juger soi-même que de juger ....
f. Mon fils recherche une tablette comme sur ce catalogue. Où pourrais-je trouver .... ?
g. Vos bagues me plaisent mais puis-je en voir ...., s'il vous plaît ?
h. Le devoir a une grande ressemblance avec le bonheur d'... .

Bilan 3

Complétez ce texte par les adjectifs et pronoms indéfinis de la liste.
certains – d'autres – plusieurs – tout – n'importe quel – n'importe laquelle – chaque – quelques – nul – différentes.

La nouvelle Halle gourmande de Nice, au sein de l'ancienne gare du sud entièrement métamorphosée, dans le quartier Libération, entend s'affirmer comme une destination touristique et gastronomique en y associant .... (a) activités commerciales, ludiques, événementielles et artistiques. .... (b) comptoirs de restauration valorisent des savoir-faire locaux : l'huile d'olive, le citron, la cuisine niçoise Avec .... (c) enseignes, on peut y goûter les cuisines du monde. .... (d) week-ends des concerts, des spectacles, des expositions sont prévus. .... (e) le monde peut déambuler sur une mezzanine, sur les terrasses ou dans un espace central. Dans une atmosphère industrielle, lumineuse et de verdure, ... (f) visiteur pourra aussi acheter .... (g) produits de petite décoration, de vêtements ou de produits culturels. .... (h) Niçois admettra que c'est un lieu de partage et de convivialité et que cet endroit ne ressemble à .... (i) autre pareil dans la capitale azuréenne. Alors dans quelle échoppe vous allez vous rendre ? Dans .... (j), mais toujours de qualité.

04 • Les repères de temps et de lieu

A. Les repères temporels

> • « Depuis », « voilà », « il y a », « ça fait » (Rappel)
>
> Ils sont mariés **depuis** trois ans. • Il dort **depuis** dix heures. / Il s'est endormi **il y a** dix heures.
>
> • Pour indiquer une durée, on peut utiliser « **voilà/il y a** », « **depuis** » + nom ou « **depuis que** », « **voilà/il y a/ça fait… que** » + indicatif.
>
> • « **Depuis** » insiste sur la durée écoulée, « **voilà** », « **il y a** » et « **ça fait** » sur le début de cette durée.

110 Associez le début et la fin des phrases.

a. Depuis sa petite enfance,
b. Il y a quelques années,
c. Ça fait quatre ans
d. Elle a obtenu sa licence
e. Depuis qu'elle a commencé ses études,
f. Noémie s'est inscrite en master de littérature
g. Elle n'a jamais changé d'avis
h. Il y a un an,

1. qu'elle a choisi cette orientation.
2. depuis qu'elle s'est inscrite à l'université.
3. voilà dix mois.
4. Noémie a toujours adoré lire.
5. elle a annoncé qu'elle voulait passer l'agrégation.
6. elle voulait être bibliothécaire.
7. il y a un an.
8. elle souhaite devenir professeur.

111 Complétez par « depuis » ou « il y a ».

Exemple : Elle n'a pas mangé *depuis* vingt-quatre heures.

a. Ma sœur ne fume plus .... deux ans.
b. Il a passé son permis de conduire .... quatre ans.
c. Nous ne nous sommes pas revus .... l'université.
d. Elle est divorcée .... quelques mois.
e. Ils se sont fiancés .... six mois.
f. Ils ont commencé à travailler .... un an et demi.
g. Mon père ne suit plus de régime .... l'an dernier.
h. Ils ne se sont pas donné de nouvelles .... plusieurs semaines.

112 Complétez par « voilà », « ça fait (… que) », « depuis (que) » ou « il y a (… que) », en variant les expressions. (Il y a parfois plusieurs possibilités.)

Exemple : Victoria et Loïc vivent seuls *depuis* le départ de leur fille Flora.

a. .... dix ans .... Flora a quitté la maison.
b. Elle s'est installée à Madrid .... dix ans.
c. .... six ans, elle travaille dans une agence de voyages.
d. Elle a rencontré son ami Diégo .... quatre ans.
e. Ils ne se sont pas quittés .... leur rencontre.
f. .... trois ans .... ils vivent ensemble.
g. .... quelques mois, les parents s'en doutaient.

A. Les repères temporels

> **• « Pendant », « durant », « pour » et « en »**
>
> Ils ont marché **pendant** huit heures. **Durant** la marche, ils ont fait plusieurs haltes. Ils pensent atteindre le refuge **dans** deux heures. • On part en Irlande **pour** trois jours. • Ils ont tout rangé **en** huit heures.
>
> • « Pendant » et « durant » indiquent la durée d'une action.
>
> • « Pour » indique une durée prévue dans l'avenir. Il peut aussi indiquer une date.
>
> • « En » précise le temps mis pour faire quelque chose.

113 Cochez les phrases se référant au futur.

Exemple : Ils viennent pour dix jours. ☑

a. Il fait son exercice en dix minutes. ☐
b. Il commence à marcher dans quelques jours, c'est sûr ! ☐
c. Elle passe dans une heure et elle repart. ☐
d. Vous partez pour Paris. ☐
e. Durant les vacances, ils se reposent. ☐
f. Je suis là dans cinq minutes. ☐
g. Nous ne sortons pas le soir en semaine. ☐
h. Les enfants changent beaucoup en un an. ☐

114 Reliez le début et la fin des phrases. (Il y a parfois plusieurs possibilités.)

a. Amélie est absente → 3. pour une semaine. Elle reviendra le 3.
b. Ils ont fait le tour du Pérou
c. Pendant les prochaines vacances,
d. Pour la journée
e. Dans un mois,
f. Il a beaucoup plu
g. Elle a improvisé un dîner délicieux
h. Nous rentrerons à Lyon

1. pendant le mois de juin cette année.
2. ce sera l'hiver.
3. pour une semaine. Elle reviendra le 3.
4. dans quelques jours.
5. nous visiterons les châteaux de la Loire.
6. en quelques dizaines de minutes.
7. en quatre semaines.
8. ils iront passer quelques jours en Sicile.

115 Complétez par « pour » ou « pendant ».

Exemple : Nous n'avons pas encore de projet pour l'été.

a. Pense à prendre des bottes .... le week-end en Normandie.
b. Il n'a pas bu une goutte de vin .... la semaine.
c. Il a fait très doux .... la soirée.
d. Vous devrez préparer ces envois .... la matinée
e. Noël a travaillé .... trois heures mais il n'a pas terminé à l'heure.
f. Julia s'est absentée mais elle sera disponible .... vendredi matin.
g. .... la saison de la chasse, il faut éviter les promenades en forêt.
h. Vous devrez libérer le logement .... le mois de juillet.

04 • Les repères de temps et de lieu

116 Soulignez la réponse qui convient.

Exemple : Richard vient de partir *pendant / pour* six mois en Amérique centrale.

a. Le programme du centre sera disponible *durant / pour* la fin juin.
b. Qu'est-ce que vous avez fait *pour / pendant* les vacances de Toussaint ?
c. Il a fait le tour du mont Blanc *en / pendant* une semaine.
d. *En / Pendant* quelques heures, il a appris à utiliser ce logiciel.
e. *Dans / Durant* quelques mois, ils voyageront au Guatemala.
f. *Pour / En* quelques minutes, Aurélie a décidé de faire une jolie fête.
g. Nicolas a annoncé qu'il déménagerait *pendant / pour* la fin de l'année.
h. Les enfants ont promis qu'ils viendraient *en / pour* trois jours.

117 Complétez par « pendant », « en », « pour » ou « dans ».

Exemple : Dans deux ans, il passera son diplôme. Il aura achevé ses études en cinq ans.

a. Il a parcouru tout le chemin de Saint-Jacques .... trois mois et demi.
b. .... l'été, mes amis sont allés en Corse faire de la randonnée.
c. Avez-vous déjà des projets .... les fêtes de fin d'année ?
d. .... le mois de mai, il y a encore des giboulées.
e. Ce gros roman était formidable et je l'ai lu .... deux jours.
f. Nous n'avons pas terminé le projet, nous le remettrons .... une semaine.
g. N'oubliez pas de réserver .... la matinée une table pour deux.
h. Ce plat est très facile à réaliser et il se prépare .... vingt minutes.

• « Après », « au bout de », « à partir de », « dès »

Après une bonne nuit, **dès** le réveil, ils sont repartis en pleine forme, mais **à partir** de midi, **au bout de** trois heures de marche, ils ont commencé à sentir la fatigue.

• « Après » + nom et « au bout de » + durée précisent la durée qui a précédé une action.
• « À partir de » et « dès » + nom indiquent le point de départ d'une action.
 On peut aussi employer « après que », « dès que » et « aussitôt que » + indicatif.

---

118 Complétez par « après », « dès » ou « dès que ».

Exemple : Vous irez vous coucher dès la fin du film.

a. .... demain, ils partiront en voyage de noces.
b. Nous passerons vous voir .... le travail.
c. .... son départ à la retraite, elle s'est mise aussitôt au jardinage.
d. .... le mois de mai, il commence à faire beau.
e. Tu peux me rembourser .... demain ?
f. .... quelques minutes, les enfants se sont endormis.
g. .... la fin de l'hiver, les crocus apparaissent dans les jardins.
h. Je vous donnerai une réponse .... l'entretien sera terminé.

A. Les repères temporels

119 Complétez par « au bout de », « à partir de » ou « dès ». (Il y a parfois deux possibilités.)

Exemple : Elle a pris des médicaments et au bout de trois jours elle se sentait beaucoup mieux.

a. Il s'est couché et .... le soir, la fièvre était tombée.
b. Je vous donne un arrêt de travail .... maintenant pour cinq jours.
c. .... demain, évitez de sortir, c'est plus prudent.
d. .... la première prise de médicament, vous devriez sentir une amélioration.
e. Je me fais vacciner contre la grippe .... les premiers froids.
f. .... quelques jours de traitement, vous ferez de nouvelles analyses de sang.
g. .... la mi-novembre, les gens sont plus exposés aux virus.
h. Victor s'est soigné et, ... une semaine, il avait retrouvé sa forme habituelle.

120 Soulignez ce qui convient.

Exemple : Il a réussi son examen de conduite au bout de /_dès_ la première fois.

a. Je suis libre _dès / au bout de_ 19 heures mardi.
b. On pourrait se retrouver _dès / après_ le déjeuner pour un café.
c. Le film sera programmé _au bout de / à partir de_ mercredi prochain.
d. En semaine, nous serons plus disponibles _dès / après_ lundi prochain.
e. _Dès / au bout de_ la confirmation de son vol, elle doit m'appeler.
f. Je peux vous donner un rendez-vous _au bout du / à partir du_ 8 octobre.
g. Élodie a arrêté le yoga _à partir d' / au bout d'_ une semaine.
h. La grève de la RATP commence _après / dès_ demain à 5 heures.

> • **« Avant », « jusqu'à », « sous »**
>
> **Nous arriverons avant la nuit/avant dix jours. • Le spectacle se joue jusqu'à la fin de l'année. • Il sera libéré sous huitaine/sous huit jours.**
>
> • « Avant » et « jusqu'à » indiquent une durée ou une date limite.
> • « Sous » s'emploie avec une durée et s'utilise plutôt dans le langage administratif.

121 Soulignez les prépositions de temps.

Exemples : Tournez avant la banque.   Je serai là _avant_ la nuit.

a. Continuez cette rue jusqu'au feu rouge.
b. Sous 72 heures vous recevrez notre lettre de démission.
c. Cette voiture roule jusqu'à 200 km/h.
d. Ils seront convoqués sous quinzaine.
e. Le paysage est encore plus beau sous la lune.
f. Prenez l'autoroute A11 jusqu'au Mans.
g. Cette pizzeria reste ouverte jusqu'à minuit.
h. Nous ne servons pas de plats avant 11 heures.

04 • Les repères de temps et de lieu

122 Reliez le début et la fin des phrases. (Il y a parfois plusieurs possibilités.)

a. Mes voisins seront absents jusqu'au
b. Votre dossier sera examiné sous
c. Mes parents ne rentreront pas avant
d. Les scellés seront posés sous
e. Il faut que je suive un régime avant
f. Marion n'a plus de jours de congé jusqu'
g. Nous ne sortirons pas du théâtre avant
h. La poste est fermée jusqu'

1. 48 heures.
2. une semaine.
3. les vacances.
4. 5 janvier.
5. à la fin de l'année.
6. à demain à 8 h 30.
7. 72 heures.
8. 22 heures.

123 Soulignez ce qui convient.

Exemple : Vous recevrez votre colis sous / jusqu'à trois jours.

a. Le restaurant reste ouvert avant / jusqu'à 23 heures 30.
b. Il y a moins de monde à la banque avant / sous midi et demi.
c. Les magasins seront ouverts le dimanche avant / dès le 24 décembre.
d. Nous organiserons une petite fête jusqu'à / avant la fin du mois.
e. Le jugement sera donné sous / jusqu'à huit jours.
f. Nous vous donnerons des nouvelles avant / sous la fin de la semaine.
g. Ils sont séparés avant / jusqu'à la fin du trimestre.
h. Vous serez informés sous / avant quinzaine.

124 Complétez par la préposition qui convient. (Il y a parfois plusieurs possibilités.)

Exemple : Ils partent en expédition au pôle Nord pour plusieurs mois.

a. Nous serons en formation .... la semaine du 5 au 10 janvier.
b. Il ne rentrera du Venezuela qu' .... l'été, en septembre ou en octobre.
c. Il y a beaucoup d'embouteillages sur les routes .... les premiers beaux jours.
d. On ne se reverra pas .... quinze jours, je serai en déplacement.
e. Ils seront en voyage .... huit mois mais .... que possible j'irai les rejoindre.
f. Vous obtiendrez un rendez-vous .... huit jours, je vous le promets.
g. .... novembre, les jours raccourcissent très vite et l'hiver arrive.
h. Ils devaient s'absenter une semaine, ... dimanche, mais ils sont rentrés .... quatre jours à cause du mauvais temps.

> • « Par », « sur », « à », « de »
>
> La supérette est ouverte 24 heures sur 24. • Le vent souffle à 70 km par heure (ou à l'heure). • Il est payé 35 euros de l'heure.
>
> « Par », « sur », « à » et « de » + durée indiquent un rapport de temps. Ce sont des expressions figées.

A. Les repères temporels

125 Associez le début et la fin des phrases. (Il y a parfois plusieurs possibilités.)

a. Le temps de travail normal en France est de 35 heures
b. Un jeune professeur reçoit un salaire net de 1 800 euros
c. Le TGV a une vitesse moyenne de 320 kilomètres
d. On dit qu'il y a une tempête quand les vents dépassent 70 kilomètres
e. Le taux brut du SMIC en 2020 était de 10, 15 euros
f. On a eu une amende car la vitesse était limitée à 80 kilomètres
g. Myriam voudrait travailler seulement quatre jours
h. Elle a une petite retraite, elle touche 900 euros

1. à l'heure.
2. par semaine.
3. de l'heure.
4. sur sept.
5. par mois.
6. par heure.

126 Complétez par « à », « de », « sur » ou « par ».

Exemple : Manuel est payé 2 500 € net par mois.

a. La pompe à essence fonctionne 7 jours .... 7, 24 heures .... 24.
b. Le prix de l'essence sans plomb est de 1,59 € .... litre.
c. Vous souhaitez faire un emprunt .... cinq ou dix ans ?
d. Un enseignant allemand gagne combien .... an ?
e. Elle travaille à temps partiel, 30 heures .... semaine.
f. Sa voiture est en panne et on a fait du 70 kilomètres .... l'heure.
g. Le salaire d'une femme de ménage est environ de 12 € .... l'heure.
h. La pharmacie reste ouverte un dimanche .... quatre.

• **La fréquence (Rappel)**

Nos amis de Bordeaux viennent **parfois** nous rendre visite. • Nous allons **rarement** au concert, **souvent** au théâtre. • Ils ne sont **jamais** venus chez nous. • On a **souvent** regardé cette émission.

Ces adverbes indiquent la fréquence : jamais, rarement, parfois, quelquefois, occasionnellement, souvent, fréquemment, régulièrement, constamment, toujours…

 Avec des temps composés, l'adverbe est placé entre l'auxiliaire et le participe passé.

---

127 Reformulez avec des adverbes de fréquence, en variant. (Il y a parfois plusieurs possibilités.)

Exemple : Notre fille va à la crèche cinq jours par semaine. → Notre fille va **régulièrement** à la crèche.

a. Noémie voit son dentiste trois fois par an.
   → ....
b. Il est rare que vos parents viennent vous rendre visite.
   → ....
c. À l'occasion, nous allons au cirque avec les enfants.
   → ....
d. Pierre ne connaît absolument pas New York.
   → ....
e. Nous prenons des places pour l'opéra une fois par an au maximum.
   → ....

04 • Les repères de temps et de lieu

f. Chaque semaine, je vais voir les nouveautés au cinéma.

→ ....

g. Il m'est arrivé une ou deux fois de dîner dans un restaurant étoilé.

→ ....

h. Quand David est chez lui, sa radio est allumée sans interruption.

→ ....

128 Réécrivez au passé composé.

Exemple : Jules passe souvent nous voir. → Jules est souvent passé nous voir.

a. Delphine regarde fréquemment le J.T. → ....
b. Nos voisins sortent rarement en semaine. → ....
c. Ils écoutent constamment la radio. → ....
d. Nous allons occasionnellement au concert. → ....
e. Tu emmènes quelquefois les enfants au zoo. → ....
f. Elle demande toujours conseil à ses parents. → ....
g. Je ne dors jamais l'après-midi. → ....
h. Tu rencontres souvent tes copains dans ce café ? → ....

• Les repères temporels dans un récit

Aujourd'hui il fait beau mais **hier** il pleuvait. J'espère que **demain**, il fera beau. → **Ce jour-là,** il neigeait, **l'avant-veille** le vent avait soufflé et **le lendemain** matin, le soleil brillait.

- Pour repérer des événements dans un récit au présent, on utilise : l'année dernière, il y a quinze jours, avant-hier, hier, aujourd'hui, demain après-demain, la semaine prochaine, dans dix jours…

- Quand le récit est au passé, on utilise : deux ans auparavant ≠ plus tard, l'année précédente/suivante, l'avant-veille, la veille, ce jour-là, le lendemain, le surlendemain…

---

129 À partir de ce programme, présentez le circuit en Corse. Nous sommes le 18 mai. Vous racontez vos déplacements passés et à venir sans mentionner de date.

Lundi 12 mai : Départ de Lille en avion et arrivée à Bastia, puis visite guidée.
Mardi 13 mai : Visite de Calvi.
Mercredi 14 mai : Visite de L'Île-Rousse et du port de Saint-Laurent.
Jeudi 15 mai : Retour à Bastia. Visite de Corte et train jusqu'à Ajaccio.
Vendredi 16 mai : Visite d'Ajaccio et de la maison de Napoléon.
Samedi 17 mai : Déjeuner à Sartène puis trajet jusqu'à Bonifacio. Tour des remparts.
Dimanche 18 mai : Découverte de Piana et déjeuner, puis nuit à Cargèse, joli port de pêche.
Lundi 19 mai : Retour à Bastia. Après-midi libre
Mardi 20 mai : Vol retour Lille.

Exemple : **Aujourd'hui**, nous découvrons Piana, nous y déjeunons et **ce soir** nous dormons à Cargèse, un joli port de pêche.

a. ....
b. ....

A. Les repères temporels

c. ....
d. ....
e. ....
f. ....
g. ....
h. ....

130 Reprenez le programme de l'exercice précédent et racontez ce voyage passé depuis trois mois.

Exemple : **Ce jour-là**, nous avions découvert Piana, nous y avions déjeuné et **ce soir-là**, nous avions dormi à Cargèse, un joli port de pêche.

a. ....
b. ....
c. ....
d. ....
e. ....
f. ....
g. ....
h. ....

131 Réécrivez au présent ou au passé.

Présent	Passé
Exemple : Cette année, l'hiver est rude.	Cette année-là, l'hiver était rude.
a.	La veille, on avait déneigé la route.
Ce matin, la voiture est couverte de neige.	b. ....
Dans quelques heures, nous irons au village.	c. ....
d.	Ce midi-là, nous retrouvions nos amis pour déjeuner.
Demain, tu devras partir pour Montréal.	e. ....
f.	Tu ne devais revenir que la semaine suivante.
Ce soir, ton vol a été annulé à cause des intempéries.	g. ....
h.	La semaine précédente, nous avions eu une grosse tempête

---

• **L'immédiateté**

Tout à coup le tonnerre a grondé et **aussitôt**, des éclairs sont apparus. Une violente pluie s'est **soudain** mise à tomber.

Pour indiquer l'immédiateté d'une action, on utilise : soudain, tout à coup, aussitôt, immédiatement, à ce moment-là...

04 • Les repères de temps et de lieu

132 Reformulez en remplaçant l'expression en italique par une autre de même sens. (Il y a plusieurs possibilités.)

Exemple : Dès le coucher du soleil, la température a chuté.
→ Le soleil s'est couché et la température a **immédiatement** chuté.

a. L'aube est apparue est *aussitôt* le coq s'est mis à chanter.
→ ....

b. Il faisait sombre ; *soudain* un rayon de soleil a traversé les nuages.
→ ....

c. Julia arrivait tout juste chez elle ; *à ce moment-là*, elle a fait un malaise.
→ ....

d. L'appartement était calme quand *tout à coup* une alarme s'est déclenchée.
→ ....

e. Nous avons appris qu'il y avait une inondation et *aussitôt* nous avons pris les dispositions nécessaires.
→ ....

f. Quelqu'un a frappé violemment à ma porte et *immédiatement* j'ai pris peur.
→ ....

g. *Dès* la fin des gelées, il faudra planter quelques arbustes.
→ ....

h. Paul a composé le numéro du Samu et il a obtenu *immédiatement* l'appel.
→ ....

• **La simultanéité**

Le ciel s'est couvert et, **au même moment**, on a vu les premiers flocons. • **Tout en** faisant la vaisselle, il écoute la radio. • **Tant que/Tandis que** vous êtes à Nice, visitez le musée Matisse.

- Pour indiquer que deux actions se passent au même moment, on emploie : pendant que, au même moment, en même temps que, alors que, tant que, tandis que, tout en…
- « Tout en » est suivi du gérondif et le sujet des deux verbes doit être le même. « Tant que », « tandis que » et « alors que » sont suivis de l'indicatif.

---

133 Indiquez si ces phrases indiquent la simultanéité (S) ou l'immédiateté (I).

Exemple : L'enfant s'est mis à pleurer et aussitôt sa mère l'a pris dans ses bras. (I)

a. Manuel pleurait et riait en même temps.
b. Il a commencé à pleuvoir et elles se sont tout de suite mises à courir.
c. Le chat s'est laissé caresser et il s'est aussitôt mis à ronronner.
d. Personne n'osait prendre la parole ; tout à coup, la secrétaire s'est interposée.
e. À partir du moment où nous avons appris cette bonne nouvelle, notre vie a changé.
f. Adèle marchait d'un bon pas quand soudain elle s'est arrêtée pour prendre une photo.
g. Tout en déjeunant, tu devrais revoir tes leçons.
h. Réservons immédiatement nos places sinon il n'en restera plus.

A. Les repères temporels

134 Reformulez en remplaçant l'expression en italique par une autre de même sens. (Il y a plusieurs possibilités.)

Exemple : Jonas travaille et il suit des cours du soir *en parallèle*.
→ Jonas travaille et **parallèlement** il suit des cours du soir.

a. *Pendant qu'*on se promenait, on a vu passer un vol d'oies sauvages.
→ ....

b. Elle traversait la rue ; *au même moment* une voiture l'a percutée.
→ ....

c. *Tant que* tu es à Metz, n'oublie pas de visiter le Centre Pompidou.
→ ....

d. J'ai retrouvé un vieil ami *alors que* je sortais du métro.
→ ....

e. Delphine était encore étudiante. *Simultanément*, elle travaillait dans une supérette pour financer ses études.
→ ....

f. Julia arrivait tout juste chez elle ; *au même moment*, son frère l'a appelée.
→ ....

g. Ils découvrent de nouveaux quartiers *tout en* visitant des brocantes.
→ ....

h. Les enfants jouent *en même temps que* je regarde une série.
→ ....

135 Reformulez avec « tout en » quand c'est possible.

Exemples : En même temps que tu lis, tu te fais plaisir. → **Tout en lisant**, tu te fais plaisir.
Augustin travaille en même temps que je regarde un DVD. (impossible)

a. Aglaé classe ses vieux papiers et en même temps elle range ses tiroirs.
→ ....

b. Guillaume apprend le solfège et simultanément il joue des petits morceaux au piano.
→ ....

c. Tandis que tu es à la retraite, tu conserves quelques activités professionnelles.
→ ....

d. Fanny écoute de la musique en même temps que son ami monte sa maquette de bateau.
→ ....

e. Mon fils fait du yoga et pendant ce temps il ne pense à rien.
→ ....

f. Mon père nettoie le jardin tandis que ma mère ramasse les pommes.
→ ....

g. Pendant que je sors faire les courses, surveille les enfants.
→ ....

h. Nous marchons dans les rues en même temps que nous admirons les belles façades.
→ ....

04 • Les repères de temps et de lieu

• L'antériorité

Autrefois, les saisons étaient plus marquées. • La place de l'Hôtel-de-Ville s'appelait **auparavant/avant** la place de Grève. • Avez-vous **déjà** assisté à une représentation à la Comédie-Française ? – Non, **pas encore**.

- On indique qu'une chose s'est passée avant une autre par des adverbes comme : **autrefois, jadis, auparavant/avant, préalablement, antérieurement, plus tôt (que), d'abord**, …
- « **Déjà** » indique qu'une action s'est réalisée avant le moment où l'on parle ; la réponse négative est « **ne pas encore** ».
- « Avant » n'est pas toujours un adverbe : « **avant** » +nom ; « **avant de** » + infinitif ; « **avant que** » + subjonctif.

136 Reliez les éléments pour faire des phrases.

Chloé est sortie juste…

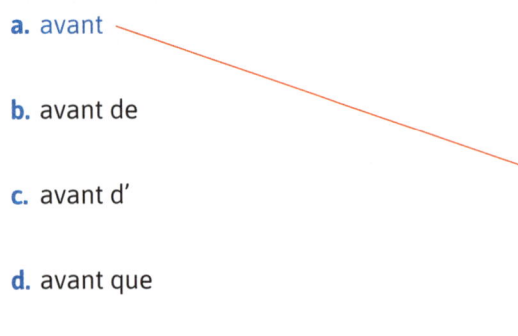

a. avant
b. avant de
c. avant d'
d. avant que

1. l'alarme retentisse.
2. être informée.
3. regarder la fin du film.
4. lire votre lettre.
5. l'orage.
6. avoir fini son roman.
7. la tombée de la nuit.
8. vous n'arriviez.

137 Complétez pour marquer l'antériorité. (Il y a parfois plusieurs possibilités.)

Exemple : **Avant de** réserver ces places de concert, vérifiez si vous êtes libres à cette date.

a. Nous arriverons chez Marguerite vers 20 heures. ………………………, nous serons passés chez le fleuriste.
b. Pauline habite maintenant à Toulouse. ………………………, elle vivait chez ses parents à Poitiers.
c. Tu peux l'appeler sans crainte. Généralement, Paul se réveille ………………………
d. Aujourd'hui, c'est rare, mais ………………………, les personnes âgées restaient dans les familles.
e. Avez-vous ……………………… dîné dans un restaurant de sashimis ? C'est délicieux.
f. ………………………, vous finissez vos devoirs, ensuite vous pourrez vous amuser !
g. ……………………… vous preniez le train, achète des sandwichs et de l'eau.
h. Vous avez reçu une lettre de relance car vous n'aviez pas répondu ………………………

• Les prépositions composées de temps

Je vous conseille cette visite **au coucher du** soleil, mais **à la tombée de la** nuit, c'est encore plus beau. • Cette demeure est **en cours de** restauration. • **En fin d'**année, les illuminations sont superbes.

- Les prépositions composées permettent d'apporter des précisions de temps : **en/au cours de, en fin de, en attente de, à l'issue de, au fil/(tout) au long de, au coucher/au lever de**…
- Leur forme est « **à** »/« **en** »/« **de** » + nom + « **de** » (+ nom).
- Selon la construction, l'article peut changer : **en fin d'année/à la fin de l'année**.

A. Les repères temporels

138 Reliez le début et la fin des phrases. (Il y a parfois plusieurs possibilités.)

a. Dès le lever
b. Au fil
c. En début
d. En attente
e. À la fin
f. Au cours
g. En cours
h. À l'issue

1. de la conférence, l'intervenant a été applaudi.
2. des années, les enfants se sont assagis.
3. de réponse, ne vous faites pas trop d'illusions.
4. de la cérémonie, la mariée a versé quelques larmes.
5. du soleil, ils sont partis pêcher.
6. de mois, Jérôme sera en mesure de me rembourser.
7. de la réunion, un vin d'honneur a été servi.
8. de mandat, le maire a été relevé de ses fonctions.

B. Les repères spatiaux

• La géographie (Rappel)

Lille est **dans** le nord de la France et **au** nord de Paris. • Nancy est **en** Lorraine. • Paris est situé **sur** la Seine.

- « **Dans le** » + point cardinal ; « **dans le/les** » + montagne/région (masculin) département/océan/île.
- « **À** » + ville, « **au** » + pays (masculin) ; « **aux** » + pays (pluriel) ; « **au nord/au sud/ à l'est/à l'ouest de** » + lieu.
- « **En** » + pays commençant par une voyelle/région (féminin)/mer/continent.
- « **Sur** » + fleuve/lac/côte/mer.

139 Reliez le début et la fin des phrases.

a. Nice se trouve sur
b. Lyon est au
c. Rennes est située en
d. Toulouse est sur
e. L'île de Mayotte est située dans
f. Marseille est localisée en
g. Pau se trouve dans
h. La Corse se trouve en

1. Bretagne.
2. sud-est de Paris.
3. la Garonne.
4. les Pyrénées.
5. région Provence-Alpes-Côte d'Azur.
6. la Côte d'Azur.
7. Méditerranée.
8. l'océan Indien.

140 Complétez par la préposition correcte.

Exemple : Brest est la ville la plus *à* l'ouest de la France métropolitaine.

a. Ville entourée de fleuves, Lyon se trouve .... le Rhône et la Saône.
b. Vézelay est .... le Morvan, ... Bourgogne, ... sud-est de Paris..
c. Le port de Calais se trouve .... les Hauts de France, ... la Côte d'Opale.
d. Thonon-les-Bains est .... le lac Léman, ... les Alpes, ... l'est de la France.
e. La Rochelle est une belle ville .... la côte Atlantique, ... le sud-ouest de la France, ... nord de Bordeaux.

04 • Les repères de temps et de lieu

f. Andorre est un petit pays indépendant .... les Pyrénées, ... sud de Toulouse.

g. Mayotte est une île .... l'océan Indien, ... l'est de Madagascar.

h. La Martinique est une île .... l'océan Atlantique, ... les Caraïbes, ... sud de la Guadeloupe.

141 Soulignez ce qui convient.

Exemple : Le Québec se trouve <u>en</u> / à Amérique du Nord, dans le / <u>au</u> Canada.

a. La francophonie est située *en* / *sur* quatre continents : *en* / *à* Europe, *en* / *sur* Afrique, *à* / *en* Amérique, *dans l'* / *en* Asie, et *à* / *en* Océanie.

b. *En* / *Dans* l'Europe, on parle français *à* / *en* Suisse, *en* / *au* Belgique, *à* / *au* Luxembourg,

c. *En* / *Dans* l'Afrique, le français est souvent la langue officielle, comme *à* / *au* Sénégal, *au* / *en* Algérie, *au* / *à* Maroc, *en* / *au* Mali, *à* / *au* Congo...

d. *À* / *En* Guyane, *dans l'* / *en* Amérique du Sud, le français est la langue maternelle.

e. Il existe des minorités francophones *à* / *en* Mayotte, *au* / *en* Inde, *à* / *au* Vietnam, *en* / *au* Égypte, *à* / *au* Liban, *en* / *au* Laos et *à* / *au* Cambodge.

f. *Dans l'* / *En* Amérique du Nord, on parle français *dans l'* / *à* l'est du Canada mais aussi *à* / *en* Louisiane.

g. *Dans* / *En* quelques îles du Pacifique, on parle aussi français, comme *à* / *en* Polynésie ou *à* / *au* Wallis et Futuna.

• **Les relations spatiales**

Le vase est sur la table et les étagères de livres sont au-dessus. • **La clé se trouve dehors, à l'extérieur de la maison, sous le paillasson.**

- Adverbes (employés seuls) : dedans ≠ dehors, devant ≠ derrière, au-dessus ≠ au-dessous, en dessus ≠ en dessous, en haut ≠ en bas...
- Prépositions (suivies d'un nom) : dans ≠ hors de, devant ≠ derrière, sur ≠ sous, au-dessous de ≠ au-dessus de, en dessus de ≠ en dessous de, à l'intérieur de ≠ à l'extérieur de, en haut de ≠ en bas de...

 « Au-dessous » et « au-dessus » indiquent qu'il n'y a pas de contact entre l'objet et la surface.

---

142 Reliez les éléments qui vont ensemble.

a. Mettez le chien dehors,
b. Il fait bien chaud dedans ;
c. Sortez du village et,
d. Mettez du thym sur le poulet
e. Tu préfères poser ce tableau sur la cheminée
f. Ne cachez pas la clé dans le pot de fleurs.
g. Qu'as-tu mis en dessous ?
h. Rangez ces chaussettes à l'intérieur de la commode.

1. et aussi dedans.
2. ou bien je l'accroche au-dessus ?
3. Mettez-la plutôt dessous.
4. à l'extérieur des remparts, prenez à gauche.
5. je ne veux pas d'animal à l'intérieur.
6. Sous mon manteau, j'ai un gros pull.
7. Ne les laissez pas traîner dessus.
8. il neige et c'est impossible de rester dehors.

B. Les repères spatiaux

> **• « Ici » ≠ « là », « là-bas », « ci-joint »…**
>
> Ne restez pas **là**, venez par **ici**, devant l'écran. • Il fera encore froid à Amsterdam si vous allez **là-bas** en mars. • Vous trouverez **ci-joint** un formulaire à remplir.
>
> - « **Ici** » et « **là** » s'opposent. « **Ici** » indique une chose proche, « **là** » ou « **là-bas** » lointaine.
> - Dans « **ci-joint** », « **ci-dessus** » ≠ « **ci-dessous** », « **ci-** » a le même sens qu'« **ici** » et indique la proximité.

143 Complétez par « dedans », « dehors », « devant », « derrière », « en haut », « en bas », « ici », « là » ou « là-bas ».

Exemple : Les enfants, mettez-vous *devant* nous pour la photo.

a. Les plus grands seront placés ……………………………, les plus petits …………………………… du gradin.
b. Laissez votre parapluie ……………………………, il est tout mouillé mais enlevez vos chaussures, ……………………………, dans l'entrée.
c. Ne range pas les draps …………………………… de l'armoire. Ils sont lourds, mets-les ……………………………, ils seront plus accessibles.
d. Ne reste pas …………………………… au milieu de la cuisine, tu me gênes. Va t'asseoir …………………………… dans le salon.
e. N'ouvre pas la boîte, essaie d'abord de deviner ce qu'il y a ……………………………
f. Matilda est étrangère, elle n'est pas d' …………………………… ; …………………………… d'où elle vient, il fait toujours beau.
g. S'il vous plaît, je voudrais essayer ces chaussures …………………………… dans la vitrine, …………………………… les bottes marron.
h. Pourquoi ne dînons-nous pas ……………………………, …………………………… la maison, sous la lampe, il fait si bon ce soir !

144 Soulignez l'indicateur de lieu qui convient.

Exemple : Regardez par <u>*ici*</u> / *là-bas*, on doit voir votre regard sur la vidéo.

a. Nous avons laissé les lauriers-roses *dedans* / *dehors* et ils ont gelé.
b. Je me place *derrière* / *devant* toi pour descendre au cas où tu tomberais.
c. Chez nous à Lyon, il y a d'excellents restaurants. On peut dire que, *là-bas* / *ici*, c'est la capitale de la gastronomie.
d. Je l'ai déjà dit de plier tes affaires et de les mettre non pas sur la commode mais *dedans* / *dehors*.
e. N'oublie pas d'éteindre la lampe de la cave en partant, l'interrupteur est *à l'intérieur* / *à l'extérieur*, dans le couloir.
f. Mets ces vieux vêtements au fond de la penderie, *devant* / *derrière* les chaussures.
g. Suivez-moi, passons par *ici* / *là-bas*, nous arriverons plus vite *là* / *là-bas*.
h. Ne sors pas sans manteau ; ce matin, il gèle *dedans* / *dehors* et même *dehors* / *dedans*, près de la porte, on sent le froid.

> **• « Parmi », « entre (… et) », « au milieu de », « au centre de »**
>
> Nous nous sommes perdus **parmi** la foule. • **Au milieu de** la scène se trouvaient une table et deux fauteuils. La table était **entre** les deux fauteuils.
>
> - Ces prépositions permettent de situer un objet ou une personne dans un groupe.
> - « **Parmi** » est plus soutenu qu'« **au milieu de** » et « **entre… et** ».
> - ✋ « **Parmi** » est toujours suivi d'un pluriel ou d'un nom singulier collectif.

04 • Les repères de temps et de lieu

145 Reliez le début et la fin des phrases.

a. La station de bus se trouve entre
b. La cathédrale est située
c. N'oubliez pas de flâner
d. Parmi les vestiges anciens,
e. Vous pourrez admirer un chêne centenaire
f. Au centre du château
g. Y a-t-il des enfants
h. Je vous donne rendez-vous entre

1. au centre de la vieille ville.
2. parmi les ruelles étroites.
3. se trouve le donjon.
4. les deux portes voûtées.
5. l'avenue Niel et la place de la Mairie.
6. au milieu de la cour pavée.
7. ne manquez pas l'ancienne bibliothèque.
8. parmi les visiteurs ?

146 Complétez ces phrases avec le repère spatial qui convient. (Il y a parfois plusieurs possibilités.)

Exemple : Quand nous sommes arrivés au Nicaragua, nous sommes allés directement sur la côte pour profiter de la plage.

a. .... Brésil, ... la forêt amazonienne, il y a de splendides chutes d'eau .... Iguazu.

b. .... Bretagne, ... les terres, on peut visiter de magnifiques chapelles. Si vous avez la chance d'y entrer, vous verrez .... de superbes statues de bois très anciennes.

c. Autrefois, on accrochait .... la porte d'entrée un fer à cheval pour protéger la famille vivant .... la maison.

d. .... Paris, ... le quartier du Marais, ... la Seine ,..................... l'église Saint-Paul, on découvre des passages et d'étroites ruelles. N'hésitez pas à vous promenez ....

• « Partout », « quelque part/nulle part/autre part », « ailleurs »

Impossible de retrouver mes lunettes, elles ne sont nulle part, je les ai cherchées partout. Je les ai bien mises quelque part ! Aide-moi et regarde ailleurs dans la maison.

« Quelque part », « autre part », « nulle part » ≠ « partout », « ailleurs », « près » ≠ « loin » indiquent une position générale dans l'espace.

---

147 Reliez les éléments qui se répondent.

a. Cette route ne va nulle part,
b. Ton stylo n'est pas sur la table,
c. Je ne veux plus vivre à Rouen,
d. Ne mets pas ta bague dans le tiroir, tu vas l'oublier ;
e. Au printemps, les jardins sont magnifiques.
f. Ils travaillent loin de chez eux ?
g. Votre appartement est au 4e étage ?
h. Ce week-end, nous aimerions aller quelque part

1. installons-nous ailleurs à la campagne.
2. il est tombé dessous.
3. Il y a des fleurs partout.
4. c'est une voie sans issue.
5. Non, tout près, à quelques minutes en voiture.
6. en Normandie ou en Sologne.
7. Mais non, au 3e, juste dessous.
8. mets-la plutôt dessus.

B. Les repères spatiaux

148 Soulignez l'expression qui convient.

Exemple : Ce restaurant est plein, je te propose d'aller nulle part / *autre part*.

a. Pour le week-end, nous avons l'embarras du choix. Il y a de beaux endroits *partout / ailleurs* en Île-de-France.
b. Honfleur, c'est vraiment loin. Pourquoi n'irions-nous pas plus *près / loin*, à Fontainebleau par exemple ?
c. Ne porte pas ton bracelet dans le magasin. Je te le mettrai quand nous serons *dehors / dedans*.
d. Nos parents habitent *loin / autre part* alors, on ne les voit pas souvent.
e. Laurence a trouvé un emploi *tout près / loin* de chez elle, à quelques rues seulement.
f. Tu n'as pas retrouvé ton livre ? Tu as regardé près du lit ? Et *dessous / dessus* ?
g. Ne mets pas ton pyjama au fond de la valise, mets-le *dessus / dessous*.
h. Je suis inquiète, ma mère ne sort plus, elle ne va plus *quelque part / nulle part*.

149 Complétez par un repère spatial. (Il y a plusieurs réponses possibles.)

Exemple : Il pleut trop, je t'attends au cinéma, *dedans*, près de la billetterie.

a. Es-tu monté .... de la tour Eiffel ? On voit tout Paris .... et c'est magnifique.
b. J'ai oublié mon sac au bureau, attends-moi ...., j'en ai pour cinq minutes.
c. Regarde ...., tu ne vois pas le Sacré-Cœur au .... ?
d. Tu as toujours la tête .... Tu es de plus en plus étourdi !
e. C'est incroyablement sale ! Il y a des détritus .... mais tu n'en vois ....
f. J'ai un ciré et la pluie ruisselle .... Marche .... moi, tu me protégeras du vent.
g. Voici le salon, venez ...., je vous en prie et installez-vous .... la cheminée.
h. Tu vois ce tiroir ? Mets les couverts .... et ouvre la porte juste .... pour ranger les assiettes.

• **Les prépositions composées de lieu**

Au cœur de la ville, **aux alentours de** la cathédrale, vous trouverez une maison ancienne.

- Les prépositions composées permettent d'apporter des précisions de lieu : à portée de, au/en bout de, du côté de, vis-à-vis de, le long de, au ras de, au pied de, en tête de, à (la) hauteur de, à l'extrémité de, à l'écart de, au large de, au cœur de, au sein de, à l'abri de, aux environs de…
- Leur forme est « à »/« en »/« de » + nom + « de » (+ nom).

 Selon la construction, l'article peut changer : au bout de la table/en bout de table.

---

150 Reformulez en utilisant « parmi » ou « au sein de » à la place des prépositions en italique. Attention aux changements possibles de déterminant.

Exemple : *Au milieu de* ces vieux livres, j'ai retrouvé celui que je lisais enfant.
→ **Parmi** ces vieux livres, j'ai retrouvé celui que je lisais enfant.

a. Il existe une véritable solidarité *entre* les membres de la famille.
→ ....

b. *Au centre* des valeurs morales, je place la gentillesse.
→ ....

c. Montesquieu et Voltaire occupent une place importante *au cœur* de la philosophie des Lumières.
→ ....

04 • Les repères de temps et de lieu

d. Un esprit de compétition règne *à l'intérieur* de l'équipe.
→ ....

e. Nous avons retrouvé notre chemin *au milieu des* ruelles de la vieille ville.
→ ....

f. *Entre* tous ces costumes de théâtre, Paul a déniché un superbe chapeau.
→ ....

g. *Au centre du* pouvoir se trouvent le président de la République et les ministres.
→ ....

h. Ma grand-mère ne se sent à l'aise qu'*au milieu de* ses enfants.
→ ....

151 Soulignez la préposition qui convient.

Exemple : Il pleut très fort ; mettons-nous <u>à l'abri des</u> / à portée des arbres.

a. Sophie est très sensible ; elle a les nerfs *à fleur de / à bout de* peau.
b. Le voilier navigue *au ras de / au large de* la Corse.
c. *Au pied de / au sein de* la falaise, nous trouverons peut-être des fossiles.
d. Asseyons-nous *au pied de / en haut de* ce chêne.
e. *Aux environs de / Au cœur de* la ville, vous pourrez voir la ville ancienne près de la place du marché.
f. Anaïs était fatiguée ; elle s'est endormie *en tête de / dans les bras de* son grand-père.
g. Nous sommes montés *au sommet du / au cœur du* donjon.
h. Les enfants ont ramassé des coquillages *au ras de / le long de* la plage.

Bilan 4

1. Complétez par les prépositions nécessaires.

Chère Élodie,
Nous voici .... (a) retour .... (b) Paris après ce magnifique séjour .... (c) les Cyclades. Nous avons pris l'avion .... (d) Athènes, puis un bateau nous a emmenés .... (e) Naxos, la plus grande île .... (f) l'archipel. En arrivant, nous avons trouvé .... (g) beaucoup de facilité une chambre qui donnait .... (h) le port .... (i) une petite auberge. .... (j) le premier jour, nous avons visité le château médiéval situé en hauteur, ... (k) de la ville de Chora et, les jours suivants, nous sommes partis .... (l) la recherche .... (m) statues antiques .... (n) marbre blanc étendues .... (o) les herbes folles et les champs d'oliviers. C'était sublime. Nous avions loué une voiture .... (p) l'avance et, ... (q) une bonne carte, c'était facile .... (r) nous orienter. Nous avons tellement aimé cet endroit que nous avons décidé .... (s) visiter l'an prochain d'autres îles des Cyclades. Certaines ne sont pas envahies .... (t) touristes et elles sont non .... (u) charme. De plus, la nourriture à base .... (v) poisson, ... (w) légumes frais et .... (x) fruits est délicieuse. Ça te tenterait .... (y) venir avec nous ? On pourrait se voir bientôt pour te montrer nos photos et t'inciter .... (z) partager ce projet de vacances.
Je t'embrasse,
Mélanie

2. Complétez ce texte par les termes de la liste.
depuis (2 fois) – dans – lors – par (2 fois) – de – à partir des – en (3 fois) – en haut – sur (2 fois) – à – parmi – partout – pour – dès (2 fois) – après – à travers – hors de.

Chaque année .... (a) France .... (b) 1903, l'été est ponctué .... (c) le Tour. Le mois .... (d) juillet ajoute un nouvel épisode .... (e) cette épopée des champions du cyclisme. Et chaque été, des millions de fans se passionnent .... (f) cette course désormais entrée .... (g) la légende.
.... (h) 1905, les coureurs doivent faire leurs preuves .... (i) des premières étapes de montagne. Tous peuvent suivre cette course .... (j) les ondes puisque, ... (k) 1929, la TSF* diffuse les premiers enregistrements directs. .... (l) années trente, les coureurs sont organisés .... (m) équipes nationales, suivis .... (n) des caravanes publicitaires.
Aujourd'hui, le Tour rassemble de nombreux coureurs venus de .... (o). Il se déroule encore .... (p) trois semaines, et se déroule aussi bien .... (q) la France que .... (r) ses frontières. Le Tour s'achève toujours .... (s) des Champs-Élysées.
.... (t) Eugène Christophe qui aura été le premier à revêtir le maillot jaune du champion .... (u) 1919, d'autres grands noms figurent .... (v) les vainqueurs du Tour : Jacques Anquetil, Eddy Merckx, Bernard Hinault, Greg LeMond, Miguel Indurain et plus récemment le cycliste colombien Egan Bernal, le plus jeune champion .... (w) la création de la course.

*TSF : « transmission sans fil » = la radio.

05 • Les prépositions et les adverbes

A. Les prépositions de manière

• « À » et « de » (Rappel)

Il rit **à** gorge déployée. • Il est mort **de** rire.

Les prépositions « **à** » et « **de** » sont utilisées pour exprimer la manière dans de nombreuses expressions.
- « **à** » : pas à pas, à feu vif, à voix basse, aller à pied, à tour de rôle, à contrecœur…
- « **de** » : de bon cœur, de plein gré, quelqu'un/quelque chose de (+ adjectif), d'un ton cassant…
---

152 Soulignez la préposition correcte.

Exemple : L'enfant commence à marcher <u>à</u> / de quatre pattes. Il fait des progrès à / <u>de</u> jour en jour.

a. La gamine chante à / de tue-tête.
b. Elle s'exprime à / d'un ton sec.
c. Il parle à / de tort et à / de travers.
d. C'est quelque chose à / de grave.
e. Elle prend les jambes à / de son cou.
f. Elle marche à / de grands pas.
g. Nous marchons à / d'un pas décidé.
h. Ils font tout à / de travers.

153 Complétez par « à » ou « de ».

Exemple : Il est venu ici **de** son plein gré.

a. On va commencer le compte .... rebours.
b. Il a pris la parole .... une voix enjouée.
c. Il vous obéit .... la lettre.
d. Il me regarde .... un air bizarre.
e. On est partis .... toute vitesse.
f. Je crois qu'ils sont .... bonne foi.
g. Ils avancent .... marche forcée.
h. Ils parlent .... façon étrange.

• « Avec » et « sans » (Rappel)

Sans billet, vous n'avez aucune chance de rentrer dans la salle. • **Avec** de la bonne volonté, les enfants réussiront leurs examens.
- « **Avec** » (+ nom) donne une idée d'accompagnement ou de manière.
- « **Sans** » a une valeur de manque et peut être suivi d'un nom ou d'un verbe sans « ne pas ».
- ✋ « **Sans que** » est suivi du subjonctif.

A. Les prépositions de manière

154 **Complétez par « avec » ou « sans ».**

Exemple : Il a répondu sans réfléchir.

a. Paula a travaillé .... application et elle a rendu une excellente copie.
b. Les enfants, n'avalez pas .... mâcher, vous risquez de vous étouffer !
c. Ces personnes se sont exprimées .... beaucoup de clarté et nous avons bien compris.
d. L'actrice a donné sa réplique .... la moindre hésitation.
e. Léa a préparé ses bagages .... grand soin pour ne rien oublier.
f. Nos amis sont parvenus jusqu'ici .... aucune difficulté.
g. Restez sérieux et répondez-moi .... rire !
h. .... les enfants, la maison nous semble bien vide.

• **« Excepté », « sauf », « outre », « en plus de »**

Outre le vin, nous apporterons du fromage. • Le bureau est ouvert tous les jours **sauf** le dimanche.

• « Excepté » et « sauf » marquent l'exclusion, l'exception.
• « Outre » et « en plus de » indiquent un ajout. « Outre » relève d'un niveau de langue soutenu.

---

155 **Soulignez le mot qui convient.**

Exemple : <u>Outre</u> / Excepté le couvert et le gîte, vous recevrez une petite somme.

a. Ils ont obtenu une bourse *en plus de / sauf* la gratuité des livres.
b. Thomas a réussi toutes les épreuves *outre / excepté* la géographie.
c. *Outre / Sauf* le rouge, elle porte aussi du noir et du blanc.
d. Elle ne boit pas d'alcool *excepté / en plus* du cidre.
e. Le magasin est ouvert tous les jours *en plus du / sauf* le dimanche.
f. Elle voyage rarement *en plus de / sauf* pour son travail.
g. Marie mange de tout *outre / excepté* du poisson.
h. *Outre / Sauf* la famille, les amis seront les bienvenus.

156 **Complétez ces phrases librement.**

Exemple : Nous sommes libres tous les soirs sauf le lundi.

a. Outre ...., il parle le français et l'espagnol.
b. Elle ne lit rien sauf ....
c. En plus de ...., Delphine assiste à des concerts et à des spectacles d'art vivant.
d. Elle ne mange rien excepté ....
e. Ils ont voyagé partout en Europe sauf ....
f. Donnez-nous une assiette de fromages en plus de ....
g. Ma sœur accepte de prendre tous les moyens de transport excepté ....
h. Outre ...., je bois du thé et du chocolat.

05. Les prépositions et les adverbes

B. Les prépositions après un nom

• Le complément du nom avec « de »

Nous **avons besoin de sortir**. • J'ai le plaisir **de vous annoncer** la naissance de Sacha. • Il a la passion **de la lecture**.

- Le complément du nom est souvent formé avec « de » + nom ou infinitif.
- Il se rencontre dans des expressions verbales avec « avoir » : avoir besoin, avoir envie, avoir tort/raison, avoir le plaisir/la peine, avoir le devoir...
- Avec l'infinitif, le sujet des deux verbes doit être le même.

157 Complétez librement ces phrases avec un nom ou un verbe selon le contexte.

Exemple : Lucien a soif ; il a envie de boire / d'un verre d'eau.

a. Vous voulez réussir les crêpes ? Voici la meilleure façon de ....
b. Jérôme a la capacité de .... et il lit très bien les lignes de la main.
c. Les enfants, vous avez le devoir de .... vos professeurs.
d. Mon mari a vraiment la passion de .... et il s'est acheté un chien et un fusil.
e. Nous avons la tristesse de .... Mona est morte la nuit dernière.
f. J'ai bon espoir de .... et je déménagerai le mois prochain si tout va bien.
g. Chloé a besoin de .... ; tu peux lui prêter le tien ?
h. Cécile a la joie de .... la naissance de Sarah.

• Le complément du nom avec « à », « en » ou « de »

un verre **d'**eau ≠ un verre **à** eau • une lampe **de** poche ≠ une lampe **à** pétrole • une pelle **à** tarte ≠ une pelle **de** terre • un étui **de/en** cuir ≠ un étui **à** lunettes.

- « De » indique le contenu, l'appartenance, la matière ou la provenance.
- « En » indique la matière.
- « À » indique l'usage, la destination.

✋ Il n'y a pas de déterminant devant le deuxième nom.

158 Complétez par « à » ou « de ». (Il y a parfois deux possibilités.)

Exemples : un verre à dents   une cuillère de sucre   une veste de cuir.

a. un doigt ...... vin blanc
b. une lampe ...... chevet
c. une assiette ...... soupe
d. un poêle ...... bois
e. un livre ...... recettes
f. des couverts ...... salade
g. un manteau ...... pluie

h. une pince ...... sucre
i. une gousse ...... ail
j. un pot ...... peinture
k. une pâte ..... tarte
l. une assiette ...... charcuteries
m. une lettre ..... recommandation
n. un couteau .... beurre

o. un zeste ...... citron
p. un plateau ...... fruits de mer
q. une fourchette ...... huîtres
r. une assiette ...... dessert
s. un manteau ...... laine
t. des boutons ...... nacre
u. un bateau ...... pêche

C. les prépositions après un adjectif ou un participe passé

• Adjectif/participe passé + « de » + nom/infinitif

Elle est triste de notre départ. • Nous sommes très heureux de sortir ce soir. • Je suis contente de ta prochaine visite/ te revoir bientôt.

- Beaucoup d'adjectifs s'utilisent avec « de » + nom ou infinitif : jaloux, fier, triste, heureux/malheureux, ravi, déçu, enthousiaste, effrayé, content/mécontent, étonné, surpris...
- Avec l'infinitif, l'adjectif et le sujet du verbe à l'infinitif doivent renvoyer à la même personne.

---

159 Transformez ces phrases avec un nom, selon le modèle. (Il y a plusieurs possibilités.)

Exemple : Sophie viendra ce week-end ; j'en suis ravie.
→ Je suis ravie de la venue de Sophie/de sa venue ce week-end.

a. Les enfants ont échoué à leur examen ; j'en suis désolé.
→ ....

b. Mickael va épouser Élise ; nous en sommes très heureux.
→ ....

c. Alizée va bientôt déménager ; sa mère en est soulagée.
→ ....

d. Victor a trouvé un emploi dans une banque. Son père en est fier.
→ ....

e. Antoine et Aurélie font un voyage. Nous en sommes jaloux.
→ ....

f. Nos voisins ont annoncé leur séparation : l'immeuble en est surpris.
→ ....

g. Patricia a perdu son emploi. Ses amis en sont étonnés.
→ ....

h. On a volé les bijoux de ma mère. Ma mère en est consternée.
→ ....

• Adjectif/participe passé + « à » + nom/infinitif

Il est prêt à partir. • Nous sommes favorables à cette loi.

- Certains adjectifs sont suivis de « à » + nom/infinitif : prêt, favorable, résolu, décidé, opposé, déterminé, hostile...
- Avec l'infinitif, l'adjectif et le sujet du verbe à l'infinitif doivent renvoyer à la même personne.

---

160 Soulignez les adjectifs suivis de « à ».

prêt – convaincu – résolu – décidé – triste – malheureux – favorable – déçu – convaincu – fier – opposé – hostile – satisfait – attristé – jaloux – réjoui – déterminé – consterné – affligé.

05. Les prépositions et les adverbes

161 Complétez par « à » ou « de/des ».

Exemple : Mes collègues sont disposés à me remplacer. Ils sont heureux de me rendre service.

a. Ils sont déterminés .... changer de ville mais ils sont tristes .... quitter leurs amis.
b. Sa mère est inquiète .... ne pas recevoir de nouvelles et elle est décidée .... passer chez eux.
c. Léo est décidé .... reprendre ses études et il est prêt .... tout pour réussir.
d. Nous sommes effrayés .... votre décision et nous sommes résolus .... vous faire changer d'avis.
e. Vous êtes enthousiastes .... l'idée de sortir ce soir et êtes certains .... passer une bonne soirée.
f. Les enfants sont déterminés .... se marier bientôt et nous sommes favorables .... ce mariage.
g. Le maire de la ville est désolé .... dégradations et il est résolu .... réparer les dégâts au plus vite.
h. Mon frère est hostile .... ce mouvement et il n'est pas fier .... ses meneurs.

• Les adjectifs suivis de « à » ou « de » + infinitif

Cet exercice est difficile à faire. / Il est difficile de faire cet exercice. • C'est bon à savoir. / Il est bon de faire la grasse matinée.

Quelques adjectifs ont deux constructions : facile, difficile, intéressant, bon, agréable, simple, important...
- Ils se construisent normalement avec « à » : adjectif + « à » + infinitif.
- Avec « il est », quand « il » ne reprend pas un autre mot (neutre), ils se construisent avec « de » : « il est » + adjectif + « de » + infinitif.

---

162 Transformez ces phrases en employant ou en supprimant « il est ».

Exemple : Son essai est intéressant à lire. → Il est intéressant de lire son essai.

a. Il est simple d'organiser des rendez-vous. → ....
b. Ces mots croisés sont faciles à faire. → ....
c. Il est impossible de faire ce travail en si peu de temps. → ....
d. Ce jeu de mots, c'est difficile à comprendre. → ....
e. Il est facile de traduire ces expressions. → ....
f. Ces plans sont compliqués à copier. → ....
g. Les réunions, c'est simple à programmer. → ....
h. Il est important de prendre ces informations. → ....

D. Les prépositions après un verbe

• Le complément indirect avec « à »

J'offre ce CD à mon ami. • Il s'intéresse à l'histoire. • On s'oblige à se lever tôt.

Le complément indirect de certains verbes se construit avec :
- « à » + nom de personne : demander, dire, écrire, donner, convenir, marier à quelqu'un...
- « à » + nom de chose : réfléchir, s'attendre, inviter, assister, aspirer à quelque chose...
- « à » + nom de personne ou de chose : penser, s'habituer, s'intéresser à quelque chose/quelqu'un...
- « à » + infinitif : s'habituer, inviter, renoncer, aspirer, se décider, se mettre, apprendre, arriver, chercher...

D. Les prépositions après un verbe

163 Complétez par « à » si nécessaire.

Exemple : Ils n'ont pas obéi à leurs parents.

a. Nous invitons .... nos meilleurs amis .... dîner dimanche soir.
b. Ils se sont enfin décidés .... déménager dans le centre-ville.
c. Vous devez faire confiance .... votre médecin et écouter .... ses conseils.
d. Tu devrais prévenir .... tes amis ; ils ne s'attendent pas .... votre arrivée.
e. Les Roland aspirent .... marier .... leur fille .... ce jeune notaire.
f. Nous avons offert cette voiture .... notre nièce ; elle ne s'attendait pas .... ce cadeau.
g. Marine s'est confiée .... sa sœur : elle songe .... partir à l'étranger.
h. Nous empruntons une somme élevée .... la banque pour combler .... notre découvert.

164 Complétez par « à » si nécessaire.

Exemple : Auriez-vous quelques instants à me consacrer ?

a. Juliette est autorisée .... assister............ la répétition de mercredi prochain.
b. Il ne faut jamais obliger .... un enfant .... manger, cela ne sert .... rien.
c. Ma sœur s'est enfin décidée .... apprendre .... conduire. Elle choisit ...... une auto-école de son quartier.
d. Nous aurons du mal .... arriver à l'heure. Nous en avons prévenu .... Laurence et Pierre.
e. Son fils a renoncé .... apprendre le chinois. Maintenant, il s'intéresse .... la calligraphie.
f. Vous devez vous attendre .... une nouvelle augmentation de l'essence en janvier.
g. Gabriel ne s'habitue pas .... la cité universitaire. Sa famille commence .... lui manquer.
h. Tu es convié .... déjeuner demain par M. Roux. Il tient absolument .... ta présence.

• Le complément indirect avec « de »

Je me plains de mon dos. • **Je regrette de devoir sortir**. • **Nous nous moquons de comprendre**.

• Le complément indirect de certains verbes se construit avec « de » + nom (de personne ou de chose) : se plaindre, se contenter, changer, manquer, s'amuser, abuser, prévenir, se moquer, s'occuper, se soucier de quelqu'un/quelque chose…

• Certains verbes sont construits avec « de » + infinitif : finir, refuser, accepter, profiter, regretter, décider…

 On dit « décider de » mais « se décider à ».

---

165 Reliez les éléments pour faire des phrases. (Il y a parfois deux possibilités.)

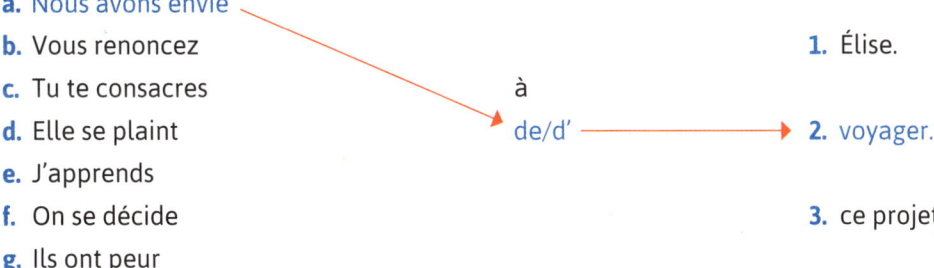

a. Nous avons envie
b. Vous renoncez
c. Tu te consacres
d. Elle se plaint
e. J'apprends
f. On se décide
g. Ils ont peur
h. Tu fais attention

à
de/d'

1. Élise.
2. voyager.
3. ce projet.

05. Les prépositions et les adverbes

166 Complétez par « de » si nécessaire.

Exemple : On ne peut pas se passer **de** soleil.

a. Mes nouveaux voisins se sont plaints .... la gardienne.
b. Ces gens manquent .... sens pratique. Ils refusent .... répondre à notre proposition.
c. Nous profiterons .... votre venue pour aller au théâtre.
d. Je ne féliciterai pas .... le plombier. Je refuse .... payer la facture.
e. Ils veulent s'occuper .... la mise en location de notre appartement et nous .... acceptons.
f. Nous n'envisageons pas .... nous marier mais nous risquons .... nous pacser.
g. Dans ce roman, il s'agit .... un couple qui regrette .... vivre en ville.
h. Chloé a fini .... réfléchir et elle a décidé .... chercher un emploi de comptable.

167 Complétez par « de » si nécessaire.

Exemple : Louis a décidé **de** se mettre au sport.

a. Nous avons refusé .... nous inscrire à ce parti politique.
b. Nous avons lu votre offre et nous avons accepté .... prendre des parts dans votre société.
c. Lucile déteste .... travailler dans un bureau exigu. Elle a décidé .... changer .... poste.
d. Ne tenez pas compte .... cet article et, en général, méfiez-vous .... ce type d'informations.
e. Vous devez .... répondre à ce courrier et n'oubliez pas .... remercier d'abord ce client !
f. Pour vous inscrire, il suffit .... envoyer le formulaire et .... verser la cotisation demandée.
g. Tu te moques encore .... ton frère ? Tu abuses .... sa patience !
h. Nos amis souhaitent .... faire des travaux chez eux. Ils vont se charger eux-mêmes .... cette rénovation.

168 Reliez le début et la fin des phrases. (Il y a plusieurs possibilités.)

a. Elle est très heureuse   1. à visiter le musée d'Orsay.
b. Nicolas tient   2. à un effort régulier.
c. Son mari se contente   3. à nous offrir le restaurant.
d. Claire renonce   4. à cette sortie.
e. Suzanne s'oblige   5. d'écouter les informations.
f. Mon amie s'étonne   6. d'un sandwich à midi.
g. On a envie   7. de mes talents de cuisinière.
h. Il se soucie   8. de cette décision.

• **Les verbes construits avec « à » + nom + « de » + infinitif/nom**

Ils conseillent **à** leurs étudiants **de** poursuivre leurs études. • Nous allons parler **au** banquier **de** notre projet immobilier. • Je recommande **à** mes amis **de** prendre un taxi pour rentrer chez eux.

- Certains verbes se construisent avec + « à » + personne + « de » + infinitif : défendre, interdire, demander, permettre, promettre, jurer, dire, refuser, (re)commander, conseiller à quelqu'un de faire…
- Quelques verbes se construisent avec « à » + personne + « de » + nom : se plaindre, se vanter, parler à quelqu'un de quelque chose…

D. Les prépositions après un verbe

169 Terminez les phrases à partir des éléments donnés.

Exemple : *sa fille, sortir seule le soir* → Il interdit à sa fille de sortir tard le soir.

a. *nos clients, acheter ces actions boursières*
   → On conseille ....

b. *les filles de la classe, ses exploits sportifs*
   → Paul se vante ....

c. *mes étudiants, relire leurs copies*
   → Je recommande ....

d. *sa mère, l'accompagner au concert*
   → Emma a proposé ....

e. *Émilie, venir ce soir*
   → Il demande ....

f. *le médecin, ces symptômes*
   → Nous souhaitons parler ....

g. *nos enfants, présenter leurs carnets de notes*
   → Nous demandons ....

h. *le galeriste, le mauvais éclairage des toiles*
   → L'artiste se plaint ....

170 Soulignez les prépositions correctes

Exemple : Ils souhaitent parler **à** / de Marie à / **de** leurs prochaines vacances.

a. On va demander à / de Mathilde à / de garder les enfants.
b. Il convient à / de ma mère à / de nous retrouver devant le théâtre.
c. La gardienne impose à / de fermer la porte du hall aux / des locataires.
d. Tu promets à / de ton ami à / de le retrouver très vite.
e. Vous suggérez au / du restaurateur à / d'ouvrir le restaurant le dimanche midi.
f. J'apprends aux / des enfants à / de se tenir bien à table.
g. Nous reprochons aux / des enfants à / de ne pas travailler sérieusement.
h. Il conseille aux / des clients à / de faire le nécessaire.

171 Imaginez les questions en remplaçant les pronoms par des noms.

Exemple : Vous demandez à vos amis de venir bientôt ? – Oui, on le leur demande.

a. .... ? – Non, nous ne la lui avons pas prêtée.
b. .... ? – Oui, nous le leur avons accordé.
c. .... ? – Non, je ne le leur ai pas emprunté.
d. .... ? – Oui, on les leur a proposés.
e. .... ? – Oui, je le leur ai interdit.
f. .... ? – Non, je ne le leur ai pas suggéré.
g. .... ? – Oui, il la lui a promise.
h. .... ? – Non, je ne les leur ai pas donnés.

05. Les prépositions et les adverbes

E. Les prépositions composées

> **• Les prépositions composées**
>
> **À l'inverse de** vous, je n'aime pas le rap. • Il a fait des démarches **en vue d'**obtenir un logement social.
>
> Certaines prépositions sont composées. Elles ont la forme : préposition (« à », « en » ou « de ») + nom/infinitif + « de ». Elles expriment :
>
> - l'opposition : à l'opposé / à l'inverse de, inversement à, contrairement à, en dépit de…
> - le but : en vue de, dans le but de, histoire de, dans la perspective de, dans/avec l'intention/l'espoir de…
> - la cause : en raison de, sous prétexte de, du fait de, pour/par manque de, faute de, au mépris de…
>
> → Voir aussi les chapitres 13 (p. 200), 15 (p. 227) et 16 (p. 238).

172 Soulignez les prépositions composées et indiquez si elles indiquent la cause (C), le but (B) ou l'opposition (O).

Exemple : Ces deux enfants ne se ressemblent pas ; ils ont un caractère <u>à l'opposé</u> l'un de l'autre. (O)

a. Vous avez suivi une formation dans l'espoir d'obtenir un meilleur emploi.
b. Par crainte de l'épidémie, vous devriez porter un masque.
c. Allons boire un café, histoire de patienter.
d. Inversement à Laurence, nous avons décidé de nous installer en banlieue.
e. Il est allé à son rendez-vous avec l'intention de réussir l'entretien d'embauche.
f. À force de démarches, ils ont obtenu leur réhabilitation.
g. Par manque de temps, je n'ai pas terminé le traitement de ce dossier.
h. Ils ont demandé un entretien dans le but de se faire entendre.

173 Reliez le début et la fin des phrases.

a. Il nous a caché la vérité
b. Elle est sortie en pleine nuit
c. Suzanne marche difficilement
d. Il est parti précipitamment
e. Tu manges peu
f. On m'a remis un dossier à compléter
g. Actuellement les hôpitaux fonctionnent mal
h. Ces gens sont amenés à demander la charité

1. à la suite de son accident.
2. dans la perspective de mon inscription à la fac.
3. de peur d'être puni.
4. en raison du manque de personnel.
5. à l'inverse de Pierre qui dévore.
6. faute d'argent.
7. en dépit de sa peur de l'obscurité.
8. sous prétexte d'un appel urgent à passer.

174 Reliez les phrases à l'aide des prépositions données entre parenthèses et en faisant les changements nécessaires.

Exemple : Le courrier n'est pas acheminé. Les postiers font grève. (du fait de)
→ Le courrier n'est pas acheminé du fait de la grève des postiers.

a. Ma mère a pris le volant. Elle craint les embouteillages. (au mépris de)
→ ....

D. Les prépositions composées

b. Nous avons envoyé une lettre de réclamation. Nous voulons obtenir un dédommagement. (*en vue de*)

→ ....

c. Léon a soigné sa tenue. Il voulait faire bonne impression à son directeur. (*dans l'intention de*)

→ ....

d. Noémie ne craint pas le froid. Sa sœur est très frileuse. (*contrairement à*)

→ ....

e. La ligne Versailles-Mantes-la-Jolie est perturbée. Il y a des travaux sur la voie. (*par suite de*)

→ ....

f. Nicolas a réussi l'examen du permis de conduire. Il a été très persévérant. (*à force de*)

→ ....

g. Vous avez dû revendre votre voiture. Vous n'aviez pas assez d'argent. (*par manque de*)

→ ....

h. Mon père a acheté des chaînes. Il s'apprête à traverser les Alpes. (*en vue de*)

→ ....

F. Les adverbes de manière (Rappel)

> **• La formation des adverbes en « -ment »**
>
> Elle a répondu doucement et gentiment. Le candidat précédent avait répondu violemment et bruyamment.
>
> - Féminin + « -ment » : grandement, fortement, gaiement…
> - Masculin + « -ément » : précisément, uniformément, profondément…
> - « -ent » devient « -emment » : fréquemment, évidemment, prudemment…
> - « -ant » devient « -amment » : méchamment, brillamment, abondamment.
> - Exceptions : gentiment, brièvement, impunément, vraiment, assidûment, absolument, lentement.
>
> ✋ L'adverbe est toujours placé après le verbe.

175 Écrivez les adverbes correspondant à chaque adjectif.

Exemples : large : largement ; mou : mollement ; pesant : pesamment.

- **a.** heureux : ....
- **b.** récent : ....
- **c.** abondant : ....
- **d.** poli : ....
- **e.** naïf : ....
- **f.** suffisant : ....
- **g.** superficiel : ....
- **h.** gai : ....

176 Écrivez les adverbes correspondant à chaque expression.

Exemples : avec prudence : prudemment ; en silence : silencieusement.

- **a.** avec pesanteur : ....
- **b.** avec patience : ....
- **c.** dans la volupté : ....
- **d.** avec ingénuité : ....
- **e.** avec méchanceté : ....
- **f.** par gentillesse : ....
- **g.** selon l'évidence : ....
- **h.** avec intelligence : ....

05. Les prépositions et les adverbes

177 Réécrivez avec un adverbe.

Exemple : Elle a répondu avec calme. → Elle a répondu calmement.

a. Il a insisté avec lourdeur. → ....
b. On a refusé avec courtoisie. → ....
c. Ils mangent en faisant du bruit. → ....
d. Elle nous a servis avec abondance. → ....
e. Cet homme parle d'une manière crue. → ....
f. Elle assiste aux cours avec assiduité. → ....
g. Il boit en énorme quantité. → ....
h. Elle étudie avec sérieux. → ....

178 Réécrivez avec un adverbe.

Exemple : Pouvez-vous répondre avec précision ? → Pouvez-vous répondre précisément ?

a. Il ressent avec intensité ce qu'il vit. → ....
b. Elle agit de façon curieuse. → ....
c. Il s'est échappé en toute impunité. → ....
d. Nous avons vécu avec simplicité. → ....
e. Ils sont vêtus avec décence. → ....
f. Vous agissez de façon imprudente. → ....
g. Elle prend ses décisions de manière impulsive. → ....
h. Il parle l'anglais courant. → ....

• « Bien/mal », « mieux », « vite », « fort », « haut », « bas », « juste/faux »

Comme elle parle **vite**, elle articule **mal** et on ne comprend pas **bien** ce qu'elle dit. • Chantez plus **fort**, on vous entendra **mieux**. • Vous placez la barre **trop haut**. • Il a **vite** compris.

- « Bien/mal », « vite », « fort », « haut », « bas », « juste/faux » peuvent modifier un verbe.
- « Mieux » est le comparatif de « bien ».
- Aux temps composés, les adverbes « bien », « mal », « mieux », « vite » se placent entre l'auxiliaire et le participe passé.

---

179 Complétez par « bien », « mieux », « mal », « fort », « vite », « haut », « bas », « juste » ou « faux ».

Exemple : Il m'a répondu très vite sans réfléchir.

a. Ce violoniste joue .... et c'est insupportable
b. Il va de .... en .... et j'en suis heureuse.
c. Julie a .... dormi la nuit dernière. Je pense qu'elle va .... se coucher ce soir.
d. Il vaudrait .... que vous partiez maintenant, vous voyez .... de nuit.
e. J'ai .... réfléchi, et je vais vous donner tout .... mon avis pour ne pas être entendu.
f. Victor chante .... et il est capable de monter très .... dans les aigus.
g. Parlez plus .... , on ne vous entend pas !
h. Vous courez .... et vous jetez .... le disque pour qu'il aille loin.

F. Les adverbes de manière (Rappel)

180 Reliez le début et la fin des phrases.

a. Parlez moins
b. Marche plus
c. Travaille
d. Elle voit
e. Installez la marche plus
f. Ce comédien joue
g. Tu chantes
h. Les enfants réussissent

1. bas sinon elle ne pourra pas monter.
2. faux, tu devrais te taire.
3. fort, vous êtes dans une bibliothèque.
4. bien à l'école, on est fiers d'eux.
5. faux et je ne l'aime pas beaucoup.
6. vite, nous sommes en retard.
7. mal et elle va porter des lunettes.
8. mieux et tu seras récompensée.

181 Réécrivez au passé.

Exemple : On ne mange pas bien dans cette auberge. → On **n'a pas bien mangé** dans cette auberge.

a. Vous entendez mal ? → ....
b. Elle ne comprend pas vite. → ....
c. Vous ne chantez pas mieux. → ....
d. Tu progresses bien. → ....
e. On ne s'entend pas bien. → ....
f. Tu lis mal. → ....
g. Elles ne se sentent pas bien. → ....
h. Vous conduisez mieux. → ....

• « Ainsi/aussi », « ensemble », « plutôt » et « surtout »

– **Plutôt que** de prendre le métro, prenons un taxi ; **ainsi** arriverons-nous plus vite. – Vous avez raison, c'est **aussi** mon avis. Prenons-le **ensemble**. • Je lis **plutôt** des romans.

- « Ainsi » et « aussi » signifient « de cette façon ». Ils expriment aussi la conséquence. Quand ils sont au début de la phrase, on inverse le sujet et le verbe dans un langage soutenu.
- « Surtout » signifie « plus que le reste » et permet d'insister. Il s'emploie aussi pour donner un conseil.
- « Plutôt » indique un choix préférable. Il peut être utilisé seul ou avec « que (de) »
- « Ensemble » renvoie toujours à un pluriel.

---

182 Soulignez l'adverbe qui convient.

Exemple : Si nous faisons les courses *ensemble* / *plutôt*, nous aurons plus vite fini.

a. En ville, Alice aime *aussi* / *surtout* flâner dans les vieux quartiers et admirer les belles façades.
b. Certains musées sont ouverts le lundi mais on peut *aussi* / *ainsi* visiter des galeries d'art.
c. Sacha aime le théâtre, *aussi* / *plutôt* a-t-il pris un abonnement à l'Odéon.
d. *Plutôt* / *aussi* que d'aller à la Philharmonie, pourquoi n'irions-nous pas à la Maison de la radio ?
e. Nous apprécions les visites guidées ; on apprend *aussi* / *ainsi* beaucoup de détails sur les peintres.
f. Je partage votre avis ; moi *aussi* / *plutôt*, j'aimerais visiter le musée d'Art moderne.
g. Dimanche, nous irons *surtout* / *ensemble* nous promener au bord de la Seine.
h. On se retrouve devant le cirque, *aussi* / *surtout* prends les places.

05. Les prépositions et les adverbes

183 Complétez par « ainsi », « aussi », « ensemble », « plutôt » ou « surtout ».

Exemple : Nous venons d'acheter un appartement à Chamonix ; ainsi les enfants feront-ils du ski plus souvent.

a. Prenez des vêtements chauds et .... n'oubliez pas des chaussures pour la neige.
b. .... que de partir en voiture, prenez le train, c'est moins dangereux.
c. On passera nos prochaines vacances de Noël tous .... à la montagne.
d. Il a beaucoup neigé en décembre, ... toutes les pistes seront-elles ouvertes.
e. Nous avons .... skié sur les pistes rouges et noires. Les autres sont trop faciles.
f. Mangeons .... une raclette à la maison ; c'est plus convivial qu'au restaurant.
g. Arthur a acheté une luge pour Adrien ; il pourra .... mieux profiter de la neige.
h. N'oubliez .... pas vos forfaits avant de quitter la maison.

G. Les adverbes de quantité et d'intensité (Rappel)

• **Les adverbes de comparaison : « davantage », « plus », « moins », « aussi » et « autant »**

Ce roman de Modiano, quoique **plus** ancien, est **aussi** intéressant **que** son nouveau titre. J'ai pris **autant de** plaisir à le lire et je l'ai lu **aussi** vite. • Mickaël mange **davantage que** moi.

- « Plus/ Moins/Aussi » + adjectif/« vite » (+ « que »).
- « Plus/ Moins/Autant » + « de » + nom (+ « que »).
- Verbe + « davantage, plus/moins /autant » (+ « que »).

 « Mieux » est le comparatif de « bien », « pire » ou « moins mal » les comparatifs de « mal ».

184 Réécrivez avec l'adverbe selon les indications données, comme dans l'exemple.

Exemple : Laurent réussit bien (+ ; son frère). → Laurent réussit **mieux que** son frère.

a. Fanny dort (– ; moi). J'ai besoin de sommeil (+ ; elle).
  → ....
b. Nous passons (= ; temps) ensemble à réviser mais elle travaille (+ ; moi).
  → ....
c. Paul gagne (= ; Louis) mais il passe (+) temps à son bureau.
  → ....
d. Je paie mon appartement cher (+ ; ma voisine), pourtant le mien offre (–) confort.
  → ....
e. Nous consommons des graisses (– ; dans les années 80), mais les cas d'obésité sont fréquents (+).
  → ....
f. Les loyers coûtent (–) cher en banlieue, aussi les familles habitent souvent (+) dans les périphéries.
  → ....
g. Lyon et Marseille attirent (= ; touristes), pourtant la deuxième, étant au bord de la mer, est bien (+) située.
  → ....
h. Les salaires augmentent vite (–) que les dépenses quotidiennes, alors les gens vivent modestement (+).
  → ....

G. Les adverbes de quantité et d'intensité (Rappel)

185 Réécrivez pour faire une autre comparaison. (Il y a plusieurs phrases possibles.)

Exemple : Ils ont moins de chance que vous. → Ils ont **plus/autant** de chance que vous.

a. Armelle mène une existence plus amusante que toi. → ....
b. Tu gagnes moins souvent que Théo. → ....
c. On vit mieux que nos voisins. → ....
d. Linda mange moins que sa sœur. → ....
e. Vous dormez autant que moi. → ....
f. Les enfants grandissent plus que l'an dernier. → ....
g. On boit autant de café que de thé. → ....
h. Elle est restée aussi dynamique que toi. → ....

• « Très », « trop », « beaucoup », « assez » et « peu »

Manuel dormait peu, mangeait beaucoup et travaillait beaucoup trop. Aujourd'hui, son état de stress est assez préoccupant et il va très mal.

- « Très », « (un) peu » et « trop » peuvent s'utiliser avec un verbe, un adjectif ou un autre adverbe. « Peu » a une valeur négative alors que « un peu » indique une petite quantité positive. « Trop » indique un excès et a une valeur négative, alors que « assez » indique une quantité suffisante.
- « Beaucoup » ne s'utilise jamais avec un adjectif ni un adverbe, sauf dans « beaucoup trop ».

---

186 Soulignez ce qui convient.

Exemple : Il est encore _très_ / _beaucoup_ tôt, le jour n'est pas encore levé.

a. Sophie court _très_ / _beaucoup_ longtemps le week-end. Elle est _très_ / _beaucoup_ en forme.
b. Lucas est _très_ / _beaucoup_ ennuyé ; il n'arrive pas à terminer ce dossier qui semblait _très_ / _beaucoup_ simple.
c. Les enfants se sont _très_ / _beaucoup_ disputés et, ce soir, ils sont _très_ / _beaucoup_ énervés.
d. Nous avons _très_ / _beaucoup_ réfléchi et nous n'avons pas trouvé de solution _très_ / _beaucoup_ adaptée.
e. Nous venons d'acheter une nouvelle voiture _très_ / _beaucoup_ chère et présentant _très_ / _beaucoup_ d'avantages.
f. Ce week-end, nous avons _très_ / _beaucoup_ fait la fête et ce matin j'ai _très_ / _beaucoup_ de mal à me concentrer.
g. Augustin parle _très_ / _beaucoup_ mais il n'est pas _très_ / _beaucoup_ productif.
h. Mon grand-père souffre _très_ / _beaucoup_ et il se déplace avec _très_ / _beaucoup_ de peine.

187 Complétez par « très » ou « trop ».

Exemple : Jade est trop petite pour travailler comme hôtesse, pourtant, elle parle très bien espagnol et chinois.

a. Ce problème est .... compliqué et j'y travaille depuis .... longtemps. Aide-moi !
b. Nos parents sont .... heureux de devenir grands-parents, mais nous trouvent un peu .... jeunes.
c. Le patron est .... en colère car les employés sont .... nombreux à s'absenter sans raison.
d. Je connais .... bien Adam et je sais qu'il est .... intelligent pour agir ainsi.
e. Le champion a .... forcé ; il le comprend maintenant, mais c'est .... tard.
f. La terre est .... peuplée et c'est une problématique .... préoccupante.
g. À cette heure-ci, la nationale est .... embouteillée et l'autoroute est .... chère pour nous, partons plus tard.
h. Le repas était .... bon mais nous avons .... mangé et ce ne serait pas .... raisonnable de nous resservir.

05. Les prépositions et les adverbes

188 Complétez par « peu » ou « un peu ».

Exemple : Noé a raté son examen mais c'est un peu normal car il avait peu révisé.

a. Ma sœur a .... aimé ce film, elle l'a trouvé .... vieillot.
b. Nous avons eu .... de temps pour parler et nous étions .... déçus de nous voir si vite.
c. Il me reste .... de bœuf bourguignon, aussi je vous propose de dîner avec moi.
d. Nous avons eu .... de soleil cet été, ce qui nous a permis de faire .... de randonnée.
e. Ce week-end, nous avons .... lu et nous avons fait .... de jardinage ; le jardin en avait besoin.
f. Thomas a .... parlé pendant le repas ; il avait l'air .... fatigué.
g. Émilie a fait .... d'efforts de conversation, mais il faut dire qu'elle aime .... nos voisins.
h. Antoine donne .... de nouvelles et nous sommes .... inquiets depuis son départ.

189 Complétez par « peu (de) » ou « assez (de) ».

Exemple : Je suis parti : le débat était peu intéressant et j'en avais entendu assez.

a. Loïc a pris le volant en ayant .... dormi, ce qui est .... déraisonnable.
b. Il y a .... temps, tu as pris la décision de déménager. Tu en avais .... vivre en ville.
c. Chloé est .... timide et elle sort .... avec ses collègues.
d. Tu as .... patience, c'est dommage. Pourtant, tu t'entends .... bien avec les enfants.
e. Je pense qu'il y a .... chances qu'il gagne .... pour acheter un billet d'avion pour Tahiti.
f. Marielle est .... drôle mais elle a .... occasions de rencontrer de nouveaux amis.
g. Nous avons .... mangé mais je veux bien .... fromage.
h. Bien qu'ils aient .... travaillé, ils ont obtenu d'................................ bons résultats.

190 Complétez par « (un) peu (de) », « très », « beaucoup », « davantage (de) », « assez » ou « trop ».

Exemple : Mélanie est trop fatiguée ce soir pour sortir ; elle reste donc chez elle.

a. J'ai .... bien entendu votre question mais je n'ai pas envie d'y répondre.
b. Buvez .... eau, vous vous sentirez mieux après.
c. Vous dormez .... et vous devriez vous reposer ....
d. J'ai .... mangé pour aujourd'hui. Ce soir je fais la diète !
e. Nicolas marche ...., conseille-lui d'aller au travail à pied : il doit faire .... d'exercice.
f. Gabriel est bien .... occupé à monter ce meuble. Donnez-lui .... de temps et laissez-le terminer.
g. Vous avez .... souvent mal à la tête. Vous devriez baisser .... la température de votre chambre.
h. Vous avez .... joué pour aujourd'hui et il est .... tard. C'est l'heure d'aller au lit.

• **L'intensité et la conséquence : « si / tant (de) / tellement (de)…(que) »**

Je suis tellement heureuse ! • Elle est si mince qu'elle ne trouve pas de vêtements à sa taille. • Il s'amuse tellement ! • On a tellement/tant de problèmes qu'on ne sait pas par où commencer.

• Avec un adjectif ou un autre adverbe, on emploie « si » ou « tellement ».
• Avec un verbe, on emploie « tant » ou « tellement », et avec un nom « tant de » ou « tellement de ».
• Ces trois adverbes expriment l'intensité. Quand ils sont suivis de « que… », ils expriment aussi la conséquence.

→ Voir aussi le chapitre 14 (p. 217).

G. Les adverbes de quantité et d'intensité (Rappel)

191 Complétez par « si », « tellement (de) » ou « tant (de) ». (Il y a parfois deux possibilités.)

Exemple : Allons voir cette pièce. L'acteur est tellement/si drôle !

a. Les enfants étaient .... fatigués ! Ils se sont endormis dans l'instant.
b. On a .... clients en ce moment !
c. Alicia paraît .... fragile dans son petit berceau !
d. Il grossit, c'est normal, il mange .... !
e. Ma voisine semble .... perturbée ! Je la plains.
f. Jules pleurait .... fort que je l'ai pris dans mes bras.
g. Mon mari a .... travail qu'il rentre après 21 heures.
h. Les étudiants rencontrent .... difficultés à se loger !

192 Reliez le début et la fin des phrases.

a. Sophie était si heureuse
b. Tu as tellement
c. Nous avons tant ri
d. Vous avez tellement
e. Emma parle tant
f. Ils ont tellement attendu
g. Hugo a mangé tant
h. Tu as tellement réfléchi

1. qu'ils se sont endormis.
2. que tu as fini par trouver une solution.
3. de gâteaux qu'il a été malade dans la nuit.
4. qu'elle s'est mise à pleurer de joie.
5. d'amis que vous ne pourrez pas les inviter tous.
6. que je ne peux pas rester plus d'une heure avec elle.
7. que nous avions mal à la mâchoire.
8. de travail que tu ne t'occupes plus des enfants.

193 Remettez ces phrases dans l'ordre.

Exemple : reconnue / que / pas / vieilli / elle / tant / a / je / l'ai / ne → Elle a tant vieilli que je ne l'ai pas reconnue.

a. Camille / grandi / vêtements / acheter / dois / tant / des / que / je / a / lui
  → ....
b. si / pleurer / ses / étaient / émus / à / qu' / ils / mis / parents / se / sont
  → ....
c. tu / t'entendent / voisins / tellement / mes / fort / que / ris
  → ....
d. caisse / qu'elle / grosse / l'ascenseur / la / est / si / n'entre pas / dans
  → ....
e. ils / reçu / tant / les / cadeaux / tous / les mariés / ont / de / qu' / ne peuvent pas / emporter
  → ....
f. Marion / contrariée / elle / est / préfère / seule / rester / si / qu'
  → ....
g. tant / on / ranger / où / les / livres / de / a / on / qu' / ne sait pas
  → ....
h. tellement / tu / achètes / n'importe quoi / gagnes / tu / d' / que / argent
  → ....

05. Les prépositions et les adverbes

194 Complétez librement.

Exemple : Vous lisez tellement que vous ne faites que ça.

a. Elle aime tant ....
b. Vous courez tellement ....
c. Damien est si ....
d. Ils gagnent tant de ....
e. Elle perd tellement de ....
f. Vous cuisinez tellement ....
g. Leur maison est si ....
h. Vous achetez tant ....

— • L'approximation : « environ », « presque », « quasi/quasiment » —

Il est **presque** midi et nous mangerons dans **environ** un quart d'heure. Le repas est **quasiment** prêt.

- Ces trois adverbes indiquent l'approximation pour la quantité, le lieu ou le temps.
- « Presque », « quasiment » et « quasi » se placent toujours devant le mot qu'ils modifient. « Environ » peut se placer avant ou après.

195 Complétez par « presque », « environ » ou « quasiment ». (Il y a parfois plusieurs réponses possibles.)

Exemple : Presque tous nos amis sont venus à l'exception de Marie et Richard.

a. Pour faire ce gâteau, il faut .... 150 grammes de sucre et autant de farine.
b. Le devoir est .... fini, il me reste à le relire.
c. La journée est .... terminée ; appelons nos copains pour prendre un verre.
d. Il nous reste .... 120 kilomètres à parcourir ; on arrivera à 19 heures ....
e. L'été est .... fini et les feuilles commencent déjà à jaunir.
f. J'ai .... terminé mon livre. Il me reste une dizaine de pages à lire.
g. Dans .... une heure, nous serons arrivés à la maison.
h. Il n'y a .... rien dans le réfrigérateur. Commandons une pizza.

H. Les adverbes de modalité

— • La modalité et l'opinion —

Dommage, elle est arrivée en retard. Elle a manqué une partie du spectacle, **notamment** les jongleurs.

- Les adverbes de modalité permettent d'indiquer des nuances, de donner une opinion et d'organiser le discours.
- Ils peuvent exprimer l'appréciation positive ou négative (dommage, heureusement…), la précision (notamment, particulièrement…), la restriction (du moins, surtout…), la certitude (effectivement, évidemment…), le doute (peut-être…).

H. Les adverbes de modalité

196 Soulignez l'adverbe et indiquez si ces phrases indiquent l'appréciation (A), la certitude (C), la précision (P) ou la restriction (R).

Exemple : Je n'ai aucune raison de vous croire, du moins c'est ce que je pense. (R)

a. Retrouvons-nous à midi, ou plutôt midi quinze.
b. Certes, vous avez rendu ce dossier, mais il est incomplet.
c. Il a évidemment de bonnes raisons, je n'en doute pas.
d. J'ai lu le journal et notamment l'éditorial, qui m'a particulièrement intéressé.
e. Les enfants arriveront sans doute pour dîner.
f. Je vous remercie, mais malheureusement nous ne sommes pas libres dimanche.
g. Ils auraient pu nous prévenir, au moins nous envoyer un SMS.
h. Naturellement, nous serons à l'heure au rendez-vous.

> **• L'appréciation et le degré de certitude**
>
> **Certes**, nos amis viennent à Paris cet été, mais nous ne serons **malheureusement** pas à Paris en août.
> • Il m'en veut **peut-être**. / **Peut-être qu'**il m'en veut. / **Peut-être** m'en veut-il.
>
> • Des adverbes comme « heureusement », « malheureusement », « naturellement », « vraiment », « dommage »… expriment l'appréciation, l'opinion de celui qui parle.
>
> • « Certes », « évidemment », « peut-être », « probablement »… expriment la certitude plus ou moins grande ou le doute.
>
> ✋ En début de phrase, on écrit « peut-être que » ou bien on inverse le sujet et le verbe (sans « que »).

197 Reliez les phrases qui se répondent.

a. Les enfants n'ont pas classe aujourd'hui ?
b. La prof de maths était absente ce matin.
c. On nous a rendu le contrôle de français.
d. Louis est arrivé en retard au cours de français.
e. Le collège est presque vide depuis une semaine.
f. On a rendu un excellent dossier.
g. Désolé, j'ai oublié mes affaires de piscine.
h. J'ai été interrogée en histoire.

1. Heureusement, j'avais bien appris la leçon.
2. Malheureusement, je n'ai pas eu une bonne note !
3. Certes, les vacances approchent, mais ce n'est pas une raison.
4. Bien sûr que non, on est le 11 novembre.
5. Évidemment, tu ne regardes pas l'emploi du temps.
6. Naturellement, le surveillant l'a envoyé en salle d'études.
7. C'est dommage, alors vous n'avez pas eu cours ?
8. Le prof nous a vraiment félicités.

198 Complétez par un adverbe d'appréciation.

Exemple : Julien n'est pas venu à notre soirée d'anniversaire ; c'est vraiment dommage car il met de l'ambiance

a. Dimanche, s'il fait beau, j'aimerais .... qu'on aille faire une promenade dans l'île de Chatou.
b. Les Dupont ne sont pas libres samedi soir, alors .... le dîner est reporté à samedi prochain.
c. .... nous n'avons pas pu visiter le zoo mercredi à cause de la pluie. Les enfants étaient très déçus.
d. On vous attend le week-end prochain à la campagne ; .... vous pouvez amener votre chien,

05. Les prépositions et les adverbes

il pourra courir dans le jardin.

e. Claire avait oublié son téléphone chez elle avec notre adresse. .... Paul avait le sien ; ils sont donc arrivés sans problème.

f. Je suis d'accord avec vous ; .... la fête avait été bien organisée, mais il manquait un peu de musique pour danser.

g. On prendra de gros pulls .... ; on sait bien qu'en Normandie les soirées sont fraîches !

h. Nous arriverons .... avec un peu de retard, car la circulation sur l'autoroute est bien chargée.

> **• La restriction et la généralité**
>
> Le métro était bondé mais **au moins** ma grand-mère a pu s'asseoir. **Habituellement**, les usagers assis laissent leur place aux personnes âgées.
>
> - Les adverbes ou expressions comme « au moins / du moins / tout du moins », « seulement », « exceptionnellement » marquent la restriction.
> - « En général/généralement », « globalement », « habituellement », « dans l'ensemble » expriment la généralité.

199 Soulignez l'adverbe et indiquez si la phrase exprime la restriction (R) ou la généralité (G).

Exemple : Les transports urbains fonctionnent *généralement* jusqu'à une heure du matin. (G)

a. Nous avons seulement 300 mètres à faire en sortant du métro.
b. La grève des transports devrait être suivie globalement au niveau national.
c. Je me rends habituellement au bureau en tramway.
d. Comme le trafic est perturbé, exceptionnellement, j'irai au travail à vélo.
e. J'ai commandé un taxi, au moins nous serons certains d'arriver à l'heure à l'aéroport.
f. Quelques bus circuleront la nuit du 31 décembre ; du moins c'est ce qui a été annoncé.
g. Au moment des fêtes, les grands axes de circulation sont dans l'ensemble très embouteillés.
h. Il est préférable, en général, de circuler en ville en transports en commun.

200 Soulignez l'expression qui convient.

Exemple : Vous ne respectez pas beaucoup l'écologie mais faites *au moins* / *habituellement* le tri des plastiques.

a. Quand je me brosse les dents, je coupe *exceptionnellement* / *généralement* le robinet pour économiser l'eau.
b. Nous utilisons le micro-ondes le moins possible, *tout du moins* / *généralement*, nous nous y efforçons.
c. Lorsque vous quittez une pièce, éteignez la lumière, *dans l'ensemble* / *du moins* si vous y pensez.
d. Évitez d'utiliser des détergents agressifs. Utilisez en *général* / *seulement* des produits bio.
e. Ces enseignes ne vendent que des produits naturels. C'est *globalement* / *du moins* ce qu'ils affichent.
f. Vous pourriez *au minimum* / *dans l'ensemble* jeter les bouteilles dans le container à verre !
g. Ma sœur achète *au moins* / *essentiellement* des aliments bio pour ses enfants, mais pas pour elle.
h. Elle met *exclusivement* / *exceptionnellement* ses déchets organiques dans le compost ; elle en a pris l'habitude depuis longtemps.

H. Les adverbes de modalité

• La précision et la rectification

Nous avons apprécié la pièce, **notamment** l'originalité des décors. • Arrivez à l'heure mais **surtout** pas en retard, **plutôt** un quart d'heure ou **même** vingt minutes avant.

- « Exactement », « notamment », « précisément », « spécialement », « particulièrement » permettent d'apporter une précision.
- « Surtout » permet d'insister, par exemple dans un conseil.
- « Plutôt » sert à faire une rectification ou à souligner une différence et « même » sert à renforcer.

201 Complétez par « même », « surtout » ou « plutôt ».

Exemple : Sonia est végétarienne, elle ne mange *même* pas de produits laitiers.

a. Pourriez-vous nous livrer les pâtisseries en soirée, ... vers 19 heures ?
b. Mettez les fromages au frais sur la terrasse mais ...., couvrez-les à cause des mouches.
c. On a découvert un excellent vin et on en a .... commandé six bouteilles pour les fêtes.
d. Laurent a apprécié ses voisins de tables ; on l'a .... entendu rire à plusieurs reprises.
e. Nos invités ne vont pas tarder. Je vais les accueillir mais toi, va .... te faire beau !
f. Voilà vos huîtres, madame, mais ne les ouvrez .... pas à l'avance.
g. Il fait chaud dans le salon alors .... mettez-vous à l'aise.
h. Madeleine, assieds-toi là, à côté de Valérie, ou .... en face d'elle.

202 Soulignez l'adverbe qui convient.

Exemple : C'est amusant, j'ai *particulièrement* / *exactement* la même parka que toi.

a. On a apporté *spécialement* / *surtout* des gros pulls pour le froid puisqu'on part à la montagne.
b. On va passer toute la journée sur les pistes. On risque *surtout* / *même* de rentrer un peu tard.
c. Les chaussures de ski que j'ai louées me vont très bien, je pense *même* / *notamment* les acheter.
d. Essayez ces moufles et *surtout* / *même* ce bonnet puisque vous avez du temps.
e. Louise a pris des protections haute montagne, *exactement* / *notamment* de la crème solaire et du baume pour les lèvres.
f. Aide-moi à choisir mon surf. Tu prendrais celui-ci ou *surtout* / *plutôt* celui-là ?
g. Ces vêtements, *précisément* / *plutôt* conçus pour la haute montagne, sont réalisés avec des matériaux hautement isolants.
h. Nous avons descendu toutes les pistes de la station, *notamment* / *précisément* les noires.

• Le doute et la certitude

Il n'a **en effet** pas mangé d'huîtres, alors ce sont **vraisemblablement** les moules qui l'ont rendu malade !

- Les adverbes « en effet/effectivement », « certainement », « bien sûr », « indiscutablement », « assurément », « évidemment » expriment la certitude.
- « Peut-être », « apparemment », « sans doute », « probablement », « vraisemblablement »… expriment un doute plus ou moins important.

05. Les prépositions et les adverbes

203 Soulignez les adverbes et indiquez s'ils expriment le doute (D) ou la certitude (C).

Exemple : Marion n'est pas arrivée. Elle a probablement eu un empêchement. (D)

a. Ils se sont couchés tard, alors évidemment ils ne se sont pas réveillés.
b. Juliette a peut-être perdu son bracelet au bureau ou dans le bus.
c. Vous avez assurément beaucoup de travail en ce moment.
d. Les syndicats ont effectivement appelé les employés à boycotter les élections.
e. Cette nuit, le petit Sacha a été malade mais apparemment il va mieux ce matin.
f. Ils se sont certainement trompés de route, c'est pour cela qu'ils sont en retard.
g. Vous avez raison, j'ai effectivement reçu un nouveau mail de relance.
h. Elle n'aura vraisemblablement pas voulu prendre un taxi, comme d'habitude !

204 Terminez librement.

Exemple : Je devais retrouver Daphné à 18 heures mais elle a probablement oublié notre rendez-vous.

a. Pierre veut toujours avoir raison, il est indiscutablement ....
b. Mon grand-père ne décroche pas ; peut-être qu' ....
c. Votre conseil me semble excellent et assurément ....
d. Marius est tête en l'air, certes, ...
e. Ils feront la route de nuit, apparemment ....
f. Pauline a passé la nuit ici ; effectivement ....
g. Tu n'as pas croisé Paul dans l'escalier ? Il a sans doute ....
h. J'ai en effet .... mais je n'ai pas eu le temps de répondre.

• L'opposition

Nous sortons de table **cependant** je veux bien un peu de tarte. • J'ai déjà pris un café mais j'en veux bien **quand même** un autre. • Elle accepte de préparer le repas, **par contre** elle refuse de sortir acheter le pain.

• Des adverbes comme « cependant », « néanmoins », « par ailleurs », « pourtant », « quand même », « toutefois » expriment l'opposition.

• « Par contre » et « en revanche » soulignent l'opposition entre deux contraires.

→ Voir aussi le chapitre 16 (p. 238).

---

205 Reliez le début et la fin des phrases.

a. Il pleut aujourd'hui,
b. Tu es fatigué
c. Alicia se dit très heureuse,
d. On passe la journée dehors,
e. Simon mange beaucoup,
f. Ils ont peu d'argent,
g. Noémie parle mal espagnol,
h. Ma sœur avait mal à la tête,

1. toutefois elle sourit rarement.
2. cependant elle le comprend très bien.
3. pourtant elle a passé sa soirée sur sa tablette.
4. et tu sors quand même, je ne te comprends pas.
5. en revanche, demain, il devrait faire beau.
6. par contre, le soir, on est ravis de rester à la maison.
7. par ailleurs il maigrit.
8. néanmoins ils partent chaque année en vacances.

H. Les adverbes de modalité

206 Soulignez l'expression qui convient.

Exemple : Il perd souvent, *pourtant* / *en revanche* il continue à jouer au Loto.

a. Jeanne est en pleine forme, *par contre* / *cependant* elle a mauvaise mine.
b. Je n'ai aucune nouvelle de Bertrand, *en revanche* / *néanmoins* ton frère a appelé.
c. On avait commandé des plats tout faits, *par ailleurs* / *en revanche* on ne les a pas terminés.
d. Mon père était fatigué, *par ailleurs* / *toutefois* il a tenu à faire un tour dans le quartier.
e. Nous n'avons rien fait de la journée, *en revanche* / *cependant* on a écouté de superbes morceaux de jazz.
f. Aujourd'hui la pharmacie est ouverte, *néanmoins* / *par contre* demain elle sera fermée.
g. Émilie n'a rien mangé, elle a *quand même* / *par ailleurs* bu plusieurs bols de thé.
h. Claire a passé la journée au lit, *en revanche* / *cependant* elle a regardé un vieux DVD.

207 Terminez librement.

Exemple : J'ai bien travaillé, par contre Loïc n'a pas fait grand-chose.

a. Ils ont voulu voir cette exposition, néanmoins ....
b. Tu as écouté les nouvelles, pourtant ....
c. Le ciel était très bleu, cependant ....
d. On a retrouvé Léa vers 18 heures, toutefois ....
e. Patricia a beaucoup changé, mais quand même ....
f. Nos voisins sont fâchés, néanmoins ....
g. Nous sommes rentrés très tard, cependant ....
h. Marianne a rendu un bon projet, mais quand même ....

> **• La conséquence**
>
> Il faisait très froid, **aussi** n'avons-nous pas traîné dehors. • Les enfants s'ennuyaient **du coup** on leur a mis un dessin animé.
>
> - Les adverbes « **aussi** », « **alors** », « **ainsi** », « **par conséquent** », « **du coup** » (familier) et « **c'est pourquoi** » indiquent une conséquence.
>
> ✋ Avec « **aussi** » et « **ainsi** » en début de phrase, dans la langue soutenue, on inverse le sujet et le verbe.
> → *Voir aussi le chapitre 14 (p. 217).*

208 Complétez par un adverbe marquant la conséquence, en variant. (Il y a parfois plusieurs possibilités.)

Exemple : J'ai trop froid, alors je rentre.

a. Il n'y avait rien à manger .... on est allés au restau.
b. Nous avons fait les magasins toute la journée, ... avions-nous envie de rentrer à la maison.
c. Le film était terminé, ... nous sommes allés nous coucher.
d. On a rencontré les Lerouge, ... on est un peu en retard.
e. Ma mère avait écouté les informations, ... était-elle au courant de l'accident.
f. Sophie s'est cassé la jambe, ... elle portera un plâtre jusqu'à la fin du mois.
g. J'ai refusé, ... il est sorti en claquant la porte.
h. Valentin voulait des fleurs pour son amie, ... est-il passé chez la fleuriste.

05. Les prépositions et les adverbes

209 Reformulez en employant « aussi », « ainsi », « par conséquent », « du coup » ou « c'est pourquoi ».

Exemple : Comme Baptiste est tombé de l'échelle, il boite. → Baptiste est tombé de l'échelle, **aussi** boite-t-il.

a. Comme Lucile a mal à la tête, elle a pris un comprimé.
→ ....

b. Étant donné que nos parents viendront bientôt, nous repeignons le salon.
→ ....

c. Les enfants ont fait la grasse matinée parce qu'ils s'étaient couchés tard.
→ ....

d. Comme ils m'ont apporté des chocolats, je vous en offre.
→ ....

e. Puisque vous êtes fatigués, allez faire une petite sieste.
→ ....

f. J'ai enlevé mon pull parce que j'avais trop chaud.
→ ....

g. Comme notre voiture était en panne, on a réservé un covoiturage.
→ ....

h. Tu as fait demi-tour parce que tu t'étais trompé de route.
→ ....

Bilan 5

1. Complétez ce texte par des prépositions ou des adverbes.

La Samaritaine est un grand magasin très connu .... (a) Parisiens. Fermé depuis .... (b) nombreuses années, cet édifice .... (c) l'architecture Art nouveau est pour beaucoup source .... (d) questions. Son histoire vaut la peine .... (e) être racontée.
Antérieurement .... (f) la construction du Pont neuf, il y avait près .... (g) la Seine une pompe qui alimentait .... (h) eau le palais .... (i) Louvre voisin. Cette machine était ornée .... (j) une statue représentant une femme samaritaine qui donnait .... (k) l'eau .... (l) passants. Cette pompe fut malheureusement détruite .... (m) début .... (n) XIXᵉ siècle.
Un demi-siècle .... (o) tard, ... (p) même endroit, Eugène Cognacq, un commerçant, installa sa première échoppe où il vendait, ... (q) l'abri .... (r) un grand parapluie rouge, toutes sortes .... (s) objets exclusivement destinés .... (t) femmes. Ses affaires marchaient .... (u), ... (v) décida-t-il .... (w) louer un petit local rue de la Monnaie, qu'il nomma La Samaritaine. C'est .... (x) qu'est né le magasin, qui s'agrandira .... (y) devenir quelques années plus .... (z) l'un des .... (a') célèbres magasins de Paris.

2. Réécrivez en remplaçant les expressions en italique par des adverbes.

« Nous étions tous les quatre installés *dans le confort* (a) de notre voiture ; nous roulions *avec tranquillité* (b) vers les Alpes pour y passer les vacances. Ma mère conduisait *avec calme* (c). Mon père écoutait *d'une façon distraite* la radio (d). *D'une manière soudaine* (e), un camion a surgi devant notre voiture en sens inverse. *Il est vraisemblable qu'* (f) il venait de doubler un autre véhicule. *Avec adresse* (g), ma mère a donné un coup de volant qui nous a, *c'est un miracle* (h), évité de percuter le camion qui nous aurait, *c'est évident* (i), écrasés. Nous avons atterri au milieu d'un pré, *tu ne me croiras pas* (j)... indemnes ! Mais, en sortant de la voiture, nous avons constaté *avec rapidité* (k) que la voiture était, *en toute franchise* (l), hors d'état de nous emmener plus loin. *Dans l'immédiat* (m), mon père a appelé un garagiste qui nous a *par bonheur* (n) remorqués jusqu'au village voisin. Un peu plus tard, il nous a proposé *avec gentillesse* (o) une voiture de location, beaucoup plus puissante, *c'est vrai* (p), que la nôtre. C'est ainsi que nous avons repris *dans la joie* (q) la route des Alpes.

06 • Les temps de l'indicatif

A. L'emploi des temps du passé dans le récit

> **• Les temps du récit (Rappel)**
>
> Il **faisait** beau et le soleil **brillait** ; la veille, il **avait neigé** et nous **avons décidé** de partir faire une promenade avec les raquettes.
> - Imparfait : habitudes et répétitions, descriptions, états durables, et faits non limités dans le temps.
> - Passé composé ou passé simple (voir p. 101) : résultats, actions principales accomplies dans un temps défini et après des expressions marquant l'immédiateté (soudain, tout à coup, brusquement…).
> - Plus-que-parfait : action accomplie avant une autre action passée à l'imparfait ou au passé composé.

210 Soulignez les imparfaits et indiquez s'ils marquent la description (D) ou l'habitude (H).
Exemple : Quand j'<u>étais</u> enfant, j'ai été scolarisé en Haute-Savoie. (D)
a. On habitait dans le petit hameau où mes parents étaient nés.
b. Mes parents vivaient simplement ; mon père a travaillé pendant plusieurs années dans une usine textile.
c. Chaque jour, il partait travailler de bonne heure. C'était un employé exemplaire et d'ailleurs, plus tard, il a reçu la médaille d'or du travail.
d. Ma mère nous a élevés, mon frère et moi. Elle s'occupait toujours très bien de nous. Chaque soir, elle veillait sur nos devoirs.
e. Mais dès qu'on a été en âge d'aller au collège, ma mère a commencé à s'ennuyer. Elle trouvait les journées longues.
f. Elle a alors décidé de travailler et on l'a recrutée dans une bibliothèque qui se trouvait dans le village voisin.
g. Nous passions tous les étés dans le village où nous jouions avec les amis qu'on s'y était faits.
h. Quelques années plus tard, mon frère et moi, nous sommes partis à Évian. Nous y avons étudié mais nous continuions à aller au village voir nos parents et nos amis.

211 Réécrivez ces phrases à l'imparfait pour exprimer des états ou des habitudes.
Exemple : Nous choisissons avec soin les produits bio.
→ Quand nous allions au marché, nous **choisissions** avec soin les produits bio.
a. Léo et toi, vous allez souvent au théâtre.
→ Quand vous habitiez à Lyon, ...
b. Romain Gary exerce une carrière de diplomate.
→ Avant d'être écrivain, ...
c. Le dimanche, il ne se lève jamais avant 10 heures.
→ Adolescent, ...
d. On les emmène au parc le mercredi.
→ Quand les enfants étaient petits, ...
e. Charlotte passe souvent prendre de tes nouvelles.
→ Quand tu étais l'hôpital, ...
f. Mes parents ne sortent plus beaucoup.
→ Après leur départ à la retraite, ...
g. Tu lisais davantage. → Il y a quelques années, ...
h. Les enfants croient au Père Noël. → Petits, ...

A. L'emploi des temps du passé dans le récit

> **• Le passé récent dans un récit au passé**
>
> **Nous étions prêts à partir quand tout à coup nous avons entendu un bruit sourd : une avalanche venait de se déclencher.**
>
> Le passé récent peut aussi être employé dans un récit au passé pour indiquer un fait qui se passe tout de suite avant une autre action passée. On conjugue alors « venir » à l'imparfait.

212 Réécrivez au passé avec un passé récent à l'imparfait.

Exemple : On termine le café quand Paul et Sophie arrivent.
→ On **venait de terminer** le café quand Paul et Sophie sont arrivés.

a. La pluie cesse quand un arc-en-ciel apparaît. → ....
b. Le facteur passe quand les chiens se mettent à aboyer. → ....
c. Minuit sonne lorsqu'on se souhaite la bonne année. → ....
d. Elles sortent du magasin quand l'alarme retentit. → ....
e. Tu achètes des gants quand tu en perds un dans le bus. → ....
f. Je parle de Marie quand elle m'appelle. → ....
g. Vous décidez de vous coucher quand ta mère t'appelle. → ....
h. On choisit une plante quand la vendeuse ferme le magasin. → ....

213 Soulignez les verbes au plus-que-parfait.

Exemple : Les chemins étaient détrempés car il avait plu dans la nuit.

a. Ma sœur était très déçue car elle n'avait pas obtenu le poste.
b. La route a été barrée car une chute de pierre avait eu lieu quelques jours auparavant.
c. Nous avons égaré la photo que nous avions prise l'été dernier.
d. On était étonnés et on a demandé ce qui s'était passé.
e. Tu as compris qu'un incendie s'était déclaré.
f. L'école était fermée. Nous n'en avions pas été informés.
g. Nous étions plongés dans le noir, la bougie s'était éteinte.
h. J'ai su qu'il y avait eu un accident.

214 Reliez le début et la fin des phrases.

a. Les enfants ont récolté
b. Le terrain était en pente,
c. On a nettoyé les outils
d. Les arbres avaient donné beaucoup de fruits
e. La brume s'était levée
f. L'herbe avait séché au soleil,
g. Quand ils avaient sonné la cloche du portail,
h. Nous avons mis dans le compost

1. et ils ployaient sous leur poids.
2. il était temps de la ramasser.
3. le chien s'est mis à aboyer.
4. les radis qu'ils avaient semés.
5. tout ce qui pouvait servir d'engrais.
6. et on a entrevu des rayons de soleil.
7. qu'on avait utilisés.
8. alors nous avions eu du mal à tondre l'herbe.

06 • Les temps de l'indicatif

215 Répondez négativement aux questions selon l'exemple. (Accordez les participes passés si besoin.)

Exemple : Ce soir, vous sortez ? – Non, pas ce soir, **nous sommes sortis hier soir**.

a. Sophie va au cinéma ce soir ? – ....
b. Vos enfants s'amusent aujourd'hui ? – ....
c. Vos amis partent tard aujourd'hui ? – ....
d. Richard vient en voiture ce matin ? – ....
e. La neige tombe aujourd'hui ? – ....
f. Vous vous couchez tard ce soir ? – ....
g. Ils se retrouvent au restaurant à midi ? – ....
h. Tes collègues se rejoignent au café ce soir ? – ....

216 Écrivez les verbes entre parenthèses à l'imparfait ou au passé composé.

Exemple : (savoir) À six ans, je savais déjà skier.
Quand j'avais six ans, j'ai su que le père Noël n'existait pas.

a. (parler) Hier, tu .... à ma place et je n'aime pas ça !
Enfant, je .... peu, j'étais timide.
b. (dormir) On .... dix heures et on est en pleine forme.
Il y a quelques années, je .... très mal mais maintenant ça va mieux.
c. (lire) Je .... ce livre d'une traite. Il est formidable.
Tu .... davantage pendant tes études mais j'imagine que tu n'as plus le temps.
d. (bien comprendre) Mon père parlait mal et je ne .... pas ce qu'il me disait.
Ce soir, il m'a tout expliqué et je ....
e. (revoir) Chaque soir, on .... nos leçons.
Avant de quitter le bureau, je .... tous les dossiers pour la réunion de demain.
f. (dire) Ce soir, ça ne me .... rien de sortir alors je suis restée chez moi.
Mon père me .... souvent qu'il fallait prendre du recul.
g. (faire) Comme Pierre ne .... rien il s'ennuyait.
Avant de partir de chez moi, je .... un peu de piano.
h. (travailler) Elle .... encore quand elle a eu son accident.
Ce matin, on .... efficacement. Le patron était content.

217 Écrivez les verbes entre parenthèses à l'imparfait ou au plus-que-parfait.

Exemple : Il avait fait (faire) très froid dans la nuit mais le poêle chauffait (chauffer) encore bien au réveil.

a. Les beignets que ma mère .... (préparer) la veille .... (être) encore délicieux.
b. Il ne .... (rester) plus rien à manger dans la maison et la livraison .... (ne pas avoir) lieu à cause des intempéries.
c. La neige .... (tomber) depuis plusieurs heures et la déneigeuse .... (ne pas passer) sur notre chemin.
d. La fête de la veille .... (se passer bien), il .... (rester) à remettre la maison en ordre.
e. Nous .... (écouter) avec attention le récit des péripéties que nos amis .... (vivre) pendant leur dernier voyage en Inde.

A. Emploi des temps du passé dans le récit

f. J'........................ (*être*) gênée ; je .... (*ne pas reconnaître*) ma cousine que je .... (*ne pas voir*) depuis une dizaine d'années.

g. Quentin .... (*chercher*) partout : il .... (*ne pas ranger*) la clé de la voiture à sa place habituelle.

h. Ma sœur .... (*devoir*) ressortir car elle .... (*oublier*) d'acheter le pain comme le lui .... (*demander*) notre mère.

218 Soulignez le temps qui convient.

Exemple : Vous *avez appris* / *appreniez* que Delerm *avait sorti* / *sortait* un nouvel album la semaine dernière ?

a. Sérieusement, tu *as cru* / *croyais* vraiment qu'on *était partis* / *est partis* sans te prévenir ?

b. Aux infos de ce matin, on *a annoncé* / *annonçait* qu'il y *a eu* / *avait eu* des inondations dans le Var.

c. J'ai croisé la gardienne ; je lui *ai demandé* / *demandais* si elle *a reçu* / *avait reçu* un colis pour moi.

d. Suzanne *a croisé* / *croisait* dans la rue son amie Mathilde qu'elle ne *voyait pas* / *n'avait pas vue* depuis longtemps.

e. Patrick *a regardé* / *regardait* un film quand ses enfants l'*appelaient* / *ont appelé*.

f. Elles *ont pris* / *prenaient* un café ensemble et, comme ce moment *a été* / *était agréable*, elles ne s'*étaient pas pressées* / *ne se sont pas pressées*.

g. On *entendait* / *a entendu* dire que les fonctionnaires *avaient été augmentés* / *étaient augmentés* le mois dernier, c'est vrai ?

h. Vous *avez lu* / *aviez lu* que le président *avait souhaité* / *souhaitait* se représenter aux prochaines élections.

219 Écrivez les verbes entre parenthèses au passé composé ou au plus-que-parfait pour marquer l'antériorité d'une des deux actions.

Exemple : Cette nuit, il *a gelé* (*geler*) et on *n'avait pas protégé* (*ne pas protéger*) les plantes, alors certaines sont mortes.

a. Quand on .... (*arriver*), Maria .... (*allumer*) un feu dans la cheminée et il faisait bon.

b. Nous .... (*commander*) un arbuste la semaine dernière et nous le .... (*recevoir*) hier.

c. Ce matin, Romain .... (*ramasser*) les feuilles que tu .... (*couper*) hier.

d. On .... (*cueillir*) des cassis avant-hier et Jeanne .... (*préparer*) hier des confitures.

e. Nous .... (*finir*) ce matin les conserves que tu .... (*faire*) l'été dernier.

f. Ma mère .... (*rencontrer*) le jardinier que la voisine lui .... (*recommander*) la veille.

g. Tu .... (*réparer*) la tondeuse que Louis .... (*casser*) l'été dernier ?

h. Jean nous .... (*donner*) des conseils et nous les .... (*suivre*) scrupuleusement.

220 Réécrivez au passé..

Exemple : C'est le jour de la Chandeleur ; ma mère fait des crêpes avec la pâte qu'elle a préparée dans l'après-midi.
→ C'était le jour de la Chandeleur ; ma mère faisait des crêpes avec la pâte qu'elle avait préparée dans l'après-midi.

a. Minuit sonne. On s'embrasse, on se souhaite la bonne année et on boit le champagne que mon père a remonté de la cave. → ....
....

06 • Les temps de l'indicatif

b. Les enfants cherchent dans le jardin les sujets en chocolat que leurs parents y ont cachés. C'est une tradition pour Pâques. → ....
....

c. J'ai acheté un brin de muguet pour les gens que j'aime, notamment pour ma grand-mère qui tient beaucoup à ces coutumes. Quand j'arrive chez elle, je découvre qu'on lui en a déjà offert plusieurs brins.
→ ....
....

d. Quand on va au cimetière pour la Toussaint, il est important d'apporter quelques outils ; cette année, on les a oubliés et c'est plus difficile d'enfouir notre pot de fleurs. → ....
....

e. Chaque année, mon ami m'invite au restaurant pour la Saint-Valentin. Cette année, il ne prévoit rien et je lui fais la remarque. Il a tout simplement oublié ! → ....
....

f. Noël approche. Les familles ont commencé à faire leurs achats et je n'ai encore rien prévu. Il est temps d'y penser. → ....
....

g. Il reste quelques jours avant le 14 juillet. Sur la place, on commence à dresser l'estrade pour l'orchestre et les enfants attendent avec impatience le feu d'artifice. L'année dernière, ils ont veillé tard pour le voir.
→ ....
....

h. Nous sommes en Alsace le 6 décembre, jour de la Saint-Nicolas. Ma mère a acheté des bonshommes en pain d'épice et elle invite la famille. C'est une bonne occasion de se retrouver. → ....
....
....

B. L'accord des participes passés

> **• Les accords réguliers avec « être » et « avoir » (Rappel)**
>
> Les filles de Pauline **sont** sorti**es** dans l'après-midi ; elles lui ont téléphon**é** et l'**ont** prévenu**e** qu'elles ne dîneraient pas avec elle. Ainsi, Pauline ne **s'est** pas inquiété**e**.
>
> - Au passé composé et au plus-que-parfait, avec l'auxiliaire « **avoir** », le participe passé s'accorde en genre et en nombre avec le complément direct (repris ou non par un pronom) s'il est placé devant l'auxiliaire.
> - Avec l'auxiliaire « **être** », à l'actif et au passif, le participe passé s'accorde en genre et en nombre avec le sujet. Les pronominaux réfléchis suivent généralement la même règle.

221 Faites l'accord si nécessaire.

Exemple : Nous avons fini (ø) les biscuits qu'elle nous avait apporté**s**.

a. J'ai retrouvé...... ma carte bancaire, que j'avais égaré...... la semaine dernière.
b. Julien avait cassé...... son imprimante mais il l'a réparé...... .
c. Les verres que nous avions commandé......, nous les avons reçu...... à temps.

B. L'accord des participes passés

d. J'ai rencontré…… la personne que tu m'avais indiqué…… .
e. La robe que tu avais prêté…… à Juliette, elle l'a mis…… et elle lui allait à merveille.
f. As-tu transmis…… la lettre que je t'avais remis…… ?
g. La série que tu m'avais offert……, je l'ai adoré…… .
h. As-tu acheté…… l'écharpe que je t'avais montré…… ?

222 Reliez le début et la fin des phrases.

a. J'ai finalement acheté les chaussures
b. Léa, as-tu nettoyé la tache
c. As-tu repassé la chemise
d. Louis a ciré les boots
e. J'ai raccourci les jeans
f. Les pulls, nous les avons pliés
g. J'ai retrouvé l'écharpe bleue
h. Alice a étrenné la veste

1. qui était rangée dans un tiroir.
2. que j'avais lavée hier ?
3. et je les ai mis dans l'armoire.
4. avec lesquelles il avait marché dans la boue.
5. qui avaient appartenu à tes enfants.
6. que tu m'avais montrées.
7. que tu avais faite sur ton chemisier ?
8. que tu lui avais offerte à Noël.

223 Faites l'accord si nécessaire.

Exemple : Adèle a classé (ø) les documents qu'elle avait entassé**s** sur son bureau.

a. On a enfin reçu…… les documents que vous nous aviez expédié…… .
b. La stagiaire est arrivé…… en retard et le directeur l'a convoqué…… .
c. Les employés ont organisé…… une réunion mais la directrice du personnel n'y est pas venu…… .
d. La nouvelle imprimante a été livré…… et on nous a montré…… son fonctionnement.
e. As-tu répondu…… aux courriers qui t'ont été envoyé…… ?
f. Mélanie a retrouvé…… les cartes de visite qu'elle avait égaré…… .
g. Fanny s'est absenté…… car elle a reçu…… une mauvaise nouvelle.
h. Ces dossiers, vous ne les avez pas trié……, pourtant je vous ai demandé…… de le faire.

224 Mettez les verbes au passé composé ou au plus-que-parfait et faites les accords si nécessaire.

Exemple : On a vidé (vider) les poubelles que vous aviez mises (mettre) de côté.

a. Mon fils ……………………… (jeter) les jouets qu'il ……………………… (ne plus utiliser) depuis longtemps.
b. Élise ……………………… (donner) les vêtements qu'elle ……………………… (ne plus porter) depuis deux ans.
c. Nous ……………………… (aller) au Secours populaire et nous ……………………… (déposer) des appareils électriques inutiles.
d. Les enfants ……………………… (trier) les livres qu'ils ……………………… (déjà lire).
e. Les vieilles factures que nous ……………………… (recevoir), nous les ……………………… (classer).
f. Mon mari et son ami ……………………… (partir) à la déchetterie et ils y ……………………… (déposer) de vieux outils.
g. Chloé ……………………… (se débarrasser) de vieux journaux qu'elle ……………………… (garder) sans raison.
h. Nos voisins à qui nous ……………………… (demander) une remorque nous l'……………………… (prêter) gentiment.

06 • Les temps de l'indicatif

225 Soulignez le participe passé qui convient.

Exemple : Mes parents, je ne les ai pas *vu* / <u>vus</u> cette semaine mais je leur ai <u>téléphoné</u> / *téléphonés*.

a. Nos amis, on a les r*etrouvé* / *retrouvés* comme prévu à l'heure qu'on leur avait *indiqué* / *indiquée*.
b. Sa sœur, je l'avais *prévenu* / *prévenue* et elle est *arrivé* / *arrivée* sans problème.
c. Cette femme, je l'avais déjà *rencontré* / *rencontrée*, nous nous étions *croisé* / *croisés* dans le quartier.
d. Les exercices de gym, elles les ont *fait* / *faits* régulièrement dès que la prof les a *montré* / *montrés*.
e. Mes amies, je ne les ai pas *revu* / *revues* récemment. Elles m'ont *promis* / *promise* qu'on se verrait bientôt.
f. Bérangère ne nous a pas *appelé* / *appelés* depuis longtemps mais elle nous a *envoyé* / *envoyés* un mail.
g. Cette pièce, Julia l'a déjà *vu* / *vue* et elle nous a *conseillé* / *conseillée* de ne pas la manquer.
h. Les filles se sont bien *amusé* / *amusées* et elles ont *décidé* / *décidés* d'organiser une autre soirée.

226 Valérie raconte son après-midi avec son amie. Accordez les participes passés si besoin.

J'avais donné rendez-vous à Sabine à 13 heures. Elle est arriv<u>ée</u> à l'heure. On s'est retrouvé....... devant le musée Rodin. Le musée, dont les portes ont rouvert....... il y a quelques mois, nous tentait et, comme il y avait une nouvelle exposition, nous l'avons visité....... . Nous nous sommes ensuite rendu....... dans le jardin où nous avons pris....... une limonade. Nous étions fatigué....... et ça nous a désaltéré....... . Plus tard, nous nous sommes installé....... dans l'herbe sur l'esplanade des Invalides et nous y avons passé....... un bon moment ; nous avons discuté....... des enfants et nous avons raconté....... notre vie quotidienne. En fin d'après-midi, nous nous sommes mis....... à la recherche d'un petit restaurant et, quand nous avons trouvé....... une table libre en terrasse, nous nous sommes assis....... . Et nous avons dégusté....... des huîtres.

227 Mettez les verbes entre parenthèses au temps qui convient, en faisant les accords nécessaires.

Exemple : Elsa <u>avait décidé</u> (*décider*) d'arrêter de fumer le mois dernier mais elle <u>a repris</u> (*reprendre*) hier soir. Elle <u>se trouvait</u> (*se trouver*) dans une soirée entourée de fumeurs et c'<u>était</u> (*être*) trop difficile.

a. Lucile .... (*perdre*) les boucles d'oreilles que vous lui .... (*offrir*) pour son anniversaire. Elle .... (*sembler*) très contrariée.
b. Hier soir, quand je .... (*écouter*) la radio, je .... (*apprendre*) qu'on .... (*arrêter*) trois mineurs qui .... (*conduire*) une voiture volée. De plus, ils .... (*boire*).
c. Mes parents .... (*vendre*) le mois dernier la maison qu'ils .... (*acquérir*) il y a plus de vingt ans et qu'ils .... (*restaurer*) entièrement pendant toute notre enfance.
d. On .... (*retrouver*) la copie d'une œuvre de Van Gogh qui .... (*disparaître*) pendant la guerre de 14-18. Depuis une dizaine d'années, on .... (*rechercher*) cette toile qu'un artiste .... (*peindre*) du vivant de Van Gogh.
e. Samedi dernier, nous .... (*fêter*) les noces d'argent de nos parents. Ils .... (*sembler*) très heureux de la surprise qu'on leur .... (*préparer*) En effet, on .... (*inviter*) toute la famille et tous .... (*venir*).
f. Récemment, je .... (*découvrir*) un café-concert qui .... (*exister*) déjà dans les années 1930. À cette époque-là, les artistes du quartier .... (*prendre*) l'habitude d'y lire leurs poèmes tandis qu'il .... (*déguster*) des alcools forts.

B. L'accord des participes passés

g. Hier soir, il .... (*pleuvoir*) quand nous .... (*rentrer*) de la campagne. En conduisant, Nathan .... (*se plaindre*) car toute la journée il .... (*retourner*) le jardin. Dès que nous .... (*arriver*), il .... (*se mettre*) au lit.

h. Avant de se marier, en 1925, ma grand-mère .... (*vivre*) dans un village de Normandie. Elle .... (*rencontrer*) mon grand-père au mariage de sa cousine et dès qu'ils .... (*se voir*), ils .... (*savoir*) qu'ils .... (*être*) faits l'un pour l'autre.

228 Réécrivez ce texte au passé en faisant les accords si nécessaires.

Nos amis belges viennent nous voir quelques jours. Ils arrivent vendredi. Ils prennent le train car c'est moins fatigant et plus rapide. Ils souhaitent profiter de Paris et, comme ils ne connaissent pas encore la Fondation Vuitton, ils veulent y aller samedi. Ils doivent attendre un peu car ils n'ont pas réservé de billets, mais l'exposition temporaire leur plaît beaucoup. Le soir, on se retrouve dans un petit restaurant de fondue. Ils adorent ça et nous nous régalons. On passe une soirée très agréable. Dimanche matin, on va prendre un brunch près des Halles, ce qui nous donne l'occasion de nous promener dans le Marais. C'est bien car ce quartier est très animé. Valérie fait des courses pendant que Marc prend des photos. Dans la soirée, ils repartent en train. Ils sont ravis de leur week-end et nous invitent à venir bientôt leur rendre visite à Bruges.

Nos amis belges sont venus nous voir quelques jours ....

....

....

....

....

....

• L'accord des verbes pronominaux + complément direct

Aglaé est tombée et elle s'est fai**t** *mal* : elle s'est foul**é** *la cheville* et elle s'est déplac**é** *le genou*. • Elle s'est coiffée. Pour que ses cheveux ne la gênent pas, elle se *les* est attach**és**.

Avec les verbes pronominaux, aux temps composés, le participe passé ne s'accorde pas avec le sujet quand il y a un complément direct. Il s'accorde avec ce complément s'il est placé devant.

---

229 Faites l'accord si nécessaire.

Exemples : Elle s'est douché**e**.   Elle s'est essoré... les cheveux.

a. Elle s'est frotté... les mains.
b. Elle s'est lavé... les pieds.
c. Elle s'est essuyé... .
d. Elle s'est fait... les ongles.
e. Elle s'est épongé... le visage.
f. Elle s'est frotté... le dos.
g. Elle s'est nettoyé... .
h. Elle s'est séché... .

06 • Les temps de l'indicatif

230 Faites les accords si nécessaire.

Exemple : Ils se sont beaucoup écrit. Les lettres qu'ils se sont écrit**es** sont restées célèbres.

a. Ils se sont associé…… pour composer de nombreuses chansons ; celles qu'ils ont enregistré…… ensemble sont réunies dans ce coffret.

b. Nathalie s'est teint…… les cheveux. Depuis qu'elle s'est teint……, elle a rajeuni de dix ans.

c. Elles se sont échangé…… de nombreux poèmes ; les plus beaux poèmes qu'elles se sont échangé…… se trouvent dans ce dossier.

d. Elle s'est fait…… une robe qui est très réussie ; en revanche, la jupe qu'elle s'est cousu…… ne lui va pas très bien.

e. Ils se sont taillé…… la barbe ; quant aux poils qui dépassaient, ils se les sont coupé…… .

f. La soupe qu'ils se sont préparé…… était délicieuse. Je leur ai demandé la recette et je me la suis préparé…… le lendemain.

g. Nous nous sommes prêté…… des vêtements à plusieurs reprises et nous nous les sommes toujours rendu…… impeccables.

h. Ils se sont lu…… des histoires et ils se les sont répété…… jusqu'à les connaître par cœur.

> **• L'accord du participe passé des verbes pronominaux réfléxifs**
>
> Ils se sont vu**s** (l'un l'autre), ils se sont écrit (l'un **à** l'autre), ils se sont plu, ils se sont aimé**s**, puis ils se sont quitté**s**.
>
> Avec les verbes sans complément direct, quand « se » veut dire « l'un **à** l'autre », le participe passé ne s'accorde pas.

231 Soulignez les verbes dont le participe passé doit s'accorder aux temps composés.

se souvenir – <u>se retrouver</u> – s'aimer – se regarder – s'échanger – se ressembler – se convenir – se suffire – se plaire – se défendre – s'entraider – se comprendre – se tromper – se parler – se mentir – se donner – se rencontrer – se téléphoner – s'écrire – se nuire – se sourire – se plaindre – se quitter – se succéder – se poursuivre – se chercher – se cacher – se moquer.

232 Faites l'accord si nécessaire.

Exemples : Elles se sont battu**es**. Elles se sont téléphoné.

a. Elles se sont plaint… .
b. Elles se sont retrouvé… .
c. Elles se sont rassemblé… .
d. Elles se sont menti… .
e. Elles se sont habillé… .
f. Elles se sont parlé… .
g. Elles se sont souri… .
h. Elles se sont quitté… .

233 Réécrivez au passé composé.

Exemple : Marion et toi, Juliette, vous vous voyez, vous vous souriez.
→ Vous vous êtes vu**es**, vous vous êtes souri.

a. Vous vous regardez. → ……………………
b. Vous vous comprenez. → ……………………
c. Vous vous soutenez. → ……………………
d. Vous vous donnez rendez-vous. → ……………………
e. Vous vous téléphonez. → ……………………
f. Vous vous ressemblez. → ……………………
g. Vous vous quittez. → ……………………
h. Vous vous entraidez. → ……………………

B. L'accord des participes passés

234 Soulignez la forme qui convient.

Exemple : Nos amis se sont *séparé* / *séparés*.

a. Puis ils se sont *retrouvé* / *retrouvés*.
b. Ils se sont *appelé* / *appelés*.
c. Ils se sont *écrit* / *écrits*.
d. Ils se sont *disputé* / *disputés*.
e. Ils se sont *réconcilié* / *réconciliés*.
f. Ils se sont *installé* / *installés* ensemble.
g. Ils se sont *pacsé* / *pacsés*.
h. Ils se sont *entre-tué* / *entre-tués*.

> • **L'accord du participe passé avec « se faire », « se voir » + infinitif**
>
> Ils **se sont fait couper** les cheveux. • Elle **s'est vu décerner** un prix littéraire. • Elle **s'est entendue hurler**.
>
> - Avec des verbes qui ont aussi un sens passif comme « se faire », le participe passé ne s'accorde jamais.
> - Avec « se voir », « se laisser », « s'entendre », « se sentir », le participe passé s'accorde si le sujet des deux actions est le même. Ces verbes sont tous suivis de l'infinitif.

235 Transformez ces phrases.

Exemple : Elle s'est teint les cheveux (*se faire*) → Elle s'est fait teindre les cheveux.

a. Ils sont tombés (*se sentir*). → ....
b. Elle a pouffé (*s'entendre*). → ....
c. Les enfants sont emmenés (*se laisser*) par leurs parents. → ....
d. Nous avons été invités (*se voir*). → ....
e. Ils ont été punis (*se laisser*) par leur oncle. → ....
f. Elle a été consolée (*se voir*) par son amie. → ....
g. Ils ont demandé la parole (*s'entendre*). → ....
h. Ils se sont préparé un chocolat (*se faire*) par leur grand-mère. → ....

C. Le passé simple

> • **La formation du passé simple**
>
> Il **fut** un bon soldat. Il **se battit** vaillamment et il **mourut** en brave.
>
> - Pour tous les verbes en « -er », on ajoute au radical : -ai ; -as ; -a ; -âmes ; -âtes ; -èrent.
> - Verbes du type « finir », « dire », « rendre », « mettre », « voir » : -is ; -is ; -it ; -îmes ; -îtes ; -irent.
> - Verbes du type « boire », « connaître », « vouloir », « mourir » : -us ; -us ; -ut ; -ûmes ; -ûtes ; -urent.
>
> ✋ Irréguliers : avoir (il eut), être (elle fut), naître (il naquit), vivre (elle vécut), venir (il vint), tenir (il tint).

236 Classez ces verbes selon leurs terminaisons au passé simple.

attendre – croire – dire – être – prendre – offrir – écrire – lire – faire – rêver – naître – tendre – répondre – éviter – danser – amuser – sortir – ranger – mettre – boire – comprendre – peindre – obéir – dormir – connaître – jouer – savoir – avoir.

-ai/-as/-a …	-is/-is/-it …	-us/-us/-ut …
	attendre,	

06 • Les temps de l'indicatif

237 Écrivez l'infinitif.

Exemples : Il fit : faire   Elle sut : savoir

a. On décida : ....
b. Nous voulûmes : ....
c. Vous vîtes : ....
d. Ils mangèrent : ....
e. Nous déclarâmes : ....
f. Ils vinrent : ....
g. Nous vainquîmes : ....
h. Ils fêtèrent : ....

238 Écrivez au présent de l'indicatif.

Exemples : Il comprit. → Il comprend.   Je sus. → Je sais.

a. Il crut. → ....
b. Je pris. → ....
c. Ils voulurent. → ....
d. Elle dut. → ....
e. On connut. → ....
f. Tu naquis. → ....
g. Elles devinrent. → ....
h. Ils tinrent. → ....

239 Complétez le tableau.

Passé simple	Passé composé	Passé simple	Passé composé
Nous crûmes	Nous avons cru	e.	Ils ont peint
a.	Ils ont eu	Tu attendis	f. ....
Vous fîtes	b.	g.	Nous avons dû
c.	Elle mourut	Je compris	h. ....
Ils furent	d.	i.	Elles ont lu

240 Réécrivez au passé simple.

Exemple : Elle est née à la fin du XVIIIe siècle. → Elle naquit à la fin du XVIIIe siècle.

a. Ils sont morts de la grippe espagnole. → ....
b. Ils se sont battus avec acharnement. → ....
c. Elles se sont vigoureusement défendues. → ....
d. Elle est partie précipitamment. → ....
e. Ils ont vécu ensemble plusieurs années. → ....
f. On a été récompensés. → ....
g. Elle a eu un fils. → ....
h. Il a reçu une décoration militaire. → ....

• **L'emploi du passé simple**

Victor Hugo naquit à Besançon en 1802 et mourut à Paris en 1885. • **Ils se marièrent et vécurent heureux.** • **Comme on se réveillait, on découvrit qu'il avait neigé dans la nuit.**

- Le passé simple indique une action à un moment précis du passé. Il s'emploie surtout à l'écrit, le plus souvent à la 3e personne du singulier et du pluriel, en littérature, dans les contes et dans les biographies.
- Il peut être utilisé avec l'imparfait ou le plus-que-parfait.

C. Le passé simple

241 Soulignez dans ce texte (d'après *La Vie de Marianne* de Marivaux) les verbes au passé simple.

Elle reposa assez tranquillement jusqu'à deux heures du matin ; mais alors je l'entendis se plaindre ; je lui parlai, elle n'était plus en état de me répondre. Elle ne fit que me serrer la main très légèrement et elle avait le visage d'une personne mourante. La frayeur alors s'empara de moi : je tombai dans l'égarement ; de ma vie je n'avais jamais rien ressenti d'aussi terrible. Il me sembla que tout l'univers était un désert où j'allais rester seule ; je compris combien je l'aimais, combien elle m'avait aimée. Tout cela se peignit dans mon cœur d'une manière si vive que cette image me désola.

242 Reliez le début et la fin des phrases.

a. Alors que minuit sonnait,
b. Comme nous partions,
c. Les chiens sortaient du jardin
d. Le chevalier prit la défense
e. La petite fille traversait le bois
f. Le crapaud se changea en prince
g. Le chat avala la souris
h. L'écuyer tua le dragon

1. les enfants se mirent à pleurer.
2. quand elle rencontra le loup.
3. quand la princesse l'embrassa.
4. toutes les lampes s'éteignirent.
5. en laquelle le marquis s'était changé.
6. quand ils se jetèrent dans les jambes de leur maître.
7. qui menaçait les habitants du village.
8. des femmes qui avaient été maltraitées.

243 Écrivez le verbe entre parenthèses au passé simple.

Exemple : Alors qu'il galopait, son cheval fit (faire) une embardée et il tomba (tomber) à terre.

a. Il faisait nuit. La neige .... (commencer) à tomber et les réverbères .... (s'allumer).
b. Les enfants .... (se mettre) à crier quand ils .... (découvrir) leurs cadeaux. Le père Noël était passé.
c. La forêt était baignée dans la pénombre. Tout à coup, on .... (voir) une lueur au loin. C'était la maison de la duchesse.
d. Le ciel était clair. Les étoiles luisaient et la lune .... (apparaître).
e. M. Lefèvre tenait un garage. Il .... (faire) fortune en revendant des pièces automobiles usagées et ses enfants .... (hériter) d'un patrimoine considérable.
f. Notre voisine habitait dans le quartier depuis toujours. Un jour, elle .... (partir) s'installer sur la Riviera et elle .... (ouvrir) une auberge qui .... (devenir) un haut lieu de villégiature.
g. Le printemps était arrivé ; le fils du châtelain .... (arriver) au château et les fêtes .... (reprendre) pendant toute la belle saison.
h. Comme nous venions de poser nos bagages, une tempête de sable .... (se lever) et elle .... (emporter) nos chapeaux de paille.

244 Écrivez le verbe entre parenthèses à l'imparfait ou au passé simple.

Exemple : Elle prépara (préparer) un gâteau qui sentait (sentir) délicieusement bon.

a. Ils .... (prendre) le train qui .... (partir) pour Marseille.
b. Mickaël .... (se coucher) car il .... (ressentir) la fatigue du voyage.
c. Quand Marianne .... (descendre), tout le groupe .... (discuter) bruyamment.
d. Ils .... (entendre) la détonation de la bombe qui .... (venir) d'exploser.

06 • Les temps de l'indicatif

e. On .... (*revoir*) nos amis qui .... (*passer*) quelques jours à Nîmes.
f. Hortense lui .... (*plaire*) car elle .... (*avoir*) un humour exceptionnel.
g. Il me .... (*présenter*) sa fille, qui .... (*étudier*) depuis plusieurs années à Rome.
h. Mes amies m'.................................. (*inviter*) quand elles .... (*fêter*) leur pendaison de crémaillère.

245 Réécrivez au passé ; utilisez le passé simple, l'imparfait ou le plus-que-parfait.

Exemple :   Cendrillon veut aller au bal du château. Elle a apporté une grosse citrouille que la fée, d'un coup de baguette magique, change en carrosse.
→ Cendrillon **voulait** aller au bal du château. Elle **avait apporté** une grosse citrouille que la fée, d'un coup de baguette magique, **changea** en carrosse.

a. Les filles de l'ogre dorment dans un grand lit. Auparavant, le Petit Poucet a changé leurs couronnes contre les chapeaux de ses frères et, dans la nuit, l'ogre dévore ses propres filles.
→ ....
....

b. Le petit tailleur coud un vêtement alors que des mouches le dérangent. Il les tue d'un coup, sort dans la rue et les habitants pensent qu'il est capable de les débarrasser d'un dragon.
→ ....
....

c. La petite sirène qui a mené une vie heureuse sous la mer veut connaître le monde des hommes. Elle choisit de changer sa queue de sirène pour des jambes et elle connaît l'amour malheureux.
→ ....
....

d. Blanche-Neige s'est installée chez les nains. Un jour, une vieille sorcière présente une pomme empoisonnée à Blanche-Neige qui nettoie la maison. La jeune fille croque la pomme et tombe inanimée.
→ ....
....

e. Le roi a donné à sa fille chérie des vêtements extraordinaires, puis il se remarie. La belle-mère chasse la jeune fille qui devient une pauvre malheureuse.
→ ....
....

f. Deux bûcherons vivent dans la forêt avec leurs sept fils. Comme ils sont très pauvres, les parents décident d'abandonner leurs enfants car ils ne peuvent plus les nourrir.
→ ....
....

g. La jeune fille se pique le doigt avec une aiguille et elle tombe inanimée. Quand elle est née, une mauvaise fée lui a jeté un sort.
→ ....
....

h. Le Petit Chaperon rouge porte dans son panier une galette qu'a préparée sa mère. Le loup la croise en chemin et la petite fille ne se méfie pas.
→ ....
....

C. Le passé simple

— • **Le présent historique et le passé simple.** —

J'étais étudiante à Madrid. J'y avais beaucoup d'amis mais il m'arrivait de me sentir seule. Un jour, je **rencontre** dans une soirée un garçon formidable, nous **passons** la soirée ensemble et quelques années plus tard il **devint** le père de mes enfants.

• Dans un récit au passé, pour rendre une action plus vivante, on peut utiliser le présent historique au lieu du passé simple

246 Soulignez les verbes que l'on pourrait mettre au présent historique.

Virginie, Paul et Lucas étaient partis en Corse pour les vacances. Il faisait très chaud cet après-midi-là et ils avaient décidé de louer deux kayaks de mer pour l'après-midi. Tout se passait bien, Virginie avait embarqué avec Lucas et Paul était seul dans l'autre kayak. Il avait pris de l'avance et il ramait à une centaine de mètres devant ses amis. Tout à coup, ils virent Paul s'agiter. Il leur montrait visiblement quelque chose mais ils ne comprirent pas ce qu'il y avait à voir. Paul faisait de grands gestes en montrant ce qui semblait un rocher plus loin. À ce moment-là, Virginie s'écria : « Regarde Lucas, il y a un dauphin devant Paul ! » Ce fut la seule fois de leur vie qu'ils eurent la chance de voir un dauphin en liberté.

D. Le passé surcomposé

— • **La formation et l'emploi** —

Après qu'il m'**a eu expliqué** la situation, j'ai pris ma décision. • Dès qu'il **a été parti**, nous avons rangé.

• Pour un fait passé qui se déroule avant une action au passé composé, on peut employer le passé surcomposé : auxiliaire au passé composé (« a eu », « a été ») + participe passé.

• Il s'emploie après des expressions comme « quand », « dès que », « après que », « aussitôt que »…

 « Après » + infinitif passé est plus fréquent : « Quand il **a eu fini** son repas, il s'est couché. / Après avoir fini son repas, il s'est couché ».

247 Reliez le début et la fin des phrases.

a. Il a téléphoné à sa sœur
b. On a décidé de les rejoindre
c. On a commencé à chercher un cadeau
d. Dès que j'ai eu fini mon travail,
e. Lorsqu'il m'a eu envoyé un message,
f. Aussitôt que j'ai eu compris leurs intentions,
g. Il s'est rendu au rendez-vous
h. Quand on a eu appris la naissance,

1. j'ai quitté la maison.
2. après avoir reçu son message.
3. après avoir lu leur mail.
4. on a immédiatement appelé nos amis.
5. quand ils nous ont eu annoncé qu'ils fêteraient leurs noces d'or.
6. après s'être habillé.
7. j'ai répondu à mon mari que je partais au cinéma.
8. je me suis méfiée d'eux.

06 • Les temps de l'indicatif

248 Écrivez au passé surcomposé.

Exemples : Il comprend. → Il a eu compris.   Tu viens. → Tu as été venu(e).

a. On arrive. → ....
b. Vous savez. → ....
c. Ils apprennent. → ....
d. Nous cherchons. → ....
e. Je voyage. → ....
f. Tu sors. → ....
g. Vous installez. → ....
h. Elle dort. → ....

249 Mettez le verbe entre parenthèses au passé surcomposé ou à l'infinitif passé.

Exemples : Dès qu'il a eu arrêté (il/arrêter) de fumer, Julien a pris du poids.
Ils se sont excusés après avoir pris (ils/prendre) conscience de leur erreur.

a. Je me suis mis au régime lorsque .... (le médecin/me le conseiller).
b. Quand .... (vous/prendre) vos billets d'avion, nous avons pensé que vous aviez fait une erreur.
c. Après .... (nous décider) de voyager au Canada, nous avons mis de l'argent de côté.
d. Aussitôt qu'... (elle/recevoir) ses résultats, Mélanie nous a informés.
e. Dès que .... (tu/arriver) chez toi, toute ta famille t'a accueilli chaleureusement.
f. Je suis passé à la poste aussitôt que .... (la factrice/me déposer) son avis de passage.
g. Aussitôt qu'............................. (elle/comprendre) que tu quittais ton poste, elle a cherché un nouvel employé.
h. Ils ont vendu tous leurs meubles dès qu'... (ils/décider) de déménager.

250 Complétez par le passé composé ou le passé surcomposé du verbe entre parenthèses.

Exemple : Aussitôt que Louis a eu fini (finir) la lecture de la lettre, il s'est précipité (se précipiter) dans le grenier.

a. Dès que Maria .... (distribuer) les cartes, la partie .... (commencer).
b. Loïc .... (retrouver) le coffret enterré aussitôt qu'ils............... (donner) les premiers coups de pioche.
c. Quand la nuit .... (tomber), les étoiles .... (apparaître).
d. Lorsque le ciel .... (se découvrir), la lune .... (éclairer) la plage.
e. Grand-père .... (rire) aussitôt qu'il .... (comprendre) la plaisanterie.
f. On .... (se mettre) à table dès qu'elle .... (servir) la soupe.
g. Je vous .... (répondre) lorsque je .... (recevoir) votre demande.
h. Quand nous .... (prendre) notre décision, nous .... (se rendre) à l'agence immobilière.

E. Le futur antérieur

• Le sens général et l'emploi du futur antérieur

Quand vous **aurez terminé** vos devoirs, vous pourrez aller jouer. • Lorsque tu **seras mariée**, j'imagine que tu quitteras le village.

- Le futur antérieur exprime une action qui sera accomplie dans le futur, avant une autre. Il indique l'antériorité par rapport au futur simple.

- Il est formé de l'auxiliaire (« avoir » ou « être ») au futur suivi du participe passé.

E. Le futur antérieur

251 Réécrivez au futur antérieur.

Exemples : Tu iras. → Tu seras allé(e).   Vous vivrez. → Vous aurez vécu.

a. Vous ferez. → ....
b. Nous aurons. → ....
c. On viendra. → ....
d. Vous devrez. → ....
e. Je saurai. → ....
f. Tu seras. → ....
g. Elles pourront. → ....
h. Il faudra. → ....

252 Donnez l'ordre des événements en italique en les numérotant.

Exemple : Les enfants *découvriront* (2) leurs cadeaux quand nous les *aurons disposés* (1) devant le sapin.

a. Ils *chercheront* (......) les œufs en chocolat que nous *aurons cachés* (......) dans le jardin.
b. Quand vous vous *serez préparés* (......), on *ira* (......) faire une promenade.
c. Tu *apporteras* (......) à tes grands-parents les brins de muguets que nous *aurons cueillis* (......).
d. Lorsqu'il *sera arrivé* (......), nous *irons* (......) au restaurant.
e. Nos amis *s'installeront* (......) chez nous lorsqu'ils *auront décidé* (......) de venir nous voir.
f. Je *rachèterai* (......) ces confitures quand nous *aurons terminé* (......) les miennes.
g. Dès que tu *auras vendu* (......) ta maison, nous *ferons* (......) la fête.
h. Aussitôt qu'ils se *seront couchés* (......), nous *regarderons* (......) ce DVD.

253 Mettez les verbes entre parenthèses au futur simple ou au futur antérieur. Faites attention à l'action qui se déroule en premier.

Exemple : On préparera (2. préparer) le repas dès que tu auras rapporté (1. rapporter) les courses.

a. Nous .... (2. partir) en week-end lorsque les enfants .... (1. rentrer) de l'école.
b. Aussitôt que tu .... (1. libérer) la salle de bains, je .... (2. aller) me doucher.
c. Vous .... (2. pouvoir) jouer avec les petits voisins dès que vous .... (1. terminer) vos devoirs.
d. Quand nous .... (1. revenir) du supermarché, je .... (2. faire) la lessive.
e. David .... (2. repasser) ses chemises quand elles .... (1. sécher).
f. On .... (1. finir) le ménage lorsque le soleil .... (2. revenir).
g. La nuit .... (1. tomber) quand vos parents .... (2. rentrer).
h. Nous .... (2. utiliser) l'ordinateur lorsque le réparateur .... (1. passer).

254 Terminez librement ces phrases en employant le futur antérieur.

Exemple : Tu liras ce roman quand **tu auras terminé** celui que Mathieu t'a offert.

a. Vous répondrez à ce courriel dès que ....
b. Quand .... tu comprendras mieux.
c. Noé sera en mesure de prendre une décision lorsque ....
d. Je prendrai le train quand ....
e. Aussitôt que .... vous sonnerez chez la gardienne.
f. Vous rencontrerez la directrice aussitôt que ....
g. On vous enverra la facture lorsque ....
h. Dès que .... nous changerons nos coordonnées.

06 • Les temps de l'indicatif

> **• L'expression de l'éventualité**
>
> Il **aura eu** un empêchement. • Vous **serez partis** en voyage.
>
> Employé sans notion de temps et sans futur simple, le futur antérieur exprime une éventualité, une supposition, une probabilité.

255 Cochez les phrases exprimant une éventualité.

Exemple :   Ils se seront attardés en route.   ☑
            Elle fera des courses quand elle sera sortie du bureau.   ☐

a. Vous aurez eu un travail à finir. C'est pour cela que vous êtes en retard.   ☐
b. Il aura dû répondre à un mail urgent. Il n'a donc pas terminé son rapport.   ☐
c. Tu seras diplômé quand j'aurai créé mon entreprise.   ☐
d. Ils auront fini de dîner quand nous arriverons chez eux.   ☐
e. Le rendez-vous aura été annulé. Les transports en commun fonctionnent mal.   ☐
f. Mathilde travaille trop. Elle aura fait un malaise.   ☐
g. Nous ouvrirons notre boutique lorsque les travaux auront pris fin.   ☐
h. Nos enfants arriveront dans la nuit. Ils auront donné à manger à la petite Lola.   ☐

256 Émettez des suppositions concernant le retard de Chloé.

Exemple :   Perte de sa carte de transport. → Elle aura perdu sa carte de transport.

a. Oubli de notre soirée en tête à tête. → ....
b. Rendez-vous de dernière minute. → ....
c. Rencontre d'une amie dans la rue. → ....
d. Appel de Gustave, son vieil ami. → ....
e. Courses au supermarché. → ....
f. Mail urgent à envoyer. → ....
g. Contrôle d'identité dans le métro. → ....
h. Envie de faire un tour dans le quartier. → ....

> **• L'expression d'une certitude à venir**
>
> Dans quinze ans, on **aura voté** une réforme des retraites. • D'ici à quelques années, les téléphones fixes **auront disparu**.
>
> Le futur antérieur permet aussi d'exprimer des certitudes et des perspectives pour l'avenir.

257 Dites ce qui aura changé dans les vingt prochaines années.

Exemple :   Suppression des câbles électriques aériens. → On aura supprimé les câbles électriques aériens.

a. Découverte du vaccin contre le sida.

   → ....

b. Amélioration de l'enseignement des langues vivantes.

   → ....

E. Le futur antérieur

c. Interdiction de la circulation des voitures particulières dans les centres-villes.
→ ....

d. Généralisation de la distribution de repas aux plus démunis.
→ ....

e. Organisation de l'aide à la scolarisation aux adolescents en échec scolaire.
→ ....

f. Création d'aides efficaces pour les personnes en situation de handicap.
→ ....

g. Développement de nouveaux réseaux de communication.
→ ....

h. Harmonisation des salaires.
→ ....

258 Imaginez librement l'avenir de Flora, aujourd'hui âgée de six mois.

Exemple : (études et diplôme) Dans vingt ans, Flora aura achevé ses études et aura obtenu un diplôme de vétérinaire.

a. (adolescence) ....
b. (vie professionnelle) ....
c. (ressources financières) ....
d. (lieu de vie) ....
e. (amour) ....
f. (famille) ....
g. (environnement amical) ....
h. (bilan de sa vie) ....

Bilan 6

1. Biographie de Marie Curie : écrivez les verbes entre parenthèses à l'imparfait, au passé simple ou au plus-que-parfait.

Maria Sklodowska-Curie .... (a. naître) à Varsovie le 7 novembre 1867. Brillante élève, elle .... (b. partir) en 1891 pour Paris, où elle .... (c. suivre) des études en sciences physiques à la Sorbonne. En 1894, elle .... (d. rencontrer) Pierre Curie ; ils .... (e. se marier) un an plus tard. Peu après, elle .... (f. obtenir) l'agrégation de physique. En décembre 1897, elle .... (g. commencer) ses travaux sur les rayonnements de l'uranium. Elle .... (h. utiliser) les techniques mises au point par son mari et elle .... (i. analyse) les rayonnements de minerais riches en uranium. Alors qu'ils .... (j. mener) ensemble leurs recherches, ils .... (k. découvrir) deux nouveaux éléments, le polonium et le radium.

Marie Curie, qui en 1903 .... (l. déjà soutenir) sa thèse sur les substances radioactives, ... (m. recevoir) avec son mari le prix Nobel de physique. À ce moment-là, elle .... (n. être) la première femme à recevoir un prix Nobel. Peu après, son mari .... (o. mourir) dans un accident de la circulation. Comme elle le .... (p. remplacer) à son poste de professeur, elle .... (q. devenir) aussi la première femme à enseigner à la Sorbonne. Le 10 décembre 1911, elle .... (r. recevoir) un deuxième prix Nobel, celui de chimie.

En 1914 .... (s. être créé) l'Institut du radium dont Marie Curie .... (t. diriger) l'un des laboratoires. Après la guerre, elle .... (u. parcourir) les États-Unis, où des femmes américaines au préalable .... (v. organiser) une collecte pour ses recherches. Elle .... (w. participer) à de nombreux congrès jusqu'à la fin de sa vie.

Suite à ses expositions aux éléments radioactifs, atteinte d'une leucémie, elle .... (x. mourir) dans un sanatorium en Haute-Savoie en 1934. Le 20 avril 1995, ses cendres et celles de son mari .... (y. être transféré) au Panthéon de Paris.

2. Visite chez Madame Irma, voyante célèbre : complétez ce dialogue par les verbes entre parenthèses aux temps qui conviennent.

« Voilà, je dois prendre de grandes décisions et quand vous m'.................... (a. lire) les lignes de la main, ce sera peut-être plus facile pour moi.
– Donnez-moi votre main. Tout d'abord, je vois que récemment, vous .... (b. traverser) une période très mouvementée, je me trompe ?
– En effet, je .... (c. partir) en mission au Vietnam le mois dernier.
– Oui, c'est cela. Je crois aussi que ce voyage .... (d. avoir) des conséquences graves sur votre vie affective, non ?
– Vous voulez parler de mon fiancé ? C'est vrai : il .... (e. être) très fâché de ce départ et il me .... (f. menacer) de me quitter. À mon retour, heureusement, il .... (g. changer) d'avis et il .... (h. se montrer) très attentionné.
– Bon, mais je vois aussi que vous .... (i. faire) une rencontre au Vietnam, non ?
– Oui, dès que je .... (j. arriver) à Hanoï, je .... (k. rencontrer) un diplomate français qui .... (l. vivre) plusieurs années avec une Vietnamienne et qui .... (m. divorcer) depuis peu. Quand ma mission .... (n. se terminer), nous .... (o. passer) quelques jours merveilleux ensemble.
– Et que voulez-vous savoir ?
– Voyez-vous comment se dessine mon avenir ?
– Votre diplomate vous .... (p. oublier) d'ici peu ou même il vous .... (q. déjà oublier) actuellement. En revanche, votre fiancé .... (r. probablement réfléchir) pendant votre absence et il .... (s. comprendre) qu'il tient vraiment à vous. Cependant vous n'avez pas besoin des services d'une voyante pour comprendre cela.
– Vous avez raison ; je vous remercie et suis ravie de vous .... (t. rencontrer). »

07 • Le conditionnel

A. Le conditionnel présent

> **• La formation et l'emploi du conditionnel de politesse (Rappel)**
>
> **Voudriez**-vous me tenir la porte ? • Tu **ferais** mieux de le quitter. • **Sauriez**-vous où je peux trouver la directrice ? • On **pourrait** se dire « tu » ? • Tu **pourrais** te raser plus souvent !
>
> - Pour former le conditionnel, on utilise le radical des verbes au futur simple et on ajoute les terminaisons de l'imparfait : je ferais, tu ferais, il ferait, nous ferions, vous feriez, ils feraient.
> - Le conditionnel présent s'emploie avec certains verbes pour exprimer poliment un ordre formel, un conseil, une demande atténuée, une proposition ou une suggestion, un reproche dans le présent ou le futur.

259 Soulignez les verbes ou expressions qui expriment l'ordre, la demande, le conseil, la suggestion ou le reproche.

savoir – pouvoir – venir – devoir – préférer – permettre – désirer – connaître – il faut – plaire – dire – être + adjectif – vouloir – dormir – aimer – apprécier – avoir – voir – à votre place – si j'étais vous – accepter – penser – aller.

260 Conjuguez au conditionnel.

Exemple : elle vient : elle viendrait

a. tu vas : ....
b. nous étudions : ....
c. vous comprenez : ....
d. je sais : ....
e. ils ont : ....
f. il est : ....
g. tu fais : ....
h. elles peuvent : ....

261 Reformulez ces demandes sous une forme plus polie.

Exemple : Pouvez-vous me donner l'heure, s'il vous plaît ? → **Pourriez-vous** me donner l'heure, s'il vous plaît ?

a. Est-ce que quelqu'un sait où sont les toilettes ? → ....
b. Qui est assez aimable pour me donner du feu ? → ....
c. As-tu de la monnaie de 10 euros ? → ....
d. T'est-il possible de me prêter ta voiture ? → ....
e. Ça vous dérange qu'on ouvre la fenêtre ? → ....
f. Acceptez-vous que je prenne cette chaise ? → ....
g. Tu peux me passer le sel, s'il te plaît ? → ....
h. Avez-vous l'amabilité de m'envoyer ce document ? → ....

262 Utilisez le conditionnel pour exprimer ces ordres de façon atténuée.

Exemple : Cela ne vous ferait (faire) rien de vous taire quand je parle !

a. .... -vous (vouloir) vous lever quand le proviseur entre dans la classe !
b. Est-ce que tu .... (pouvoir) me regarder quand je te parle !
c. Ça vous .... (ennuyer) de faire moins de bruit !
d. .... -vous (pouvoir) arrêter de perturber la classe !

07 • Le conditionnel

e. Ça te .... (déranger) de jeter ton chewing-gum avant d'entrer en cours !
f. Vous .... (être) bien aimable de retirer votre casquette pendant la leçon !
g. ....-tu (vouloir) ranger tes affaires plus calmement !
h. Ça te .... (fatiguer) de ramasser les papiers sous ta table !

263 Faites des suggestions en utilisant le conditionnel.

Exemple : Ça vous **amuserait** (*amuser*) d'aller passer un week-end à Monte-Carlo ?

a. Ça te .... (faire) plaisir de jouer au casino ?
b. Vous .... (avoir) envie de prendre un verre à l'Hermitage ?
c. Marie .... (accepter) de dîner avec moi au Louis XV ?
d. Ça vous .... (plaire) d'aller au Yacht Club ?
e. Tu .... (être) d'accord pour assister au Grand Prix de Monaco ?
f. Ça te .... (dire) de te baigner à la plage du Larvotto ?
g. Tu .... (trouver) intéressant de voir les ballets de Monte-Carlo au Grimaldi Forum ?
h. Les enfants n'.. (aller) pas visiter le Musée océanographique ?

264 Reformulez ces conseils avec le conditionnel.

Exemple : Vous devez prendre un autre chemin. → Vous **devriez** prendre un autre chemin.

a. Il vaut mieux appeler un taxi. → ....
b. Tu fais mieux de voyager en train. → ....
c. Nous ne devons pas prendre la route par ce temps. → ....
d. Ça ne vaut pas la peine d'acheter un abonnement. → ....
e. Il faut rouler davantage à vélo. → ....
f. Il est préférable d'utiliser le bus pour s'y rendre. → ....
g. On doit y aller en métro. → ....
h. Vous faites mieux de laisser votre voiture au garage. → ....

265 Réagissez en utilisant les expressions « à sa/votre/leur place » ou « si j'étais toi » suivies du conditionnel.

Exemples : Il arrive toujours en retard. → À sa place, je n'arriverais pas en retard.
Je cours par tous les temps. → Si j'étais toi, je ne courrais pas par tous les temps.

a. Ils étudient en écoutant de la musique. → ....
b. Vous allez voir la responsable pédagogique. → ....
c. Je meurs d'ennui. → ....
d. On vient en avion. → ....
e. Mes parents veulent savoir. → ....
f. J'ai envie de manger. → ....
g. Emma peut lui prêter de l'argent. → ....
h. Je sais comment m'y prendre. → ....

A. Le conditionnel présent

266 Reformulez ces conseils ou suggestions.

Exemple : Si tu faisais un régime ? → Pourquoi tu ne ferais pas un régime ?

a. Si vous optiez pour un coach sportif à la maison ? → ....
b. Si tes frères convenaient d'un rendez-vous ? → ....
c. Si nous voyions un diététicien ? → ....
d. Si tu envoyais tes parents à une cure thermale ? → ....
e. Si j'essayais les repas de régime à domicile ? → ....
f. Si Noé recevait son livret de recettes minceur ? → ....
g. Si nous appelions un professionnel en perte de poids ? → ....
h. Si vous couriez trois fois par semaine ? → ....

267 Remettez dans l'ordre ces reproches.

Exemple : merci / tu / dire / pourrais → Tu pourrais dire merci !

a. vous / on / répondre / vous / quand / pourriez / bonjour / dit
   → ....
b. avant d' / pourrais / les / pieds / essuyer / tu / entrer / t'
   → ....
c. le / coiffeur / devrait / souvent / Gabriel / chez / aller / un peu / plus
   → ....
d. débarrasser / de / temps / table / les / la / enfants / temps / pourraient / en
   → ....
e. tranquille / pourrais / me / tu / laisser
   → ....
f. épiler / Julia / s' / jambes / devrait / les
   → ....
g. vous / de / abstenir / vous / fumer / pourriez
   → ....
h. avant / Jade et Chloé, / mains / vous / manger / devriez / les / de / laver / vous
   → ....

• Le souhait (Rappel)

Elle **souhaiterait** obtenir un rendez-vous. • Je **préférerais** vous rencontrer la semaine prochaine. • Ça me **dirait** bien d'aller au cinéma.

Le conditionnel est toujours utilisé quand on exprime poliment un souhait.

---

268 Conjuguez le verbe entre parenthèses au conditionnel.

Exemple : Nous désirerions (désirer) vous entretenir d'un sujet important.

a. J'... (apprécier) que vous m'accordiez un entretien.
b. Ils .... (vouloir) vous contacter au plus vite.
c. Tu .... (aimer) le retrouver plus tard.

07 • Le conditionnel

d. Vous .... (*souhaiter*) faire sa connaissance.

e. Mes collègues et moi .... (*préférer*) annuler le rendez-vous de demain.

f. Nous .... (*souhaiter*) que notre projet soit retenu.

g. Les salariées .... (*apprécier*) que les horaires soient maintenus.

h. Tu .... (*préférer*) parler au directeur.

> **• Les faits incertains ou imaginaires, les projets (Rappel)**
>
> **Selon certaines sources, le président serait malade. • Imagine, un beau jour, on quitterait notre travail et on irait vivre sur une île. • Ce projet de construction apporterait des solutions à nos problèmes.**
>
> Le conditionnel s'utilise aussi pour exprimer un fait douteux, incertain ; une fiction, un fait imaginaire ; un projet hypothétique. (→ *Voir aussi le chapitre 17, p. 255.*)

269 Conjuguez les verbes entre parenthèses au conditionnel et précisez le sens : fait incertain, fait imaginaire ou projet hypothétique.

Exemple : La mission sur Mars ouvrirait (*ouvrir*) des perspectives pour l'avenir. Projet hypothétique

a. Les fortes pluies .... (*faire*) déborder le fleuve de notre ville dans la soirée. ....

b. Jouons aux gendarmes et aux voleurs. Je .... (*être*) le cambrioleur. Vous, vous .... (*jouer*) les enquêteurs. Je .... (*faire*) le casse du siècle et vous me .... (*poursuivre*) dans toute la ville. ....

c. L'actrice australienne .... (*se marier*) dans un lieu tenu secret. ....

d. Dans un monde idéal, il n'y .... (*avoir*) plus de violence. ....

e. Avec cette nouvelle invention, des millions de personnes .... (*pouvoir*) avoir accès à l'eau courante. ....

f. Tous les êtres humains .... (*être*) frères et .... (*se comporter*) comme tels. ....

g. L'Afrique ne .... (*connaître*) plus la famine grâce à notre aide dans le secteur agroalimentaire. ....

h. Il .... (*paraître*) qu'une solution entre les deux belligérants .... (*commencer*) à se profiler dans les prochains jours. ....

270 Indiquez quelle est la valeur du conditionnel dans ces phrases : souhait, suggestion, demande polie, fait imaginaire, fait incertain, reproche, conseil ou projet hypothétique.

Exemple : Tu serais dans le désert, tu mourrais de soif et tu distinguerais enfin une oasis. Fait imaginaire

a. Le maire de notre ville aurait l'intention de se représenter aux prochaines élections, d'après un conseiller municipal. ....

b. Que penseriez-vous d'un verre au Negresco ? ....

c. Vous pourriez faire un effort. ....

d. Auriez-vous la gentillesse de me réserver une chambre au Carlton ? ....

e. Il vaudrait mieux lui offrir un repas au Martinez. ....

f. Dans notre immeuble de quatre étages surmontés d'une terrasse arborée, on installerait des ruches et un potager. ....

A. Le conditionnel présent

g. J'irais bien à Nice passer le week-end. ....
h. Tu chevaucherais dans les bois à la recherche de la reine et tu tomberais
dans une embuscade. ....

> **• L'hypothèse, la concession et la possibilité**
>
> J'ai préparé un lit **au cas où tu viendrais**. • **Quand bien même tu avouerais**, je ne te **pardonnerais** pas.
> • Nous **ne saurions** donner suite à votre demande. • On **dirait qu'**il va pleuvoir.
>
> Le conditionnel présent est employé :
> • après certaines locutions exprimant l'hypothèse, l'éventualité ou la concession (→ *voir aussi le chapitre 17, p. 255*) : **au cas/dans le cas où, dans l'hypothèse où, dans l'éventualité où, quand bien même**...
> • avec le verbe « **ne pas savoir** » + infinitif, qui a le sens de « pouvoir » et qui exprime souvent un refus ;
> • dans l'expression « **on dirait que** », qui exprime une éventualité.

271 Reliez le début et la fin des phrases.

a. J'ai fait un gâteau
b. On dirait
c. Prends ton parapluie
d. Quand bien même nous les inviterions
e. On irait au cinéma
f. Elle serait malade,
g. Achète un médicament contre le mal de mer
h. Il se pourrait

1. au cas où il pleuvrait.
2. qu'il fasse la cuisine ce soir.
3. qu'elle est malade. Elle a mauvaise mine.
4. dans le cas où tes parents viendraient prendre le thé.
5. dans l'hypothèse où tu serais malade en croisière.
6. dans l'éventualité où tu rentrerais tôt du travail.
7. ils refuseraient de nous voir.
8. elle viendrait quand même travailler.

272 Conjuguez le verbe entre parenthèses au conditionnel.

Exemple : Je suis dans la salle 233, dans le cas où tu *aurais* (avoir) besoin de moi.

a. Après examen de votre candidature, nous ne .... (savoir) donner suite à votre demande.
b. ....-elle (avoir) des problèmes d'argent, elle .... (envoyer) néanmoins ses enfants à la montagne.
c. Au cas où vous ne le .... (savoir) pas, c'est mon fils qui a construit sa maison.
d. On .... (dire) qu'il n'y a personne, profitons-en.
e. ....-il (être) riche comme Crésus, il .... (continuer) à faire des économies.
f. Vous ne .... (savoir) imaginer combien vos fleurs m'ont fait plaisir.
g. Il se .... (pouvoir) que nous allions jouer au casino ce soir.
h. Quand bien même tu .... (tenir) à te marier, privilégie ta carrière.

273 Imaginez librement la fin en utilisant « au cas où », « dans le cas où », « pour le cas où » ou « dans l'hypothèse où ».

Exemple : Prends tes clés *dans l'hypothèse où je rentrerais tard ce soir.*

a. Demande à ton père de venir te chercher ....
b. Vous rentrerez en taxi ....

07 • Le conditionnel

c. Faites-les patienter ....
d. Dites-lui que je suis absente ....
e. Réservez une table ....
f. N'hésitez pas à me contacter ....
g. Demandez-lui de me rappeler plus tard ....
h. Donne-leur des nouvelles ....

> **• L'hypothèse, la condition avec « si » dans le présent ou le futur**
>
> **Si ma fille obtenait ce poste, elle déménagerait en Occitanie dans deux mois. • Si j'étais toi, j'accepterais immédiatement ce travail.**
>
> • On utilise « si » + imparfait // conditionnel présent quand quelque chose est possible dans le futur. C'est une éventualité.
> • Quand la condition est irréalisable, on utilise « si » + imparfait // conditionnel présent.
> → *Voir aussi le chapitre 17 (p. 255).*

274 Reliez le début et la fin des phrases.

a. Si tu prenais ce médicament,
b. Elle marcherait sans difficultés
c. Si j'étais vous,
d. Il se ferait vacciner cet automne
e. Nous nous sentirions mieux
f. Si nous avions des problèmes de santé,
g. S'ils étaient malades,
h. Si elle tombait malade pendant son voyage,

1. s'il partait en mission en Afrique en fin d'année.
2. nous irions consulter notre médecin.
3. tu n'aurais plus mal à la tête.
4. ils se soigneraient.
5. elle se ferait rapatrier.
6. si elle se faisait opérer du genou.
7. si nous faisions du sport plus fréquemment.
8. je subirais une intervention chirurgicale.

275 Imaginez librement la suite de ces hypothèses.

Exemple : Si mes amies choisissaient de voyager en Italie, elles feraient du stop.

a. Si nous dormions chez l'habitant, ...
b. Si je parlais italien, ...
c. Si tu faisais un circuit, ...
d. Si vous vous reposiez dans un club, ...
e. Si les enfants partaient en colonie, ...
f. Si on voyageait en camping-car, ...
g. Si elles louaient une maison, ...
h. Si tu descendais à l'hôtel, ...

276 Conjuguez le verbe entre parenthèses au conditionnel présent ou à l'imparfait.

Exemple : Je serais (*être*) fier de lui s'il allait (*aller*) à la manifestation pour le climat.

a. Si nous .... (*manger*) plus de fruits et de légumes de saison, nous .... (*soutenir*) l'agriculture locale.

A. Le conditionnel présent

b. On .... (*réduire*) notre consommation d'eau si on .... (*prendre*) moins de bains et plus de douches de cinq minutes.

c. Si les Français .... (*éviter*) le gaspillage alimentaire, on .... (*consommer*) moins d'eau.

d. Si tu .... (*fermer*) le robinet en te brossant les dents, tu .... (*faire*) des économies d'eau.

e. Mes parents .... (*participer*) à la diminution des emballages plastiques et du transport s'ils .... (*préférer*) boire l'eau du robinet.

f. Nous .... (*sauver*) la Planète Bleue si nous .... (*appliquer*) tous ces beaux principes.

g. On .... (*respecter*) l'environnement si on .... (*enseigner*) aux écoliers toutes ces règles d'usage.

h. S'il y .... (*avoir*) une prise de conscience collective, notre planète .... (*se porter*) mieux.

B. Le conditionnel passé

• La formation et le sens général

J'**aurais voulu** venir à ta soirée mais je n'étais pas libre. • Vous **auriez dû** m'avertir ! • Il **aurait fallu** t'excuser.
• À ta place, je lui en **aurais parlé**.

- On utilise le conditionnel passé pour exprimer un regret ou un reproche dans le passé avec les verbes « aimer », « apprécier », « préférer », « vouloir », « souhaiter », « devoir », « pouvoir ».

- Il se forme avec « être » ou « avoir » au conditionnel présent + participe passé du verbe.

✋ Les verbes « devoir », « falloir » ainsi que les expressions « à ta place » et « si j'étais vous » peuvent exprimer aussi un conseil dans le passé.

277 Transformez le conditionnel présent en conditionnel passé.

Exemple : Je devrais. → J'aurais dû.

a. Il faudrait. → ....
b. Ça me ferait plaisir. → ....
c. Ça me plairait. → ....
d. Il vaudrait mieux. → ....
e. Je serais prêt. → ....
f. Tu t'y habituerais. → ....
g. Nous viendrions. → ....
h. Ça nous serait égal. → ....

278 Indiquez s'il s'agit d'un regret, d'un reproche ou d'un conseil. Rétablissez les points d'exclamation si nécessaire.

Exemple : Tu aurais dû faire un effort !   Reproche.

a. J'aurais dû accepter de le suivre aux États-Unis.
b. On aurait voulu plus de temps pour visiter la région.
c. Elle aurait aimé visiter le Grands Canyon.
d. Il aurait pu faire attention à la compagnie aérienne avec laquelle il voyageait.
e. Ils auraient mieux fait d'aller en Californie.
f. Nous aurions préféré voir la région des Grands Lacs.

07 • Le conditionnel

g. Tu n'aurais pas dû prendre un vol à bas prix. ....

h. Tu aurais mieux fait d'y aller en été. ....

279 Faites un reproche ou donnez un conseil en complétant par le conditionnel passé du verbe entre parenthèses.

Exemple : À ta place, j'y serais allé *(aller)*.

a. Pourquoi tu ne m'as rien dit ? Tu .... *(devoir)* me prévenir !
b. À votre place, nous .... *(arriver)* à l'heure !
c. À ta place, j'y .... *(rester)* plus longtemps !
d. Pourquoi vous ne m'avez pas prévenue ? Vous .... *(pouvoir)* me téléphoner !
e. Elle est venue travailler malgré sa grippe. Elle .... *(mieux faire)* de rester chez elle !
f. À ta place, je .... *(ne pas s'inquiéter)* !
g. Pourquoi vous n'avez rien fait ? Vous ne .... *(ne pas devoir)* vous laisser faire !

280 Exprimez le regret en utilisant le conditionnel passé.

Exemple : J'ai raté le concours d'admission à l'école de danse de l'Opéra. La danse aurait été *(être)* au centre de ma vie.

a. Je .... *(parcourir)* le monde au sein d'un ballet prestigieux.
b. Notre troupe de danseurs .... *(se déplacer)* dans le monde entier.
c. Mes parents .... *(être)* fiers de moi.
d. Je .... *(vivre)* ma passion au quotidien.
e. Les danseurs et moi, nous .... *(interpréter)* les grands rôles du répertoire.
f. Il .... *(falloir)* nous entraîner durement pour danser les grands classiques de l'opéra.
g. Ma carrière .... *(être)* courte, sans doute, mais intense.
h. Nous .... *(se produire)* sur des scènes mythiques.

• La demande polie

Vous n'auriez pas vu mon parapluie ? • Vous ne vous seriez pas trompé d'heure ?

Le conditionnel passé peut s'utiliser pour formuler poliment, de manière atténuée, des questions hypothétiques dans le passé.

---

281 Transformez ces questions pour les rendre plus polies.

Exemple : Ce n'est pas vous qui avez pris les clés ? → Ce n'est pas vous qui auriez pris les clés ?

a. N'as-tu pas laissé la lumière allumée dans ta chambre ?
  → ....

b. Ce n'est pas toi qui as emprunté mon ordinateur ?
  → ....

c. Vous n'êtes pas allé prendre du vin à la cave ?
  → ....

d. Ce n'est pas vous qui avez oublié d'éteindre la climatisation ?
  → ....

B. Le conditionnel passé

e. Vous n'avez pas trouvé un trousseau de clés ?

→ ....

f. Il n'a pas fait une erreur ?

→ ....

g. Ce n'est pas elle qui s'est enfermée dans la classe ?

→ ....

h. N'êtes-vous pas sortis avant l'heure ?

→ ....

• Les faits incertains ou imaginaires, la suggestion

La panne d'un réacteur en plein vol **aurait causé** le crash de l'avion. • Ça vous **aurait plu** une balade en forêt ? • Il **se serait endormi** et une fée l'**aurait transformé** en prince.

Comme le conditionnel présent, le conditionnel passé exprime une nouvelle incertaine, un doute, une proposition ou une suggestion, un fait imaginaire dans le passé.

282 Conjuguez le verbe entre parenthèses au conditionnel passé.

Exemple : Il y *aurait eu* (*avoir*) plus de cent morts lors de la collision de deux trains.

a. Tu .... (*aimer*) une croisière en Norvège ?
b. Imagine, nous .... (*danser*) dans notre palais toute la nuit.
c. Le cyclone tropical .... (*anéantir*) plusieurs villages de la région.
d. Le tsunami en Indonésie .... (*faire*) au moins huit cents victimes.
e. Ça te .... (*dire*) de sortir ?
f. La sorcière .... (*se battre*) contre le dragon et l'.. (*vaincre*).
g. Ça les .... (*tenter*) un cocktail au Majestic ?
h. Le chevalier .... (*se relever*) et, fou de rage, il le .... (*défier*).

283 Conjuguez le verbe entre parenthèses au conditionnel présent ou passé pour exprimer le doute.

Exemples : De fortes pluies *s'abattraient* (*s'abattre*) la nuit prochaine sur la côte Atlantique.
Trois personnes *auraient péri* (*périr*) dans l'incendie.

a. Une violente tempête de neige .... (*toucher*) l'État de New York hier, dans la nuit.
b. Un camion .... (*se renverser*) sur l'autoroute A8. Nous vous informerons de l'état de la circulation dans notre prochain flash.
c. Un puissant séisme de magnitude 8 en Amazonie .... (*faire*) un mort et une vingtaine de blessés.
d. Napoléon .... (*être tué*) ou .... (*mourir*) d'un cancer de l'estomac durant son exil ?
e. Au moment où je vous parle, un individu armé .... (*détenir*) une famille en otage.
f. L'attentat de juillet dernier .... (*être commandité*) par un groupe extrémiste.
g. Les preneurs d'otage .... (*se rendre*) lors de l'arrivée des forces de l'ordre.
h. La manifestation .... (*rassembler*) plus de 330 000 personnes selon les syndicats.

07 • Le conditionnel

• L'hypothèse, la concession et la possibilité

Quand bien même il serait venu à la soirée, il **n'aurait pas apprécié** le repas. • **Au cas où** le médecin **se serait trompé**, il ne faudrait pas hésiter à aller consulter un autre spécialiste.

Le conditionnel passé s'emploie après les expressions de concession, d'opposition, de condition dans des phrases au passé, avec : quand même, quand bien même, alors même que, au cas/dans le cas où...

 Avec « quand bien même », on utilise le conditionnel passé pour les deux verbes.

→ *Voir aussi le chapitre 17 (p. 255).*

284 Reliez le début et la fin des phrases.

a. Quand bien même il aurait travaillé jour et nuit,
b. Même si j'avais eu mon bac,
c. Au cas où nous aurions fait fausse route,
d. Rien n'était plus comme avant
e. Quand bien même elle aurait pu l'oublier,
f. Dans le cas où vous auriez menti,
g. Même s'ils avaient habité le même quartier,
h. Quand bien même tu me l'aurais demandé mille fois,

1. vous seriez accusé de complicité.
2. elle ne se serait jamais remariée.
3. il n'y serait pas arrivé.
4. ils ne se seraient jamais rencontrés.
5. je ne serais jamais allée à l'université.
6. nous ferions mieux de rebrousser chemin.
7. alors même que tout aurait été possible.
8. je ne l'aurais pas fait.

285 Transformez selon l'exemple.

Exemple :   Il aurait pu réussir ses examens, mais je ne pense pas qu'il aurait pu trouver du travail.
→ **Quand bien même il aurait réussi ses examens,** il n'aurait pas trouvé de travail.

a. Mes parents auraient pu rester des années en France, je pense qu'ils n'auraient pas su bien parler français.
→ ....

b. Mon fils aurait pu vivre en Suisse, mais je pense qu'il n'aurait pas pu s'habituer au climat hivernal.
→ ....

c. J'aurais pu conduire ta voiture mais je pense qu'elle n'aurait pas pu sortir du garage à cause de la neige.
→ ....

d. Tu aurais pu le couvrir de cadeaux, mais je pense que ton enfant n'aurait pas pu les accepter.
→ ....

e. Nous aurions pu aller lui rendre visite mais nous pensons qu'il n'aurait pas pu apprécier.
→ ....

f. Les salariés auraient pu se mettre en grève, mais je pense qu'ils n'auraient pas pu négocier.
→ ....

g. Vous auriez pu arriver plus tôt mais nous pensons que vous n'auriez pas pu faire de bonnes affaires.
→ ....

h. J'aurais pu me lever à 7 heures ce matin mais je pense que je n'aurais jamais pu arriver à l'heure.
→ ....

B. Le conditionnel passé

> **• L'hypothèse, la condition avec « si » dans le passé**
>
> **Si tu l'avais accompagnée, elle serait venue. • S'ils étaient restés, ils auraient obtenu un autographe.**
>
> On utilise le conditionnel passé pour évoquer des faits qui ne se sont pas produits dans le passé : « si » + plus que parfait // conditionnel passé.
>
> « Si tu étais moins maladroit, tu n'aurais pas cassé ton portable. » : ici, l'imparfait exprime quelque chose de général. « Si tu n'avais pas roulé si vite tu ne serais pas à l'hôpital » : la condition est passée mais la conséquence est actuelle, alors on utilise le conditionnel présent.
>
> → *Voir aussi le chapitre 17 (p. 255).*

286 Conjuguez le verbe entre parenthèses au conditionnel passé.

Exemple : On aurait trouvé (*trouver*) des places, si nous avions réservé les billets d'avion assez tôt.

a. Si ses parents n'étaient pas nés à Madrid, elle .... (*ne pas obtenir*) la nationalité espagnole.
b. Si les élèves avaient fait moins de bruit, l'instituteur les .... (*ne pas punir*).
c. Romain .... (*se faire*) un plaisir d'assister à la remise des prix s'il avait été présent.
d. Si les pompiers étaient arrivés plus tôt, ces habitants .... (*ne pas périr*) dans l'incendie.
e. Vous .... (*se marier*) si vous aviez rencontré l'âme sœur.
f. On .... (*être*) malheureuses si on s'était perdues de vue.
g. Si la police n'avait pas mis la main sur les voleurs, nous .... (*ne pas récupérer*) notre voiture.
h. Notre fille .... (*ne pas naître*) si je n'avais pas eu recours à la fécondation in vitro.

287 Conjuguez le verbe entre parenthèses au conditionnel passé ou présent.

Exemple : Si tu avais écouté la radio avant de partir, tu aurais pu (*pouvoir*) éviter les embouteillages.

a. Si tu t'étais couché plus tôt, tu .... (*se réveiller*) à l'heure.
b. Si vous étiez venus, nous .... (*s'amuser*).
c. Il .... (*ne pas y avoir*) d'accident si le conducteur avait respecté la priorité à droite.
d. Si Pasteur n'avait pas trouvé le remède contre la rage, elle .... (*faire*) encore plus de morts.
e. Si James Dean ne s'était pas tué en voiture, ... (*il, devenir*) une star mythique ?
f. Je .... (*ne pas avoir*) la jambe dans le plâtre en ce moment, si je n'étais pas allé faire du ski.
g. Si le barrage n'avait pas été construit, nous .... (*sauvegarder*) un site exceptionnel.
h. Si tu n'avais pas mangé tout le gâteau au chocolat, tu .... (*ne pas avoir*) mal au cœur à présent.

> **• L'hypothèse avec le conditionnel seul**
>
> **Elle serait sortie, je l'aurais vue. • Elle me l'aurait dit, j'aurais compris. Mais elle ne m'a rien dit.**
>
> • On peut exprimer l'hypothèse et la condition sans « si » avec le conditionnel passé seul.
> • Dans ce cas, la proposition qui exprime la condition est placée en première position et la conséquence en deuxième.
>
> → *Voir aussi le chapitre 17 (p. 255).*

07 • Le conditionnel

288 Reformulez ces hypothèses sans « si », selon l'exemple.

Exemple : Si tu étais rentrée plus tôt, tu l'aurais rencontré. → Tu serais rentrée plus tôt, tu l'aurais rencontré.

a. On aurait vu un bon DVD, si vous étiez passés chez moi.
→ ....

b. Si nos amis n'avaient pas divorcé, nous les aurions invités.
→ ....

c. Je serais parti en vacances si tu avais pu garder mon chien.
→ ....

d. Si j'avais été riche, je lui aurais prêté de l'argent pour qu'elle s'achète un appartement.
→ ....

e. Tu aurais trouvé du travail, si tu avais obtenu ton diplôme.
→ ....

f. Nous les aurions hébergés, si tes parents étaient venus.
→ ....

g. Si tu avais passé moins de temps devant la télé, tu aurais pu faire les courses.
→ ....

h. Elle aurait vécu à Paris, si elle avait été acceptée dans cette école.
→ ....

C. Le conditionnel comme futur du passé

> • **Le futur dans le passé**
>
> Romain ne **savait** pas que sa sœur **viendrait**. • Sa femme lui **a appris** qu'il **serait** papa dans huit mois.
> • La pluie ne **cessait** de tomber. Il **était** évident que le pique-nique **serait** annulé.
>
> Dans un récit ou dans un discours rapporté au passé, le conditionnel présent remplace le futur simple.
> → Voir aussi le chapitre 8 (p. 125).

289 Réécrivez en utilisant le conditionnel présent ou le futur simple.

Exemple : Elle me promet que nous nous marierons ce printemps, que nous acquerrons une maison avec un jardin et que nous aurons des enfants.
→ Elle m'a promis que nous nous **marierions** ce printemps, que nous **acquerrions** une maison avec un jardin et que nous **aurions** des enfants.

a. Ses parents lui ont annoncé qu'ils viendraient lui rendre visite prochainement et qu'ils verraient combien de temps ils resteraient.
→ Ses parents lui annoncent que ....
....

b. Floriane le sait : elle recevra toute sa famille pour Noël. Elle reverra ses cousins de l'étranger.
→ Floriane le savait : ....
....

C. Le conditionnel comme futur du passé

c. Mathieu est décidé : il fera un tour d'Europe. Il visitera toutes les capitales européennes. Il travaillera tout l'été pour financer son voyage.
→ Mathieu était décidé : ....
....

d. Nos voisins ont dit qu'ils vendraient leur maison et qu'ils s'installeraient en Nouvelle-Calédonie.
→ Nos voisins disent que ....
....

e. Le médecin rappelle à Mme Lepetit qu'il conviendra de fixer un rendez-vous médical et qu'il faudra le prendre avant la fin de l'année.
→ Le médecin a rappelé à Mme Lepetit qu'..
....

f. Elle se souvient que ses petits-enfants ne seront pas là pour Pâques et qu'ils iront en vacances à Istanbul.
→ Elle se souvenait que ....
....

g. La voyante prédisait que nous devrions quitter notre travail, que nous ferions un long voyage en bateau et que nous serions heureux.
→ La voyante prédit que ....
....

h. M. Moulin, qui est de condition modeste, pense que ses filles feront de longues études et que cela vaudra la peine de se sacrifier.
→ M. Moulin, qui était de condition modeste, pensait que ....
....

• Le futur antérieur dans le passé

L'ouvrier fit une pause car il **aurait fini** de repeindre la salle de bains avant l'arrivée du propriétaire. • Il m'a appris qu'il **aurait** bientôt **terminé** ses voyages. • Elle lui annonça qu'à son retour, sa fille **serait** déjà **née**.

Le conditionnel passé est le futur antérieur du passé. Il s'emploie dans un récit au passé pour marquer qu'une action à venir se passe avant une autre.

---

290 Conjuguez le verbe entre parenthèses au conditionnel passé ou présent.

Exemple : Il ne les salua pas car il savait qu'il les aurait revus (*revoir*) avant la fin de la journée.

a. Elle m'a demandé si je .... (*venir*) à sa fête le mois prochain.
b. Nous avons réservé le spectacle que tu .... (*voir*) le lendemain.
c. L'employé a déclaré qu'il .... (*achever*) les travaux avant trois jours.
d. Ils ont dit que leur enfant .... (*faire*) un autre tour de manège.
e. Le train n'était pas à l'heure. Le voyageur comprit qu'il .... (*arriver*) en retard à son premier rendez-vous.
f. Il m'a promis qu'il .... (*aller*) dorénavant au travail à pied.
g. Il a estimé que nous .... (*accomplir*) notre mission avant son départ.
h. Maman a cru qu'on .... (*finir*) nos devoirs avant le retour de papa.

Bilan 7

1. Conjuguez les verbes entre parenthèses au conditionnel.

Selon les chercheurs, avoir un grand frère .... (**a.** *retarder*) l'acquisition du langage. On .... (**b.** *avoir*) tendance à penser qu'être le second d'une fratrie .... (**c.** *être*) stimulant pour développer les capacités linguistiques. Mais dans les faits, il n'en est rien. Des études menées par des chercheurs du CNRS ont démontré que seuls les grands frères .... (**d.** *ralentir*) l'acquisition du langage de leurs cadets.

En revanche, les enfants qui .... (**e.** *avoir*) une sœur aînée .... (**f.** *présenter*) un développement similaire aux enfants n'ayant pas d'aîné. D'après les scientifiques, les sœurs aînées parlant davantage à leurs cadets .... (**g.** *développer*) ainsi le vocabulaire et la syntaxe de ces derniers. Une autre hypothèse selon laquelle les filles aînées .... (**h.** *être*) moins en compétition que les frères aînés pour capter l'attention des parents .... (**i.** *permettre*) d'expliquer cette conclusion.

2. Complétez ce dialogue par les verbes entre parenthèses au conditionnel.

– Bonjour madame, ...-vous (**a.** *accepter*) de répondre à une enquête ?
– Oui, mais je ne pourrai vous accorder que cinq minutes.
– Merci. ....-vous (**b.** *être*) prête à ne plus aller au cinéma au profit d'une plateforme de films à la demande ?
– Si je m'abonnais à une plateforme, c'est sûr que, je .... (**c.** *aller*) moins au cinéma, mais je .... (**d.** *fréquenter*) quand même les salles pour certains genres de film car je .... (**e.** *préférer*) les voir sur un écran adapté à l'image d'origine. Imaginez si Véronèse avait peint *Les Noces de Cana*, tableau qui se trouve au musée du Louvre comme vous le savez, dans un format bien plus petit, il .... (**f.** *exécuter*) son ouvrage différemment. Donc voir un film dans son format d'origine est important. De plus, produire un effort pour aller au cinéma .... (**g.** *devoir*) nous rendre plus réceptifs à ce qu'on va voir.
– Il .... (**h.** *paraître*) que l'on .... (**i.** *construire*) prochainement un cinéma dans le quartier La Joliette. Ce .... (**j.** *être*) un cinéma à la pointe de l'innovation.
– En effet, ce serait un projet. Les cinémas Pathé Gaumont .... (**k.** *ouvrir*) leur multiplex dernière génération à Marseille. Il y .... (**l.** *avoir*) quatorze écrans et environ 2 100 places. Il .... (**m.** *contenir*) une salle Dolby Cinéma, une salle 4DX et Screen X, trois salles VIP et une salle Kids !
– Cela vous .... (**n.** *faire*) plaisir d'y voir un film ?
– Non, je .... (**o.** *ne pas apprécier*) car, pour moi, le cinéma .... (**p.** *devoir*) revenir aux fondamentaux : l'imaginaire à taille humaine, une bonne vision du film dans une salle confortable mais sans outre mesure, un prix abordable pour demeurer un art populaire. Quand bien même il .... (**q.** *passer*) de bons films, je .... (**r.** *ne pas les voir*) dans ces salles
– Si vous aviez eu la possibilité de jouer dans un film américain, lequel .... (**s.** *choisir*) parmi *Chantons sous la pluie*, *Avatar* ou *Titanic* ?
– J'........................ (**t.** *avoir*) le choix, j'........................ (**u.** *jouer*) dans *Chantons sous la pluie*. Je .... (**v.** *devenir*) une star de la comédie musicale auprès de Gene Kelly.
– Je savais que vous .... (**w.** *répondre*) *Chantons sous la pluie*. On .... (**x.** *dire*) que vous êtes danseuse. Ça vous .... (**z.** *ennuyer*) si j'utilisais cet enregistrement ?
– Non, je vous en prie. Faites. Bonne journée.
– Je vous remercie beaucoup.

08 • Le discours rapporté

A. Le discours rapporté introduit au présent et au futur (Rappel)

• Les temps et les mots introducteurs

Pauline demande : « Tu viendras ? » Lucas répond : « Je n'en sais encore rien. » → Pauline lui demande s'il viendra. Lucas lui répond qu'il n'en sait encore rien/n'en rien savoir.

- Dans le discours rapporté, la question simple est introduite par « si » et « qu'est-ce que » devient « ce que ». Les autres mots interrogatifs ne changent pas.
- Les réponses et les autres paroles sont introduites par « que ».
- L'ordre des mots est le même que celui de la phrase affirmative. Avec un verbe de parole au présent ou au futur, les temps du discours indirect ne changent pas. L'infinitif peut parfois s'employer quand le sujet est le même.

291 Reliez les éléments qui vont ensemble. (Il y a plusieurs réponses possibles.)

a. Je me demande
b. Nous lui répondrons
c. Elle me précise
d. Pouvez-vous leur expliquer
e. Dites-nous
f. Il voudrait savoir
g. On vient de vous expliquer
h. Tu me recommandes

1. que leur maison est éloignée du village.
2. à partir de quand la location sera libre.
3. que le parking est au pied des pistes.
4. si je pourrai prendre la voiture demain matin.
5. de prendre des chaînes pour la voiture.
6. si les pistes de ski partent du village.
7. que nous sommes déjà pris samedi soir.
8. qu'ils devront suivre la route principale.

• Les personnes

Il promet à Paul / me promet : « Je te rembourserai vite. » → Il lui promet qu'il le remboursera vite. / Il me promet qu'il me remboursera vite.

- Verbe de parole à la 1re personne : les pronoms sujets et compléments restent les mêmes.
- Verbe de parole à la 2e personne : les 1res personnes deviennent des 2es personnes, les 2es des 1res.
- Verbe de parole à la 3e personne : « je » et « nous » deviennent « il(s)/elle(s) ». « Te/toi » et « vous » deviennent « me/moi/nous » ou « le/la/les » et « lui/leur ».

292 Cochez la phrase correspondante au style direct.

Exemple : Elle m'assure qu'elle viendra nous chercher.
☐ « Je viendrai te chercher. »
☑ « Je viendrai vous chercher. »
☐ « Je viendrai les chercher. »

a. Ils nous promettent qu'ils lui enverront un SMS.
☐ « Nous leur enverrons un SMS. »
☐ « Ils m'enverront un SMS. »
☐ « On enverra un SMS à Odile. »

b. Je vous dis que nous leur avons envoyé leurs billets.
☐ « Nous avons envoyé leurs billets à nos clients. »
☐ « Je leur ai envoyé leurs billets. »
☐ « Nous vous avons envoyé vos billets. »

c. Tu nous demandes si nous serons prêts.
☐ « Nous serons prêts ? »
☐ « Ils seront prêts ? »
☐ « Vous serez prêts ? »

d. Paul lui annonce qu'il ne nous rejoindra pas cet été.
☐ « Il ne nous rejoindra pas cet été. »
☐ « Je ne les rejoindrai pas cet été. »
☐ « Je ne vous rejoindrai pas cet été. »

08 • Le discours rapporté

e. Je vous avoue que nous ne les apprécions pas du tout.
  ☐ « Nous ne les apprécions pas du tout. »
  ☐ « Je ne les apprécie pas du tout. »
  ☐ « Vous ne les appréciez pas du tout. »

f. Tu lui réponds qu'ils ne le connaissent pas.
  ☐ « Nous ne te connaissons pas. »
  ☐ « Ils ne te connaissent pas. »
  ☐ « Vous ne le connaissez pas. »

g. Elle leur conseille de partir au plus vite.
  ☐ « Partez au plus vite. »
  ☐ « Partons au plus vite. »
  ☐ « Pars au plus vite. »

h. Vous m'assurez qu'ils ne nous répondront pas.
  ☐ « Ils ne leur répondront pas. »
  ☐ « Ils ne lui répondront pas. »
  ☐ « Ils ne vous répondront pas. »

293 Réécrivez au discours rapporté à la troisième personne, en imaginant qui parle à qui.

Exemple : « Qu'est-ce que tu veux ? » → Elle/Il demande à son ami(e) ce qu'elle veut.

a. « As-tu décidé de venir le week-end ? » → ....
b. « Vous viendrez seuls ? » → ....
c. « Par quel moyen arriverez-vous ? » → ....
d. « On vous attendra vers quelle heure ? » → ....
e. « Comment t'habilleras-tu ? » → ....
f. « Vos enfants auront-ils déjà dîné ? » → ....
g. « Où est-ce que vous dormirez ? » → ....
h. « Qu'est-ce que vous avez prévu de faire ? » → ....

294 Réécrivez au style direct.

Exemple : Joseph demande à Louise si elle lui prête ce CD. Elle lui répond que non, qu'elle le lui prêtera quand elle l'aura écouté.
  → Joseph demande : « Tu me prêtes ce CD ? » Louise répond : « Non, je te le prêterai quand je l'aurai écouté. »

a. Louise confirme à Thibaud qu'elle ne prendra pas son appareil photo car il prendra le sien.
  → ....
b. Jeanne indique à son frère qu'il devra conduire prudemment et qu'il y aura du brouillard.
  → ....
c. Mme Dubois dit à sa fille qu'elle doit surveiller le gâteau dans le four, ajoutant qu'elle doit sortir.
  → ....
d. Suzanne demande à Margot si elle pourrait lui emprunter son blouson fourré, en précisant qu'elle le lui rendra dès son retour de la montagne.
  → ....
e. Je dirai à ma copine que je l'accompagnerai si j'ai un peu de temps.
  → ....
f. Tu promets que tu viendras avec moi voir l'exposition que mon amie organisera bientôt.
  → ....
g. Je répondrai à mes voisins que je suis très occupée en ce moment et que je ne pourrai pas garder leur fils ce week-end.
  → ....

A. Le discours rapporté introduit au présent et au futur (Rappel)

h. Ma mère nous avoue qu'elle a été hospitalisée et qu'elle est atteinte d'un cancer.
→ ....

295 Selon le cas, réécrivez au discours direct ou rapporté.

Exemples : Sa sœur m'assure qu'elle passera me voir demain. → Sa sœur m'assure : « Je passerai te voir demain. »
Nous lui répétons : « Tu ne comprends rien. » → Nous lui répétons qu'elle/il ne comprend rien.

a. Je vous promets que nous emmènerons nos enfants.
→ ....

b. Tu lui déclares : « Je me marierai avec la femme qui me plaira, même si elle ne te plaît pas. »
→ ....

c. Je reconnais que j'ai mal agi envers mes amis.
→ ....

d. On demande au portier : « Vous ne pourriez pas nous aider à porter nos bagages ? »
→ ....

e. Il vous avoue qu'ils ne les ont pas accueillis, sa femme et lui, d'une façon très chaleureuse.
→ ....

f. Je te promets : « Nous irons vous chercher à l'aéroport quand vous aurez décidé de venir. »
→ ....

g. Je lui indiquerai où ses enfants devront descendre et comment ils pourront me rejoindre.
→ ....

h. « Vous avez fait une erreur, nous précise-t-elle, mais je vais vous trouver une solution. »
→ ....

- **• L'impératif au discours rapporté**

« **Ne venez pas** me chercher », précise Olga à ses amis. → Olga précise à ses amis **de ne pas venir** la chercher.

L'impératif du style direct devient un infinitif au style indirect.

✋ C'est aussi le cas dans le discours rapporté introduit par un verbe au passé.

296 Réécrivez au discours direct.

Exemple : Mon père me conseille de m'inscrire à ce concours. → « Inscris-toi à ce concours. »

a. Il me recommande de me mettre à lire les textes officiels. → ....
b. Mes parents m'invitent à m'installer chez eux. → ....
c. Mon ami me propose de venir réviser avec lui. → ....
d. Un enseignant me suggère de lire plusieurs recueils d'annales. → ....
e. Une ancienne collègue me propose de me poser des questions fréquentes. → ....
f. Elle m'incite à me préparer des fiches synthétiques de chaque cas. → ....
g. Mes parents me conseillent de me coucher tôt et de bien me nourrir. → ....
h. Mon amie me suggère de ne pas trop me stresser. → ....

08 • Le discours rapporté

297 Réécrivez ces ordres au discours rapporté, selon l'exemple.

Exemple : Mon oncle me dit : « Viens m'aider à réparer la fenêtre. » → Mon oncle me dit de venir l'aider à réparer la fenêtre.

a. « Mets des gants pour te protéger les mains. » → Il me dit ....
b. « Enfile un pull car il fait froid. » → ....
c. « Prends ce rabot et rabote la bordure. » → ....
d. « Ne t'y prends pas comme ça ; tu vas te blesser. » → ....
e. « Regarde-moi, je vais te montrer. » → ....
f. « Prends ton temps et applique-toi. » → ....
g. « Apporte-moi ce marteau et soutiens la fenêtre. » → ....
h. « Arrêtons-nous et prenons un café. » → ....

298 Réécrivez ce dialogue au discours rapporté.

Jeanne : Léon, j'aimerais aller à la campagne ce week-end.
Léon : Tu as une bonne idée. S'il fait beau, nous pourrions partir tôt et déjeuner sur place. Tu préfères aller au restaurant ou faire un pique-nique ?
Jeanne : Je préfère pique-niquer. Où est-ce qu'on pourrait aller ?
Léon : Je te propose la vallée de Chevreuse. C'est joli et j'y connais un bel endroit assez sauvage.
Jeanne : Je te fais confiance et je m'occupe du déjeuner. Tu viendras me chercher vers quelle heure ?
Léon : 10 heures, si ça te convient.

Jeanne dit à Léon qu'elle aimerait aller à la campagne ce week-end. Léon lui répond que ....
....
....
....
....

B. Le discours rapporté introduit au passé

• Les temps

Il **a demandé** à son ami : « Ta voiture **est** prête ? Tu **as** une idée de l'heure à laquelle vous **arriverez** ? »
→ Il lui **a demandé** si sa voiture **était** prête et s'il **avait** une idée de l'heure à laquelle ils **arriveraient**.

- Quand les paroles sont introduites au passé, le présent devient imparfait, le passé composé devient plus-que-parfait. Le futur devient conditionnel présent et le futur antérieur devient conditionnel passé.
- L'imparfait, le plus-que-parfait et le conditionnel passé ne changent pas.

299 Soulignez la forme verbale qui convient.

Exemple : Il nous a demandé si nous aimions / <u>avions aimé</u> / aimerions la pièce d'hier.

a. J'ai dit que vous auriez dû / devriez / devez la voir au plus vite.
b. J'ai expliqué que la troupe avait programmé / programmerait / programmait encore quelques représentations.
c. Pierre a ajouté que la mise en scène était / est / avait été très originale.

B. Le discours rapporté introduit au passé.

d. J'ai précisé que *j'avais déjà / je verrais déjà / j'ai déjà vu* une autre création de cette troupe.
e. J'ai aussi mentionné que l'actrice principale *tenait / avait tenu / aurait tenu* magnifiquement son rôle.
f. J'ai ajouté que les costumes *avaient été créés / seraient créés / ont été créés* avec beaucoup d'imagination.
g. Pierre a dit qu'il *avait adoré / adorait / adorerait* voir d'autres pièces de la troupe.
h. Pierre a expliqué qu'il *avait cherché / chercherait / cherchait* sur Internet pour savoir où cette troupe *prévoyait / avait prévu / aurait prévu* de jouer dans les prochains mois.

300 Reliez les phrases qui se correspondent.

Elles me demandent :

a. « Tu passeras la voir ? »
b. « Tu es passé la voir ? »
c. « Tu passais la voir ? »
d. « Tu seras passé la voir ? »
e. « Qu'est-ce que tu lui apportes ? »
f. « Qu'est-ce que tu lui as apporté ? »
g. « Qu'est-ce que tu lui auras apporté ? »
h. « Qu'est-ce que tu lui apportais ? »

Elles m'ont demandé...

1. si je passais la voir.
2. ce que je lui apportais.
3. si je serais passé la voir.
4. ce que je lui aurais apporté.
5. si je passerais la voir.
6. ce que je lui avais apporté.
7. si j'étais passé la voir.
8. ce que je lui ai apporté.

301 Mettez le verbe entre parenthèses à l'imparfait ou au plus-que-parfait.

Exemple : Le voleur prétendait qu'il avait passé (*passer*) la nuit chez des amis.

a. Benoît et Émilie avaient reconnu qu'ils .... (*prendre*) un sandwich avant de venir.
b. Vous constatiez que vous .... (*gagner*) plus d'argent l'année précédente que cette année.
c. Max et Lucile remarquaient que leur mère .... (*changer*) depuis leur dernière visite.
d. Tu avais affirmé que Loïc .... (*rentrer*) chez lui depuis quelques jours.
e. On reconnaissait que le marché de l'emploi .... (*se durcir*) depuis des mois.
f. Je m'étais demandé si ce restaurant .... (*accepter*) les chiens.
g. Tu découvrais avec étonnement que depuis l'an passé, on .... (*rénover*) tout le quartier.
h. Nous affirmions que vous .... (*avoir*) de la chance d'obtenir cet appartement l'été dernier.

302 Réécrivez au style direct.

Exemple : Il m'a dit que j'avais raison. → « Tu as raison. ».

a. Tu m'as chuchoté qu'on partirait dès que possible. → ....
b. Vous avez reconnu que vous vous étiez trompés. → ....
c. Nous avons admis que nous aurions mieux fait de rester chez nous. → ....
d. Patrick a dit à son amie qu'il l'aimerait toute sa vie. → ....
e. Je vous ai expliqué que nous déménagerions plus tôt si nous pouvions. → ....
f. Tu m'as annoncé que tu devrais partir plus vite que prévu. → ....
g. Je lui ai répondu que je n'avais aucune envie de l'accompagner. → ....
h. On vous avait promis qu'on vous offrirait des places pour ce spectacle. → ....

08 • Le discours rapporté

303 Réécrivez ce petit récit au discours rapporté.

Exemple : Il m'a chuchoté : « J'ai besoin d'un mouchoir ? » → Il m'a chuchoté qu'il avait besoin d'un mouchoir.

a. J'ai dit à Lucas : « Tu ne devrais pas sortir ce matin. »

→ ....

b. Tu m'as dit : « Je ne me sens pas bien. »

→ ....

c. Tu nous as expliqué : « Je crois avoir pris froid hier. »

→ ....

d. Je lui ai répondu : « Tu devrais te faire une tisane. »

→ ....

e. Sa sœur a précisé : « Je te trouve très chaud. »

→ ....

f. J'ai ajouté : « Il est possible que tu aies de la fièvre. »

→ ....

g. Il m'a dit : « Si je ne vais pas mieux demain, j'irai voir le médecin. »

→ ....

h. J'ai répondu : « Je dois partir mais si tu as besoin de moi, tu peux m'appeler. »

→ ....

• Les repères chronologiques dans le discours rapporté au passé

« Ce matin, je suis heureuse car la semaine prochaine je partirai en vacances. » → Elle a dit que ce matin-là elle était heureuse car la semaine suivante elle partirait en vacances.

Dans le discours rapporté au passé, « aujourd'hui » devient « ce jour-là », « hier/avant-hier » deviennent « la veille/l'avant-veille », « demain/après-demain » deviennent « le lendemain/le surlendemain », « le mois dernier/prochain » devient « le mois précédent/suivant », « il y a trois jours » devient « trois jours avant/auparavant/plus tôt » et « dans une semaine » devient « une semaine après/plus tard »...

---

304 Réécrivez au passé.

Exemple : Tu me demandes si je partirai en vacances cet été. → Tu m'**as demandé** si je partirais en vacances cet été-là.

a. Elle dit qu'elle a rempli le réfrigérateur hier.

→ ....

b. Tu réponds que c'était il y a trois jours.

→ ....

c. Elle assure qu'elle a fait la lessive avant-hier.

→ ....

d. Je vous promets que nous irons demain soir au cinéma.

→ ....

e. Je vous demande si vous irez à la campagne le week-end prochain.

→ ....

f. Vous me répondez que nous y sommes déjà allés la semaine dernière.

→ ....

B. Le discours rapporté introduit au passé.

g. Nous affirmons qu'elle finira ses études dans deux ans.
→ ....

h. Je vous assure que nous avons vu cette pièce il y a quelques années.
→ ....

305 Rapportez ces propos au passé.

Exemple : « Le cinéma français se porte bien cette année. »
→ *Le Monde* de jeudi mentionnait que le cinéma français se portait bien cette année-là.

a. « Nous partons plus souvent en vacances. » → La presse affirmait la semaine dernière que ....
....

b. « Le gaz et l'électricité coûtent de plus en plus cher. » → Les Français se sont plaints que ....
....

c. « Le prix des carburants risquera d'augmenter en janvier prochain. » → On se demandait si ....
....

d. « Ces derniers mois, les gens mangent de moins en moins de viande. » → Le boucher a constaté que ....
....

e. « La réussite au baccalauréat s'est améliorée l'année dernière. » → Le ministre de l'Éducation nationale a annoncé que ....
....

f. « Les tarifs de transports urbains seront réduits dans quelques mois. » → La compagnie des transports lyonnais a assuré que ....
....

g. « La fréquentation des musées se sera intensifiée dans cinq ans. » → Le ministère de la Culture a affirmé que .
....

h. « Le nombre de chômeurs a diminué il y a six mois. » → Le gouvernement a déclaré que ....
....

• Le discours rapporté et l'infinitif passé

Elle a admis qu'elle n'avait pas travaillé suffisamment. / Elle a admis ne pas avoir travaillé suffisamment.

Quand le sujet est le même dans les deux propositions, on peut employer un infinitif passé.

08 • Le discours rapporté

306 Transformez ces phrases quand c'est possible.

Exemples : J'ai reconnu qu'on était en retard. → *(impossible)*
Il a confirmé qu'il avait réussi le bac. → Il a confirmé avoir réussi le bac.

a. Elsa a avoué qu'elle était arrivée en taxi. → ....
b. Maxime a dit qu'il avait raccompagné sa sœur. → ....
c. Delphine a assuré qu'elle était très contente. → ....
d. Eva a répondu que nous avions raté le vol. → ....
e. Julie a déclaré qu'elle n'était pas bien informée. → ....
f. Arthur a annoncé qu'il voulait s'acheter une moto. → ....
g. Nos amis ont prétexté qu'ils partaient en week-end. → ....
h. Emma a expliqué que ses parents n'étaient pas en forme. → ....

307 Mettez ces phrases au discours rapporté.

Exemple : Ils ont dit : « Nous sommes passés voir Mamie hier. » → Ils ont dit être passés voir Mamie la veille.

a. J'ai dit : « J'ai trop mal à la tête pour sortir ce soir. »
→ ....

b. Amélie a annoncé : « J'ai perdu mon sac aujourd'hui. »
→ ....

c. Nous avons reconnu : « Nous sommes arrivés trop tard. »
→ ....

d. Tu as assuré : « Je serai en forme pour le marathon de dimanche prochain. »
→ ....

e. Vous avez affirmé : « Nous avons réservé une chambre double jeudi dernier. »
→ ....

f. Adèle a répondu : « Je ne suis pas d'accord avec vous. »
→ ....

g. Julien a dit : « Je meurs de faim ce soir. »
→ ....

h. Les enfants ont déclaré : « Nous sortons demain soir en boîte. »
→ ....

308 Réécrivez au style direct.

Exemple : J'ai assuré avoir retrouvé ma clé de consigne ce matin-là.
→ J'ai assuré : « J'ai retrouvé ma clé de consigne ce matin. »

a. Mona a dit à sa mère ne pas avoir eu besoin de son aide la veille.
→ ....

b. Lucas a assuré ne plus avoir jamais recommencé.
→ ....

c. Jérémy a répondu ne pas avoir touché à la boîte de chocolats.
→ ....

d. Tes parents ont déclaré ne pas être allés à la montagne l'année précédente.
→ ....

B. Le discours rapporté introduit au passé.

e. Nous avons reconnu avoir fait une erreur le lundi précédent.
→ ....

f. Vous avez demandé au locataire de bien fermer les volets avant son départ.
→ ....

g. Les enfants nous ont annoncé s'être servis de la voiture en notre absence.
→ ....

h. La gardienne a remercié les locataires de l'avoir soutenue pendant le conflit.
→ ....

309 **Transposez au discours rapporté au passé.**

Exemple : Jade a dit : « J'ai décoré moi-même mon appartement. »
→ Jade a dit avoir décoré elle-même son appartement.

a. Émilie a dit : « Samedi dernier, j'ai rencontré Axel en faisant mes courses. »
→ ....

b. Vous m'avez assuré : « Le mois dernier, le vétérinaire a bien soigné mon chat. »
→ ....

c. Tu m'as appris : « Hier, Noémie et Olga ont eu un accident. »
→ ....

d. Je voulais savoir : « Tu as retrouvé ta valise perdue la semaine dernière ? »
→ ....

e. Vous nous avez informés : « Le dernier film de Cédric Klapisch sortira mercredi prochain. »
→ ....

f. Tu m'as assuré : « Paul ne reverra pas Louise avant son départ. »
→ ....

g. Vous leur avez affirmé : « Nous aurons bientôt un enfant. »
→ ....

h. Tu nous as avoué : « Je vous aurai quittés avant la fin du mois. »
→ ....

Bilan 8

1. Transposez ce dialogue entre Cécile et Théo au discours rapporté au passé.

Cécile : Et si nous allions voir l'exposition Francis Bacon samedi. Ça te dirait ?
Théo : Franchement, ce n'est pas mon peintre préféré. Je le trouve très noir et je ne comprends pas bien son art.
Cécile : Mais c'est quand même un des grands artistes du XXe siècle. Moi je voudrais mieux le connaître, c'est pour cela que je te propose d'y aller avec moi.
Théo : Ce sera vraiment pour te faire plaisir. Dans ce cas, pour retrouver la joie de vivre, allons ensuite dîner « Chez Marianne ». Tu connais ?
Cécile : Non, c'est où et on y trouve quel genre de cuisine ?
Théo : Ce n'est pas loin du centre Pompidou ; c'est un restaurant libanais où on déguste des mezze. J'y ai souvent dîné.
Cécile : D'accord. Alors retrouvons-nous à l'entrée du musée vers 16 heures.

....
....
....
....
....
....
....
....
....

2. Complétez cette anecdote par les verbes entre parenthèses à la forme qui convient.

Emilio, aujourd'hui un vieil homme vivant à Porto, m'a raconté une des mésaventures de sa jeunesse à Paris dont il m'a assuré qu'il .... (a. *se souvenir*) toute sa vie : Il m'a expliqué qu'il .... (b. *toujours trouver*) que les restaurants parisiens .... (c. *coûter*) très cher. Et il m'a expliqué qu'un jour, alors qu'il .... (d. *se promener*) sur les bords de la Seine, il .... (e. *être pris soudain*) d'une faim violente. À cette époque-là, il m'a précisé qu'il .... (f. *manger*) tout le temps et que rien ne .... (g. *pouvoir*) satisfaire son appétit. Sa mère, qui le connaissait bien, lui avait dit que son père .... (h. *être*) comme lui et que les gens .... (i. *croire*) que c'........................ (j. *être*) un homme de cœur alors qu'il n'........................ (k. *être*) qu'un homme de ventre !

Reprenant le fil de son anecdote, il a ajouté que, comme il ne .... (l. *voir*) aucun café dans les environs, il .... (m. *entrer*) dans le premier restaurant venu qui .... (n. *avoir*) belle allure et que le portier l'........................ (o. *accueillir*) très aimablement. Emilio a marqué une pause puis a poursuivi, précisant qu'il .... (p. *s'appeler*) La Tour d'Argent – le restaurant, pas le portier, dont il ne .... (q. *connaître*) du reste jamais le nom.

Emilio, qui à cette époque-là était très réservé, avait entendu dire qu'en France, il ne .... (r. *falloir*) jamais parler d'argent, que c'........................ (s. *être*) très impoli. Aussi .... (t. *retenir*)-il cette leçon. C'est pourquoi, quand le maître d'hôtel lui .... (u. *tendre*) la carte, il .... (v. *ne rien dire*) quant aux prix. Emilio a clos son récit en disant que, sans cette mésaventure, il .... (w. *ne jamais faire*) autant de progrès en français. En effet, il a ajouté que, pendant plusieurs années, il .... (x. *devoir*) travailler à La *Tour d'Argent* pour rembourser le repas qu'il y .... (y. *prendre*) tout jeune, fraîchement arrivé de son Portugal natal...

09 • Le subjonctif

A. La conjugaison du subjonctif présent

• La formation du subjonctif présent (Rappel)

Il est préférable qu'elle vienne par ses propres moyens car je doute que nous venions la chercher à l'aéroport.

Pour former le subjonctif présent des verbes réguliers, on utilise le radical des 3e et 1re personnes du pluriel du présent :

- ils reçoivent → que je reçoive, que tu reçoives, qu'il/qu'elle/qu'on reçoive, qu'ils/qu'elles reçoivent.
- nous recevons → que nous recevions, que vous receviez.

310 Soulignez les verbes au subjonctif présent.

Il faut que/qu'…

je vois – tu boives – il croie – tu vives – on voit – nous étudions – vous essayez – nous payions – elle guérisse – nous triions – vous oubliiez – il plaît – vous pariez – tu te souviens – ils apprennent – je plaise – elles demandent – tu te sers – nous promettions – je réussis – je voie – je crois – ils disent – tu écris – elle lit – tu conduises – vous partez – je me reconstruis – on sorte – je lise – on écrive – vous publiiez – tu ries – je ris.

311 Reliez le début et la fin des phrases. (Il y a parfois plusieurs possibilités.)

a. J'aimerais que nos projets
b. Nous souhaiterions qu'il
c. Elle fera en sorte que vous
d. Vous voudriez obtenir que l'entreprise
e. Je vais demander que tu
f. Il n'autorisera pas que nous
g. Je vais faire en sorte que le personnel
h. On s'opposera à ce que nos concurrents

1. indemnise les salariés en grève.
2. traduisions un si grand nombre de documents.
3. obtiennent une plus grande part du marché.
4. acquière une solide expérience.
5. aboutissent très prochainement.
6. souscrives à un contrat d'assurance.
7. mette plus d'ardeur au travail.
8. receviez une réponse dans les plus brefs délais.

312 Transformez ces conseils comme dans l'exemple.

Exemple : Installez une routine de travail. → Il faudrait que vous installiez une routine de travail.

a. Travaille chaque jour aux mêmes heures.
   → Il serait bon que ....
b. Prévois le début et la fin de la séance.
   → Il est préférable que ....
c. Apprenez vos cours en plusieurs fois.
   → Il est indispensable que ....
d. Tiens compte des remarques de tes enseignants.
   → Il est essentiel que ....
e. Choisissez des camarades fiables en cas d'absence à un cours.
   → Il serait raisonnable que ....

09 • Le subjonctif

f. Cesse de regarder les écrans à partir de 22 h 30.
→ Il vaut mieux que ....

g. Endors-toi avec un livre.
→ Il est souhaitable que → ....

h. Exercez-vous à visualiser votre réussite à un examen.
→ Il est primordial que ....

313 Conjuguez le verbe entre parenthèses au subjonctif.

Exemple : Je voudrais qu'on ne *vienne* (*venir*) plus me déranger.

a. J'aimerais qu'il ne me .... (*contraindre*) pas à répondre au téléphone.
b. Il aurait envie que tu te .... (*sentir*) à l'aise au travail.
c. Elle propose que nous .... (*créer*) une nouvelle entreprise.
d. Nous souhaitons que vous nous .... (*rappeler*) la semaine prochaine.
e. Le directeur exige que je .... (*prendre*) mes rendez-vous tôt le matin.
f. Il demande que les employés lui .... (*écrire*) moins de courriels.
g. Vous suggérez que nous .... (*prévoir*) plus de commandes.
h. Les collègues désireraient que tu .... (*remettre*) de l'ordre dans les dossiers.

• Les verbes irréguliers

S'ils veulent que nous allions les chercher, qu'ils ne soient pas en retard.

Dix verbes irréguliers ne forment pas leur subjonctif sur le radical du présent :
- Un radical : pouvoir → que je **puisse**, nous **puissions** ; faire → que je **fasse**, que nous **fassions** ; savoir → que je **sache**, que nous **sachions** ; falloir → qu'il **faille** ; pleuvoir → qu'il **pleuve**.
- Deux radicaux : être → que je **sois**, que nous **soyons** ; avoir → que j'**aie**, que nous **ayons** ; aller → que j'**aille**, que nous **allions** ; vouloir → que je **veuille**, que nous voulions ; valoir → que je **vaille**, que nous **valions**.

---

314 Trouvez les infinitifs de ces verbes au subjonctif.

Exemple : Qu'on fasse venir le candidat. → faire

a. Que tout soit prêt pour 14 heures. → ....
b. Qu'ils aient leur ordinateur. → ....
c. Qu'il pleuve. → ....
d. Que cela vaille la peine. → ....

e. Qu'il sache où aller. → ....
f. Qu'elle aille au secrétariat. → ....
g. Qu'ils fassent leurs devoirs. → ....
h. Qu'elles soient à l'heure. → ....

315 Reliez le début et la fin des phrases.

a. La police demande que le suspect
b. Les enquêteurs veulent que les victimes
c. L'avocat désire que son client
d. Le commissaire aimerait que les témoins
e. Les cambrioleurs ont peur que leurs empreintes
f. Les policiers tiennent à ce que tu
g. Le lieutenant de police veut que nous
h. Le juge accepte que les membres de la famille

1. puisse recevoir de la visite.
2. soient tous présents.
3. les trahissent.
4. subisse un autre interrogatoire.
5. puissent être entendues rapidement.
6. fassions un portrait-robot du criminel.
7. aillent rendre visite aux détenus.
8. veuilles bien témoigner dans cette affaire.

A. La conjugaison du subjonctif présent

316 Complétez par le verbe entre parenthèses.

Exemple : Nous serions ravis que le Président veuille (*vouloir*) nous recevoir.

a. Chère madame, je suis heureux que vous .... (*pouvoir*) m'accorder un entretien.
b. Je suis enchantée qu'elle .... (*aller*) siéger au Parlement européen.
c. Ils sont vraiment touchés que nous .... (*vouloir*) embrasser la carrière diplomatique.
d. Nous sommes fiers que vous .... (*être*) l'un de nos piliers diplomatiques.
e. Elle se réjouit que tu .... (*avoir*) un poste à Bruxelles.
f. Quelle chance que nous .... (*faire*) notre stage au Conseil européen !
g. On est surpris que cette ville .... (*valoir*) le détour.
h. Mes amis seraient flattés que tu leur .... (*faire*) le plaisir d'accepter.

317 Reformulez comme dans l'exemple.

Exemple : Il sait jouer du violon. → Ça m'est égal qu'il sache jouer du violon.

a. Mon fils va chercher ses enfants à l'école.
   → Ça me plaît que ....
b. Nous savons que ton frère est en prison.
   → Ça te contrarie que ....
c. Tu peux annuler notre rendez-vous.
   → Ça me rend triste que ....
d. Mes parents veulent toujours avoir raison.
   → Ça m'exaspère que ....
e. Il vous faut beaucoup de temps.
   → Ça me surprend qu' ....
f. Il ne pleut presque jamais.
   → Ça m'inquiète qu' ....
g. Ces livres ne valent pas cher.
   → Ça m'étonne que ....
h. Vous faites attention à ses propos.
   → Ça m'amuse que ....

318 Conjuguez le verbe entre parenthèses au subjonctif.

Exemple : Je préfère que tu me dises (*dire*) la vérité.

a. Il n'est pas question que tu .... (*sortir*) ce soir.
b. Le directeur a défendu que vous .... (*aller*) à la réunion.
c. Ma mère s'est opposée à ce que je .... (*vivre*) seule à Milan.
d. Ses parents consentent à ce que le mariage .... (*avoir*) lieu dans leur villa à Nice.
e. Le consulat a autorisé que nous .... (*séjourner*) trente jours en France.
f. Les autorités ont admis qu'elles .... (*pouvoir*) voyager en Europe.
g. Ils acceptent que vous .... (*dire*) tout ce que vous savez.
h. Notre père a interdit que nos oncles .... (*être*) invités.

09 • Le subjonctif

B. Les emplois du subjonctif

• **Avec un verbe de volonté, de désir, de nécessité, d'obligation ou d'interdiction**

Il souhaiterait qu'il pleuve. • J'ai envie que tu conduises. • Faut-il que je parte ?

• Le subjonctif est utilisé pour exprimer une action non réalisée. Il s'oppose à l'indicatif (action réalisée).

• Il s'emploie dans la proposition subordonnée introduite par « que » avec un verbe principal de volonté, de désir, de nécessité, d'obligation, d'interdiction : vouloir, désirer, souhaiter, demander...

✋ Quand il y a un seul et même sujet dans la phrase, on utilise l'infinitif (→ voir p.161).

« Espérer » s'emploie avec l'indicatif à la forme affirmative : J'espère qu'il m'écrira.

319 Indiquez si les phrases suivantes expriment une volonté (V), un désir (D), une nécessité (N), une obligation (O) ou une interdiction (I).

Exemple : Le directeur va exiger que nous prenions nos vacances en août. (O)

a. Je n'autoriserai pas que vous utilisiez vos téléphones en classe.
b. Elle ne tolérera pas qu'il soit en retard à ses cours.
c. Vous proposez que nous fassions le contrôle de mathématiques la semaine prochaine ?
d. La barrière empêche que nous entrions dans la salle de classe.
e. Je vais faire en sorte que vous ayez votre diplôme demain.
f. Il est temps que vous vous inscriviez aux examens.
g. Ne faudrait-il pas que tu prennes des cours particuliers d'anglais ?
h. Il est obligatoire que tu saches conduire pour cet emploi.

320 Complétez par le verbe entre parenthèses au subjonctif.

Exemple : Je ne permettrai pas qu'on détruise (détruire) notre musée communal.

a. Le maire s'opposera à ce qu'une centrale nucléaire .... (se construire) près des habitations.
b. Je suggère que les fruits et légumes bio .... (être) plus nombreux sur nos marchés.
c. J'aimerais éviter qu'une décharge .... (se bâtir) à 1,5 km de notre ville.
d. L'idéal serait que les personnes âgées .... (pouvoir) bénéficier d'un centre de loisirs.
e. J'accepterai que les enfants de l'école primaire .... (aller) en voyage de fin d'année.
f. Je ne souhaite pas que la construction d'une nouvelle autoroute .... (voir) le jour.
g. Je refuserai qu'un parking .... (prendre) la place du jardin public.
h. Je veillerai à ce que tout le monde .... (avoir) la parole.

321 Reformulez comme dans l'exemple.

Exemple : Vous devez vous marier ce printemps. → Il faut que vous vous mariiez ce printemps.

a. Tu ne peux pas inviter trois cents personnes.

   → Je m'opposerai à ce que ....

b. Vous pouvez faire un vin d'honneur dans le jardin.

   → Il est préférable que ....

B. Les emplois du subjonctif

c. Tu dois aller réserver le traiteur et la salle.
→ Il est important ....

d. Tu peux choisir le menu du dîner.
→ Je veux bien que ....

e. Tu ne peux pas porter cette robe de mariée.
→ Je refuse que ....

f. Vous devez avertir les invités un an à l'avance.
→ L'idéal serait que ....

g. Vous devez savoir danser la valse.
→ Il vaudrait mieux que ....

h. Vous pouvez célébrer le mariage à la campagne.
→ Cela me plairait que ....

322 **Complétez par le verbe entre parenthèses.**
Exemple : Nous aimerions bien qu'il fasse (faire) beau demain.
a. Il apprécierait que j'................................... (aller) le chercher à l'aéroport.
b. J'ai envie que nous .... (repeindre) la salle de bains.
c. Ma mère rêve que je .... (devenir) médecin.
d. Tu préférerais qu'elle .... (mettre) sa robe noire ?
e. Ce serait bien que tu .... (pouvoir) passer à la maison.
f. Ça me ferait plaisir qu'ils .... (vouloir) me voir.
g. Je voudrais que tu .... (sentir) mon nouveau parfum.
h. Ça me plairait que vous m'................................... (acheter) des fleurs.

323 **Reliez le début et la fin des phrases.**
a. Mon désir est que vous   1. apprenne le violoncelle.
b. Mon père n'a pas voulu que j'   2. éteignions nos portables.
c. Il aurait envie que tous ses employés   3. réussissiez dans vos études.
d. Nous serions d'avis qu'il   4. meures d'envie de la revoir.
e. Ils avaient demandé que nous   5. faille le lui dire.
f. Léa aimerait que tu   6. puissent obtenir une prime de fin d'année.
g. Le salarié suppliait qu'on   7. oubliiez vos responsabilités familiales.
h. Théo n'acceptera pas que vous   8. ne le mette pas à la porte.

• **Avec un verbe de sentiment, de jugement ou d'appréciation**

Trouvez-vous étonnant qu'on vous **fasse** des compliments ? • **Je me réjouis** que mon travail vous **plaise**.

Le subjonctif s'emploie avec un verbe de sentiment, d'appréciation, de jugement et de regret :
- regretter, déplorer, craindre, avoir peur, redouter, aimer, apprécier, s'étonner, détester, en avoir assez, ne pas supporter, (ne pas) admettre, se réjouir, préférer..., être déçu/flatté/ravi/surpris...
- trouver injuste/dommage/scandaleux..., il semble, il me semble regrettable/dangereux..., il paraît/il ne me paraît pas indispensable/prudent/choquant..., ça m'agace...

09 • Le subjonctif

324 Indiquez si ces phrases expriment un sentiment (S) ou une volonté (V).

Exemple : J'admire qu'on soit toujours à l'heure. (S)

a. Je ne supporte pas qu'on dise des mensonges.
b. J'aimerais qu'on me prévienne de son arrivée.
c. Je n'aime pas qu'on sache où je pars en vacances.
d. J'aimerais éviter qu'on produise trop de pollution.
e. J'aime qu'on ne fasse rien le week-end.
f. J'apprécie qu'on prenne de mes nouvelles.
g. J'ai horreur qu'on m'avertisse à la dernière minute.
h. J'apprécierais qu'on maîtrise le budget.

325 Complétez par le verbe entre parenthèses.

Exemple : Ils détestent qu'on fasse (faire) des heures supplémentaires.

a. Je m'étonne que nos clients .... (ne pas connaître) notre succursale.
b. Ça m'intrigue que vous .... (vouloir) travailler pour cette entreprise.
c. Il rêve qu'un cabinet d'avocats .... (vouloir) l'engager.
d. Elle n'aime pas qu'on la .... (contraindre) dans son travail.
e. Nous refusons qu'ils .... (obtenir) cette promotion.
f. Il me semble normal que nous .... (souhaiter) des précisions.
g. Cela m'irrite que tu .... (pouvoir) dormir si facilement après notre dispute.
h. Vous regrettez que la société .... (mettre) au chômage une partie du personnel.

326 Reliez le début et la fin des phrases.

a. Elle est lasse que son mari
b. Vous êtes surpris que nous nous
c. L'ami de Mélanie est navré qu'elle
d. Je suis déçu que tu
e. Nous supportons difficilement que vous
f. Mes enfants en ont assez que leurs cousins
g. Les organisateurs ont regretté que je
h. Tu t'étonnes que les fêtes à thème

1. mariions si vite.
2. ne vienne pas à son anniversaire.
3. soient toujours absents lors des fêtes familiales.
4. ne veuille pas lui donner un coup de main.
5. coûtent cher.
6. n'acceptiez jamais nos invitations.
7. ne sollicite pas leur aide.
8. ne puisses pas assister à la cérémonie.

327 Reformulez comme dans l'exemple.

Exemple : Tu as confiance en lui. → Cela me choque que tu aies confiance en lui.

a. Elle me répond mal. → Ça me blesse ....
b. Vous commettez des erreurs. → Cela me gêne ....
c. Nous ne faisons pas attention aux dépenses. → Ça le contrarie ....
d. Je vais au-delà de mes limites. → Cela vous agace ....
e. Ces logiciels valent très cher. → Cela vous laisse indifférent ....

B. Les emplois du subjonctif

f. On ne la croit pas. → Cela te déplaît ....

g. Tu vis avec elle. → Ça lui plaît ....

h. Ses amis savent tout de nous. → Cela nous rend triste ....

328 Reliez les éléments qui se complètent, puis mettez les verbes au subjonctif. (Il y a parfois plusieurs possibilités.)

a. Ça me
b. Cela m'
c. Ça se
d. Cela s'
e. Il est
f. C'est

1. conçoit qu'elle ne .... (*voir*) plus personne après ce qui lui est arrivé.
2. explique que tu .... (*percevoir*) le monde autrement après ton accident.
3. fait peur qu'il **prenne** (*prendre*) tout le temps la route pour son travail.
4. inquiète que vous ne .... (*parvenir*) pas à le raisonner.
5. dommage que nous ne nous .... (*décider*) pas.
6. stupéfiant qu'il .... (*disparaître*) toujours discrètement.
7. comprend que ses collègues ne .... (*s'asseoir*) plus à côté de lui à la cantine.
8. justifie que ce journaliste .... (*réécrire*) un article sur cette ancienne affaire.

329 Soulignez les expressions qui s'utilisent avec le subjonctif.

il trouve que – <u>il trouve honteux que</u> – il paraît inutile que – il me semble que – il ne me paraît pas nécessaire que – il paraît que – il ne me semble pas important que – il est bon que – il est absurde que – il est surprenant que – il me semble superflu que – il semble étonnant que – il semble que.

330 Ajoutez un adjectif de votre choix si nécessaire.

Exemple :   Il me semble normal que vous veniez.

a. Il paraît .... que tu vas partir en Alaska.
b. Il paraît .... qu'elle aille dîner chez ses amis.
c. Il me semble .... que vous faites du bon travail.
d. Il me semble .... que tu fasses sa connaissance.
e. Il trouve .... que tu es injuste avec lui.
f. Il semble .... que je repeigne ma chambre.
g. Il trouve .... que nous la remerciions.
h. Il est .... que vous punissiez les enfants.

• Avec un verbe d'incertitude

Il est fort possible que j'**aille** au théâtre. • **Je doute** qu'elle **veuille** voir ce ballet. • **Il est peu probable** que le spectacle **ait** lieu. • **Je ne pense pas** qu'elle **sache** danser.

- Les verbes ou locutions verbales qui expriment un doute, une possibilité, une impossibilité ou une improbabilité sont suivis du subjonctif.

- « Je ne crois/pense/trouve pas que », « je n'ai pas l'impression que » s'utilisent avec le subjonctif à la forme négative. Ils s'emploient avec l'indicatif à la forme affirmative.

✋ « Je me doute que », « il me semble que », « je suppose que », « il est probable/évident/certain que » ne s'emploient pas avec le subjonctif mais avec l'indicatif.

09 • Le subjonctif

331 Soulignez les verbes et les expressions suivis du subjonctif.

<u>il y a de fortes chances que</u> – il ne fait pas de doute que – Il se peut que – je ne pense pas que – je sais que – elle se doute que – je vois que – il est peu probable que – je ne suis pas sûr que – il semble que – il est visible que – j'ai l'impression que – il est impossible que – il y a peu de chances que – j'ai le sentiment que – il n'est pas impossible que – nous ne croyons pas que – il est vraisemblable que – il se pourrait que – il est possible que – il est peu vraisemblable que – il est rare que – il arrive que – je suppose que – j'imagine que – il n'est pas évident que.

332 Soulignez la forme qui convient.

Exemple : Je ne crois pas que tu *peux* / <u>*puisses*</u> assister à ce match.

a. Il n'est pas impossible que cette année notre équipe *remportera* / *remporte* le championnat.
b. Il y a des chances qu'en septembre je *m'inscris* / *m'inscrive* à un club de sport.
c. Il ne fait pas de doute que mon frère *suive* / *suit* le match à la télévision.
d. L'entraîneur a l'impression que l'équipe *prendra* / *prenne* l'avantage à la deuxième mi-temps.
e. Les supporters sont convaincus que ce carton rouge *soit* / *est* injuste.
f. Il arrive que mes sœurs et moi *fassions* / *faisons* de la planche à voile.
g. Nous ne pensons pas que cet athlète *bat* / *batte* le record du monde.
h. Il se pourrait que les arbitres *veulent* / *veuillent* suspendre la rencontre.

333 Reformulez en employant le subjonctif.

Exemple : Il faut la prévenir de la date. → Je ne suis pas persuadé <u>qu'il faille la prévenir de la date.</u>

a. Tous les invités viendront accompagnés de leur conjoint.
   → Je doute ....
b. Ça lui dirait d'aller au cinéma.
   → Il est rare ....
c. Tu veux aller voir ce film.
   → Il se peut ....
d. Alexandre aurait envie de boire un pot.
   → Elle n'est pas certaine ....
e. Ça te plairait de faire une promenade au bord de l'eau.
   → Il est peu probable ....
f. Un restau, ça vous tenterait.
   → Il semblerait ....
g. Vous êtes libre ce soir.
   → Il y a peu de chances ....
h. Elle va voir une expo de photos.
   → Je ne suis pas convaincu ....

B. Les emplois du subjonctif

334 Conjuguez les verbes entre parenthèses au présent du subjonctif ou de l'indicatif.

Exemple : Je ne crois pas que ce musée **soit** (*être*) ouvert le mardi mais je pense qu'il **est** (*être*) ouvert tous les autres jours.

a. Il est possible qu'il .... (*faire*) beau ce week-end. En revanche, il est certain qu'il .... (*pleuvoir*) demain.

b. Elle est sûre qu'il s'en .... (*aller*) tôt. Cependant, elle doute qu'il .... (*pouvoir*) prendre son train à temps.

c. Je suppose que vous .... (*avoir*) faim. Néanmoins, il sera impossible que vous .... (*dîner*) à la maison.

d. Il n'est pas impossible que mon fils .... (*vivre*) à Tahiti quelques années, mais il est indubitable qu'il .... (*revenir*) en métropole pour finir ses études.

e. Vous avez l'impression que nous .... (*mentir*). En fait, vous n'imaginez pas que nous .... (*pouvoir*) dire la vérité.

f. Je suis persuadée que vous .... (*voir*) où je veux en venir mais vous n'êtes pas convaincu que je .... (*savoir*) maîtriser mes émotions.

g. Il y a de fortes chances que les inscriptions à la fac .... (*être*) closes. En revanche, il se pourrait qu'il y .... (*avoir*) des désistements.

h. Il est rare que nous .... (*lire*) le journal mais il est improbable que nous l'........................ (*acheter*).

335 Remettez les mots dans l'ordre.

Exemple : nous / peu / connaissions / que / est / vraisemblable / il / nous
→ Il est peu vraisemblable que nous nous connaissions.

a. que / n'ai / tutoyions / entre collègues / je/ nous nous / pas / l'impression
→ ....

b. n'est / il / avec / tu t'entendes / pas / ton responsable / évident que
→ ....

c. sa sœur / que / en Italie / poursuive / Lorenzo / pas / ses études /n'imagine
→ ....

d. je / son / travail / plaise /que / n'ai / pas / lui / le sentiment
→ ....

e. il / n'est / sympathiser / veuille / qu'/ ce collègue / certain / pas / avec / Adam
→ ....

f. ne / suive / mes instructions / sûr /que / le comptable/ suis / je / pas
→ ....

g. que / il / toute la semaine / absente / semble / soit / la secrétaire
→ ....

h. que / de tout commentaire / t' / tu / est /abstiennes / il /douteux
→ ....

09 • Le subjonctif

> **• Cas particuliers : l'interrogation et l'antéposition**
>
> **Pensez-vous** que ce **soit** le coupable ? • **Êtes-vous** sûr qu'elle **dise** la vérité ? • **Qu'il soit innocent**, c'est évident !
>
> - Les verbes d'opinion ou de certitude à la forme interrogative formelle avec l'inversion du sujet s'emploient avec le subjonctif.
> - Dans une proposition subordonnée complément placée en début de phrase, le verbe est toujours au subjonctif.

336 Reformulez les questions en inversant le sujet.

Exemple : Est-ce que vous croyez qu'il faut relever l'âge de la retraite ?
→ **Croyez vous** qu'il faille relever l'âge de la retraite ?

a. Est-ce que vous pensez que la suppression de l'impôt de solidarité sur la fortune est bénéfique ?
→ ....

b. Est-ce que vous êtes sûr que l'agriculture et l'écologie seront des thématiques pour le gouvernement ?
→ ....

c. Est-ce que vous trouvez que la limitation de vitesse à 80 km heure a un effet positif ?
→ ....

d. Est-ce qu'il est certain que le gouvernement accordera une prime pour la vente des voitures polluantes ?
→ ....

e. Est-ce que vous êtes d'avis qu'on doit augmenter le Smic chaque année ?
→ ....

f. Est-ce que vous considérez qu'il s'agit d'une promesse non tenue ?
→ ....

g. Est-ce que vous êtes convaincu que l'école obligatoire dès l'âge de trois ans convient à tous les enfants ?
→ ....

h. Est-ce que vous estimez que le bulletin de paie simplifié rend plus lisibles les cotisations ?
→ ....

337 Remettez ces questions dans l'ordre.

Exemple : la France / détienne / -vous / record / grève / que / pensez / le / de jours / de / ?
→ Pensez-vous que la France détienne le record de jours de grève ?

a. -vous / la revalorisation / des salaires / soit / que / légitime / des infirmières / trouvez / ?
→ ....

b. les revendications / aboutir / que /-vous / des chômeurs /puissent / affirmez / ?
→ ....

c. jugez / que / les partis / s'unir / vous / écologistes /doivent / ?
→ ....

d. certain / nous /efficace /menons / il /une action / que / est / ?
→ ....

e. aboutisse / -vous / une pétition / en faveur des / énergies / qu'/ renouvelables / croyez / ?
→ ....

B. Les emplois du subjonctif

f. que/ -vous/ vaille / êtes / la peine / persuadé / la grève / ?
→ ....

g. les conflits / que / nombreux /sont / vous / sociaux/ êtes / plus / convaincu / ?
→ ....

h. l'impression / davantage /-vous / qu'/ avez / d'achat / on / au pouvoir / réfléchisse / ?
→ ....

338 Transformez comme dans l'exemple.

Exemple : Il est évident qu'il fera beau. → **Qu'il fasse beau**, c'est évident.

a. Il est probable qu'elle le veut. → ....
b. Il est vraisemblable qu'ils le savent. → ....
c. Il est certain qu'il se dit acteur. → ....
d. Il ne fait pas de doute que tu détiens la vérité. → ....
e. Il est sûr que vous partez en août. → ....
f. Il est visible que je grossis. → ....
g. Il est indéniable qu'elles peuvent lui parler. → ....
h. Il est indubitable que nous sommes les meilleurs.→ ....

339 Conjuguez les verbes entre parenthèses au présent du subjonctif ou de l'indicatif.

Exemple : Que tu doives (*devoir*) apprendre le français, je l'ai toujours dit.

a. Il est vrai que vous .... (*faire*) des progrès.
b. Que nous .... (*progresser*), c'est incontestable.
c. Qu'il .... (*falloir*) prendre des cours, c'est clair.
d. Il est exact que tu .... (*s'améliorer*) en langues.
e. Que tu .... (*connaître*) le subjonctif, c'est indiscutable.
f. Que vous .... (*savoir*) parler espagnol, c'est flagrant.
g. Il est exact que les élèves .... (*vouloir*) parler anglais.
h. Que Léo .... (*lire*) le français dans le texte, c'est prouvé.

• **Après les verbes « attendre » et « s'attendre à »**

J'attends que tu **sortes** du bureau et on ira au restaurant. • Laura n'attend pas que tu lui **dises** toute la vérité.
• Je ne m'attendais pas à ce qu'il **parte** si tôt.

• « Attendre » (*patienter*) et « s'attendre à » (*se préparer à une éventualité*) sont suivis du subjonctif.

✋ « S'attendre à » se construit avec « ce que ».

---

340 Conjuguez le verbe entre parenthèses au subjonctif.

Exemple : Mes parents attendront que j'aille (*aller*) leur rendre visite pour me remettre leur cadeau.

a. J'ai attendu que tu .... (*venir*) me voir avant de prendre une décision.
b. Ils attendaient que leur fils leur .... (*faire*) les courses pour éviter de prendre froid.
c. J'attendais que cela .... (*valoir*) la peine pour le faire.

09 • Le subjonctif

d. Nous attendons que Théo .... (ne plus être) malade afin de partir ensemble en vacances.
e. Attendez que je .... (pouvoir) venir avant de fixer une date.
f. Vous attendrez que nous .... (passer) la semaine prochaine.
g. Attends que je .... (prendre) rendez-vous avec le médecin.
h. Nous attendons que vous .... (avoir) du temps à nous accorder avant votre départ.

341 Reliez le début et la fin des phrases.

a. J'attendais qu'il   1. perçoive la gravité de la situation.
b. Vous attendiez que je   2. ne soient pas toutes d'accord.
c. Je m'attends à ce qu'elles   3. veuillent s'opposer à son projet.
d. Il ne s'attendait pas à ce que vous   4. réponde à mes courriels.
e. Elle s'attendait à ce qu'ils   5. réagissiez si violemment.
f. Il a attendu que nous   6. discutions calmement avant de partir.
g. Tu n'as pas attendu qu'on   7. prennes les devants.
h. Nous ne nous attendions pas à ce que tu   8. soit mariés pour vouloir acheter une grande maison.

• Avec un superlatif

Rome est la plus belle ville que je connaisse. C'est la seule destination touristique qui me plaise.

- Le subjonctif s'utilise quand on pose une question ou qu'on exprime une opinion personnelle avec un superlatif (« le plus… », « le moins… », « le meilleur », « le pire ») et après l'expression « il y a/il n'y a pas que… + qui/que/dont… ».
- On l'emploie souvent après « le seul », « l'unique », « le premier », « le dernier »…

✋ On utilise l'indicatif si c'est une réalité reconnue par tous : « C'est la seule boulangerie que vous trouverez dans le quartier ».

---

342 Reliez le début et la fin des phrases.

a. C'est le plus grand chirurgien que   1. nous puissions voir.
b. C'est la seule collègue que   2. veuilles aller à l'Opéra.
c. Voilà le meilleur livre que   3. soient valables.
d. Il dit que c'est le pire film qu'   4. je me souvienne, c'est un french cancan au Lido.
e. Il n'y a que cette comédie musicale que 5. je connaisse.
f. Ce sont les seuls documents qui   6. j'aie dans ma bibliothèque.
g. Il n'y a que toi qui   7. je lui connaisse.
h. L'unique spectacle parisien dont   8. il connaisse.

343 Conjuguez le verbe entre parenthèses au présent du subjonctif ou de l'indicatif.

Exemple : C'est la première personne que je rencontre qui connaisse (connaître) mon village.

a. Il est le seul ami qui me .... (venir) en aide.
b. C'est la dernière possibilité que vous .... (avoir) de réussir dans la vie.
c. Je pense que c'est la meilleure actrice qui .... (être).
d. Tout le monde sait que c'est la plus grosse bêtise que tu .... (faire).

B. Les emplois du subjonctif

e. C'est la dernière chance que tu .... (avoir) de réussir ce concours. Tu l'as déjà raté deux fois.
f. Il n'y a que vous qui .... (pouvoir) me comprendre.
g. C'est le premier arrivé qui .... (avoir) la meilleure place.
h. Il n'y a pas que toi qui .... (savoir) cuisiner.

344 Complétez par le verbe entre parenthèses au temps qui convient.

Exemple : De tous les journalistes, c'est toujours le meilleur reporter qui est (être) récompensé.

a. Je lis le journal le soir car *Le Monde* est le dernier journal qui .... (paraître) de la journée.
b. C'est la presse la moins chère qu'on .... (pouvoir) trouver sur le marché européen.
c. Excusez-moi, monsieur. *L'Obs*, c'est le seul hebdomadaire que vous .... (avoir) ?
d. *Nice-Matin*, c'est l'unique presse régionale qu'on .... (lire).
e. Acheter *Ouest-France*, c'est la première chose que je .... (faire) quand j'arrive en Bretagne.
f. Mon fils dit que *L'Équipe* est le meilleur quotidien qui .... (suivre) l'actualité sportive.
g. Il lit, en général, le premier journal qu'il y .... (avoir) sur le comptoir du café.
h. La presse la plus lue est celle qui .... (être) distribuée gratuitement dans la rue.

• **Avec les conjonctions de temps**

Du plus loin que je me souvienne, j'ai toujours vu mon père enseigner le français. • Je regarderai un film **en attendant qu'il vienne**.

« Avant que », « jusqu'à ce que », « en attendant que », « plus/aussi loin que » et « d'ici à ce que » sont suivis du subjonctif.

✋ Quand il y a un seul et même sujet, on utilise « avant/en attendant de » + infinitif. (→ voir p. 161).
→ Voir aussi le chapitre 4 (p. 50).

---

345 Soulignez la ou les bonnes réponses.

Exemple : D'aussi loin que <u>nous nous souvenions / je remonte dans le temps</u>, nous adorions lire.

a. Je lirai jusqu'à ce que *je sois fatigué / tu reviennes*.
b. Tu achèteras la dernière B. D. d'Astérix avant *qu'il n'y en ait plus / que tu ne puisses plus en trouver*.
c. D'ici à *ce qu'on dise / que tu dises la vérité*, on a le temps.
d. Du plus loin que *nous sachions lire / je sache lire*, j'ai toujours adoré les contes.
e. Tu feras la lecture à ta grand-mère en attendant que *l'infirmière vienne / tu puisses sortir*.
f. Je regarderai l'émission *La Grande Librairie* sur la 5 le temps que *tu fasses la vaisselle / je finisse de dîner*.
g. Il a quitté la bibliothèque après qu'*une camarade l'a insulté / il a été insulté*.
h. Depuis que *nous sommes partis / tu es parti*, nous avons du mal à emprunter des livres.

346 Complétez par le verbe entre parenthèses au temps qui convient.

Exemple : Installez-vous, en attendant que la dentiste vous reçoive (recevoir).

a. Le médecin viendra vous chercher, le temps qu'il .... (finir) sa consultation.
b. Veuillez patienter dans la salle d'attente jusqu'à ce que nous vous .... (appeler).
c. On ne peut pas prendre de rendez-vous tant que nous n' .... (avoir) pas l'agenda du docteur.
d. C'est à votre tour dès que le patient .... (sortir) du cabinet.

09 • Le subjonctif

e. Avant que l'anesthésiste .... (*venir*), prenez ce médicament.
f. Depuis que nous .... (*consulter*) ce médecin, notre état de santé s'est amélioré.
g. D'ici à ce que vous .... (*passer*), les pharmacies seront fermées.
h. Je vous téléphone aussitôt que nous .... (*recevoir*) les résultats de vos analyses.

347 Complétez librement.

Exemple : On ne connaît pas un pays tant qu'*on n'y a pas vécu*.

a. Elle vivra chez moi jusqu'à ce que ....
b. Apprends le français en attendant que ....
c. Les enfants vont se coucher avant que ....
d. On t'aidera tant que ....
e. Sois patiente le temps que ....
f. Il faudra beaucoup de temps, d'ici à ce que ....
g. Nous sommes allés dîner une fois que ....
h. Je fais le ménage après que ....

• Avec les conjonctions de but

Il répète lentement la fin de sa phrase de façon que nous comprenions. • **Elle me corrige afin que je ne fasse plus ces erreurs.**

« **Pour que** », « **afin que** », « **de façon que** », « **de manière que** », « **de sorte que** », « **de peur que** » sont suivis du subjonctif quand il y a deux sujets différents dans la phrase.

 « De sorte que » + indicatif exprime la conséquence.

→ *Voir aussi le chapitre 15 (p. 227).*

---

348 Complétez par le verbe entre parenthèses au subjonctif.

Exemple : Votre chambre doit être bien aérée, à l'abri de lumières trop fortes pour que vous *puissiez* (*pouvoir*) vous endormir.

a. Pensez à changer de matelas tous les cinq ans afin que votre lit .... (*être*) confortable.
b. Ne mangez pas trop lourd le soir de façon que ça ne .... (*retarder*) pas l'endormissement.
c. Consommez moins de café l'après-midi de manière qu'il ne .... (*nuire*) pas au sommeil.
d. Prévoyez un repas un peu consistant de peur que la faim vous .... (*réveiller*).
e. Faites du sport dans la journée de sorte qu'il .... (*réduire*) les réveils nocturnes.
f. Évitez les écrans de crainte qu'ils .... (*avoir*) un effet négatif sur votre activité cérébrale.
g. Lisez quelques pages d'un livre pour que le sommeil .... (*apparaître*).
h. Privilégiez une tasse de tisane en fin de journée afin qu'elle vous .... (*faire*) bien dormir.

349 Transformez selon le modèle en utilisant « de peur que » ou « de façon que ».

Exemple : Il a pris son parapluie. Il pourrait pleuvoir. → *Il a pris son parapluie **de peur qu'il pleuve**.*

a. Il parle fort et distinctement. Ainsi, la vieille dame le comprend.
→ ....

B. Les emplois du subjonctif

b. Elle a habillé les enfants chaudement. Ainsi, ils n'ont pas froid.
→ ....

c. Nous nous sommes réveillés plus tôt. Le bus pourrait partir sans nous.
→ ....

d. Il a ouvert toutes les fenêtres. Comme ça, le bureau sera bien aéré.
→ ....

e. Ma mère m'a prêté sa voiture. Ainsi, je rentrerai plus vite.
→ ....

f. Ils sont partis. La nuit pourrait les surprendre.
→ ....

g. Je l'ai inscrite dans deux universités. Elle pourrait ne pas avoir de place en septembre.
→ ....

h. Ses parents ont réglé l'addition. Nous pourrions ne pas avoir assez d'argent jusqu'à la fin du mois.
→ ....

350 Terminez les phrases librement en utilisant le subjonctif.

Exemple : Parlez dans le micro afin qu'on vous entende.

a. Dépêchons-nous pour que ....
b. J'ai réservé l'hôtel de peur que ....
c. Je pars pour les États-Unis de sorte que ....
d. Ils ont appelé un taxi de peur que ....
e. Il a retenu une chambre de sorte que ....
f. Écrivez lisiblement de manière que ....
g. Téléphonez la veille de manière que ....
h. Déplacez-vous afin que ....

• **Avec les conjonctions d'opposition et de concession**

Il mange des sucreries **quoique cela lui soit** interdit. • **Quoi que tu saches**, ne le dis à personne. • L'entreprise l'a embauché **sans qu'il sache** parler français.

• « Bien que », « quoique » et « sans que » sont suivis du subjonctif. « Sans que » n'est jamais suivi de « ne... pas ».
• On emploie aussi le subjonctif après « où que », « quoi/qui que », « quel(s), quelle(s) que » (synonymes de « peu importe où », « peu importe quoi/qui... »)

✋ Quand il y a un seul et même sujet, on utilise « sans » + infinitif (→ voir p.161).
Il ne faut pas confondre « quoique = bien que » et « quoi que = quelle que soit la chose ».

→ Voir aussi le chapitre 16 (p. 238).

---

351 Remplacez « mais » par « bien que » ou « quoique ».

Exemple : Les réseaux sociaux sont plus populaires que jamais, mais ils sont dangereux.
→ Les réseaux sociaux sont plus populaires que jamais **bien qu'/ quoiqu'ils soient dangereux**.

a. Vous ne publiez rien sur les réseaux sociaux mais vous avez un compte Facebook.
→ ....

09 • Le subjonctif

b. Tu passes beaucoup de temps sur Instagram mais tu t'en plains.

→ ....

c. L'adolescent partage sa vie privée mais il ne se rend pas compte que son intimité est exposée publiquement.

→ ....

d. Vous critiquez le temps passé par vos enfants devant l'ordinateur, mais vous ne leur imposez pas un temps limité de connexion.

→ ....

e. Nous connaissons les risques encourus sur les réseaux sociaux mais nous divulguons des informations à caractère personnel.

→ ....

f. Vous êtes en général vigilants mais vous ne vérifiez pas régulièrement les paramètres de confidentialité de vos enfants.

→ ....

g. Les adolescents éprouvent une satisfaction et attendent une reconnaissance des réseaux sociaux à travers les likes mais ils peuvent être déçus, frustrés et tristes s'ils n'en ont pas suffisamment.

→ ....

h. Certaines personnes semblent satisfaites, mais d'autres sont victimes de cyberintimidation ou de harcèlement.

→ ....

352 Soulignez ce qui convient.

Exemple : Je vais voyager seule en Europe *sans que* / *bien que* mon mari m'accompagne.

a. Je sortirai en cachette *bien que* / *sans que* mes parents s'en aperçoivent.
b. Nous roulerons toute la nuit *sans que* / *bien que* le conducteur fasse de pause.
c. Nous avons fini tous nos devoirs *bien qu'* / *sans qu'*il ne faille pas les faire pour demain.
d. Nous allons au restaurant *sans que* / *bien que* je n'aie pas faim.
e. Le code de la porte a été changé *bien qu'* / *sans qu'*on m'avertisse.
f. Ma fille s'est baignée *sans qu'* / *bien qu'*elle ait un gros rhume.
g. Je lui ai prêté 300 euros *bien que* / *sans que* je n'aie pas beaucoup d'argent en ce moment.
h. Elle a remarqué que ses enfants étaient sortis *sans que* / *bien que* leur père s'en rende compte.

353 Reliez le début et la fin des phrases.

a. J'irai voir cette exposition → **3.** où qu'elle ait lieu.
b. Je ne lui pardonnerai jamais
c. Quoi qu'il porte,
d. Qui que vous soyez,
e. Quel que soit son salaire,
f. Quels que soient les voyages que nous ayons faits,
g. Quoi que mon père mange,
h. Qui que vous vouliez voir,

1. il n'y a personne, monsieur.
2. mon fils ne doit pas dépenser autant d'argent.
3. où qu'elle ait lieu.
4. mes enfants ont toujours préféré la France.
5. quelle que soit sa raison.
6. ça lui va à merveille.
7. il ne grossit pas.
8. cela ne vous donne pas le droit de me parler ainsi.

B. Les emplois du subjonctif

354 Complétez par « qui que », « quoi que », « où que » ou « quel que » à la forme correcte.

Exemple : Quelles que soient ses notes, ses parents ne sont jamais satisfaits.

a. Ne dis rien à .... ce soit.
b. .... je fasse, elle n'est jamais contente.
c. Je me sens chez moi .... j'aille.
d. Tu ne dois pas prendre à partie .... ce soit.
e. .... soit son choix, je l'approuve.
f. .... nous disions, il ne nous croit pas.
g. Il est toujours souriant, ... soient les circonstances.
h. .... vous soyez, nous vous expédions la marchandise.

355 Complétez par « quoique » ou « quoi que ».

Exemple : Quoiqu'il ne fasse aucun sport, il est très musclé.

a. .... il fasse, il me tient au courant.
b. .... il fasse gris, il y a une belle lumière.
c. .... il arrive, tu pourras toujours me joindre chez moi.
d. Je vais prendre un dessert .... je n'aie plus faim.
e. Nous nous levons .... nous ayons encore sommeil.
f. .... elle veuille, il ne faudra rien lui donner.
g. .... vous puissiez lui demander, il refusera de vous l'accorder.
h. .... elle connaisse bien la langue du pays, elle ne s'est fait aucun ami.

• Avec les conjonctions de condition, d'hypothèse

À supposer qu'elle écrive chaque jour, elle pourra présenter sa thèse en fin d'année. • On prend la voiture **à condition que tu conduises**. • Je ferai la cuisine **à moins que tu veuilles** dîner au restaurant.

« À supposer que », « à condition que », « à moins que », « pourvu que », « pour peu que », « en supposant/admettant que » sont suivis du subjonctif.

✋ Le subjonctif s'utilise avec « à condition que » et « à moins que » quand il y a deux sujets différents dans la phrase.
→ Voir aussi le chapitre 17 (p. 255).

---

356 Reliez le début et la fin des phrases.

a. Je verrai ce spectacle avec eux
b. Il t'accompagnera à l'expo
c. Ça te dirait d'aller au cirque ?
d. J'aimerais aller voir ce film
e. Les places seront échangées
f. Je veux bien prendre des places pour l'opéra
g. Je vais lui offrir une place de concert
h. Nous pourrons y aller

1. À moins que tu veuilles aller au zoo.
2. en admettant qu'il soit à l'affiche mercredi.
3. à condition que vous assistiez au spectacle à une autre date.
4. à supposer qu'ils veuillent venir.
5. à condition que tu me dises la date.
6. en supposant qu'elle aime le rap.
7. pour peu qu'il fasse un effort.
8. pourvu que nous achetions les billets.

09 • Le subjonctif

357 Transformez les phrases en utilisant « à condition que » ou « pourvu que ».

Exemple : Si vous êtes à l'heure, nous pourrons prendre le train de 11 h 58.
→ Nous pourrons prendre le train de 11 h 58 **à condition / pourvu que vous soyez à l'heure**.

a. Si tu viens me chercher à l'aéroport, je prendrai l'avion.
→ ....

b. Si elle ne prend pas de valise, je pourrai lui trouver un vol meilleur marché.
→ ....

c. S'il n'y a pas de grève des pilotes, nous voyagerons le 1ᵉʳ novembre.
→ ....

d. Si vous suivez mes instructions, je vous retrouverai facilement dans l'aéroport.
→ ....

e. Si je fais une réservation sur ce vol, j'aurai le temps pour ma correspondance.
→ ....

f. Si nous embarquons immédiatement, l'avion n'aura pas de retard.
→ ....

g. Si vous imprimez votre carte d'embarquement, ce sera plus rapide.
→ ....

h. Si vous vous enregistrez en ligne, on gagne du temps en accédant directement au contrôle de sécurité.
→ ....

358 Complétez par « à supposer que », « pour peu que », « à condition que » ou « à moins que » suivi du subjonctif. Il y a parfois plusieurs possibilités.

Exemple : Le client ne pourra pas me rencontrer **à moins que** je **fasse** (*faire*) un détour par Lyon.

a. Ce fournisseur est désagréable .... on le .... (*faire*) attendre.
b. Il est possible d'obtenir un rabais de 25 % .... nous .... (*acheter*) mille articles.
c. Nous passerons la commande .... l'entreprise .... (*pouvoir*) fournir cette marchandise en deux jours. Mais j'en doute.
d. Les tarifs resteront inchangés .... la nouvelle collection .... (*avoir*) beaucoup de succès et alors nos prix augmenteront.
e. Il se met en colère .... on lui .... (*demander*) une réduction.
f. Je ne vous achèterai rien .... nous .... (*bénéficier*) d'un tarif préférentiel.
g. On peut faire un échange d'article .... vous .... (*avoir*) votre ticket de caisse.
h. Nous serons remboursés .... ils .... (*vouloir*) nous accorder cette faveur. Je n'y crois pas.

• Avec les conjonctions de cause

Il ne viendra pas, **non qu'il soit** malade, mais il préfère dîner avec sa femme. • J'éternue énormément ce matin, **ce n'est pas que j'aie** un rhume, mais je suis allergique au pollen. • Ce magasin ne désemplit pas, **soit qu'il fasse** encore des promotions, **soit qu'il présente** une nouvelle collection.

« Non que », « ce n'est pas que », « soit que …, soit que… » sont suivis du subjonctif.
→ *Voir aussi le chapitre 13 (p. 200).*

B. Les emplois du subjonctif

359 Transformez en utilisant « non (pas) que » ou « ce n'est pas que ».

Exemple : Si elle déménage, ce n'est pas parce que son appartement lui déplaît. Mais il n'y a pas d'ascenseur.
→ Elle déménage, **non pas que / ce n'est pas que** son appartement lui **déplaise**, mais il n'y a pas d'ascenseur.

a. Si je change d'opérateur, ce n'est pas parce qu'il ne fait pas l'affaire. Mais il est trop cher.
→ ....

b. S'il achète un nouveau canapé, ce n'est pas parce que l'ancien est usé. Mais il préfère un convertible.
→ ....

c. Si mes parents font agrandir leur maison, ce n'est pas parce qu'ils ont besoin de plus d'espace. Mais c'est pour recevoir tous les petits-enfants.
→ ....

d. Si nous ne parlons plus à notre voisin, ce n'est pas parce que nous lui en voulons. Mais il nous ignore.
→ ....

e. Si l'immeuble est bien entretenu, ce n'est pas parce que les résidents sont propres. Mais le gardien en prend soin.
→ ....

f. Si je refais ma cuisine, ce n'est pas parce qu'elle est démodée. Mais elle n'est pas fonctionnelle.
→ ....

g. Si les enfants veulent une chambre individuelle, ce n'est pas parce qu'ils ne s'entendent pas. Mais ils aspirent à plus de liberté.
→ ....

h. Si elle quitte la campagne, ce n'est pas parce qu'elle y voit des inconvénients. Mais elle a trouvé un emploi en ville.
→ ....

360 Exprimez des causes possibles avec « soit … soit que… » suivi du subjonctif.

Exemple : Léa ne viendra pas soit qu'elle veuille (*vouloir*) rester à la maison, soit qu'elle voie (*voir*) ses parents.

a. Sarah ne veut plus me voir, ... elle .... (*être*) fâchée, ... elle .... (*avoir*) besoin de tranquillité.

b. Mon directeur me boude, ... je ne .... (*vouloir*) pas aller à cette formation, ... que je ne .... (*faire*) pas du bon travail à ses yeux.

c. Elle ne me salue pas, ... je lui .... (*déplaire*), ... que je l'............................. (*intimider*).

d. Mathieu sera déçu, ... on n'............................. (*aller*) pas à la soirée de sa petite amie, ... on ne .... (*pouvoir*) pas la rencontrer prochainement.

e. Mon mari ne va pas au stade ce soir, ... il .... (*se sentir*) fatigué, ... il .... (*venir*) au spectacle avec moi.

f. Nous dînerons en tête à tête ce soir, ... notre fille .... (*sortir*) avec ses amis, ... nous .... (*fêter*) un événement que j'ai oublié.

g. La vieille dame ne sort pas, ... il .... (*pleuvoir*), ... elle .... (*attendre*) du monde pour le thé.

153

09 • Le subjonctif

h. Cette exposition n'a pas de succès, ... elle n'en .... (*valoir*) pas la peine, ... il .... (*falloir*) aller en banlieue pour la voir.

361 Complétez par le verbe entre parenthèses au temps qui convient.

Exemple : Étant donné que tu ne *fais* (*faire*) jamais de pâtisseries, j'ai acheté une tarte aux fraises.

a. Ce n'est pas parce que vous .... (*garder*) jalousement vos recettes de cuisine que vous avez du succès, mais c'est parce que vous .... (*être*) un vrai cordon-bleu.

b. Je raffole de la tarte au citron de ma mère : ce n'est pas qu'elle .... (*être*) meringuée, mais les citrons sont de Menton.

c. Je fais une blanquette de veau : non que je .... (*savoir*) la cuisiner, mais c'est le plat préféré de mes beaux-parents.

d. Théo ne réussit jamais le bœuf bourguignon, soit qu'il .... (*choisir*) un vin médiocre, soit qu'il .... (*mettre*) trop de lardons.

e. Les macarons de Lisa sont d'autant plus délicieux qu'elle ne .... (*connaître*) rien à la pâtisserie.

f. Puisque mes grands-parents ne .... (*vouloir*) pas goûter à ma cuisine chinoise, je cuisinerai italien.

g. Non que je ne .... (*vouloir*) pas te cuisiner des lasagnes, mais c'est un plat qui demande une longue préparation.

h. Non merci. Ce n'est pas parce que je n'.................... (*aimer*) pas les crêpes, mais c'est parce que je .... (*sortir*) de table.

• Avec les conjonctions d'intensité et de conséquence

Il parle **trop** vite **pour que** je le comprenne. • Je ne peux **rien** dire **sans qu'**il me reprenne.

- « Trop/assez/ne...pas assez » + adverbe + « pour que » + subjonctif.
- « Trop/assez/pas assez/trop peu » + adjectif + « pour que » + subjonctif.
- « Trop/assez/pas assez/trop peu de » + nom + « pour que » + subjonctif.
- « Ne... pas » (1ᵉʳ verbe) + « sans que » + subjonctif exprime une conséquence inévitable.

✋ Quand il y a un seul et même sujet, on utilise l'infinitif (→ voir p.161).
→ Voir aussi le chapitre 14 (p. 217).

---

362 Reliez le début et la fin des phrases.

a. Il ne parle pas assez clairement → **2.** pour que nous le comprenions.
b. Nous ne travaillons pas suffisamment
c. Ce candidat est trop jeune
d. Mon ordinateur est trop vieux
e. Ma collègue est trop timide
f. Les salaires sont assez bas
g. Ils ont trop peu de temps à me consacrer
h. Alex ment trop

1. pour qu'on puisse lui confier ces responsabilités.
2. pour que nous le comprenions.
3. pour que vous lui demandiez de prendre la parole.
4. pour que les professeurs veuillent nous faire passer dans la classe supérieure.
5. pour que vous demandiez une augmentation.
6. pour que je fasse toutes ces recherches rapidement.
7. pour qu'on le croie.
8. pour que je connaisse parfaitement leur entreprise.

B. Les emplois du subjonctif

363 Reformulez les phrases suivantes avec le subjonctif.

Exemple : Cet enfant s'est comporté trop méchamment. Ses camarades ne veulent pas jouer avec lui.
→ Cet enfant s'est comporté trop méchamment pour que ses camarades **veuillent** jouer avec lui.

a. Il a trop mal travaillé à l'école. Son bulletin scolaire ne sera pas bon.
→ ....

b. Elle n'écrit pas assez bien. On ne peut pas la comprendre.
→ ....

c. Ils connaissent peu leurs tables de multiplications. La maîtresse ne leur mettra pas une bonne note.
→ ....

d. Les élèves ne sont pas assez intéressés. Le professeur ne réussira pas à captiver leur attention.
→ ....

e. Les horaires d'ouverture sont assez longs. Les étudiants vont étudier à la bibliothèque.
→ ....

f. Les enseignants suivent assez régulièrement des formations. Les écoliers ont des cours ludiques.
→ ....

g. La directrice de l'école s'investit trop peu. Les repas de la cantine ne sont pas de qualité.
→ ....

h. La maîtresse est trop sévère avec les élèves. Les parents ne l'apprécient pas.
→ ....

364 Complétez par « pas assez (de) » ou « trop peu (de) ».

Exemple : Vous nous donnez trop peu de satisfaction pour qu'on vous reprenne.

a. La secrétaire est .... compétente pour que nous lui confiions ce travail.
b. Notre comptable a .... expérience pour que nous suivions ses conseils.
c. Il n'est .... disponible pour que son collègue fasse un travail avec lui.
d. Tu as .... capacités organisationnelles pour qu'on puisse faire face aux difficultés.
e. Ils ne sont .... tolérants pour que vous leur soumettiez des points de vue opposés.
f. Cet employé n'est .... autonome pour qu'on lui confie ce type de mission.
g. Le directeur établit .... bons contacts pour que le personnel l'apprécie.
h. La responsable n'a .... rigueur pour que nous fassions preuve d'indulgence.

365 Terminez librement.

Exemple : Il est assez mature pour qu'on lui fasse confiance.

a. Tu as trop peu de patience pour que ....
b. Vous skiez trop mal pour que ....
c. Je mange trop pour que ....
d. Mon frère n'est pas assez sérieux pour que ....
e. Nous n'avons pas assez d'argent pour que ....
f. Elles ont assez d'ambition pour que ....
g. Vous conduisez trop vite pour que ....
h. Ils sont trop peu audacieux pour que ....

09 • Le subjonctif

366 **Transformez pour exprimer la conséquence avec « sans que » et le subjonctif.**

Exemple : Si je sors avec mes amis, il est jaloux. → Je ne peux pas sortir avec mes amis sans qu'il soit jaloux.

a. Si je fais une erreur, elle me le dit. → ....
b. Si tu écoutes de l'opéra, il se plaint. → ....
c. Si nous discutons de politique, elle se tait. → ....
d. Si on se promène, elle s'assied un moment. → ....
e. Si vous téléphonez à l'heure des repas, il se met en colère. → ....
f. Si nous rentrons après minuit, il le sait. → ....
g. Si on visite une exposition, il y va. → ....
h. Si nous mangeons des frites, les enfants en veulent. → ....

• **Le « ne » explétif**

Partez avant qu'il ne soit trop tard. • **Je crains qu'il ne pleuve demain.** • **Évitez qu'il ne prenne la voiture.**

« Ne » peut être utilisé seul (sans « pas ») et ne pas avoir le sens d'une négation.

- Il est fréquent à l'écrit dans les phrases au subjonctif avec les verbes de crainte ou d'empêchement et après « sans que » si la principale est à la forme négative ou avec « avant que » et « à moins que ».
- Il s'emploie aussi après les verbes de doute et de négation employés à la forme négative ou interrogative.
- Après les verbes de crainte à la forme négative, on n'emploie jamais « ne » : « Je ne crains pas qu'il pleuve. »
---

367 **Insérez « ne » là où cela est possible.**

Exemple : Elle a peur que le soleil ne brûle les plantes.

a. Nous redoutons que le gel .... abîme nos plantations.
b. Ne craignez-vous pas que la tempête .... détruise les arbres ?
c. Nous ne craignons pas que le fleuve .... inonde nos champs.
d. Vous avez peur que le climat .... se dérègle.
e. Tu n'as pas peur que la grêle .... fasse des dégâts sur les cerisiers.
f. Nous avons la hantise que la sécheresse .... fane les cultures de maïs.
g. Je ne suis pas effrayée que le froid .... arrive plus tôt que prévu.
h. Les agriculteurs redoutent que la montée des eaux .... atteigne leurs fermes.

368 **Terminez avec les éléments entre parenthèses, en ajoutant « ne » quand cela est possible.**

Exemple : Je redoute que (il / faire déjà nuit) → Je redoute qu'il ne fasse déjà nuit.

a. (la route / être embouteillée)
   Je n'ai pas peur que ....
b. (les bouchons / nous faire perdre beaucoup de temps)
   Craignez-vous que ....
c. (les travaux de l'autoroute / s'éterniser)
   Avez-vous peur que ....

B. Les emplois du subjonctif

d. (*la grève des trains / faire du tort au commerce*)
Vous redoutez que ....

e. (*le tram / nuire aux taxis*)
Nous ne craignons pas que ....

f. (*les avions / rester cloués au sol*)
Les voyageurs ne redoutent pas que ....

g. (*ses enfants / aller à l'école malgré la neige*)
Mon voisin craint que ....

h. (*son bus scolaire / pouvoir rouler malgré le verglas*)
Le conducteur ne redoute pas que ....

369 Complétez avec « ne » si possible.

Exemple : Prends-nous en photo afin que l'on Ø se souvienne de ce moment.

a. Je lui ai dit la vérité de peur qu'elle .... l'apprenne par quelqu'un d'autre.
b. Mon fils est sorti sans que je .... le voie.
c. Léon viendra à moins qu'il .... change d'avis.
d. Laissez reposer la pâte jusqu'à ce qu'elle .... double de volume.
e. Nous vous rendrons visite à condition que vous .... passiez un week-end chez nous.
f. Puis-je vous parler avant que vous .... partiez ?
g. Le professeur fait les contrôles de sorte que les étudiants .... soient libres durant les vacances.
h. Il a caché sa voiture accidentée de crainte que je .... m'en aperçoive.

370 Reliez deux phrases aux conjonctions en respectant l'utilisation de « ne » et de la négation.

Exemple : Emma vous a avoué son mensonge… → 1. vous ne le découvriez pas par hasard.
            a. de peur que   2. vous ne le découvrez pas par hasard.
            b. pour que   → 3. vous ne le découvriez par hasard.

a. Elle s'est occupée de l'organisation…   1. nous ne l'aidions pas.
            a. avant que   2. nous ne l'aidions.
            b. de façon que   3. nous ne l'aidons pas.

b. Tu as choisi de rester…   1. tu ne le perdes.
            a. de crainte que   2. tu ne le perds pas.
            b. de manière que   3. tu ne le perdes pas.

c. Je m'en vais…   1. il ne me voit pas.
            a. avant qu'   2. il ne me voie pas.
            b. pour qu'   3. il ne me voie.

d. J'achète du pain…   1. tu n'en aies pas mais j'en veux du frais.
            a. à moins que   2. tu n'en aies.
            b. non que   3. tu n'en as pas.

e. J'ai fermé la fenêtre…   1. le chat ne s'introduise.
            a. de peur que   2. le chat ne s'introduit pas.
            b. afin que   3. le chat ne s'introduise pas.

09 • Le subjonctif

f. Va la voir...
    a. avant qu'
    b. afin qu'
    1. elle ne se rendort pas.
    2. elle ne se rendorme.
    3. elle ne se rendorme pas.

g. Jules ne nous aidera pas...
    a. bien que
    b. sans que
    1. nous lui demandions.
    2. nous ne lui demandions rien.
    3. nous ne lui demandons rien.

h. Elsa téléphonera à Rémi...
    a. pour que
    b. à moins que
    1. ses parents ne le feront pas.
    2. ses parents ne le fassent.
    3. ses parents ne le fassent pas.

371 **Complétez par le verbe entre parenthèses au subjonctif et « ne ».**
Exemple : J'ai pu éviter qu'elle n'ait (*avoir*) un accident.
a. Évitez que vos clients .... (*être*) en retard chez le notaire.
b. Je ne doute pas que les avocats .... (*prendre*) votre défense.
c. Il a pu empêcher que nous .... (*passer*) un mauvais moment avec la police.
d. Nul doute que vous .... (*se souvenir*) de l'arrestation de votre agresseur.
e. Je ne nie pas qu'elle .... (*pouvoir*) aller au rendez-vous chez le juge.
f. Nous avons réussi à éviter que notre banque .... (*réclamer*) des agios.
g. Doutez-vous que mes clientes .... (*être*) courageuses ?
h. Il faut empêcher que l'huissier .... (*prendre*) tous nos meubles.

372 **Terminez les phrases librement.**
Exemple : J'ai peur que la comptabilité ne soit mal tenue.
a. Je vais trouver le livre des comptes avant que ....
b. Tous les clients craignent que ....
c. Le chef du personnel ne nous explique rien sans que ....
d. Il n'y aura plus de comptable à moins que ....
e. Elle ne doute pas que ....
f. Notre directeur augmente nos salaires de craint e que ....
g. Les syndicats ont empêché que ....
h. Ne doutez-vous pas, si la grève éclate, que ....

C. Le subjonctif passé

• La formation et l'emploi du subjonctif passé

Je suis vraiment fâché que tu **aies menti**. • C'est dommage que tu **ne sois pas venu** hier. • C'est le plus beau jardin que j'**aie vu**.

- On emploie le subjonctif passé dans les mêmes cas que le subjonctif présent. Il s'utilise quand le verbe de la subordonnée s'est déroulé avant l'action du verbe de la proposition principale.
- C'est un temps composé qui se forme avec l'auxiliaire « être » ou « avoir » au subjonctif présent et le participe passé.

B. Les emplois du subjonctif

373 Soulignez les subjonctifs passés.

Exemple : Le professeur regrette que de nombreux étudiants se soient absentés.

a. Je suis très fière que tu aies été admise dans cette grande école.
b. Je pense qu'il a obtenu une mention très bien au bac.
c. Quelle joie pour tes parents que tu aies réussi ce concours !
d. Elle se doute que son fils n'a pas suffisamment révisé avant les examens.
e. Croyez-vous que le principal du collège nous ait envoyé une convocation ?
f. Que nous soyons reçus par le proviseur du lycée, rien n'est moins sûr.
g. C'est dommage que ce ne soit pas autorisé.
h. La directrice de l'école regrette que les parents d'élèves n'aient pas accepté sa proposition.

374 Conjuguez au subjonctif passé.

Exemple : que je dise : que j'aie dit

a. que tu partes : ....
b. qu'ils tiennent : ....
c. qu'elle fasse : ....
d. que nous sortions : ....
e. que je me couche : ....
f. que vous puissiez : ....
g. qu'il meure : ....
h. que nous sachions : ....

375 Reliez le début et la fin des phrases.

a. Je regrette que vous
b. Elle est heureuse qu'il
c. Je trouve bizarre que tu
d. Nous avons peur que les clients
e. Pensez-vous que le cambrioleur
f. Je ne comprends pas que le dentiste
g. Je m'étonne que le facteur
h. Il est surpris que votre banquier

1. ne vous ait pas accordé de prêt.
2. n'aient oublié le rendez-vous.
3. ait eu des complices ?
4. ne soit pas encore passé.
5. ne m'ait pas prise en urgence.
6. n'ayez pas pu venir.
7. ait été reçu à son examen.
8. n'aies pas voulu y aller.

376 Transformez avec un subjonctif passé, comme dans l'exemple.

Exemple : C'est dommage que tes amis partent sans toi. → C'est dommage que tes amis **soient partis** sans toi.

a. Elle est ravie que vous vous aperceviez de l'erreur.
  → ....
b. Nous craignons qu'il arrive malheur à son enfant.
  → ....
c. Je suis stupéfait que vous vous souveniez de moi.
  → ....
d. Cela me semble incroyable que tu fasses de telles réflexions.
  → ....
e. J'ai bien peur qu'elle se moque de vous.
  → ....

09 • Le subjonctif

f. Sa mère se réjouit que Noé s'inscrive à l'université.

→ ....

g. Êtes-vous sûr qu'il se déplace à vélo ?

→ ....

h. Cela ne me plaît pas que tu ailles au ski.

→ ....

377 Reliez le début et la fin des phrases. (Il y a parfois plusieurs possibilités.)

a. Il est fort probable
b. Elle est bien contente
c. Je suppose
d. Il me semblait
e. Cela m'inquiète
f. Ça m'attriste
g. Vous avez de la chance
h. J'attendrai

1. que vous avez reçu tous les documents que je vous ai envoyés.
2. qu'elle était malheureuse avec son mari.
3. qu'ils ne soient pas encore arrivés.
4. que l'équipe de France ait gagné la coupe du monde.
5. que la police l'a arrêté.
6. que nous ayons réussi à vous garder des places pour ce concert.
7. que vous soyez partis pour faire le ménage.
8. qu'ils aient dû vendre leur maison.

378 Soulignez les phrases marquant une antériorité.

Exemple : Pourvu qu'il soit allé acheter du pain pour le petit-déjeuner avant de partir au bureau.

a. Nous déplorons qu'il ne se soit pas excusé quand on le lui a demandé.
b. Il est étonnant qu'elle ne veuille pas vous recevoir mais qu'elle vous ait dit de venir.
c. J'ai bien peur qu'il ne vienne pas à notre rendez-vous bien qu'il ait confirmé sa venue.
d. Je doute que ton frère m'ait vue hier soir.
e. J'ai besoin de vous voir avant que vous ne partiez.
f. En attendant que les vacances soient finies, les enfants jouent sur la plage.
g. Je voulais que tu viennes demain, mais j'ai changé d'avis.
h. Qu'importe qu'il n'ait pas pris ses clés, l'essentiel est que je reste à la maison.

379 Mettez au subjonctif passé ou au passé composé.

Exemple : C'est vraiment regrettable qu'il ait fallu (*falloir*) le renvoyer de son poste.

a. J'espère que vous .... (*faire*) le travail que je vous avais demandé.
b. Il est épouvantable qu'ils .... (*mourir*) dans cet accident de voiture.
c. Il est impossible qu'elle .... (*vouloir*) démissionner.
d. Je me félicite que vous .... (*parvenir*) à un accord.
e. Je vous assure que nous .... (*rentrer*) hier soir.
f. Il ne fait aucun doute que tu .... (*passer*) la nuit dehors.
g. Ma famille ne croit pas que je .... (*pouvoir*) commettre cet acte.
h. Il est évident qu'il .... (*prendre*) la fuite après le déclenchement de l'alarme.

C. Le subjonctif passé

380 Reliez le début et la fin des phrases.

a. Je déplore que ce film
b. Pourvu qu'elle
c. Quoi que nous disions,
d. Bien qu'elle ait appris l'anglais,
e. En attendant que le poulet cuise,
f. Nous regrettons que vous
g. C'est inadmissible qu'
h. Elle a dû le rencontrer à son bureau à condition qu'

1. elle le parle très mal.
2. on ne nous croit jamais.
3. n'aille pas se plaindre auprès de la directrice.
4. n'ait pas obtenu de prix au festival de Cannes.
5. je vais faire une mousse au chocolat.
6. il soit venu.
7. nous quittiez la semaine prochaine.
8. ils n'aient pas eu l'occasion de vous parler le mois dernier.

381 Remettez les mots dans l'ordre.

Exemple : j' / meilleure / ratatouille / que / c'est / la / jamais / mangée / aie
→ C'est la meilleure ratatouille que j'aie jamais mangée.

a. beau / c'est / j' / foot / marqué / le / but / au / que / aie / plus
→ ....
b. *Les Fleurs du Mal*, / aie / c'est / premier / j' / poésies / de / que / acheté / recueil / le
→ ....
c. Victor Hugo, / écrivain / connu / que / c'est / ait / plus / France / grand / le / la
→ ....
d. derniers / elle / lus / romans / qu' / elle / ce sont / a / les
→ ....
e. ait / vin / pire / qu' / c'est / le / il / bu
→ ....
f. candidat / le voyage / le / gagné / qui / c'est / premier / a
→ ....
g. est-ce / film / que / Catherine Deneuve / tu / seul / aies / le / avec / vu / ?
→ ....
h. l'environnement / qui / documentaire / aussi loin / premier / sur / le / c'est / va
→ ....

D. Le subjonctif et l'infinitif

– • **Le subjonctif ou l'infinitif** –––

Je regrette de ne pas revoir Paris. • **Je suis déçu d'avoir échoué à mon examen.** • **Elle préfère se lever plus tôt.**

- Si les sujets des verbes sont différents, on utilise le subjonctif présent ou passé. Si les sujets sont identiques, on utilise l'infinitif.
- L'infinitif est précédé de « de/d' » après certains adjectifs, certains verbes ou certaines conjonctions.
- ✋ La négation « ne pas » se place toujours devant l'infinitif présent ou passé.

09 • Le subjonctif

382 Reliez les phrases en utilisant le subjonctif présent ou l'infinitif présent.

Exemple : Nous ne pourrons pas venir. Nous sommes désolés. → Nous sommes désolés **de ne pas pouvoir venir**.

a. Il est toujours en retard. Cela m'agace. → ....
b. On la contredit. Elle ne supporte pas. → ....
c. Elle peut faire ce voyage. Elle aimerait ça. → ....
d. Nous recevons le premier prix. Nous sommes heureux. → ....
e. Je vais vivre en Italie. Je m'en réjouis. → ....
f. On vous fait beaucoup de compliments. Vous êtes flatté. → ....
g. Vous changez de région. Je n'apprécie pas du tout. → ....
h. Il a enfin une petite fille. Il est aux anges. → ....

383 Reliez les phrases en utilisant le subjonctif passé ou l'infinitif passé.

Exemple : Je suis choqué. On m'a volé mon scooter. → Je suis choqué **qu'on m'ait volé mon scooter**.

a. Elle est désespérée. Ella a perdu son téléphone portable.
 → ....
b. Ils sont ravis. Nous sommes venus leur rendre visite.
 → ....
c. Nous sommes étonnés. Nos enfants n'ont pas téléphoné à leur grand-père.
 → ....
d. Vous êtes comblé. Vous êtes devenu un artiste reconnu.
 → ....
e. Il y a des chances. Il s'est trompé de date.
 → ....
f. On est sûrs. On a fait notre travail.
 → ....
g. Je suis soulagée. Tu es arrivé rapidement.
 → ....
h. Ils sont mécontents. Ils ont dû partir précipitamment.
 → ....

384 Mettez les infinitifs à la forme négative.

Exemple : Elle pense partir le mois prochain. → Elle pense **ne pas partir** le mois prochain.

a. Nous croyons avoir travaillé suffisamment. → ....
b. Il croit être rentré à l'heure. → ....
c. Le policier a l'intention de les interroger. → ....
d. J'aimerais découvrir la vérité. → ....
e. Ça me surprend d'emprunter de l'argent. → ....
f. Je pense avoir bien appris ma leçon. → ....
g. Il rageait d'aller à l'école. → ....
h. Vous croyez vous être sorti d'affaire. → ....

D. Le subjonctif et l'infinitif

> **• L'infinitif présent ou passé**
>
> **Tu craignais de ne pas te réveiller. Tu es surpris de t'être réveillé à 6 heures.**
>
> - Pour une action simultanée, l'infinitif présent remplace un subjonctif présent. Pour une action antérieure, l'infinitif passé remplace un subjonctif passé.
> - L'infinitif passé est composé de l'auxiliaire « être » ou « avoir » à l'infinitif présent suivi du participe passé.

385 Complétez par un infinitif présent ou passé.

Exemple : Ils sont courageux de s'être excusés (s'excuser) en public.

a. Je suis fière de .... (se présenter) à un concours de photographie.
b. Nous sommes ravis de .... (s'habituer) à ce nouveau travail.
c. Vous êtes rassurés de .... (s'inscrire) à ce cours de langue.
d. Tu es confus de .... (se tromper).
e. Ils ont peur de .... (se perdre) dans Lyon.
f. Nous souffrons de .... (se séparer) en mauvais termes.
g. Elle jubile de .... (se marier) cet été.
h. On est honteux de .... (se fâcher) pour une bêtise.

386 Complétez par l'infinitif présent ou passé.

Exemple : Avant de dîner (dîner), j'ai regardé la télé.

a. Elle vient toujours sans .... (prévenir).
b. Elle récite toute sa leçon de façon à mieux la .... (mémoriser).
c. Ils sont allés à l'anniversaire de Léa sans lui .... (acheter) de cadeau.
d. En attendant de .... (perdre) du poids, il continue à faire du sport.
e. Tu pourras aller au cinéma à condition de .... (finir) tes devoirs avant.
f. Nous nous rendrons à Nice en voiture, à moins d'y .... (aller) en avion.
g. Tu as révisé tout ton programme de peur d'................................ (échouer) à ton examen.
h. Vous avez économisé afin de .... (s'offrir) un safari à Noël.

387 Terminez librement en tenant compte des indications.

Exemple : (subjonctif passé) Trouvez-vous normal qu'**on n'ait pas encore trouvé** un remède contre le cancer ?

a. (subjonctif présent) Est-il acceptable que ....
b. (infinitif présent) Ne trouvez-vous pas honteux de ....
c. (subjonctif présent) Il t'a offert des fleurs pour que ....
d. (infinitif passé) Je ne suis pas sûre de ....
e. (subjonctif passé) Les salariés regrettent que ....
f. (subjonctif passé) Nous irons voir ce film à moins que ....
g. (infinitif présent) Je ne prends jamais l'ascenseur de crainte de ....
h. (infinitif passé) Elle est partie sans ....

Bilan 9

1. Complétez par le verbe entre parenthèses au subjonctif, à l'infinitif ou à l'indicatif.

– Cela nous ferait plaisir que vous .... (**a.** *venir*) dîner à la maison. Théo insiste pour qu'on vous .... (**b.** *avoir*) à dîner, car il a apprécié votre compagnie lors de la soirée chez Romain. Nous avons été très heureux d' .... (**c.** *passer*) une si bonne soirée. On souhaiterait vous .... (**d.** *faire connaître*) nos meilleurs amis.
– Nous sommes très touchés que vous ayez pensé à nous et flattés à la fois que vous .... (**e.** *vouloir*) nous présenter à vos amis. Mais je suis vraiment confuse d' .... (**f.** *renverser*) mon verre de vin sur votre jupe lors de cette fameuse soirée chez Romain !
– Oublions cela. Je vous pardonnerai à condition que vous .... (**g.** *venir*) samedi soir.
– Cela me désole de .... (**h.** *devoir*) refuser mais nous avons projeté d'aller à Milan ce week-end.
– C'est dommage que vous .... (**i.** *ne pas être*) pas libres. Mais il y a de fortes chances que nous .... (**j.** *faire*) une fête pour mon anniversaire. Je serai enchantée de vous y .... (**k.** *accueillir*).
– Je me réjouis que nous ayons trouvé une occasion pour nous revoir.
– Je vous enverrai un message afin de vous .... (**l.** *préciser*) le lieu, l'heure et la date. Bien que je .... (**m.** *ne pas savoir*) encore si cela se fera au restaurant ou en boîte. D'ici là, j'espère que vous .... (**n.** *passer*) un excellent séjour en Italie.
– Merci. J'imagine que ce .... (**o.** *être*) court pour une telle ville mais j'écourterai les visites de manière à .... (**p.** *faire*) les boutiques. Alors à très bientôt.

2. Complétez par le verbe entre parenthèses au subjonctif, à l'infinitif ou à l'indicatif.

– Chéri, personne ne m'a prévenue que tu allais être absent.
– Je ne comprends pas qu'on ne t'ait pas prévenue. Ne t'inquiète pas. Je serai de retour après-demain à moins d' .... (**a.** *avoir*) un vol plus tôt.
– Comment se fait-il que tu .... (**b.** *ne pas prendre*) ta voiture ?
– J'ai beaucoup de rendez-vous et j'aurai besoin de .... (**c.** *travailler*) pendant le voyage, donc je prends l'avion. Et puis, il est temps que j' .... (**d.** *aller*) voir mon frère.
– Ah ! je suis très heureuse que vous vous soyez réconcilié.
– Ça me surprend que tu .... (**e.** *être*) si contente, car tu l'appréciais peu dans mon souvenir.
– C'est exact mais peu importe qu'il me .... (**f.** *plaire*) ou non, ça me fait vraiment plaisir que tu aies renoué avec lui.
– Je suis très touché. Il se pourrait que nous .... (**g.** *revenir*) ensemble. Avant que nous n' .... (**h.** *arriver*), je te demanderai d' .... (**i.** *inviter*) mes parents à dîner.
– Il n'est pas impossible que tes grands-parents .... (**j.** *pouvoir*) être là aussi à condition que ton grand-père .... (**k.** *être*) rétabli d'ici-là.
– Sans l' .... (**l.** *voir*) ces derniers jours, je suis convaincu qu'il .... (**m.** *être*) sur pied pour mon retour.

10 • Le passif et la nominalisation

A. Le passif

> **• La construction et l'emploi du passif (Rappel)**
>
> Elle a été applaudie par toute l'équipe du film. • Les acteurs seront habillés par Jean-Paul Gaultier. Cette séquence avait déjà été tournée quand le réalisateur changea le scénario.
>
> - À la forme active, le sujet du verbe fait l'action. À la forme passive, le sujet du verbe subit l'action.
> - Le passif se forme avec l'auxiliaire « être » (à tous les temps) suivi du participe passé du verbe qui s'accorde avec le sujet.
> - On utilise la préposition « par » pour préciser le responsable de l'action.
>   Le complément d'agent peut être absent.

388 Soulignez les phrases à la forme passive.

Exemple : Le projet de loi sera débattu à l'Assemblée.

a. Excusez-moi, j'ai été retenu par mon directeur.
b. Tous ses amis l'ont remercié.
c. Leur assurance les remboursera.
d. Mes parents ont été vaccinés contre la grippe.
e. Les sinistrés seront remboursés par leur assurance.
f. Excusez-moi de vous avoir retenu.
g. Les employés grévistes viennent d'être reçus.
h. Ce roman est traduit en japonais.

389 Reliez les phrases passives aux temps et modes correspondants.

a. Les travaux seront effectués par une entreprise étrangère.
b. Certaines maisons du quartier ont été démolies.
c. Je ne savais pas que cet édifice avait été rénové.
d. La rénovation de ce château est financée par le loto du patrimoine.
e. Une aire de jeux pour les enfants vient d'être inaugurée.
f. Le projet d'embellissement de la rue aurait été abandonné.
g. Des logements sociaux vont être réhabilités dans le centre.
h. Les habitants de ces logements étaient relogés sur place.

1. Présent.
2. Passé composé.
3. Imparfait.
4. Plus-que-parfait.
5. Futur simple.
6. Futur proche.
7. Conditionnel passé.
8. Passé récent.

390 Mettez les phrases à la forme passive.

Exemple : Le président de la République a accueilli les Bleus à l'Élysée.
→ Les Bleus **ont été accueillis** par le président de la République à l'Élysée.

a. Le comité des fêtes organisait des soirées pour les réveillons de fin d'année.
→ ....
b. Le comité d'entreprise a obtenu un tarif intéressant pour ce spectacle.
→ ....
c. Un photographe officiel prendra les photographies de la cérémonie.
→ ....
d. De grandes voix internationales vont chanter un opéra.
→ ....

10. Le passif et la nominalisation

e. L'orchestre philharmonique de Berlin interprète le *Boléro* de Ravel.
→ ....

f. Le prince Rainier III avait créé le Festival international du cirque de Monte-Carlo.
→ ....

g. Le P.-D. G. nous inviterait à un cocktail.
→ ....

h. L'ensemble musical donne un concert à l'église Sainte-Rita.
→ ....

391 Conjuguez les verbes entre parenthèses à la forme passive.

Exemple : La tour Eiffel **a été construite** (*construire*) à l'occasion de l'Exposition universelle de 1889.

a. Le champagne .... (*inventer*) par Dom Pérignon en 1688.
b. Les allumettes .... (*concevoir*) par Jean-Joseph-Louis Chancel en 1805.
c. La photographie par plaque de verre .... (*inventer*) par Abel Niépce de Saint-Victor en 1851.
d. La pasteurisation .... (*élaborer*) par Louis Pasteur en 1865.
e. Le croque-monsieur .... (*répandre*) par un bistrotier parisien en 1910.
f. La montgolfière .... (*réaliser*) par les frères Montgolfier en 1782.
g. Le polo .... (*créer*) par René Lacoste et André Gillier en 1926.
h. La première carte à puce .... (*fabriquer*) par Roland Moreno en 1974.

392 Utilisez le passif au passé selon le modèle.

Exemple : Petit garçon enlevé mais jamais retrouvé.
→ Le petit garçon qui **avait été enlevé** n'a jamais été retrouvé.

a. Cinq tableaux de maître volés en 1940 récupérés quatre-vingts ans après.
→ Les cinq tableaux de maître qui ....
b. Paquet expédié et reçu rapidement.
→ Le paquet qui ....
c. Toile de Picasso dérobée à Antibes et saisie à Kiev.
→ La toile de Picasso qui ....
d. Toit de l'église frappé par la foudre mais jamais réparé.
→ Le toit de l'église qui ....
e. Pont détruit à Gênes reconstruit.
→ Le pont qui ....
f. Manifestations annoncées et suivies.
→ Les manifestations qui ....
g. 245 rassemblements déclarés à la préfecture et acceptés.
→ Les 245 rassemblements qui ....
h. Projet de loi proposé mais jamais adopté.
→ Le projet de loi qui ....

A. Le passif

393 Mettez les phrases suivantes à la forme active.

Exemple : : Beaucoup de vols ont été annulés par Air France lors de la grève du mois dernier.
→ Air France **a annulé** beaucoup de vols lors de la grève du mois dernier.

a. Plusieurs navettes de substitution seront mises en place par la SNCF.
→ ....

b. De nouvelles campagnes publicitaires furent lancées par la RATP.
→ ....

c. Une nouvelle ligne de tramway était inaugurée par le maire.
→ ....

d. D'autres projets de transports en commun avaient été examinés par la municipalité.
→ ....

e. Certains détenteurs d'abonnement ont été remboursés par la SNCF.
→ ....

f. Les derniers voyageurs viennent d'être pris en charge par les chauffeurs de taxi.
→ ....

g. Les péages vont être augmentés par les sociétés d'autoroutes.
→ ....

h. Quelques stations du métro parisien seraient rénovées par un designer célèbre.
→ ....

• Les exceptions : verbes sans passif

Léo pèse cinq kilos. ≠ **Le nourrisson est pesé par la sage-femme.** • **Cette question regarde le service contentieux.** ≠ **Julie est regardée par tous ses camarades de classe.**

Les verbes suivis d'un complément d'objet direct peuvent presque toujours être mis au passif sauf :
- les verbes « avoir », « posséder », « faire mesurer », « mesurer », « peser », « coûter », « valoir », « vivre », « durer »… + chiffre ou nombre ; « présenter » (une difficulté, un intérêt …), « comporter », « comprendre » (= « avoir, comporter »), « regarder » (= « concerner ») ;
- les locutions verbales : « faire l'idiot », « prendre la fuite », « perdre la tête »…

✋ Deux verbes suivis d'un complément indirect, « pardonner à » et « obéir à », peuvent se mettre au passif.

---

394 Mettez à la voix passive si c'est possible.

Exemples : Mais qu'est-ce qui se passe ? → (impossible)
Les policiers sont en train d'arrêter les casseurs.
→ Les casseurs **sont en train d'être arrêtés** par les policiers.

a. Ma famille possède une très grande propriété dans le Val de Loire.
→ ....

b. Le cambrioleur a pris la fuite.
→ ....

c. Mon frère repeindra bientôt la chambre.
→ ....

10. Le passif et la nominalisation

d. Notre arrière-grand-père construisit la maison en 1930.
→ ....

e. La France comprend dix-huit régions depuis 2016.
→ ....

f. Votre projet présentera un avantage indéniable.
→ ....

g. Les parents d'Arthur ont pardonné aux deux voisines.
→ ....

h. Les sapeurs-pompiers vont secourir les victimes.
→ ....

• Le complément d'agent

Le prix de l'essence **a été augmenté**. • Il **est détesté de** tous ses collègues. • La cérémonie **sera suivie d'un** vin d'honneur.

- Le complément d'agent peut être absent s'il est évident, si on ne veut ou ne peut pas le mentionner ou si c'est un pronom personnel ou un indéfini comme « on ».

- « De » remplace « par » avec les verbes de **sentiment** (aimer, détester, respecter…), de **connaissance** (connaître, oublier, ignorer…), de **description** (suivre, entourer, accompagner, équiper, décorer, orner…).

✋ « De » n'est pas toujours suivi d'un article.

---

395 **Répondez aux questions à la forme passive.**

Exemple : : On a volé ton scooter ? – Oui, mon scooter a été volé.

a. – On n'a toujours pas retrouvé la victime ?
– Non, ...

b. – On vous avait assuré qu'on réparerait la moto en une semaine ?
– Oui, on m'avait assuré que ....

c. – Elle fera une déclaration de vol cet après-midi ?
– Oui, ...

d. – On aurait trouvé des traces de freinage sur la chaussée ?
– Oui, ...

e. – Vous avez déjà appelé les secours ?
– Oui, ...

f. – Tu crois qu'ils vont faire une enquête ?
– Non, je ne crois pas que ....

g. – On t'a bien transmis l'adresse de l'accident ?
– Oui, ...

h. – Les témoins, vous avez signé vos dépositions ?
– Non, ...

A. Le passif

396 Complétez les phrases par « de » ou « par ».
Exemples : La table a été décorée par Elsa.   La table a été décorée de bougies.
a. La projection du film a été suivie .... un débat.
b. Ce service de table est orné .... un motif de fleurs.
c. L'enfant est bordé .... son père.
d. Le débat a été suivi .... les étudiants.
e. La promenade des Anglais est bordée .... palmiers.
f. Ma femme est respectée .... tout le personnel.
g. Le règlement de la copropriété n'est pas respecté .... tous les locataires.
h. Cette information est ignorée .... tous.

397 Mettez au passif.
Exemple : Tous connaissent cette histoire. → Cette histoire **est connue de** tous.
a. Une dentelle bordait son chemisier. → ....
b. Des statuettes ornaient la bibliothèque. → ....
c. Un liseré d'or entoure cette assiette en porcelaine. → ....
d. Son amie l'a ignoré toutes les vacances. → ....
e. Dans un mois, la neige couvrira les montagnes. → ....
f. Les soldats avaient encerclé la ville durant la nuit. → ....
g. Ta compagnie d'assurances couvre ton portable. → ....
h. Un nouveau présentateur va animer cette émission. → ....

398 Soulignez ce qui convient.
Exemple : La cuisine est équipée par / *d'* / des appareils électro ménagers récents.
a. Notre chambre d'hôte sera appréciée *par / de* nos clients.
b. Le jardin a été conçu *par / d'* un ami paysagiste.
c. Cette maison de campagne nous a été léguée *par / de* nos grands-parents.
d. Le toit de l'hôtel est couvert *par / de / des* tuiles vernissées de Bourgogne.
e. Nos spécialités étaient accompagnées *par / de / des* vins de la région.
f. La visite du vignoble et du château sera précédée *par / d'* une dégustation de vins.
g. Alain Ducasse, grand chef étoilé, a été décoré *par / de* la Légion d'honneur.
h. Le restaurant est adoré *par / de / des* touristes du monde entier.

B. Les autres tournures passives

> • **Les verbes pronominaux de sens passif**
>
> La soupe **se sert** = (est servie) dans une assiette creuse ou un bol. • Les livres de cet auteur **se sont** peu **vendus** (= ont été peu vendus).
>
> • Certains verbes pronominaux qui expriment une habitude ou un usage ont un sens passif : s'acheter, se boire, se préparer, se manger, se trouver, se placer, se construire, se mettre, se porter, se réviser, se servir, se vendre, se faire, se prendre, s'entretenir…
> Les sujets sont toujours inanimés.

10. Le passif et la nominalisation

399 Reliez le début et la fin des phrases.

a. Les scooters
b. Les courses
c. L'immeuble
d. Le champagne
e. Les toiles de ce peintre
f. Les spaghettis à la sauce tomate
g. Le pain
h. La serviette de table

1. se mangent avec du parmesan.
2. doit s'acheter chez un bon artisan boulanger.
3. se révisent tous les 3 000 km.
4. se place au centre, à gauche ou à droite de l'assiette.
5. se font au marché et au supermarché.
6. se sert dans des flûtes.
7. s'est construit en un an.
8. se sont vendues à plus de 100 millions d'euros.

400 Complétez les phrases à l'aide des verbes de la liste au présent, à la forme correcte.

se boire – se porter – s'entretenir – se prendre – se cuisiner – se lire – se laver – se conserver – se dégrader.

Exemple : Cette veste peut se laver en machine ?

a. Le jaune moutarde .... beaucoup cet hiver.
b. Ce vin de bourgogne .... combien d'années en cave ?
c. Certaines bouteilles de blanc risquent de .... en vieillissant.
d. L'amour .... au quotidien.
e. Les cuisses de grenouilles .... en persillade.
f. Les vins rouges .... généralement chambrés.
g. Ces médicaments .... au cours du repas.
h. Malheureusement, les œuvres de cet écrivain ne .... plus vraiment.

• « Se laisser », « se faire », « se voir », « s'entendre » + infinitif

Léo s'est fait renvoyer du lycée pendant deux jours (= il a été renvoyé). **• Elle s'est laissé convaincre** (= elle a été convaincue facilement). **• Ils se sont vu refuser** l'entrée de la boîte de nuit (= l'entrée leur a été refusée).

• Les verbes « se faire », « se laisser », « se voir », « s'entendre » + infinitif ont parfois un sens passif.
• Avec « se faire » + infinitif, on sous-entend que le sujet a une certaine responsabilité ou n'est pas complice. Avec « se laisser » + infinitif, il y a l'idée d'abandon, de résignation.

✋ Avec « se faire » + infinitif, on ne fait jamais l'accord du participe passé.
→ Voir aussi le chapitre 6 (p. 92).

---

401 Transformez les phrases à l'aide de « se faire » + infinitif.

Exemple : La mère de Romain lui a coupé les cheveux. → Romain s'est fait couper les cheveux par sa mère.

a. Le dentiste de ma fille va me faire un détartrage.
→ ....

b. Les parents ont disputé leurs enfants.
→ ....

c. On m'a volé mon portable.
→ ....

B. Les autres tournures passives

d. On l'a invitée dans un palace parisien.
→ ....

e. C'est la première fois que nous sommes cambriolés dans l'immeuble.
→ ....

f. On a violé la victime lors d'une soirée.
→ ....

g. On vous apportera votre petit-déjeuner au lit.
→ ....

h. Un automobiliste italien les a prises en stop à l'entrée de l'autoroute.
→ ....

402 **Reliez le début et la fin des phrases.**

a. Fais attention   **1.** une partie du corps ?
b. Il s'est laissé séduire   **2.** il se laisse déborder par son travail.
c. Tu t'es déjà fait refaire   **3.** Je vais me faire chouchouter.
d. Le maire de la ville s'est fait huer   **4.** par ses administrés.
e. Mon frère manque d'organisation,   **5.** à ne pas te faire renverser en traversant la rue.
f. Je vais passer le week-end chez mes grands-parents.   **6.** tu t'es fait encore arrêter par la police.
g. Pendant les soldes, je me suis laissé tenter **7.** par une ravissante Sénégalaise.
h. Je me demande pourquoi   **8.** par une paire de bottes en daim.

403 **Complétez en utilisant « se laisser », « se voir » ou « s'entendre » au passé composé.**
Exemple :   Les salariés se sont vu imposer une augmentation du temps de travail.
a. Il .... dire que les salaires étaient gelés.
b. Les grévistes .... facilement berner par les belles paroles du chef du personnel.
c. Mon collègue est très gourmand, il .... tenter par des friandises et des pâtisseries.
d. Les syndicalistes .... interdire l'accès à la réunion.
e. Tout à coup, l'employé .... appeler, mais il n'a vu aucun de ses collègues.
f. Il n'a pas riposté, il .... injurier.
g. Les ouvriers .... obliger de faire des heures supplémentaires.
h. On lui a demandé de rester jusqu'à 20 heures. Théo .... faire car il est très conciliant.

C. La nominalisation

• La nominalisation à partir d'un verbe

Remise en liberté des animaux de cirque. • **Réintroduction** des animaux captifs dans la nature par WWF.

La nominalisation met l'information importante en valeur. On peut former un nom à partir d'un verbe :
• en ajoutant un suffixe : -tion, (élire → l'élection), -xion (annexer → l'annexion), -uction (réduire → la réduction), -ation (décorer → la décoration), -ment (payer → le paiement), -age (passer → le passage), -ise (prendre → la prise), -ure (blesser → la blessure), -ade (glisser → la glissade)... ;
• en supprimant la terminaison verbale (voler → le vol, arrêter → l'arrêt...) ;
• en ne changeant rien au verbe : (rire → le rire, dîner → le dîner...)

10. Le passif et la nominalisation

404 Trouvez le nom correspondant au verbe.

Exemple : connecter → la connexion

a. boire → ....
b. rêver → ....
c. vendre → ....
d. perdre → ....
e. monter → ....
f. tourner → ....
g. punir → ....
h. déduire → ....

• La nominalisation à partir d'un adjectif

Prudence au volant ! • Séjours dans la Creuse : **tranquillité** et **liberté** assurées !

On peut former un nom en ajoutant un suffixe à l'adjectif : -ie (jaloux → la jalousie), -ise (sot → la sottise), -té (fier → la fierté), -itude (certain → la certitude), -erie (galant → la galanterie), -eur, (lent → la lenteur), -ence (différent → la différence)...

---

405 Trouvez le nom correspondant à l'adjectif.

Exemple : exact → l'exactitude

a. suffisant → ....
b. paresseux → ....
c. loyal → ....
d. diplomate → ....
e. innocent → ....
f. étourdi → ....
g. traître → ....
h. grand → ....

406 Soulignez les verbes qui donnent un nom en supprimant la marque de l'infinitif.

<u>finir</u> – assassiner – égaler – sauter – voler – arrêter – grandir – élire – écrire – oublier – ajouter – débuter – chanter – conclure – appâter – crier – louer – emprunter – plier – bondir – pleurer – appeler – acheter.

407 Soulignez les verbes qui donnent un nom identique à l'infinitif.

<u>rire</u> – déjeuner – dormir – souper – sourire – jeter – dîner – aller – parler – peser – ressentir – coucher – lancer – savoir – toucher – mentir.

• La nominalisation et le passif

Hausse des impôts **par** le ministre. = Les impôts vont être augmentés par le ministre.

La nominalisation s'utilise principalement à l'écrit, surtout dans les titres de presse. Elle permet de donner beaucoup d'informations de manière plus rapide qu'une phrase à la forme active ou passive.

---

408 Faites des phrases au passif en utilisant le verbe correspondant au mot souligné.

Exemple : *Capture* de deux bébés orangs-outans par des braconniers, il y a trois jours.
→ Il y a trois jours, deux bébés orangs-outans **ont été capturés** par des braconniers.

a. *Protection* de la réserve naturelle par des gardes forestiers depuis le début de l'année.
→ ....

b. *Préservation* de la faune et la flore aquatiques en Polynésie depuis de nombreuses années.
→ ....

172

C. La nominalisation

c. *Fermeture* d'un parc à thème marin sur la Côte d'Azur, l'année prochaine.

→ ....

d. *Création* d'un refuge pour animaux de ferme, le mois dernier.

→ ....

e. *Adoption* de trente-trois chiens du refuge de la SPA pour Noël prochain.

→ ....

f. *Accueil* des animaux délaissés et en détresse dans un nouveau chenil depuis cette année.

→ ....

g. *Prise en charge* de votre chien par l'assurance Animalia.

→ ....

h. *Réduction* de vos frais vétérinaires prochainement.

→ ....

409 À partir des deux phrases données, faites une seule phrase en transformant la phrase en italique en groupe nominal.

Exemple : *Théo est charmant* ; cela est reconnu de tous. → Le **charme** de Théo est reconnu de tous.

a. *Mon compagnon est très délicat* ; cela est apprécié de mes enfants.

→ ....

b. *Son ami est franc* ; cela a été mal perçu par ses parents.

→ ....

c. *Ce vin est doux* ; cela ne sera pas aimé de mes invités.

→ ....

d. *Elle est trop cruelle* ; cela lui sera tôt tout tard reproché.

→ ....

e. *Il est désespéré* ; cela est méconnu de ses collègues.

→ ....

f. *Elle était éclatante* ; cela était remarqué par tous les hommes.

→ ....

g. *Ce film est trop réaliste* ; cela va être mal accueilli par la critique.

→ ....

h. *Elle est claire dans les explications* ; cela a toujours été estimé de ses collaborateurs.

→ ....

410 À partir des titres de journaux, écrivez une phrase verbale au passif du temps indiqué.

Exemple : *Réforme des retraites.* (*futur simple*) → Les retraites **seront réformées**.

a. *Agression* d'une personne âgée à l'arme blanche dans une maison de retraite. (*passé composé*)

→ ....

b. *Sauvetage* de cinq personnes sur un voilier en perdition par la SNSM. (*passé simple*)

→ ....

10. Le passif et la nominalisation

c. *Soins* des réfugiés à bord des navires. (*futur proche*)
→ ....

d. *Rejet* du projet de loi de finances par le Sénat. (*passé simple*)
→ ....

e. *Condamnation* d'un ancien ministre et maire d'une commune parisienne. (*conditionnel présent*)
→ ....

f. *Maintien* du lien social dans les quartiers défavorisés. (*imparfait*)
→ ....

g. *Blocage* des raffineries de pétrole par les agriculteurs en colère. (*plus-que-parfait*)
→ ....

h. *Départ* de la course autour du monde à la voile en solitaire. (*présent*)
→ ....

Bilan 10

1. Complétez le texte en conjuguant les verbes à la voix passive ou à la forme correcte.

La « socca » est le nom qui .... (a. *donner*) à une spécialité culinaire à base de farine de pois chiche, qui .... (b. *consommer*) de Nice à Menton. Elle .... (c. *nommer*) différemment de Vintimille jusqu'à la Spezia en Italie. Elle .... (d. *cuire*) sur une plaque ronde dans un four à pizza. Elle .... (e. *se déguster*) chaude juste à la sortie du four, et du poivre doit y .... (f. *ajouter*). Cette spécialité, qui .... (g. *introduire*) par les Génois, ... (h. *vendre*) à Nice, sur le marché du cours Saleya par la mère Teresa, dans des commerces du Vieux-Nice et .... (i. *servir*) dans de traditionnels cônes en papier. Elle peut également .... (j. *déguster*) à la table de Chez Pipo dans le quartier du port Lympia.
La socca, qui ne doit pas .... (k. *confondre*) avec la galette bretonne, ... (l. *manger*) dans le passé comme repas complet par les travailleurs, les pauvres et les pêcheurs. Il est de tradition qu'elle .... (m. *se manger*) actuellement à l'apéritif ou en entrée et il est important qu'elle .... (n. *accompagner*) d'un verre de vin rosé ou blanc frais.

2. Reformulez chaque titre de journal avec un verbe à la voix passive.

a. Sauvetage de randonneurs par les chasseurs alpins.
   → ....

b. Vol de statues par des soldats.
   → ....

c. Décision de grève illimitée des cheminots.
   → ....

d. Annulation de 50% des vols par la compagnie Transavia.
   → ....

e. Suppression de la taxe d'habitation pour les retraités.
   → ....

f. Interruption du match par les supporters du club de football de Paris.
   → ....

g. Conception d'un nouveau musée par Jean Nouvel.
   → ....

h. Découverte du corps d'un naufragé sur la côte nord de la baie.
   → ....

11 • Le participe présent, le gérondif et l'adjectif verbal

A. Le participe présent

> **• La formation du participe présent (Rappel)**
>
> **Nous souhaiterions une chambre ayant vue sur la mer. • Saluant tout le monde, elle sortit.**
>
> • Pour former le participe présent on ajoute « -ant » au radical de la 1ʳᵉ personne du pluriel du présent : nous finissons → finissant.
>
> • C'est une forme verbale invariable qui marque une action. Elle est utilisée principalement à l'écrit.
>
> Il y a trois verbes irréguliers : être → étant, avoir → ayant et savoir → sachant.

411 Écrivez le participe présent du verbe.

Exemples : dire : disant   se taire : se taisant

a. conduire : ....
b. salir : ....
c. éteindre : ....
d. savoir : ....
e. joindre : ....
f. être : ....
g. s'asseoir : ....
h. avoir : ....

412 Complétez par le participe présent du verbe entre parenthèses.

Exemple :   Croyant (*croire*) bien faire, j'ai dit la vérité.

a. .... (*ne pas vouloir*) perdre le soutien de ses partenaires, l'entreprise signa un accord.
b. La réunion, ... (*commencer*) en retard, finira à 15 h 30 au lieu de 15 h.
c. Nous avons besoin d'un collaborateur .... (*pouvoir*) se déplacer à l'étranger une fois par mois.
d. .... (*négliger*) ses amis et sa famille, elle s'est retrouvée seule pour Noël.
e. Les deux associés, ... (*ne plus avoir*) de dossiers à traiter, ont quitté le bureau.
f. .... (*venir*) de déménager et .... (*ne pas savoir*) pas où aller le soir, Léo sortait peu.
g. .... (*ne plus s'entendre*) avec ses collègues, le comptable préféra démissionner.
h. .... (*ne pas être*) sûre de trouver un emploi, Léa est partie s'installer à Lyon.

> **• L'emploi du participe présent**
>
> **Les hôtels étant complets, il serait préférable de louer un appartement. • Elle réussit là où tout le monde avait échoué, récoltant l'admiration du directeur.**
>
> Le participe présent s'emploie à la place :
>
> • d'une relative avec « qui » ;
>
> • pour exprimer la cause ou la condition en début de phrase, ainsi que la simultanéité, la conséquence ou une action venant immédiatement après l'action principale.

A. Le participe présent

413 Remplacez la proposition en italique par un participe présent.

Exemple : *Puisque son collègue était absent*, elle dut rester au bureau pour finir son travail.
→ **Son collègue étant absent**, elle dut rester au bureau pour finir son travail.

a. Le chef du personnel *qui envisage de recruter deux des stagiaires* y a renoncé pour des raisons inconnues.
→ ....

b. Nous cherchons un hôtel avec une salle de réception *qui puisse accueillir une centaine de personnes*.
→ ....

c. *Si Gabriel travaillait davantage*, il aurait de meilleurs résultats.
→ ....

d. Les enfants *qui fatigueront l'institutrice* iront faire la sieste après le déjeuner.
→ ....

e. *Votre comportement ne nous donne pas satisfaction*, je me vois obligé de vous exclure un jour du lycée.
→ ....

f. Il y a beaucoup d'élèves *qui adhèrent au club photo du collège*.
→ ....

g. L'étudiant se précipitait vers la sortie, *fit tomber tous ses livres*.
→ ....

h. Marie partit du conseil de classe, *laissa le sort du lycéen entre les mains de ses collègues*.
→ ....

• **La forme composée du participe présent**

Étant déjà **partie**, elle n'a pas pu vous rencontrer. • **N'ayant pas fait** attention à la limitation de vitesse, il a eu une amende. • Bien qu'**ayant appris** l'anglais pendant huit ans à l'école, je ne sais pas le parler.

La forme composée se construit avec « étant/ayant » + participe passé du verbe. On l'emploie pour indiquer qu'une action s'est déroulée avant une autre.

---

414 Reliez le début et la fin des phrases.

a. Votre bagage à main n'étant pas réglementaire,
b. Le camionneur ayant bien roulé,
c. Ayant signé votre contrat,
d. Bien qu'ayant toujours vécu au Pays basque,
e. L'automobiliste s'étant endormi au volant,
f. Elle porte des boucles d'oreilles
g. Ayant perdu son emploi,
h. Je marchais dans la rue,

1. elle ne s'est jamais rendue en Espagne.
2. il a percuté de plein fouet un restaurant.
3. il doit être mis dans la soute.
4. ayant appartenu à sa grand-mère.
5. réfléchissant à ma nouvelle vie dans ce quartier.
6. il a pu livrer toute sa marchandise.
7. vous pouvez commencer à travailler dès demain.
8. Max est désormais à la recherche d'un travail.

a → 3

415 Complétez par le participe présent ou sa forme composée.

Exemple : J'ai réussi à voir Emma, étant rentrée (*rentrer*) de voyage hier.

a. J'ai rencontré Alexandra .... (*faire*) des courses.
b. La pluie .... (*s'arrêter*), nous avons pu faire un tour à vélo.

11 • Le participe présent, le gérondif et l'adjectif verbal

c. Bien qu'... (*partir*) avec une heure d'avance, je suis arrivée en retard.
d. .... (*redouter*) une grève des trains, mes amis ont pris un billet d'avion.
e. La neige .... (*fondre*), on voyait apparaître mes fleurs préférées : les perce-neige.
f. Quoique .... (*manger*), nous dégusterons avec plaisir ta tarte.
g. Les passants regardaient les manifestants .... (*crier*) des slogans hostiles au gouvernement.
h. .... (*se réveiller*) plusieurs fois dans la nuit, il a fini par se lever.

B. Le gérondif

• La formation et l'emploi du gérondif

Il a financé son voyage **en travaillant** tout l'été. • **En révisant** chaque jour, il a réussi ses examens.

- Le gérondif se forme avec la préposition « en » + participe présent : parlant → **en parlant**.
- Le sujet du gérondif doit être aussi celui du verbe principal. Il est invariable.
- Il indique que deux actions se passent en même temps. Il exprime aussi la manière, le temps, la cause ou la condition.

✋ « Tout » + gérondif insiste sur la simultanéité et exprime parfois l'opposition : « Il fait ses devoirs **tout en regardant la télé**. »

416 Remplacez les éléments en italique par un gérondif.

Exemple : *Si vous prenez ce médicament*, vous serez soulagé. → En prenant ce médicament, vous serez soulagé.

a. *Quand tu t'inscriras à la médiathèque*, tu emprunteras des livres, des CD ou des DVD.
→ ....

b. Tu l'as vexé *parce que tu lui as dit la vérité*.
→ ....

c. *S'il prend des cours particuliers d'anglais*, il parviendra à obtenir de meilleures notes.
→ ....

d. *Si tu suivais mes conseils*, tu trouverais un job d'été.
→ ....

e. Nous avons aperçu le proviseur *pendant que nous sortions de cours*.
→ ....

f. *Quand je suis arrivée à la maison*, je me suis aperçu que j'avais oublié mes clés au travail.
→ ....

g. Elle a appris le français *parce qu'elle a un ami à Marseille*.
→ ....

h. Le matin, mon fils écoute de la musique *pendant qu'il prend sa douche*.
→ ....

417 Remplacez les éléments en italique par le gérondif, quand cela est possible.

Exemple : Peux-tu faire le brushing de madame *pendant que je lave les cheveux de monsieur* ? → Impossible.

a. *Si tu te coupais les cheveux*, tu paraîtrais plus jeune.
→ ....

B. Le gérondif

b. *Quand elle s'est décolorée en blonde*, elle a eu beaucoup de succès.

→ ....

c. *Quand il s'est rasé la barbe*, sa femme ne l'a pas reconnu.

→ ....

d. *Si tu te faisais une coupe au carré*, tu changerais vraiment de tête.

→ ....

e. *Quand j'étais jeune*, je me teignais les cheveux.

→ ....

f. Vous avez été audacieux *parce que vous avez changé totalement de coupe*.

→ ....

g. *Si vous mettiez du vernis à ongles*, je vous conseillerais du rouge ou de l'incolore.

→ ....

h. Je bavarde avec les clientes *pendant que je m'occupe de leurs cheveux ou de leurs ongles*.

→ ....

418 Soulignez la forme correcte.

Exemple : Elle s'est cassé le bras *en montant* / *montant* dans le train.

a. Je me suis rendu à l'aéroport tout *en ignorant* / *ignorant* qu'il avait raté son vol.
b. Les avions *en arrivant* / *arrivant* au terminal A sont des vols nationaux.
c. Tout *en voyageant* / *voyageant*, elle parvient à être très présente pour sa famille.
d. *En descendant* / *Descendant* du bus, il s'est rendu compte qu'il y avait oublié son parapluie.
e. Tout *en conduisant* / *conduisant*, il consulte le site de la SNCF.
f. J'ai aperçu des passagers *en venant* / *venant* de Chine.
g. Les hôtesses *en présentant* / *présentant* les instructions de sécurité sont expérimentées.
h. J'ai reçu un SMS *en m'annonçant* / *m'annonçant* que mon TGV partirait avec trois heures de retard.

419 Complétez par le verbe entre parenthèses au gérondif ou au participe présent.

Exemple : Je cherche une colocataire désirant (*désirer*) partager un trois-pièces.

a. L'agence immobilière m'a envoyé un courrier .... (*contenir*) une liste de locataires intéressés.
b. Nous avons besoin d'un commercial .... (*avoir*) une bonne connaissance de l'anglais et du russe.
c. Tout .... (*savoir*) qu'il n'a aucune chance de trouver un logement, il est venu vivre à Paris.
d. L'agent immobilier trouve ses clients .... (*téléphoner*) aux gens du quartier.
e. .... (*ne pas pourvoir*) sortir, j'ai regardé un DVD.
f. J'ai eu le temps de passer un coup de fil .... (*attendre*) la visite de mon appartement.
g. Le client, furieux, sortit de la villa .... (*claquer*) la porte.
h. .... (*chercher*) davantage dans l'ancien, vous aurez la possibilité de trouver plus grand.

420 Remplacez les éléments en italique par le gérondif ou le participe présent.

Exemple : *Comme il se sentait mal*, il est rentré chez lui. → Se sentant mal, il est rentré chez lui.

a. *Parce qu'il est parti très tôt de chez lui*, il est arrivé à l'heure à son rendez-vous.

→ ....

11 • Le participe présent, le gérondif et l'adjectif verbal

b. *Comme il part très tôt de chez lui,* il est arrivé à l'heure à son rendez-vous.
→ ....

c. Mathieu est revenu ; *il voulait monter une société dans sa ville natale.*
→ ....

d. Est-on favorisé *quand on veut monter une société dans sa ville natale ?*
→ ....

e. *Comme il roulait lentement,* l'automobiliste a évité le piéton.
→ ....

f. *Parce qu'elle marche beaucoup,* ma mère est en forme.
→ ....

g. *Parce qu'elle s'est mise à marcher chaque jour,* elle est en forme.
→ ....

h. *Parce qu'il a freiné à temps,* le chauffeur a évité le piéton.
→ ....

• Le gérondif passé

On sort de son cours **en ayant** beaucoup **appris**. • Les étudiants ont obtenu leurs examens **en s'y étant préparés**.

- Le gérondif passé se forme avec « en » + « étant/ayant » + participe passé : en disant → **en ayant dit**, en partant → **en étant parti**.
- Il indique le résultat d'une action passée, avec une notion d'antériorité.

✋ Deux « **en** » peuvent se suivre. Le premier est la préposition du gérondif et le deuxième est le pronom de la 3ᵉ personne COI : « Il récite le poème **en en** ayant compris l'essentiel. »

---

421 Complétez par la forme composée du gérondif.

Exemple : Nous ne pouvons pas nous taire *en ayant vu* (voir) cette injustice.

a. .... (s'exercer) à la pratique des échecs, vous pourrez vaincre votre adversaire.
b. Peut-on être remboursé par les assureurs .... (réaliser) soi-même les travaux ?
c. .... (écrire) au président de la République, elle pense avoir résolu son problème.
d. Ce serait inespéré de gagner au loto .... (trouver) tous les bons numéros.
e. Ceux qui jouaient à ce jeu tout .... (comprendre) sa stratégie étaient mieux armés.
f. Tout .... (se fâcher) avec ses enfants, il voit régulièrement ses petits-enfants.
g. Elle a fini son mémoire de thèse .... (faire) beaucoup de recherches.
h. .... (être accepté) à l'université de mon choix, j'ai pu suivre des études de biologie.

422 Écrivez les verbes à la forme composée du gérondif ou du participe présent.

Exemple : C'est *en ayant vendu* (vendre) notre maison que nous avons pu acheter un appartement dans le centre.

a. .... (trouver) l'origine de sa maladie, les médecins ont réussi à le soigner.
b. .... (jouer) le samedi, l'équipe se reposa le dimanche.
c. .... (enregistrer) leurs paris, tous les participants étaient curieux de voir la course.

C. L'adjectif verbal

d. C'est .... (*côtoyer*) des stars du cinéma qu'il apprit à jouer.
e. .... (*connaître*) le directeur du stade, ses amies eurent des places au premier rang.
f. .... (*applaudir*), les spectateurs sortirent de la salle.
g. Il a connu la gloire tout .... (*marquer*) un seul but.
h. Nous ne pouvons pas l'interviewer, ... (*recevoir*) seulement un accord de principe.

C. L'adjectif verbal

> **• L'adjectif verbal et le participe présent**
>
> Il a mené une vie **enrichissante** auprès d'une tribu africaine. • Elle avait des dents blanches et **étincelantes**.
>
> - L'adjectif verbal est un adjectif formé à partir d'un participe présent. Il s'accorde en genre et en nombre avec le nom auquel il se rapporte.
> - Le participe présent (enrichissant) marque une action. ≠ L'adjectif verbal (enrichissant, enrichissante) marque un état, une qualité.
>
> ✋ L'adjectif verbal n'a pas toujours la forme du participe présent : exceller → excellant (participe présent) ≠ excellent (adjectif).

423 Soulignez les adjectifs verbaux.

apprenant – arrivant – <u>mourant</u> – sécurisant – attaquant – manifestant – reposant – souriant – exécutant – vivant – fabriquant – endurant – froissant – écrasant – agaçant – assistant – remplaçant – flagrant – exubérant.

424 Complétez par un adjectif verbal.

Exemple : C'est une élève méritante (*mériter*).

a. M. Martin, le professeur de math, dispense des cours .... (*assommer*).
b. Il a une vision .... (*désespérer*) de l'avenir.
c. Elle a brossé un portrait .... (*émouvoir*) de ses parents.
d. N'oublie pas de m'acheter un shampooing .... (*démêler*).
e. J'adore quand tu portes une barbe .... (*naître*).
f. Elle ne supporte plus les remarques .... (*blesser*) de son mari.
g. Les rues de mon quartier sont très .... (*passer*).
h. La responsable est d'humeur .... (*changer*).

425 Soulignez les participes présents.

Exemples : C'est un établissement accueillant.   C'est un établissement <u>accueillant</u> des groupes touristiques.

a. Nous avons été assistés par un collaborateur décevant.
b. Il patientait, trépignant d'impatience.
c. Elle rencontra l'attaquant de l'équipe adverse.
d. Attaquant un jeune enfant, le chien fut immédiatement chassé par les passants.
e. Le chanteur partit après une heure de concert, décevant tout son public.
f. Cet élève amusant tous ses camarades sera placé au fond de la classe.

11 • Le participe présent, le gérondif et l'adjectif verbal

g. C'est si prenant de jouer aux jeux vidéo !
h. Cet écolier est amusant avec ses grimaces.

426 Complétez par un adjectif verbal ou un participe présent.

Exemple : Parution du livre : *Les clichés* tordant *(tordre) le cou aux préjugés.*

a. Ils admirent deux de leurs camarades vraiment .... (*tordre*) quand ils imitent les professeurs.
b. L'horloge .... (*parler*) a été inaugurée en 1933.
c. Les personnes .... (*aimer*) la cuisine italienne devraient aller dîner dans ce nouveau restaurant.
d. Une secrétaire .... (*parler*) plusieurs langues étrangères serait la bienvenue dans notre entreprise.
e. C'était une femme de cœur, ... (*aimer*) et appréciée de tous.
f. La loi .... (*prévoir*) des mesures en faveur du pouvoir d'achat a été promulguée.
g. J'ai reçu pour la nouvelle année de nombreux SMS .... (*amuser*).
h. Des mesures .... (*prévoir*) ont été prises pour aider les sans-abri à affronter l'hiver.

> **• L'adjectif verbal différent du participe présent**
>
> **Les propos provocants du rappeur en ont choqué plus d'un. • Le personnel navigant est ponctuel.**
>
> Certains adjectifs verbaux s'écrivent différemment des participes présents correspondants.
> - Généralement, les verbes en « **-quer**/**-guer** » ont un participe présent en « **-quant**/**-guant** », un adjectif verbal en « **-cant**/**-gant** » : fatiguer → fatiguant ≠ fatigant, fatigante.
> - Les verbes en « **-ger** » ont un participe présent en « **-geant** », un adjectif verbal en « **-gent** » : converger → convergeant ≠ convergent, convergente.
> - Convaincre → convainquant ≠ convaincant, convaincante.

427 Indiquez si le terme en italique est un adjectif verbal (AV) ou un participe présent (PP).

Exemple : Son argument n'était pas très *convaincant*. AV

a. Ils ne s'entendent pas bien, ils ont toujours un point de vue *divergent*.
b. Le skieur, *zigzaguant* facilement entre les portes, remporta la course.
c. Nous avons visité un atelier de couture *fabriquant* des costumes traditionnels.
d. Son poste est resté *vacant* pendant plusieurs mois.
e. Ce père *négligent* oublie toujours de souhaiter les anniversaires de ses enfants.
f. Marie a acheté son dernier portable à un prix *extravagant*.
g. Ils vinrent déguisés en nourrissons, *provoquant* l'hilarité de leurs amis.
h. C'est un employeur *exigeant* de ses salariés beaucoup d'investissement.

428 Complétez par l'adjectif verbal du verbe entre parenthèses.

Exemple : Désolé, mais nous n'avons pas de chambres communicantes (*communiquer*).

a. Nathan a une attitude .... (*provoquer*).
b. J'ai visité l'Australie sous une chaleur .... (*suffoquer*).
c. Le promeneur vit poindre à l'horizon une lumière .... (*éblouir*).
d. Les enfants ont eu mal au cœur en autocar sur les routes .... (*zigzaguer*) de montagne.

C. L'adjectif verbal

- **e.** Les ouvriers ont effectué des travaux .... (*fatiguer*).
- **f.** Ils se sont montrés .... (*désobliger*) quand je leur ai dit la vérité.
- **g.** Parmi les pays .... (*émerger*), certains connaissent des difficultés.
- **h.** La vie oisive et .... (*choquer*) de leur fils ne peut les satisfaire.

429 Complétez par l'adjectif verbal ou le participe présent du verbe entre parenthèses.

Exemple : Il nous reste quelques places vacantes (*vaquer*).

- **a.** L'entreprise, ... (*communiquer*) sa stratégie commerciale, fut critiquée.
- **b.** Les policiers se sont montrés .... (*fatiguer*) en me posant toutes ces questions.
- **c.** C'est le principe des vases .... (*communiquer*) qu'on a vu en cours.
- **d.** La position assise .... (*fatiguer*) mon dos, je ne peux rester longtemps devant l'ordinateur.
- **e.** Je vous conseille de vous méfier de lui, c'est un garçon .... (*intriguer*).
- **f.** .... (*vaquer*) à ses occupations, elle écoute son opéra préféré.
- **g.** .... (*intriguer*) auprès de son chef, il a obtenu une promotion.
- **h.** Il expliqua dans un style clair et .... (*convaincre*) ses intentions.

> **• Les autres exceptions**
>
> C'est une personne très **influente** dans les médias. • Il possède d'**excellentes** qualités pour ce poste.
>
> • D'autres adjectifs verbaux présentent une différence d'orthographe avec les participes présents : adhérer → **adhérent**, affluer → **affluent**, coïncider → **coïncident**, différer → **différent**, équivaloir → **équivalent**, exceller → **excellent**, influer → **influent**, précéder → **précédent**, somnoler → **somnolent**, violer → **violent**.
>
> • Leur participe présent est, comme toujours, en « **-ant** » (**adhérant**, **affluant**, etc.).
>
> Certains verbes n'ont pas d'adjectif verbal.

430 Soulignez le mot qui convient.

Exemple : Un fait est coïncidant / <u>coïncident</u> à un autre lorsqu'il est arrivé dans le même temps.

- **a.** Alex avait joué un rôle *influant / influent* sur la vie de son amie.
- **b.** Nos points de vue *coïncidant / coïncidents*, nous sommes tombés d'accord.
- **c.** Le député est *influant / influent*, il a convaincu son auditoire lors de la proposition de loi.
- **d.** Un profanateur *violant / violent* des sépultures a été pris en flagrant délit.
- **e.** Un passager *somnolant / somnolent* sur un siège dans la salle d'embarquement a manqué son avion.
- **f.** La météo indique qu'un *violant / violent* orage éclatera en fin d'après-midi.
- **g.** À la suite de prises de médicaments, mon père était souvent *somnolant / somnolent*.
- **h.** L'exode des populations *affluant / affluent* en Europe n'est pas un phénomène nouveau.

431 Complétez par l'adjectif verbal ou le participe présent du verbe entre parenthèses.

Exemple : Il y a beaucoup de personnes adhérentes (*adhérer*) dans ce club de sport.

- **a.** La cuisine méditerranéenne, ... (*différer*) beaucoup de la cuisine normande, est classée au patrimoine mondial de l'humanité.

11 • Le participe présent, le gérondif et l'adjectif verbal

b. Les deux semaines .... (*précéder*) Noël sont souvent consacrées aux achats des cadeaux.

c. Quelle est, en kilomètres, la longueur .... (*équivaloir*) à 100 miles ?

d. Je n'ai pas vu les épisodes .... (*précéder*).

e. Mon mari et moi, nous touchons un salaire .... (*équivaloir*).

f. Nos enfants, ... (*exceller*) dans la pratique du piano, ont gagné des prix au conservatoire.

g. On abordera le chapitre des .... (*différer*) acteurs économiques et leur fonction principale.

h. .... (*adhérer*) au comité d'entreprise, je dois payer une petite cotisation.

432 Soulignez le bon mot et accordez si nécessaire.

Exemple : Il a tenu des propos *divaguant* / *divagants*.

a. Vous connaissez des femmes et des hommes politiques très *influant…* / *influent…*

b. Les taux de natalité de l'Italie et de l'Espagne sont *équivalant…* / *équivalent…* et sont les plus bas d'Europe.

c. Il nous a fait des propositions *convainquant…* / *convaincant…*

d. Je voudrais des taux d'intérêt *équivalant…* / *équivalent…* à ceux que j'ai déjà obtenus chez vos concurrents.

e. Ce jeune homme a des attitudes *provoquant…* / *provocant…*

f. Nos opinions *divergeant…* / *divergent…* sur tout, nous avons préféré nous séparer.

g. Toute personne *communiquant…* / *communicant…* avec son voisin lors de l'épreuve, sera sanctionnée.

h. Nous avions en apparence des intérêts *divergeant…* / *divergent …*

Bilan 11

1. Faites le portrait de l'ami idéal en complétant par l'adjectif verbal du verbe entre parenthèses.

a. Il devrait avoir des idées .... (convaincre).
b. Il souhaiterait voyager dans les pays .... (émerger).
c. Il aurait des idées .... (extravaguer).
d. Il aimerait participer à des soirées .... (fatiguer).
e. Il serait .... (exiger) mais jamais .... (négliger).
f. Il ne se plaindrait jamais des chaleurs .... (suffoquer).
g. Il ne céderait jamais aux attitudes .... (provoquer).
h. Il pourrait être .... (influer).
i. Il lirait des histoires .... (intriguer).
j. Il aurait des points de vue .... (converger).
k. Mais il aurait aussi des avis .... (diverger).
l. Il ferait des propositions .... (différer).
m. En bref il serait .... (exceller).

2. Complétez par les participes présents, les gérondifs ou les adjectifs verbaux du verbe entre parenthèses.

a. .... (traverser) le passage piéton, une jeune femme a été renversée par une voiture .... (rouler) trop vite et .... (provoquer) sa mort.
b. C'était une jolie petite fille .... (obéir), ... (parler) très peu mais .... (faire) preuve d'une grande intelligence .... (donner) son avis quand on le lui demandait.
c. Ce n'est pas .... (pratiquer) le télétravail que tu auras une vie sociale .... (enrichir). Certes, les études à ce sujet sont .... (diverger) mais, pour ma part, tu gagnerais à trouver un travail .... (équivaloir), ... (se déplacer) et .... (rencontrer) des collègues.
d. Je cherche quelqu'un .... (partager) les mêmes goûts que moi. .... (aimer) le jazz et le cinéma, ... (savoir) jouer au tennis tout .... (apprécier) le football.
e. Les enfants .... (affluer) vers la plage s'émerveillèrent quand ils virent, ... (émerger) de l'eau, des baleines .... (effectuer) des sauts spectaculaires.
f. Une cliente .... (délirer) du bar karaoké fit sensation .... (chanter) une chanson .... (provoquer).
g. Il a réussi son permis de conduire .... (prendre) le minimum d'heures de conduite et .... (aller) faire la fête le jour .... (précéder) l'examen.
h. .... (être) agressée, elle est allée déposer plainte au commissariat. Son témoignage étant .... (convaincre), la police a cessé de lui poser des questions .... (embarrasser).

12 • La négation et la restriction

A. La négation

> • « Ne... plus », « ne... jamais », « ne...rien, « ne... personne », « ne... aucun » (Rappel)
>
> Je ne fumerai plus. • Je n'irai jamais sur les réseaux sociaux. • Je n'ai ennuyé personne.
>
> ▪ « Ne... jamais » indique le temps, la fréquence ; « ne... plus » indique l'arrêt d'une action ;
>
> ▪ « Ne... rien » est le contraire de « tout, quelque chose » ; « ne... personne » est le contraire de « quelqu'un, tout le monde » ; « ne... aucun(e) » (= pas un seul) est la négation absolue. « Rien », « personne » et « aucun(e) » peuvent être compléments ou sujets.
>
> Aux temps composés, la négation encadre l'auxiliaire, excepté avec « ne... personne », « ne... aucun(e) ».

433 Reliez la question et la réponse.

a. Est-il honnête ?
b. Est-elle attentionnée ?
c. Sommes-nous insouciants ?
d. Est-elle franche ?
e. Êtes-vous courageux ?
f. Êtes-vous persévérant ?
g. Sommes-nous bienveillants ?
h. Êtes-vous rigolote ?

1. Elle ne m'a jamais menti. Personne ne la qualifierait d'hypocrite.
2. Il n'a jamais triché et il n'a jamais volé.
3. Je ne lâche rien, je ne connais aucun obstacle, je ne renonce jamais.
4. Vous n'êtes jamais conscients des conséquences de vos actes.
5. Elle n'a manqué aucun anniversaire et n'a jamais oublié d'acheter un cadeau.
6. J'ai décidé de plus être triste. Je ne me moque de personne mais je fais rire tout le monde.
7. Rien ne me fait peur et personne ne m'a traité de lâche.
8. Nous ne critiquons personne. Nous n'avons pas encore été indulgents avec tous nos collègues mais ils ne vont plus se sentir seuls face à un problème.

434 Répondez négativement à ces questions.

Exemple : Ils ont encore donné des nouvelles ? – Ils n'ont plus donné de nouvelles.

a. Quelqu'un m'a demandé ? – ....
b. Elle a rencontré quelqu'un en rentrant ? – ....
c. Tout t'a été épargné ? – ....
d. Une modification y a été apportée ? – ....
e. Es-tu déjà allé à l'étranger ? – ....
f. On t'a appris quelque chose ? – ....
g. Ils ont encore eu intérêt à le poursuivre ? – ....
h. Vous avez trouvé une solution ? – ....

> • « Ne... guère », « ne... point », « sans »
>
> On ne le voit guère en ce moment. • Il n'a point d'esprit. • Il mange sans appétit.
>
> ▪ « Ne... guère » signifie « peu, rarement, pas beaucoup » ; « ne... point » signifie « pas du tout ». On les utilise dans un langage soutenu ou littéraire.
>
> ▪ « Sans » est le contraire de « avec ».
>
> « Sans » peut être suivi de l'infinitif ou d'un nom en général sans article.

A. La négation

435 Remettez les mots dans l'ordre.

Exemple : sans / sorti / clés / est / prendre / il / ses → Il est sorti sans prendre ses clés.

a. le temps / je / eu / de m'occuper / n' / de cette affaire / guère / avais
→ ....

b. eu / n' / importance / cela / guère / a / d'
→ ....

c. sans / portait / des / toujours / elle / manches / gilets
→ ....

d. guère / je / son / aimé / ai / n' / attitude
→ ....

e. invitation / venir / tu / sans / peux
→ ....

f. convaincus / point / ont / été / ils / n'
→ ....

g. vacances / sont / ne / en / elles / parties / point
→ ....

h. recevoir / vous / le / point / ministre / va / aujourd'hui / ne
→ ....

436 Reformulez pour dire le contraire avec « ne... guère », « ne... point » ou « sans ».

Exemple : Il devra beaucoup travailler pour y parvenir. → Il **ne** devra **guère** travailler pour y parvenir.

a. Je sais vraiment ce que je veux faire dans la vie. → ....
b. Les bénévoles secourent les personnes avec ressources. → ....
c. Cet enfant est très sage. → ....
d. Elle aime énormément les sushis. → ....
e. Gabriel a vraiment de la patience avec les enfants. → ....
f. La fillette a traversé la rue avec hésitation. → ....
g. Léa est sortie discrètement, elle a été vue. → ....
h. Il l'a vraiment dit. → ....

« Ne... nulle part », « ne... nul(le) »/« nul(le) ne », « ne... nullement » (Rappel)

Ce chemin **ne** conduit **nulle part**. • Il **n'**a **nulle** envie de venir. • **Nul ne** sait jusqu'où elle ira. • Je **n'**ai **nullement/aucunement** besoin de votre aide. • Nous **ne** sommes allés **nulle part**.

- « Nulle part » est la négation de « quelque part » et de « partout ».
- « Nul(le) » signifie « aucun (e), pas du tout » dans la langue soutenue. « Nul » peut remplacer « personne » quand il est sujet dans le langage formel.

✋ Avec « nulle part » à la forme composée les deux négations encadrent le verbe.

---

437 Remettez les mots dans l'ordre.

Exemple : nulle / démarche / ne / ta / part / mènera → Ta démarche ne mènera nulle part.

a. spectacle / manquer / veut / nul / le / ne → ....
b. conduire / à se / avantage / il / ne / ainsi / nul / tira → ....

12 • La négation et la restriction

c. nulle / Noé / les maths / avait / pour / n' / aptitude → ....
d. seraient / nulle / ne / allés / part / ils → ....
e. capable / humain / monde / n' / être / nul / au / est / en → ....
f. vous / besoin / que / ayez / nul / pensez / en / n' / vous ? → ....
g. soir / ne / ce / nul / viendra / voir / nous → ....
h. part / ennuyée / ne / elle / nulle / est / s' → ....

438 Reliez les phrases qui se répondent.

a. Y a-t-il eu des survivants ?
b. Tu as cherché tes clés partout ?
c. Ses idées sont impopulaires en France.
d. Adam a peur d'être licencié ?
e. Vous voulez vraiment le faire ?
f. Tu penses qu'il va les aimer ?
g. Tu as très envie d'y aller ?
h. Pourquoi a-t-elle tout quitté ?

1. Nous n'avons nullement cette volonté.
2. Nul n'est prophète dans son pays.
3. Nul n'est revenu de cette expédition.
4. Je n'ai nulle envie de m'y rendre.
5. Nul ne saurait dire pourquoi elle a agi ainsi.
6. Je ne les ai trouvées nulle part.
7. Il n'a nulle crainte à avoir.
8. Nulle part on ne trouve de si bonnes glaces.

• **« Ni » (Rappel)**

Ma fille **ne** mange **ni** viande **ni** poisson. • Notre père **ne** boit **ni ne** fume. • Il **ne** veut **pas** qu'elle achète, **ni** qu'elle prépare des fruits de mer. • **Ni** Chloé **ni** Loïc **n'**aiment les escargots.

• Quand la négation porte sur plusieurs éléments (compléments ou sujets) reliés par « et » ou par « ou », on emploie « ne... ni... ni ».

• « **Ni** » peut relier deux verbes, avec « ni » devant chaque verbe : « ne » + verbe + « ni ne » + verbe.

• « **Ni** » seul peut relier deux subordonnées.

 « Un, une, du, de la, de l', des » disparaissent après « ni ».

---

439 Reliez le début et la fin des phrases.

a. Ni lui ni moi
b. Ils ne savaient
c. Vous n'êtes arrivée à la séance
d. On ne boit
e. Je ne trouve ces costumes
f. On ne craint
g. Parfois le public ne manifeste
h. Son dernier film ne ressemble

1. ni trop tôt ni trop tard.
2. ne fréquentons les salles de spectacle.
3. ni le froid ni la chaleur dans ce nouvel Opéra.
4. ni chanter ni danser avant d'entrer dans cette école.
5. ni sa joie ni sa déception.
6. ni à son précédent ni à son premier.
7. ni vin ni bière avant la représentation.
8. ni trop stricts ni trop inconfortables.

440 Mettez à la forme négative.

Exemple : Romain et moi parlons espagnol. → **Ni** Romain **ni** moi **ne** parlons espagnol.

a. J'ai un chat et un chien. → ....
b. Ils vont prendre le train ou l'avion ? → ....

A. La négation

c. Il avait pris son écharpe et ses gants. → ....
d. Nous voulons nous reposer et nous bronzer à la plage. → ....
e. Elle met du miel ou du sucre dans son thé ? → ....
f. Lucas avait mis un costume et une cravate. → ....
g. Maxime cuisine et fait les courses. → ....
h. Tu prendras de l'eau ou un soda ? → ....

441 Associez la description et la personne.

a. Elle ne remercie ni ne salue ses collègues.   1. La végan.
b. Il n'a pas envie qu'on le dérange, ni qu'on le sollicite.   2. Le timide.
c. Elle n'achète ni ne consomme de produits issus d'animaux.   3. L'impolie.
d. Il ne parle ni ne se fait remarquer.   4. Le solitaire.
e. Il ne souhaite pas qu'on le fasse attendre, ni qu'on soit imprécis.   5. L'écologiste.
f. Elle n'utilise ni ne possède de voiture.   6. L'impatient.
g. Il ne connaît ni n'a rencontré son âme sœur.   7. La discrète.
h. Elle ne veut pas qu'on la suive, ni qu'on la prenne en photos.   8. Le célibataire.

• « Sans… ni », « sans … (et) sans »

Les SDF vivent difficilement **sans** logement **ni** amis/**et sans** amis. • Elle a appris la triste nouvelle **sans** pleurer **ni** crier.

« La négation de « avec… et » peut être « sans… ni » ou « sans… (et) sans ».

---

442 Complétez avec « sans… ni », « sans… sans » ou « ne… ni… ni ».
Exemple : Il est parti à la plage sans chapeau ni parasol.
a. Ils sont allés en voyage organisé .... leurs enfants .... leurs amis.
b. Mes parents ont fait un circuit .... découvrir la région du Nord .... les montagnes.
c. Ils .... prennent .... chambre d'hôtel .... location.
d. Dans un club de vacances, je .... ferais .... les courses .... la cuisine.
e. Nos amis partent en voyage .... louer .... réserver.
f. Mon mari aime s'étendre sur le sable .... faire la sieste et .... lire.
g. Je .... passe mes vacances .... à la montagne .... à la mer mais à la campagne.
h. On était partis faire du camping .... tente .... sac de couchage. Alors, on a pris un bungalow.

443 Dites le contraire un utilisant « sans… ni », « sans… sans » ou « ni… ni… ne ».
Exemples : Le boxeur est tombé ; il a gémi ; il a saigné. → Le boxeur est tombé **sans** gémir **ni** saigner.
    Nous nous sommes entraînés ; nous nous sommes plaints et nous avons boudé.
    → Nous nous sommes entraînés **sans** nous plaindre **et sans** bouder.

a. Ma fille plonge *avec un masque et des palmes.*
   → ....
b. Elle courait quotidiennement *avec envie et avec passion.*
   → ....

12 • La négation et la restriction

c. Elle est devenue championne ; *elle a excellé et elle a lutté.*
   → ....

d. *L'entraîneur et le directeur sportif* voulaient conserver leur meneur de jeu.
   → ....

e. Le footballeur avoua sa maladie *avec crainte et avec tremblement.*
   → ....

f. Le joueur a été exclu du terrain ; *il a pinaillé ; il a polémiqué.*
   → ....

g. La skieuse remporta la première place ; *elle s'est fait surprendre par une bosse et elle a manqué une porte.*
   → ....

h. Âgée de 27 ans, elle finit sa carrière sportive *avec désespoir et avec douleur.*
   → ....

B. L'association de plusieurs négations

- **« Ne... jamais/plus personne », « ne... personne nulle part »...**
  On **ne** rencontre **jamais personne** ici. • Il **n'**y a **plus personne**. • Il **n'**a vu **personne nulle part**.

  - Ne... jamais personne ≠ toujours quelqu'un.
  - Ne... plus personne ≠ encore quelqu'un.
  - Ne... personne nulle part ≠ quelqu'un quelque part.
  - La combinaison renforce la négation.

  ✋ « **Pas** » ne s'associe jamais avec une autre négation. « **Personne nulle part** » se place après le participe passé.

444 Reliez le début et la fin des phrases. (Il y a parfois plusieurs possibilités.)

a. Il ne converse
b. Il ne voit
c. Il ne parle
d. Il ne rencontre
e. Il n'invite
f. Il ne reconnaît
g. Il ne téléphone
h. Il ne remercie

1. plus personne.
2. plus à personne.
3. jamais personne.
4. jamais à personne.
5. jamais avec personne.
6. personne nulle part.

445 Répondez aux questions avec « ne... jamais personne », « ne... plus personne » ou « ne... personne nulle part ».

Exemple : Avez-vous vu quelqu'un quelque part ? – Désolé, je **n'**ai vu **personne nulle part**.

a. Avez-vous toujours eu quelqu'un ? – ....
b. Aimez-vous encore quelqu'un ? – ....
c. Supportez-vous encore les enfants ? – ....

B. L'association de plusieurs négations

d. Avez-vous croisé quelqu'un dans l'escalier ? – ....
e. Avez-vous toujours été suivi par un psychanalyste ? – ....
f. Avez-vous remplacé quelqu'un au lycée ? – ....
g. Vous voyez toujours quelqu'un ? – ....
h. Avez-vous toujours aidé vos parents ? – ....

446 Complétez par « plus personne ne » ou « jamais personne ne ».

Exemple : « Plus personne ne dormira dans la rue », a-t-il dit à un SDF.

a. .... veut m'assurer depuis mon accident.
b. .... a enduré toutes ces souffrances après la mort de sa femme.
c. .... t'aimera comme je t'aime, mon amour.
d. .... m'a parlé ainsi !
e. .... regarde la télévision, parmi les jeunes d'aujourd'hui.
f. .... veut le voir après ce qu'il a fait.
g. .... a pu t'égaler !
h. .... sera malade avec ce nouveau vaccin.

• « Jamais/Plus rien… ne », « ne… jamais/plus rien », « ne… rien nulle part »

Il **ne** m'a **jamais rien** dit. • **Je n'ai plus rien** entendu. • Il **n'**y a **rien nulle part**. • Elle **n'**a **rien** vu **nulle part**.

- Ne… jamais rien ≠ toujours quelque chose.
- Ne… plus rien ≠ encore quelque chose.
- Ne… rien nulle part ≠ quelque chose quelque part.

✋ À la forme composée, « rien » se place devant le participe passé et « nulle part » derrière.

---

447 Remettez les mots dans l'ordre.

Exemple : jamais / je / offrirai / ne / lui / rien. → Je ne lui offrirai jamais rien.

a. depuis / plus / possède / ne / rien / l'incendie / je → ....
b. rien / trouvé / elle / part / n' / nulle / a → ....
c. le / n' / plus / dans / y / frigo / il / a / rien → ....
d. jamais / gagné / n' / avons / rien / nous → ....
e. achètera / nulle / on / part / n' / rien → ....
f. auparavant / étions / ne / dit / nous / rien / nous / jamais → ....
g. lu / jamais / tu / de / cet / rien / avais / auteur / n' → ....
h. oublie / nulle / veut / n' / part / je / rien / il / que → ....

448 Complétez par « ne… jamais rien », « ne… plus rien » ou « ne… rien… nulle part ».

Exemple : Ne t'inquiète pas. Il **ne** te fera **plus rien**, je suis là désormais.

a. Vous .... avez .... trouvé ....
b. Nos voisins .... avaient .... cuisiné de pareil.
c. Ça fait longtemps qu'on .... s'est .... dit.

12 • La négation et la restriction

d. Il y a deux mois que nous .... avons .... vu au cinéma.

e. Nous n'aimerions pas qu'il .... leur dise ....

f. Après le spectacle, on .... a .... bu ....

g. Je .... ai .... compris à ces travaux.

h. Elle .... mange .... depuis qu'il est parti.

• « Ne… plus jamais », « ne… plus jamais personne/rien/nulle part »

Nous n'irons plus jamais dans cette ville touristique. • Je n'y verrai plus jamais personne. • Il ne fait plus jamais rien le week-end. • Tu ne vas plus jamais nulle part depuis que tu as déménagé.

- Ne… plus jamais ≠ encore souvent.
- Ne… plus jamais personne ≠ encore souvent quelqu'un.
- Ne… plus jamais rien ≠ encore souvent quelque chose.
- Ne… plus jamais nulle part ≠ encore souvent quelque part.

---

449 Complétez par « plus jamais », « plus jamais personne », « plus jamais rien », ou « plus jamais nulle part »..

Exemple : Nous ne t'expliquerons plus jamais rien car tu ne veux pas comprendre.

a. Puisque tu ne m'écoutes pas, je ne te dirai ....

b. Max ne se rendra .... au bureau en voiture mais à vélo.

c. Les Legrand ont choisi de vivre à la campagne et ils ne recevront ....

d. Je ne te propose .... car tu refuses toujours tout.

e. Marie ne voyagea .... après avoir trouvé son île idéale.

f. Je ne me plaindrai .... auprès de lui, vu sa réaction.

g. Nous n'irons .... avec eux car ils nous ont déçus.

h. Noé n'étonnera .... avec son attitude désagréable.

---

450 Reliez la personne et sa description.

a. Camille est antipub.
b. Ambre est antivoiture.
c. Agathe est antinucléaire.
d. Eva est antitélé.
e. Juliette est anticonsumériste.
f. Anna est antitabac.
g. Adèle est contre les produits anti-âge.
h. Lucie est contre les antidépresseurs.

1. Elle n'achète plus jamais rien de superflu.
2. Elle ne voit plus jamais personne fumer chez elle.
3. Elle n'est plus jamais influencée par les annonceurs.
4. Elle ne va plus jamais nulle part avec un véhicule.
5. Elle ne regarde plus jamais rien sur son petit écran..
6. Elle n'en prendra plus jamais malgré son anxiété.
7. Elle ne veut plus jamais de catastrophe nulle part.
8. Elle ne mettra plus rien de chimique sur son visage.

a → 3

---

451 Dites le contraire.

Exemple : Elle dînera encore souvent avec lui. → Elle **ne** dînera **plus jamais** avec lui/avec **personne**.

a. Je verrai encore souvent Raphaël.

→ ....

B. L'association de plusieurs négations

b. Elle est encore partie quelque part.
   → ....

c. Zoé écrit encore souvent des lettres.
   → ....

d. Je danserai encore souvent avec lui en boîte.
   → ....

e. Clara laissera encore souvent Max lui dire que c'est impossible.
   → ....

f. Sa fille va encore souvent quelque part sans son petit ami.
   → ....

g. Il vous donnera encore souvent des informations.
   → ....

h. Laisse encore souvent ton ami te rabaisser.
   → ....

C. La négation de l'infinitif

> **• La négation avec l'infinitif présent**
>
> Nous avons demandé à nos amis de **ne plus** fumer chez nous. • Je suis étonné de **ne** voir **jamais personne** dans ce musée. • Il regrette de **ne plus** aller **nulle part**. • Je préfère **ne plus** y aller.
>
> - « Ne plus/jamais/plus jamais » se placent comme « ne pas » devant l'infinitif.
> - « Ne... personne/aucun/nulle part » encadrent l'infinitif.
> - Quand on associe plusieurs négations, l'ordre est : « ne plus/jamais/plus jamais » + infinitif + « personne/aucun(e)/nulle part ».

452 Dites le contraire. (Il y a parfois plusieurs possibilités.)

Exemple : Stationner partout. → **Ne** stationner **nulle part**.

a. Pousser tout le monde. → ....
b. Traverser toujours les voies. → ....
c. Accélérer au feu orange. → ....
d. Emprunter le souterrain. → ....
e. S'en tenir au règlement. → ....
f. Se garer quelque part. → ....
g. Rouler encore vite. → ....
h. Jeter tout sur la chaussée. → ....

453 Reliez les deux phrases selon le modèle.

Exemple : Il n'était plus le meilleur de la classe. Il en rageait.
        → Il rageait de ne plus être le meilleur de la classe.

a. Elle ne lit plus rien. Elle le regrette.
   → ....

12 • La négation et la restriction

b. Il ne voit aucun embouteillage sur la route. Il s'en réjouit.

→ ....

c. Ils ne sortent jamais avec leur père. Les enfants en souffrent.

→ ....

d. Il ne fait plus rien le week-end. Il en jubile.

→ ....

e. Nous ne rencontrons jamais personne. Nous en sommes navrés.

→ ....

f. On ne travaille plus. On s'en félicite.

→ ....

g. Elle ne va nulle part cet été. Elle le craint.

→ ....

h. Elle ne s'intéressait à rien. Elle en était fière.

→ ....

454 Transformez avec la négation entre parenthèses, selon le modèle.

Exemple : Elle désire vivre à l'étranger. (*ne plus*) → Elle désire **ne plus** vivre à l'étranger.

a. Elle préfère parler. (*ne pas*)

→ ....

b. On veut dire quelque chose. (*ne plus rien*)

→ ....

c. Ils souhaitaient aller au cinéma. (*ne nulle part*)

→ ....

d. Fermez la porte. Je veux voir quelqu'un. (*ne plus personne*)

→ ....

e. Tu aimes mieux rester à la maison. (*ne pas*)

→ ....

f. Nous aimerions vous le dire. (*ne plus*)

→ ....

g. Mes enfants devaient prendre les transports en commun. (*ne jamais*)

→ ....

h. Cette route devrait mener quelque part. (*ne nulle part*)

→ ....

• La négation avec l'infinitif passé

Il pense n'avoir rien vu. • Il a été critiqué pour n'avoir jamais rien tenté. • Elle était déçue de n'avoir rencontré personne. • On enrageait de ne plus jamais être allés nulle part.

Avec l'infinitif passé, la négation se place entre l'auxiliaire et le participe passé, sauf « personne », « nulle part », « aucun », qui se mettent après le participe passé.

✋ La négation peut aussi être soudée et se placer devant l'auxiliaire : « Elle pensait ne rien lui avoir dit ».

C. La négation de l'infinitif

455 Répondez avec l'expression entre parenthèses en exprimant un regret, selon le modèle.

Exemple : Êtes-vous allé à Paris ? (*ne jamais*) – Je regrette de **ne jamais** y être allé.

a. Avez-vous lu des romans de Le Clézio ? (*ne aucun*) – ....
b. Êtes-vous venu ? (*ne pas*) – ....
c. Avez-vous voyagé partout ? (*ne nulle part*) – ....
d. Vous êtes-vous réveillé tôt ? (*ne jamais*) – ....
e. Tu as vu tes amis d'enfance ? (*ne personne*) – ....
f. Tu as cru à son histoire ? (*ne jamais*) – ....
g. T'es-tu acheté un chapeau ? (*ne rien*) – ....
h. Avez-vous vu des films dernièrement ? (*ne aucun*) – ....

456 Mettez à la forme négative à l'aide de l'expression entre parenthèses.

Exemple : Elle s'étonne de vous avoir toujours vu aux réunions. (*ne jamais*)
→ Elle s'étonne de **ne** vous avoir **jamais** vu aux réunions.

a. Je trouve agréable de m'être parfois trompé de chemin. (*ne jamais*)
→ ....
b. Il est surpris d'avoir quelquefois rencontré quelqu'un à cette heure tardive. (*ne jamais personne*)
→ ....
c. Nous regrettons de nous être encore rendus dans votre pays. (*ne plus*)
→ ....
d. On est certains de l'avoir rangé quelque part. (*ne nulle part*)
→ ....
e. Mathieu trouve agaçant d'avoir pris un seul guide de voyages. (*ne aucun*)
→ ....
f. Mes parents ont regretté d'avoir vu tout le monde. (*ne personne*)
→ ....
g. Vous êtes déçu d'être encore souvent allé quelque part. (*ne plus jamais nulle part*)
→ ....
h. Je doute d'avoir oublié quelque chose. (*ne rien*)
→ ....

• **La négation sans « pas »**

Je n'ose lui annoncer que je le quitte. Je ne sais que dire. • **Il y a des mois que je ne l'ai vu.**

- Avec les verbes « oser », « cesser », « pouvoir » et « savoir » + verbe à l'infinitif, « pas » peut disparaître à l'écrit, dans un style soutenu.
- On le supprime aussi avec « savoir » + interrogatif (« qui », « quoi », « quel, quelle… »…) + verbe à l'infinitif.
- On supprime en général « pas » avec « voilà…/il y a…/ ça fait… que » + temps composé.

12 • La négation et la restriction

457 Complétez par « pas » si nécessaire.

Exemple : Je ne saurais Ø vous dire.

a. Je ne cesse .... de vous le répéter.
b. Vous ne pouvez .... lui reprocher de ne .... prendre ses responsabilités.
c. Elle ne sait .... que faire sans lui.
d. Ils n'osèrent .... la croire capable d'une telle attitude.
e. Il comprit qu'il ne pourrait .... lui avouer son amour.
f. Nous ne devrions .... vous empêcher de partir.
g. Ses parents ne cessent .... de nous demander de ne .... aller vivre loin d'eux.
h. Mon mari ne veut .... me demander de ne .... travailler.

458 Complétez par « pas » si nécessaire.

Exemple : Il y avait longtemps qu'il ne s'était Ø promené dans sa ville natale.

a. Je ne puis .... répondre à cette question.
b. Cela fait plusieurs semaines que je n'ai .... entendu parler d'elle.
c. Il ne put .... s'empêcher de critiquer.
d. Voilà deux ans que je ne l'ai .... vu.
e. Je ne saurais .... trop vous recommander la discrétion.
f. Je lui conseillerais de ne .... accepter.
g. Cela faisait des années que nous n'avions .... écouté ce CD.
h. Il serait bon de ne .... l'en informer.

D. La restriction

> • « Ne… que », « ne… pas que »
>
> **Mon grand-père ne mange qu'une soupe le soir.** • **Je n'ai fait que l'essayer.** • **Elle n'achète pas que des robes.**
>
> • « Ne… que » exprime une restriction, une limitation.
> • La construction « ne… que » n'a pas de sens négatif, elle signifie « seulement ». Elle encadre le verbe.
> • On peut y ajouter « pas » : « ne… pas que » signifie « ne… pas seulement ».

459 Reformulez avec « ne… que ».

Exemple : Nous avons trouvé seulement des soldes à moins 30 %.
→ Nous **n'**avons trouvé **que** des soldes à moins 30 %.

a. J'achète seulement en ligne.
→ ....
b. J'ai essayé seulement un pantalon, je ne l'ai pas acheté.
→ ....
c. Nous avons offert seulement des cadeaux aux enfants.
→ ....

D. La restriction

d. Je lui ai payé seulement des boucles d'oreilles.
   → ....

e. Je fais seulement les magasins pour les fêtes.
   → ....

f. Elle a choisi d'aller seulement dans sa petite boutique préférée.
   → ....

g. Nos parents font leurs courses seulement le samedi.
   → ....

h. Le magasin ouvrira seulement à 10 heures.
   → ....

460 Ajoutez « pas » si nécessaire.

Exemple : Je ne fais pas que ça. Je sais danser et chanter aussi.

a. À table, les Français ne boivent .... que du vin. Ils boivent aussi beaucoup d'eau minérale.
b. Je vous assure. Il n'y a .... que le chocolat, les saucisses et les montres de bien en Suisse.
c. Il n'y a .... que des pâtes en Italie. Les fromages, les pizzas, la charcuterie, les vins y sont très réputés.
d. On ne mange .... de la soupe qu'en hiver en France, jamais en été.
e. Il n'y a .... que lui qui sache parler français. Moi aussi.
f. Le chômage n'a .... que des effets négatifs sur l'économie et la société.
g. Travailler le dimanche n'a .... que des inconvénients. On gagne plus.
h. Non pas de café. Je ne prends .... qu'un dessert, merci.

• **« N'avoir qu'à, il n'y a qu'à » + infinitif**

Si tu n'as pas de place de train, tu **n'as qu'à** prendre l'avion. • **Il n'y a qu'à** acheter le billet sur Internet.

▪ « N'avoir... qu'à » sert à exprimer un conseil, à proposer. Il est très courant à l'oral.

▪ « Il n'y a qu'à... » signifie « il suffit de ».

---

461 Conseillez ou proposez une solution avec « n'avoir qu'à » ou « il n'y a qu'à ».

Exemple : Je n'ai plus de sel. *Va en demander au voisin.* → **Tu n'as qu'à aller en demander** au voisin.

a. Si tu veux des prix réduits, *il suffit de réserver tôt.*
   → ....

b. Tu ne sais pas s'il est chez lui ? *Téléphone-lui.*
   → ....

c. Ce n'est pas la peine de pleurer. *Tu devais bien travailler.*
   → ....

d. Si tu es malade, *consulte ton médecin.*
   → ....

e. – Je ne l'ai pas prévenu. – *Il suffit de lui envoyer un SMS.*
   → ....

12 • La négation et la restriction

f. – Il est tard, je suis fatiguée. – *Couche-toi.*
  → ....

g. Inutile de faire la vaisselle à la main. *Mettez le lave-vaisselle en marche.*
  → ....

h. Si vous avez trop froid, *il suffit d'augmenter le chauffage.*
  → ....

Bilan 12

1. Répondez à ces questions en employant une négation.
a. En avez-vous parlé à quelqu'un d'autre ? – ....
b. Où le problème est survenu ? – ....
c. Y a-t-il un autre point que vous voudriez aborder ? – ....
d. Que s'est-il passé après ? – ....
e. Avez-vous pensé à appeler au secours ? – ....
f. Qui vous a dit cela ? – ....
g. Et votre femme est toujours à la maison le lundi ? – ....
h. Est-ce qu'il y avait encore du monde partout ? – ....
i. En quoi consiste le problème ? – ....
j. Qui vous a apporté son soutien ? – ....
k. Lui avez-vous parlé avec mépris ? – ....
l. Avez-vous collaboré avec la police ou avec les avocats ? – ....
m. Vous buvez et vous faites la fête ? – ....
n. Qu'est-ce qui a précédé et suivi cette situation ? – ....
o. Vous savez comment le retrouver ? – ....

2. Complétez ce dialogue par les négations de la liste.
ne... pas (2) – ne jamais (2) – ne pas (2) – aucun... ne – sans... ni (2) – sans (2) – ne... plus – ne... ni... ni... – ne... nul – il n'y a qu'à – n'avoir qu'à.

– Pourriez-vous me donner quelques consignes de sécurité pour faire du ski hors piste, s'il vous plaît ?
– Tout d'abord, comme vous le savez les pistes existent dans le hors-pistes, mais elles ....
(a) sont .... (b) sécurisées et ce n'est pas .... (c) risques : avalanches, crevasses, obstacles sur la piste. Règle numéro 1 : .... (d) partir seul. N'y allez pas .... (e) guides chevronnés .... (f) moniteurs agréés. Règle numéro 2 : .... (g) oublier de consulter la météo la veille et le matin du départ. .... (h) information .... (i) est à négliger : brouillard, vent, précipitations, risques d'avalanche.
– Oui, dans ce cas, ... (j) reporter la sortie si les conditions .... (k) sont .... (l) optimales. En ce qui concerne le matériel, je .... (m) ai .... (n) matériel adéquat .... (o) équipement adapté.
– Pour skier en toute sécurité, vous .... (p) louer la balise de détecteur de victimes d'avalanche avec un sac doté d'un airbag et d'une pelle.
– J'ai bien fait de .... (q) être allée skier avec mes amis hier et je .... (r) irai .... (s) au ski .... (t) suivre vos consignes.
– Rassurez-moi, vous ne skiez pas .... (u) casque .... (v) vêtements adaptés ?
– Non, évidemment. Eh bien ! vous .... (w) avez eu .... (x) peine à me convaincre d'être beaucoup plus prudente à l'avenir. Je regrette de .... (y) être venue vous voir avant. Je vous remercie

13 • L'expression de la cause

A. La cause avec l'indicatif

> **• « Comme… », « puisque… », « car »**
>
> **Comme** tu n'es pas majeur, il t'est interdit de jouer au casino. • Tu peux me prêter ta voiture, **puisque** tu ne sors pas. • Cet accord ne sera pas signé **car** il représente un danger pour l'emploi.
>
> • « **Comme** » annonce un constat connu ou inconnu et se place, généralement, en début de phrase.
>
> • « **Puisque** » annonce une cause connue. En début de phrase, il peut exposer un fait négatif ; en fin de phrase, il expose une explication, un commentaire.
>
> • « **Car** » = « parce que », « puisque », s'utilise à l'écrit dans une argumentation et se place en fin de phrase.

462 Reliez la question et la réponse.

a. Comme tu es grand, → 3. attrape-moi ce livre sur l'étagère, s'il te plaît.
b. Ne va pas au bureau
c. Puisque tu ne veux pas m'accompagner,
d. Comme il n'y avait plus de bus,
e. Puisqu'elle ne prend jamais de mes nouvelles,
f. La réforme sur les retraites est suspendue
g. De nombreux vols ont été annulés,
h. Comme il avait neigé,

1. car de violents orages se sont abattus sur l'Est.
2. nous sommes rentrés en taxi.
3. attrape-moi ce livre sur l'étagère, s'il te plaît.
4. les enfants ont fait de la luge.
5. puisque tu es malade.
6. j'irai seul.
7. je ne lui téléphonerai plus.
8. car l'opposition à ce projet reste forte.

463 Complétez par « comme », « puisque » ou « car ». (Il y a parfois deux possibilités.)

Exemple : Demande-lui ce service *puisque* tu le connais bien.

a. C'est inutile de revenir la semaine prochaine .... vous êtes souffrant.
b. .... ils ne veulent pas me rembourser, je n'achèterai plus rien sur ce site.
c. .... ils se mariaient en été, ils firent une réception dans les jardins du château.
d. N'insiste pas .... tu sais que je ne suis pas intéressé.
e. .... ce sont les fêtes de fin d'année, les Français sont en famille.
f. Le centre-ville a été bloqué .... les pompiers sont intervenus pour maîtriser un incendie.
g. L'ambassadeur ne peut intervenir .... les relations diplomatiques sont interrompues avec ce pays.
h. .... c'était la saison des pluies, nous avons changé les dates de notre voyage.

> **• « En effet », « parce que… », « (si…) c'est que… », « c'est parce que… que… »**
>
> La voiture électrique pollue moins que les véhicules thermiques ; **en effet**, elle produit cinq fois moins de CO_2. • Je te quitte **parce qu'**on m'attend. • **(Si)** tu n'as rien vu, **c'est que** tu étais dans la lune. • **C'est parce que** j'étais au téléphone **que** je ne t'ai pas répondu.
>
> • « **En effet** » confirme l'information qui précède et introduit une explication ou une preuve. Il est toujours suivi d'une virgule. « **Parce que** » introduit une cause neutre.
>
> • « **(Si)…, c'est que** » et « **c'est parce que… que** » insistent sur la cause.

A. La cause avec l'indicatif

464 Reliez les phrases par « en effet » ou « parce que ». (Il y a parfois deux possibilités.)

Exemple : La hausse du prix de l'électricité de 1,23 % est entrée en vigueur depuis le 1er août. Les ménages ont vu leur facture d'électricité augmenter. → Les ménages ont vu leur facture d'électricité augmenter. En effet, la hausse du prix de l'électricité est entrée en vigueur depuis le 1er août.

a. J'ai peur de renter seule, tard le soir. Je ne veux pas aller à cette fête.
   → ....

b. Il était cloué au lit avec une forte fièvre. Il lui a été impossible de vous rencontrer.
   → ....

c. Plusieurs médias annoncent une augmentation du pétrole très prochainement. L'augmentation du prix de l'essence des derniers jours ne sera pas la dernière.
   → ....

d. Je n'en ai jamais mangé. Je ne connais pas ce fruit exotique.
   → ....

e. Il part en week-end dans sa maison de campagne. Vous ne le rencontrerez jamais le vendredi après-midi.
   → ....

f. Je ne voulais pas vous déranger. Je ne suis pas passé vous voir.
   → ....

g. Il y a d'importants travaux de voirie. Nous éviterons ce quartier en voiture.
   → ....

h. Elle doit être malade. Je ne la vois plus.
   → ....

465 Complétez par « parce que », « c'est parce que » ou « c'est que ». (Il y a parfois deux possibilités.)

Exemple : S'il a perdu du poids, c'est (parce) qu'il a fait un régime.

a. .... elle fait du sport dans une salle qu'elle est musclée.
b. Elle court tous les jours .... elle prépare le semi-marathon.
c. Si Théo ne se sent pas de plonger ce matin, ... il a ses raisons.
d. .... il a joué au tennis toute sa vie qu'il ne veut plus voir une raquette.
e. Je vois souvent mon voisin avec un sac de sport ; .... il boxe dans un club du quartier.
f. .... elle veut gagner le championnat que Marion s'entraîne sérieusement.
g. Si les juges l'ont disqualifié, ... le coureur a marché sur la ligne blanche.
h. L'athlète a fait un dernier tour de piste, ... il voulait saluer le public.

• « Étant donné que… », « vu que… », « du fait que… », « du moment que… »

Étant donné que la fonte des glaciers s'accélère, le niveau des océans monte. • Elle aura besoin de se reposer **du fait qu**'elle est enceinte. • **Du moment que** tu le savais, pourquoi n'avoir rien dit ?

▪ « Étant donné que », « vu que », « du fait que » introduisent un fait indiscutable ; ils peuvent être suivis d'un nom sans « que ». « Étant donné que » s'utilise plutôt à l'écrit, en début de phrase, « vu que » à l'oral, au début ou à l'intérieur de la phrase et « du fait que » à l'oral et à l'écrit, n'importe où dans la phrase.

▪ « Du moment que », « dès lors que » et « dès l'instant que » expriment une cause connue et se placent en tête de phrase.

13 • L'expression de la cause

466 Soulignez ce qui convient.

Exemple : *Étant donné / Du fait que / Vu* les fruits et légumes abondent en été, il est facile de manger équilibré en cette saison.

a. J'ai récolté beaucoup de tomates, de poivrons et de melons *étant donné / du fait de / vu que* l'été a été très chaud.

b. *Étant donné que / Du fait de / Vu* l'appétit diminue avec la chaleur, profitez-en pour faire un régime.

c. *Vu qu' / Étant donné / Du fait d'* en vacances on a le temps de flâner sur les marchés, d'acheter des produits frais régulièrement.

d. *Étant donné que / Du fait de / Vu* l'été et les vacances approchent à grands pas, préparez-vous à faire le plein de fruits et légumes.

e. On va rechercher des aliments gorgés d'eau *étant donné / vu / du fait qu'*on a besoin de manger plus léger et de s'hydrater en cette saison.

f. Sans craindre les calories, choisissez les poivrons, les tomates, les pastèques *vu / du fait de / vu qu'*ils regorgent de vitamines.

g. *Étant donné / Vu / Du fait que* vous achetez un fruit au moment où il est récolté, vous avez la garantie du goût.

h. *Étant donné que / Du fait de / Vu* le fruit arrive à maturité, vous retrouverez le plaisir de goûter les premières fraises ou cerises lorsqu'elles arrivent sur les étals.

467 Associez le début et la fin des phrases.

a. Du moment qu'il pleut,
b. Dès lors que son enfant pleure,
c. Dès l'instant qu'il y a une grève des transports,
d. Étant donné que vous êtes demandeur d'emploi,
e. Du fait qu'elle est boursière,
f. Il n'a pas pu pas respecter ses obligations,
g. Vu que vous n'avez pas envoyé votre demande à temps,
h. Nous sommes étonnés de n'avoir reçu aucune réponse,

1. le pays est paralysé.
2. vous pouvez bénéficier de cette formation.
3. je ne sors pas.
4. il le prend dans ses bras.
5. l'assurance ne pourra pas vous rembourser.
6. vu que nous avons fourni les justificatifs nécessaires.
7. elle est exonérée des droits universitaires.
8. du fait qu'il était hospitalisé.

468 Reliez les phrases en utilisant l'expression entre parenthèses, selon le modèle.

Exemple : Nous sommes tranquillisés ; c'est un spécialiste en droit du travail. (*du moment que*)
→ **Du moment que** c'est un spécialiste en droit du travail, nous sommes tranquillisés.

a. Vous avez un visa de court séjour ; vous pouvez entrer et séjourner trois mois en France. (*étant donné que*)
→ ....

b. Elle a raté son année d'études ; elle ne s'est pas présentée à la convocation. (*dès lors que*)
→ ....

c. La police l'a interpellé ; il a été soupçonné d'être au cœur d'une vaste affaire de corruption. (*dès l'instant que*)
→ ....

A. La cause avec l'indicatif

d. Les tribunaux seront fermés ; les avocats sont en grève. (*du fait que*)
→ ....

e. Nous ne possédons pas tous les éléments nécessaires ; nous reportons la séance. (*étant donné que*)
→ ....

f. Il faudra aménager une salle spéciale ; les médias seront présents. (*vu que*)
→ ....

g. On vous délivrera un laissez-passer pour rentrer ; vous établissez une déclaration de perte. (*du moment que*)
→ ....

h. Allez récupérer votre titre de séjour ; votre préfecture vous aura envoyé une convocation. (*dès lors que*)
→ ....

• « Sous prétexte que... », « ce n'est pas parce que... », « pour la bonne raison que... »

Le directeur ne m'a pas reçu **sous prétexte qu'**il avait un rendez-vous. • Je n'ai pas pu le rencontrer **pour la bonne et simple raison qu'**il était en voyage. • Il ne vient pas, **ce n'est pas parce qu'**il n'en a pas envie, **mais** il a oublié.

- On utilise « **sous prétexte que** » quand on pense que la raison donnée est fausse ou inexacte.
- On utilise « **ce n'est pas parce que..., mais (parce que...)** » quand la première cause est contestée et que la seconde est affirmée.
- On utilise « **pour la bonne (et simple) raison que** » quand on est tout à fait d'accord avec la raison donnée.

---

469 Reliez le début et la fin des phrases.

a. Nous n'avons pas déjeuné dans le jardin pour la bonne et simple raison qu' ────────→	**1.** son professeur ne l'aimait et pas.
	2. il faisait trop chaud.
b. Il n'a pas eu son diplôme sous prétexte que	**3.** il n'y avait plus de taxi.
c. Mes parents sont restés chez eux sous prétexte qu'	**4.** ils étaient malades.
d. Nous sommes rentrés à pied pour la bonne et simple raison qu'	**5.** nous étions trop jeunes.
e. Tu as fait la grasse matinée pour la simple et bonne raison que	**6.** nous nous sommes disputés.
f. Elle ne s'est pas baignée sous prétexte qu'	**7.** tu t'étais couché tard.
g. Ils n'ont pas voulu nous laisser rentrer sous prétexte que	**8.** elle trouvait l'eau trop froide.
h. Ils ne m'ont pas dit au revoir pour la bonne et simple raison que	

470 Complétez librement les phrases.

Exemple : Il n'a pas vu le spectacle, ce n'est pas parce qu'*il était en retard, mais c'est parce qu'il avait perdu son billet.*

a. Il est arrivé à l'Opéra après le premier acte sous prétexte que ....

b. Nous avons acheté très cher nos billets pour la bonne et simple raison que ....

c. Vous êtes sorti avant la fin du film, ce n'est pas parce que ....

d. Nous avons réservé nos places pour la bonne et simple raison que ....

e. Il a refusé de m'accompagner au théâtre sous prétexte que ....

f. Noé n'a pas pris de place pour le ballet sous prétexte que ....

13 • L'expression de la cause

g. Julia n'invite jamais son petit ami au spectacle, ce n'est pas parce que ....
h. Elle ne va pas en boîte de nuit pour la simple et bonne raison que ....

B. La cause avec le subjonctif

> • « Non (pas) que… », « ce n'est pas que », « soit que… soit que… », « de peur que… »
>
> Ils partent dans un pays chaud, **non pas qu'**il fasse froid ici, mais ils veulent se baigner. • Il ne lui a rien dit **de peur qu'**elle ne vienne.
>
> ▪ « Non (pas) que » et « ce n'est pas que » expriment une cause rejetée.
> ▪ « Soit que…, soit que… » exprime deux causes possibles, incertaines.
> ▪ « De peur/crainte que… » introduisent une idée négative et s'utilisent avec le « ne » explétif.
>
> Avec « ce n'est pas parce que », on utilise l'indicatif. « De peur que » exprime aussi le but.

471 Soulignez la forme verbale qui convient.

Exemple : Nous mangeons des pâtes, non pas que nous *aimions* / *aimons* les spaghettis, mais le réfrigérateur est vide.

a. Ils n'ont pas mangé, non pas qu'ils n'*ont* / *aient* pas faim, mais parce qu'ils avaient un examen.
b. Lucas n'a pas cuisiné soit qu'il *ait eu* / *a eu* un contretemps, soit qu'il *ait oublié* / *a oublié*.
c. Vous ne goûtez pas les fruits de mer, ce n'est pas que vous les *détestez* / *détestiez*, mais vous êtes allergiques.
d. La tarte n'est pas réussie, soit qu'il *fallait* / *faille* la cuire plus, soit que tu *as oublié* / *aies oublié* un ingrédient.
e. Ton livre de recettes n'est pas arrivé soit qu'il *s'est perdu* / *se soit perdu*, soit qu'il *n'a* / *ait* pas été expédié.
f. Ne va pas dans ce restaurant, ce n'est pas qu'il *soit* / *est* mauvais, mais le service y est médiocre.
g. Nous aimons cette brasserie, non pas qu'elle *ait* / *a* un menu original, mais sa cuisine est succulente.
h. Ne prenez pas le coq au vin, ce n'est pas qu'il me *déplaît* / *déplaise*, mais le bœuf bourguignon est meilleur.

472 Conjuguez les verbes entre parenthèses au subjonctif ou à l'indicatif.

Exemple : Léo parle peu, ce n'est pas qu'il *soit* (être) timide, mais il *écoute* (écouter) beaucoup les autres.

a. Son frère ne vient pas, ce n'est pas parce qu'il .... (être) malade, mais parce qu'il .... (se reposer).
b. Eva reste au coin du feu, ce n'est pas qu'il .... (faire) froid, mais elle .... (adorer) les ambiances chaleureuses.
c. Mes enfants font du ski tous les hivers, non qu'ils .... (être) sportifs, mais ils .... (apprécier) la montagne.
d. Nos voisins ont déménagé, ce n'est pas que leur maison ne leur .... (convenir) plus, mais ils .... (être) mutés.
e. Il ne me dit pas tout, non pas qu'il me .... (mentir), mais il me cache la vérité.
f. Nous ne sortirons pas, ce n'est pas qu'il .... (pleuvoir) mais nous préférons rester au calme.
g. Nathan possède beaucoup de bandes dessinées, non qu'il les .... (lire), mais il les .... (collectionner).

B. La cause avec le subjonctif

h. Il a pu connaître ses associés, ce n'est pas parce qu'il .... (prendre) l'avion pour les rencontrer, mais parce qu'il les .... (contacter) par Skype.

473 Complétez par « non (pas) que », « soit que... soit que » ou « de peur que ».

Exemple : Mon propriétaire n'a pas voulu augmenter mon loyer *de peur que* je ne parte.

a. Marc a oublié mon anniversaire. .... cela me chagrine, mais cela est étonnant de sa part.
b. Mes enfants m'ont caché la vérité .... je ne les punisse.
c. Amandine est très en retard .... elle se soit perdue .... ait eu un empêchement.
d. Il évite d'aller à cette soirée .... sa femme ne lui fasse une scène de jalousie.
e. Je sais que Marie ne viendra pas. .... elle n'en ait pas envie mais parce qu'elle a trop de travail.
f. Clémence s'en est allée tôt .... le dernier train ne parte sans elle.
g. Elle ne veut pas le voir .... elle soit fâchée, ... elle ne l'apprécie pas.
h. Ses parents lui ont payé des cours particuliers .... il ne réussisse pas son examen.

C. La cause avec un nom

- **« En raison de », « à cause de », « grâce à »**

En raison du mauvais temps, les vols ont été annulés. • Je n'ai pas pu prendre mon avion **à cause de** la tempête. • Il a pu rejoindre Genève **grâce à** la gentillesse d'un automobiliste qui l'a pris en stop.

« En raison de » introduit une cause officielle, publique, « à cause de » une cause négative, « grâce à » une cause positive. Ils sont suivis d'un nom ou d'un pronom.

474 Soulignez l'expression qui convient. (Il y a parfois plusieurs possibilités.)

Exemple : *En raison des* / Grâce aux / À cause des travaux sur la voirie, l'autoroute sera fermée de 23 h à 4 h le 30 juin.

a. En raison de la / Grâce à la / À cause de la pollution, il est recommandé aux personnes fragiles de ne pas sortir.
b. En raison du / Grâce au / À cause du nouveau maire de la commune, la ville a embelli.
c. En raison des / Grâce aux / À cause des festivités du quartier, je n'ai pas fermé l'œil de la nuit.
d. En raison d' / Grâce à / À cause d'une grève des pilotes de plusieurs compagnies, le trafic aérien sera perturbé.
e. En raison de / Grâce à / À cause de sa persévérance, il a obtenu gain de cause.
f. En raison des / Grâce aux / À cause des embouteillages, j'ai raté le dernier train.
g. En raison des / Grâce aux / À cause des intempéries, il est interdit d'emprunter le passage souterrain.
h. En raison du / Grâce au / À cause du feu d'artifice du 14 juillet, le bord de mer sera fermé à la circulation.

475 Reformulez avec « en raison de » ou « grâce à » + nom.

Exemple : Radio France n'émettra pas demain, parce que la grève se poursuit.
→ Radio France n'émettra pas **en raison de** la poursuite de la grève.

a. J'ai affronté cette épreuve parce que mon amie m'a soutenu.
→ ....
b. Une manifestation est prévue la semaine prochaine parce que les négociations ont échoué.
→ ....

13 • L'expression de la cause

c. La classe moyenne est mécontente parce que son pouvoir d'achat a baissé.
→ ....

d. L'âge de la retraite n'augmentera pas parce que le gouvernement a reculé devant les revendications.
→ ....

e. Je m'en sors financièrement parce que mes parents m'aident.
→ ....

f. Les salariés effectueront une reconversion parce qu'ils ont perdu leur travail.
→ ....

g. Les salariés ont demandé une entrevue parce que les conditions de travail s'étaient aggravées.
→ ....

h. Nous avons pu devenir propriétaires parce que nous avons obtenu un prêt avantageux.
→ ....

• « Du fait de », « par/à la suite de »

Le bord de mer est dangereux **du fait des** inondations. • Le trafic est interrompu **par suite d'**un incident. • Les locaux ont été endommagés **à la suite d'**un incendie.

« Du fait de », « par suite de » et « à la suite de » annoncent une cause neutre ou technique. « Par suite de » et « à la suite de » introduisent l'idée d'une succession immédiate. Ils sont suivis d'un nom.

---

476 Reliez le début et la fin des phrases.

a. Par suite d'un accident sur l'autoroute,
b. À la suite d'intempéries,
c. À la suite de la grève des enseignants,
d. Du fait d'une chute de pierres sur les rails,
e. Par suite de travaux,
f. Du fait de l'accident survenu dans la cage d'escalier,
g. Par suite d'encombrements,
h. À la suite du match de foot,

1. des incidents entre supporters se sont produits.
2. il est rappelé qu'il est interdit d'encombrer les paliers.
3. le ministre a reçu les partenaires sociaux.
4. votre demande ne peut aboutir, veuillez rappeler ultérieurement.
5. trois piétons âgés sont décédés.
6. le train est arrivé avec cinq heures de retard.
7. une canalisation a été endommagée.
8. la circulation est ralentie.

477 Reliez les phrases à l'aide de l'expression entre parenthèses, selon le modèle.

Exemple : Mon client a fait appel ; la justice a décidé. (à la suite de)
→ Mon client a fait appel **à la suite de** la décision de justice.

a. Il a gagné la course ; la Ferrari a abandonné. (du fait de)
→ ....

b. La ville datant de l'Antiquité n'est plus visitée ; elle est ensablée. (par suite de)
→ ....

c. La police a préféré l'interroger plus longuement ; il a des antécédents judiciaires. (du fait de)
→ ....

C. La cause avec un nom

d. Je vous adresse la facture de votre climatiseur ; vous l'avez commandé par téléphone. (*à la suite de*)

→ ....

e. Le projet a été annulé ; le budget a été restreint. (*par suite de*)

→ ....

f. Mes amis sont restés quelques jours supplémentaires ; la date de leur voyage a été reportée. (*du fait que*)

→ ....

g. 80 % des emplois ont été maintenus ; l'entreprise a été restructurée. (*à la suite de*)

→ ....

h. La surveillance du magasin est renforcée ; les vols ont augmenté. (*du fait de*)

→ ....

• « Vu », » étant donné »

Vu le nombre des accidents à trottinette électrique, les médecins alertent sur ses dangers. • **Étant donné la recrudescence du froid, la commune mettra à la disposition des sans-abri un centre d'accueil.**

« Vu » et « étant donné » sont plutôt utilisés dans le langage scientifique ou administratif. Ils sont suivis d'un nom et sont invariables.

✋ « En vue de » n'exprime pas la cause mais le but.

→ *Voir le chapitre 11 (p. 176).*

---

478 Associez le début et la fin des phrases.

1. l'économie hexagonale pourrait en tirer des bénéfices considérables.

a. Vu la démographie française, ——→ 2. le pays a une fécondité supérieure à celle de l'Allemagne.
b. Étant donné le grand espace maritime de la France,
3. l'Hexagone est la première destination touristique mondiale.
c. Vu la solidité du crédit,
d. Étant donné le rayonnement de la langue, 4. l'espérance de vie des Françaises est la plus élevée d'Europe.
e. Vu le dynamisme des start-up,
f. Étant donné les 85 millions de visiteurs par an, 5. notre pays n'a pas connu l'effondrement des petites entreprises.
g. Vu l'importance du système de santé, 6. le français est la troisième langue la plus utilisée dans le monde.
h. Étant donné l'évolution du taux de réussite au bac, 7. les inscriptions universitaires augmentent.
8. la France favorise le développement de ces jeunes sociétés qui représentent 11 % de l'emploi.

479 Reliez les phrases avec « étant donné » + nom, selon le modèle.

Exemple : Certaines lignes de bus seront modifiées ; le tramway est mis en service.
→ **Étant donné la mise en service du tramway**, certaines lignes de bus seront modifiées.

a. Il est demandé aux locataires de ne pas déposer de vélos. La cour intérieure est entretenue.

→ ....

b. Les places de stationnement seront annulées ; la rue est élargie.

→ ....

13 • L'expression de la cause

c. Il sera impossible d'organiser la fête des voisins ; les locaux sont petits.

→ ....

d. La réunion annuelle a été reportée ; les travaux sont incertains.

→ ....

e. Les agents verbaliseront les contrevenants ; les trottinettes se multiplient sur les trottoirs.

→ ....

f. Les promeneurs doivent redoubler de prudence ; la chasse est ouverte.

→ ....

g. Il n'y aura pas de chauffage pendant deux jours ; une pièce de la chaudière sera remplacée.

→ ....

h. La directrice a accordé des rendez-vous ; des parents d'élèves sont inquiets.

→ ....

• « À force de », « faute de », « par manque de », « sous prétexte de »

Nous avons obtenu la réouverture d'une classe à l'école, à force de persévérance. • Faute d'argent, je ne suis pas parti en vacances. • Sous prétexte d'un cours de langues, il est resté à l'école.

« À force de » exprime l'intensité, la répétition de la cause ; « faute de » et « par manque de » signifient « en raison du manque de » ; « sous prétexte de », la cause est mise en doute. Ils sont suivis d'un nom.

 « À force de », « faute de » et « par manque de » s'emploient sans article.

---

480 Soulignez l'expression correcte.

Exemple : *Faute de* / À *force de* talent, il n'a jamais percé.

a. Ils ont réussi à surmonter leur peur *faute de* / *à force de* courage.
b. Nous avons eu notre premier enfant *faute de* / *à force de* persévérance.
c. Les partenaires sociaux ont quitté la réunion *faute d'* / *à force d'*accord.
d. *Faute de* / *À force de* moyens financiers, cette entreprise risque de fermer ses portes.
e. *Faute de* / *À force de* personnel, l'hôpital ne peut plus assurer les urgences.
f. *Faute d'* / *À force d'* exercices de respiration, il a fini par vaincre son anxiété.
g. *Faute de* / *À force de* temps, mon inscription ne sera pas prise en compte.
h. L'U.E. ne parvient pas à une entente *faute de* / *à force de* volonté de politique commune.

481 Complétez par « à force de » ou « faute de ».

Exemple : Il vous est impossible de vous inscrire *faute de* place.

a. .... résolution, Manon est parvenue à cesser de fumer.
b. .... réglementation, on peut faire ce que l'on veut.
c. .... pluie, la Seine a atteint son plus bas niveau historique.
d. Nous avons obtenu une salle de réunion pour notre association, ... pétitions.
e. Mon fils s'est présenté aux urgences .... médecin dans notre quartier.
f. .... loyauté, il a perdu tous ses amis.
g. .... volonté, elle a réussi à se mettre à son compte.
h. .... main-d'œuvre, les travaux ont cessé.

C. La cause avec un nom

482 Complétez avec « sous prétexte de » ou « sous prétexte que ».

Exemple : Ils nous ont quittés précipitamment sous prétexte d'une visite médicale.

a. Un collègue n'a pas participé à un cadeau collectif .... il avait des difficultés financières.
b. Son fils est parti rapidement .... un rendez-vous urgent.
c. Les propriétaires n'ont pas renouvelé notre bail .... leur fille reprenait l'appartement.
d. .... un déjeuner d'affaires, le directeur n'a pas assisté à la réunion.
e. Les salariés ont refusé de faire des heures supplémentaires .... surmenage.
f. .... travail, elle a décliné mon invitation.
g. Emma refuse de répondre au téléphone .... elle est malade.
h. La boîte de nuit les a refoulés .... tenue incorrecte.

• « Par », « pour », « de », « à » et « devant »

Ils ont fui **par** lâcheté. • L'élève a été exclu **pour** insolence. • Il est mort **d'**épuisement. • Elle le lui a prêté **à** sa demande. • **Devant** sa mauvaise humeur, elle préféra partir.

- « Par », « pour », « à », « devant », « sous » peuvent s'utiliser pour exprimer la cause.
- « Par » indique un sentiment éprouvé ; « pour » indique un motif de récompense ou de punition et « de » introduit la cause d'un état physique. Ils sont suivis d'un nom sans déterminant.
- « À », « sous » et « devant » sont suivis d'un nom avec article.

---

483 Reliez le début et la fin des phrases.

a. Il meurt   1. de joie, à l'annonce des résultats.
b. Elle sursaute   2. d'orgueil.
c. Il a fait pâlir Chloé   3. d'allergie.
d. Il pleure   4. de fatigue.
e. Elle tremble   5. de surprise.
f. Il est bouffi   6. d'amour.
g. Il est fou   7. de froid.
h. Elle souffre   8. de dépit.

(a → 4)

---

484 Complétez par « pour », « par » ou « de ».

Exemple : Je lui ai souri par sympathie.

a. Les élèves ont été félicités .... leur solidarité.
b. Il a toujours faim, il mange .... gourmandise.
c. Elle a été recrutée .... son charisme.
d. Mon voisin est vert .... rage depuis notre emménagement.
e. Ses parents ont sauté .... joie à l'annonce de la naissance du bébé.
f. Ils se sont mariés .... intérêt.
g. Les accusés ont été condamnés .... fraude fiscale.
h. Elle apprécie son professeur .... sa disponibilité.

13 • L'expression de la cause

485 Complétez librement en exprimant la cause avec « par », « pour » et « de ».

Exemple : Je n'ai rien bu de la journée : je meurs de soif.

a. Je me suis trompé : j'ai pris son parapluie ....
b. La nuit est tombée : il a ralenti ....
c. Nous n'avons pas su répondre aux enfants : nous sommes rouges ....
d. C'était un agent secret : il a été mis en examen ....
e. Il ne l'aime guère mais il l'a salué ....
f. Tu es tellement gentille ! Nous t'admirons tous ....
g. Je voulais être à vos côtés ....
h. À chaque fois que nous revoyons ce film, nous tremblons ....

486 Reformulez en employant « sous », « devant », « à », « de », « pour » ou « par ».

Exemple : Comme elle était sous la domination de ses parents, elle ne prenait aucune initiative.
→ **Sous** l'emprise de ses parents, elle ne prenait aucune initiative.

a. Comme son frère insistait. Il lui a prêté sa moto.
→ ....

b. Le siège a cédé parce que j'y avais déposé mes bagages.
→ ....

c. Comme Alex l'avait demandé, il a été envoyé en mission à l'étranger.
→ ....

d. Ma grand-mère frissonnait parce qu'elle avait de la fièvre.
→ ....

e. C'est parce qu'il est pudique qu'il a détourné le regard.
→ ....

f. Comme ses parents ne le comprenaient pas, il a préféré leur cacher la vérité.
→ ....

g. Nous pleurions tous parce que nous étions heureux.
→ ....

h. Il a été jugé parce qu'il conduisait sans permis.
→ ....

D. La cause avec les autres formes verbales

• « De », « pour » et « faute de » + infinitif

L'écolier a eu une retenue **pour** ne pas avoir fait son devoir. • **Faute d'**avoir déposé son dossier à temps, il n'a pas obtenu de bourse. • Léo est content **d'**être parti en vacances.

- « Pour » + infinitif passé (« avoir » ou « être » + participe passé) exprime la cause.
- « Faute de » + infinitif passé indique la cause manquante.
- « De » + infinitif passé ou présent exprime la cause après un verbe ou un adjectif de sentiment.
- Le sujet doit être le même que celui de l'autre verbe.

✋ « Pour » + infinitif présent exprime le but. À la forme négative, « ne pas » se place devant l'infinitif.

D. La cause avec les autres formes verbales

487 Reformulez avec « pour » + infinitif passé.

Exemple : Il a été condamné parce qu'il avait frappé et blessé un policier.
→ Il a été condamné **pour avoir frappé et blessé** un policier.

a. Un employé a été renvoyé parce qu'il avait giflé un client.
→ ...

b. Cinq militaires ont été décorés de manière posthume parce qu'ils étaient morts au combat.
→ ...

c. Le témoin a été arrêté parce qu'il avait fait un faux témoignage.
→ ...

d. Un adolescent clandestin est mort parce qu'il s'était caché dans le train d'atterrissage d'un avion.
→ ...

e. Le voyageur a dû s'acquitter d'une amende parce qu'il avait fraudé dans le tramway.
→ ...

f. Le collégien a été puni parce qu'il n'était pas arrivé à l'heure.
→ ...

g. Un commerçant a été emprisonné parce qu'il avait tué son agresseur.
→ ...

h. Le commercial a été licencié parce qu'il n'avait pas obtenu de bons résultats.
→ ...

488 Réécrivez en utilisant « pour » + infinitif passé et « pour » + nom.

Exemple : Un pompier a été décoré parce qu'il avait été héroïque.
→ Un pompier a été décoré **pour avoir été héroïque – pour son héroïsme**.

a. Il a été soigné parce qu'il avait été brûlé.
→ ...

b. Le fonctionnaire a été blâmé parce qu'il avait abusé d'alcool.
→ ...

c. Elle est allée aux urgences parce qu'elle avait été mordue.
→ ...

d. Le soldat a été félicité parce qu'il avait été brave.
→ ...

e. Un directeur d'école a été mis à pied parce qu'il avait tenu des propos sexistes.
→ ...

f. Ce serveur a été critiqué parce qu'il avait été maladroit.
→ ...

g. Il s'est fait remarquer parce qu'il avait été franc.
→ ...

h. Ma mère a toujours été admirée parce qu'elle était clairvoyante.
→ ...

13 • L'expression de la cause

489 Reliez le début et la fin des phrases.

a. Louis se rend malade de
b. Un conducteur a été arrêté pour
c. Faute d'
d. Romain n'a pas pu nous rejoindre
e. Julie était furieuse d'
f. Théo vivait chez ses parents
g. Il a perdu 4 points sur son permis
h. Chloé regrette de

1. avoir essayé toi-même, tu ne peux pas savoir.
2. faute d'avoir trouvé un emploi et un logement.
3. travailler de nuit.
4. avoir percuté un policier avec un fourgon.
5. faute d'avoir été prévenu à temps.
6. pour ne pas s'être arrêté au feu rouge.
7. être arrivée avec trois heures de retard.
8. s'être endormie avant la fin du film.

490 Complétez par « faute de », « pour » ou « de ».

Exemple : Elle souffrait d'être seule.

a. Il est mort .... avoir reçu l'organe qui aurait pu le sauver.
b. Il est mort .... avoir eu un accident avec un poids lourd.
c. As-tu vu le film qui s'intitule *Mourir* .... *aimer* ?
d. .... s'être entraîné, il ne gagne plus aucun match.
e. Il s'est réjoui .... s'être marié.
f. Son père est interrogé .... avoir assisté à un cambriolage.
g. Ils sont chagrinés .... ne pas pouvoir venir à mon anniversaire.
h. Elle a fait un malaise .... avoir mangé.

• **« Sous prétexte de », « à force de », « de peur de »**

Sous prétexte d'avoir oublié son portable, il n'a pas répondu à mon appel. • **À force de** crier, elle s'est abîmé la voix. • **De peur de** réveiller ses parents, tard dans la nuit, Alex a préféré dormir sur le canapé.

- « Sous prétexte de » + infinitif présent/passé indique une cause jugée contestable ou fausse.
- « À force de » + infinitif présent/passé exprime l'idée de répétition, d'exagération ou d'insistance.
- « De peur/crainte de » + infinitif présent/passé introduit une idée négative.

 « De peur/crainte de » exprime aussi souvent le but.

---

491 Complétez par « sous prétexte de », « à force de » ou « de crainte de ».

Exemple : Tu vas finir par le casser à force de le manipuler.

a. .... se tromper de numéro, il a préféré raccrocher.
b. .... travailler, il réussira le concours.
c. .... courir par tous les temps, il va finir par tomber malade.
d. .... avoir fini ses devoirs, il est allé jouer avec ses camarades.
e. .... s'être exposé au soleil sans protection, il a eu un mélanome.
f. Il ne veut pas goûter à mon gâteau .... ne pas avoir faim.
g. Léo n'est pas passé chez ses parents .... les déranger.
h. Ma mère me téléphone tous les jours .... prendre des nouvelles des petits-enfants.

D. La cause avec les autres formes verbales

492 Imaginez des prétextes.

Exemple : Elle m'a demandé de payer l'addition sous prétexte d'avoir oublié sa carte de crédit.

a. Sous prétexte de ...., il est arrivé en retard à la faculté.
b. Notre ami a annulé la soirée sous prétexte de ....
c. Paul a quitté la réunion sous prétexte de ....
d. Sous prétexte de ...., il prend des somnifères.
e. La cliente voulait se faire rembourser sous prétexte de ....
f. Mon propriétaire veut récupérer son appartement sous prétexte de ....
g. Sous prétexte de ...., il est parti vivre à l'étranger.
h. Ils ne se sont plus revus sous prétexte de ....

• **Avec un participe présent, un gérondif ou un participe passé**

Ne **parlant** ni russe ni chinois, le candidat n'a pas été retenu. • L'ascenseur **étant** en panne, elle monta à pied.

- On utilise le participe présent ou le participe passé employé seul pour exprimer la cause.
- On rencontre le participe présent surtout à l'écrit. Le sujet des deux propositions peut être différent.
- On peut employer le gérondif si le sujet des deux propositions est identique.
---

493 Associez le début et la fin des phrases.

a. En allant chaque jour à la salle de sport,
b. Étant occupé,
c. Mangeant peu,
d. En ayant fait une cure thermale,
e. Renvoyé de son entreprise,
f. N'ayant pas eu cours,
g. Arrivée trop tard à l'Opéra,
h. Ne s'étant pas revus depuis de longues années,

1. elle a passé une année sans douleurs.
2. il se retrouve au chômage.
3. je ne t'ai pas répondu.
4. les enfants sont rentrés chez eux.
5. il s'est musclé.
6. ils ont décidé de passer le week-end ensemble.
7. il n'a pas pris de poids.
8. elle patienta à l'extérieur jusqu'à l'entracte.

494 Remplacez « comme… » par un participe présent.

Exemple : *Comme je ne sais pas comment vous rencontrer*, je me permets de vous écrire.
→ **Ne sachant pas** comment vous rencontrer, je me permets de vous écrire.

a. *Comme je me réfère aux dispositions légales*, je vous demande de me rembourser la somme de 2 500 euros.
→ ....

b. *Comme elle connaissait l'informatique et était trilingue*, elle obtint le poste de secrétaire de direction.
→ ....

c. *Comme je serai dans votre région*, je souhaiterais vous revoir.
→ ....

d. *Comme il espère une réponse favorable à sa demande*, il fait preuve d'ingéniosité.
→ ....

e. *Comme vous avez des revenus supérieurs*, vous devez vous acquitter de l'impôt.
→ ....

13 • L'expression de la cause

f. *Comme le professeur de chimie est absent jusqu'à jeudi, il rattrapera tous ses cours la semaine prochaine.*
→ ....

g. *Comme l'école se réclamait d'une nouvelle pédagogie, elle eut beaucoup d'inscriptions.*
→ ....

h. *Comme je ne reçois plus mon courrier, je vous remercie d'y remédier.*
→ ....

495 Transformez en utilisant le participe présent à la forme composée.

Exemple : *Étant donné qu'il s'est blessé pendant le cours de gymnastique, il sera couvert par l'assurance scolaire.*
→ *S'étant blessé pendant le cours de gymnastique, il sera couvert par l'assurance scolaire.*

a. *Étant donné qu'elle a obtenu d'excellents résultats, elle a été admise dans une grande université américaine.*
→ ....

b. *Étant donné que les lycéens ont été accusés de fraude, ils ont dû repasser toutes les épreuves.*
→ ....

c. *Étant donné que la bibliothèque a été rénovée, elle sera ouverte au public le mois prochain.*
→ ....

d. *Étant donné que le savant s'est exclusivement consacré à la recherche, il a été récompensé par le CNRS.*
→ ....

e. *Étant donné que les enfants ne s'étaient pas réveillés à l'heure, ils n'ont pas pu assister au cours de maths.*
→ ....

f. *Étant donné que le professeur n'a pas eu le temps de terminer la leçon, il reportera le contrôle.*
→ ....

g. *Étant donné que le surveillant a demandé de déposer les portables à l'entrée de la salle, il a suivi la procédure.*
→ ....

h. *Étant donné que l'élève s'est mal conduit, il a été puni.*
→ ....

496 Reformulez ce qui est en italique avec un participe, en faisant attention au sujet.

Exemples : *J'ai déjà visité ce musée* ; je suis restée à l'hôtel.
→ *Ayant déjà visité ce musée, je suis restée à l'hôtel.*
Elle n'est pas allée au Japon ; *le billet est trop cher.*
→ *Le billet étant trop cher, elle n'est pas allée au Japon.*

a. Il va falloir en prendre un autre. *Le vol a été annulé.*
→ ....

b. Nous devons mettre nos bagages à main en soute ; *nos valises pèsent plus de dix kilos.*
→ ....

c. *Les touristes ont fait une croisière* ; ils ont découvert toute la Méditerranée.
→ ....

d. Les vacanciers ont pratiqué la voile ; *le court de tennis est fermé.*
→ ....

D. La cause avec les autres formes verbales

e. Elle ne connaissait personne dans le club de vacances ; *elle voyageait seule.*
   → ....

f. *Les enfants voulaient partir en colonie* ; nous en avons profité pour faire un circuit en Grèce.
   → ....

g. Nous avons dîné dans ce fameux établissement ; *nos parents sont descendus à l'hôtel Negresco.*
   → ....

h. Les écoliers vont se reposer dans leur chambre ; *toute la classe a été malade durant le voyage en autocar.*
   → ....

497 Soulignez ce qui convient : le gérondif, le participe présent ou les deux.

Exemple : <u>En choisissant / Choisissant</u> une alimentation bio, les consommateurs présentent un risque moindre de 25 % de développer un cancer.

a. Ses enfants *en mangeant / mangeant* trop de sucreries, elle a cessé de leur en acheter.
b. *En faisant / Faisant* vite, j'ai acheté quelques courses avant la fermeture du magasin.
c. La boulangerie *en étant fermée / étant fermée*, nous avons pris le pain au supermarché.
d. Les produits locaux *en ayant séduit / ayant séduit* les consommateurs, les Français achètent des fruits et légumes de saison.
e. Les hypermarchés, *en étant / étant* moins fréquentés, ont vu leurs ventes baisser.
f. Les repas livrés à domicile, *en se multipliant / se multipliant*, touchent une clientèle de tout âge.
g. *En faisant / faisant* les courses en ligne, mes parents gagnent un temps infini.
h. La supérette *en restant / restant* ouverte jusqu'à 21 heures, cela m'arrive d'y acheter quelques produits.

498 Supprimez quand c'est possible « étant » ou « ayant ».

Exemples : Ayant surpris un élève en train de fumer dans l'école, elle le réprimanda. → Impossible.
Étant surpris par le départ de ses amis, il a quitté lui aussi l'amphithéâtre.
→ Surpris par le départ de ses amis, il a quitté lui aussi l'amphithéâtre.

a. Ayant été exclue des cours, je ne l'ai plus revue.
   → ....

b. Étant souvent allée à la bibliothèque, elle y connaît tous les employés.
   → ....

c. Étant renvoyé, je ne peux plus fréquenter le lycée.
   → ....

d. Ayant quitté la salle de classe avant la fin du cours, je ne sais pas si l'on a des devoirs.
   → ....

e. Ayant été absente pendant quinze jours, j'ai dû demander les notes de mes camarades.
   → ....

f. Ayant dormi durant la leçon, il n'a pas su qu'il y avait un contrôle la semaine suivante.
   → ....

g. S'étant réveillé tôt le jour de la rentrée des classes, il arriva le premier au collège.
   → ....

h. Ayant été puni, il a dû venir deux mercredis après-midi au collège.
   → ....

Bilan 13

1. Complétez l'e-mail de Mélanie, qui ne pourra pas se rendre à l'anniversaire de son ami, en choisissant parmi la liste suivante :

pour – par – de – vu que – étant – sous prétexte que – faute de – sachant – ayant vécu – du moment que – étant donné – ayant été surchargée – car – non que – à force de.

Cher Mathieu,

.... (a) de travail, je n'ai pas trouvé un moment pour répondre à ton invitation. Malheureusement, je ne pourrais me rendre à ta fête, ... (b) je ne veuille pas y aller, mais parce que, ce jour-là précisément, mon patron m'a demandé d'accueillir des associés étrangers à l'aéroport. .... (c) chinois, ils doivent être pris en charge jusqu'à leur installation à l'hôtel. .... (d) en Chine trois ans et .... (e) donc parler cette langue, j'étais la seule dans la société à pouvoir m'occuper d'eux d'après mon chef. .... (f) nos relations d'amitié, je suis sincèrement désolée d'être absente pour les quarante ans de mon meilleur ami. Mais comme je te l'ai dit, ... (g) je connais bien ce pays, il a fallu que ce soit moi qui y aille, même si nos partenaires parlent anglais... Je suis rouge .... (h) honte .... (i) je t'avais promis que nous ferions une grande soirée à cette occasion. .... (j) je ne viendrai pas, j'aimerais me faire pardonner. Je t'invite à passer un week-end dans un Relais & Châteaux. .... (k) volonté, nous parviendrons à nous revoir si on se met d'accord sur une date. .... (l) nous le désirons, nous y arriverons. Je te remercie .... (m) ta fidèle amitié et d'ici là je te souhaite un merveilleux anniversaire.

.... (n) amitié, je te prie d'accepter toutes mes excuses.
Je t'embrasse.
Mélanie.

2. Complétez la lettre suivante par les expressions données et conjuguez les verbes entre parenthèses.

vu – étant donné – ce n'est pas que – puisque – pour – c'est parce que – soit que..., soit que – par – en raison du – à la suite de.

Objet : Demande d'indulgence .... (a) une amende SNCF

Monsieur,

.... (b) ne pas avoir présenté de titre de transport lors d'un voyage effectué le 22 septembre dernier entre Nice et Cannes, lors d'un contrôle effectué par l'un de vos agents, j'ai fait l'objet d'une contravention assez importante .... (c) elle s'élève à 150 euros. .... (d) je veuille me soustraire à la loi, mais j'aimerais signaler, Monsieur, que si je n'avais pas de billet, ... (e) on m'avait volé mon sac dans le train. .... (f) vol dont je ne m'étais pas aperçue, je n'ai pu présenter mon titre de transport. Ce n'était ni .... (g) négligence, ni .... (h) désir de frauder mais .... (i. *ne pas retrouver*) mon sac et .... (j. *voyager*) seule, j'étais en infraction. Le contrôleur n'a pas voulu tenir compte de ma bonne foi, ... (k) il .... (l. *avoir*) des doutes, ... (m) il .... (n. *entendre*) de nombreuses fois ce type d'histoire. .... (o) mon cas, je vous prie, Monsieur, de bien vouloir examiner ma demande d'indulgence. .... (p) les circonstances particulières que je vous ai exposées, j'espère que vous y serez favorable.

Je vous remercie par avance et vous prie d'agréer, Monsieur, mes salutations distinguées.
Élodie Lepetit.

14 • L'expression de la conséquence

A. La conséquence simple

> • « Alors », « donc », « aussi », « ainsi »
>
> Ils vivaient ensemble depuis quelques mois **alors** ils ont décidé de se marier. • Marion avait des courses à faire, **aussi** s'est-elle absentée.
>
> La conséquence exprime un résultat, les suites, les effets d'une action ou d'un événement. Elle n'est jamais placée en début de phrase. Elle peut être introduite par des conjonctions comme « **alors** » et « **donc** », ou « **aussi** » et « **ainsi** » (plutôt à l'écrit).
>
> Après « **aussi** », on inverse en général le sujet et le verbe ; ce n'est pas toujours le cas avec « **ainsi** ». À l'écrit, « **donc** » se place plutôt après le verbe conjugué.

499 Soulignez les propositions de conséquence.

Exemple : La route était libre <u>et nous avons effectué le trajet en peu de temps.</u>

a. Les barrières de péages étaient ouvertes, donc nous sommes passés sans payer.
b. La sortie 25 était fermée, aussi sommes-nous sortis à la suivante.
c. Nous avions faim ; nous nous sommes arrêtés à une cafétéria.
d. Sonia a eu besoin de se dégourdir les jambes, aussi avons-nous fait une halte sur une aire de service.
e. Gabrielle voulait prendre le volant, alors je lui ai laissé la place à mi-chemin.
f. Tu conduis trop, donc tu ressens la fatigue.
g. La nuit était tombée, alors la conduite devint plus pénible.
h. Les enfants dormaient à l'arrière ainsi pouvions-nous discuter tranquillement.

500 Reliez le début et la fin des phrases.

a. Tu as chaud, — 1. ainsi allons-nous leur offrir un vol pour Athènes.
b. Mon oncle se sentait fiévreux, → 2. alors enlève ton pull.
c. Vous avez perdu tous vos points, 3. donc la police le suivait depuis quelques jours.
d. J'ai mal aux dents, 4. aussi a-t-il décliné notre invitation.
e. Nos parents ont envie de voyager, 5. alors je vais appeler le dentiste.
f. Cet homme était soupçonné, 6. donc elle ne nous a pas accompagnés.
g. J'avais oublié mes clés, 7. alors j'ai dû retourner les chercher.
h. Pauline avait déjà vu ce film, 8. ainsi devrez-vous repasser le permis de conduire.

501 Reliez le début et la fin des phrases par « alors », « aussi » ou « donc ».

a. La galerie Matisse était ouverte, on l'a 1. visitée.
b. Je n'avais pas faim   alors   2. nous n'avons pas eu à faire la queue.
c. Vous êtes arrivés en retard   3. cherchent-ils à déménager.
d. Fred nous a raconté ses aventures, nous nous sommes   donc   4. passé une bonne soirée.
e. Elle a réservé nos entrées,   5. je me suis couché sans dîner.
f. Ils vont avoir un enfant   aussi   6. reposée.
g. Nous avons vu un excellent film, nous avons   7. n'avez-vous pas vu le début du spectacle.
h. Elle a pris deux jours de congés, elle s'est   8. bien amusés.

14 • L'expression de la conséquence

• « Par conséquent », « en conséquence », « de ce fait »

Il avait envie de voyager, **par conséquent/de ce fait** il a démissionné. • Le jugement a déclaré les preuves insuffisantes ; **en conséquence**, il est acquitté.

- « Par conséquent », « en conséquence » et « de ce fait », dans une langue plus soutenue, introduisent l'effet d'une action.
- « En conséquence » appartient au langage administratif.

502 Complétez par « en conséquence », « par conséquent » ou « ainsi ».

Exemple : Les gaz d'échappement s'intensifient ; *en conséquence* la circulation des véhicules est réduite.

a. Les habitants de la ville sont sensibilisés au tri des déchets, ... se rendent-ils souvent à la déchetterie.
b. La mairie propose un service d'enlèvement des encombrants, ... je t'indique le site.
c. Le ramassage des poubelles se fait le mercredi, ... devrions-nous penser à sortir la nôtre ce soir.
d. Vous avez déposé un vieux canapé dans la rue, ... vous devrez payer une amende de 68 €.
e. Une association a ouvert un jardin partagé, ... tu peux t'inscrire pour y avoir accès.
f. Le bac à verre se trouve en face de chez nous, ... pouvons-nous y déposer facilement nos bouteilles.
g. Une association récupère des vêtements chauds, ... ma mère a commencé à trier nos armoires.
h. Ne jette pas les ordures ménagères à la poubelle, ... pourrons-nous les mettre dans le bac à compost.

503 Complétez par « alors », « par conséquent » ou « aussi ». (Il y a parfois plusieurs réponses possibles.)

Exemple : Sophie venait de jeter ses vieilles bottes, *aussi* s'en est-elle acheté des neuves.

a. Tu as besoin d'une doudoune, ... commandes-en une sur ce site de vente.
b. Nous étions invités à l'Opéra, ... nous nous étions habillés avec soin.
c. Lucas sera le témoin de son frère, ... portera-t-il exceptionnellement une cravate.
d. Mesdames, tous nos pulls sont en promotion, ... ne vous en privez pas.
e. Le magasin attend une clientèle nombreuse pour les fêtes, ... il sera ouvert le 24 décembre.
f. Les soldes d'hiver commencent bientôt, ... j'attends pour m'acheter un manteau.
g. Nous n'avions pas d'idée pour les enfants, ... leur avons-nous offert des T-shirts.
h. Mariella sortait pour la première fois avec son nouvel ami, ... elle portait un élégant tailleur.

504 Complétez par « en conséquence », « de ce fait » ou « par conséquent ». (Il y a parfois plusieurs réponses possibles.)

Exemple : Notre terminal bancaire est défaillant, *par conséquent/de ce fait* je vous demande de payer en liquide.

a. Nous rencontrons des problèmes de trésorerie, ... je souhaiterais un rendez-vous avec mon conseiller.
b. Sa voiture n'a pas démarré ; ...., il est venu par le train.
c. Il a beaucoup plu ces derniers jours ; ...., certains axes sont interdits à la circulation.
d. Les bornes de Vélib étaient vides, ..., je suis arrivé très en retard au bureau.

A. La conséquence simple

e. La ligne A du RER est fermée à partir de 18 h, ..., la RATP vous prie d'excuser ce dysfonctionnement.

f. Le musée d'Orsay était bondé, ..., nous avons flâné sur les quais.

g. Mon mari a égaré sa carte bancaire, ..., je lui ai donné 50 € ce matin.

h. Mon fils Rémi était souffrant hier, ..., il n'est pas allé à l'école.

> **• « C'est pourquoi », « c'est pour cela que », « c'est la raison pour laquelle »...**
>
> Elle avait très froid, **c'est pour ça qu'**elle est sortie de l'eau. Elle tremblait, **c'est la raison pour laquelle** elle s'est rhabillée très vite.
>
> On peut exprimer la conséquence à l'aide de locutions comme « ce qui explique », « c'est pourquoi », « c'est pour cette raison que », « c'est la raison pour laquelle » ou « c'est pour cela/ça que » (plus utilisé à l'oral).

505 Soulignez les propositions de conséquence.

Exemple : On a trop dansé, <u>c'est pourquoi j'ai si mal aux pieds.</u>

a. Pierre a beaucoup bu ; c'est la raison pour laquelle il a préféré rentrer en taxi.
b. J'étais un peu éméché, ce qui explique que je parlais si fort.
c. J'ai un peu trop mangé ; c'est pour cela que je vais faire la diète demain.
d. Elle a eu 18 ans, c'est pour ça qu'elle nous a tous invités.
e. C'est l'anniversaire de Virginie, ce qui explique toutes ces allées et venues dans l'immeuble.
f. Vous avez invité beaucoup de gens, c'est pourquoi on a eu du mal à garer la voiture.
g. La musique était excellente, c'est pour ça qu'on a passé la soirée à danser.
h. Je suis rentrée très tard, c'est pourquoi la station de métro était fermée.

506 Imaginez librement les conséquences.

Exemple : : Il avait beaucoup plu ; c'est la raison pour laquelle les champs étaient inondés.

a. La manifestation est passée par l'avenue de l'Opéra, ce qui explique ....
b. La situation économique s'est améliorée, c'est la raison pour laquelle ....
c. Les syndicats ont appelé à une journée de grève, c'est pourquoi ....
d. Le taux de chômage a baissé, c'est pourquoi ....
e. La réforme des retraites est très contestée ce qui explique ....
f. Le président prendra la parole ce soir sur France 2, c'est pour cela que ....
g. L'hiver sera rigoureux c'est la raison pour laquelle ....

> **• La conséquence logique**
>
> Il a couru le marathon hier **d'où** ses courbatures. • Il n'a pas plu depuis plusieurs semaines ; **il en résulte que** certaines communes sont limitées en eau. • Marc est souffrant, **du coup** il ne viendra pas avec nous.
>
> Des expressions comme « d'où » + nom, « de ce fait », « du coup », « il en résulte que » + indicatif expriment la conséquence avec une nuance de déduction.
>
> « Du coup » s'emploie surtout à l'oral.

14 • L'expression de la conséquence

507 Complétez par « d'où », « du coup » ou « il en résulte que ».

Exemple : L'imprimante ne fonctionne plus, du coup, il faut appeler le service d'entretien.

a. Des vents violents ont soufflé sur l'Aquitaine ; .... des centaines de foyers sont privés d'électricité.

b. L'âge de départ en retraite pourrait être retardé, ... de nombreux Français expriment leur désaccord.

c. Un camion s'est renversé sur l'autoroute A10, ... le tronçon entre les sorties 12 et 13 est fermé à la circulation.

d. Tu es arrivé en retard, ... tu as raté le discours du président.

e. La marée sera particulièrement haute cette nuit, ... le stationnement sur le quai sera interdit de 20 h ce soir 10 h à demain.

f. Le prix des carburants a augmenté .... la hausse des tarifs aériens.

g. Un incendie s'est déclaré dans une école cette nuit, ... les parents sont invités à garder leurs enfants jusqu'à nouvel ordre.

h. Le maire de la ville a été incarcéré, ... il ne se présentera pas aux prochaines élections municipales.

508 Imaginez librement les conséquences logiques.

Exemple : Nous n'avons pas reçu de faire-part ; du coup, nous ne sommes pas invités au mariage.

a. J'ai pris un café avec Madeleine, d'où ....
b. Ma voiture est en panne, du coup, ...
c. Notre entreprise traverse actuellement une période difficile, il en résulte que ....
d. Les Français mangent de moins en moins de viande, d'où ....
e. Le nombre de bacheliers affiche une hausse de 3 %. Il en résulte que ....
f. On soigne de mieux en mieux le cancer. De ce fait, ...
g. L'emploi des jeunes a progressé depuis le premier trimestre. Il en résulte que ....
h. On a déjà donné pour le Téléthon et la Croix-Rouge, du coup, ...

509 Reliez les phrases en employant « du coup », « d'où », « de ce fait » ou « il en résulte que ». (Il y a parfois plusieurs possibilités.)

Exemple : Natacha vient d'obtenir son premier CDI. Elle a décidé de déménager. → Natacha vient d'obtenir son premier CDI ; il en résulte qu'elle a décidé de déménager/ d'où sa décision de déménager.

a. Mathilde a été opérée par un grand chirurgien. Elle n'a aucune séquelle de son accident.
   → ....

b. Mes parents ont invité toute la famille. On réveillonnera tous ensemble.
   → ....

c. Les pistes de ski sont toutes ouvertes. Les vacanciers vont pouvoir en profiter.
   → ....

d. Le bilan de l'année passée est très positif. Le personnel bénéficiera d'une prime exceptionnelle.
   → ....

e. Marielle et Gustave nous ont annoncé la naissance de Florian. Ils vont organiser une petite fête.
   → ....

A. La conséquence simple

f. Ma grand-mère tousse et se sent fiévreuse. Elle a dû attraper froid en faisant le marché.
   → ....

g. Il s'est mis à neiger. Je ne suis pas sortie de la soirée.
   → ....

h. Camille a réussi son concours à l'ENS. Sa carrière est assurée.
   → ....

> • « Sans (que) » et « sous peine de »
>
> **Il supporte la contradiction sans se fâcher.** • **Il ne peut pas chanter sans que ses camarades se moquent de lui.** • **Stationnement interdit sous peine d'enlèvement du véhicule.**
>
> - « Sans » + nom ou infinitif (même sujet) et « sans que » + subjonctif (sujets différents) peuvent exprimer soit l'absence de conséquence, soit la conséquence après une première phrase à la forme négative (dans ce cas, on peut employer « ne » explétif après « sans que »).
> - « Sous peine de » + nom ou infinitif (même sujet) exprime une conséquence inévitable et indésirable.
> ✋ « Sans (que) » peut aussi exprimer la concession et la condition.
>   → Voir les chapitres 16 et 17 (p. 238 et 255).

510 Reliez le début et la fin des phrases. (Il y a parfois plusieurs possibilités.)

a. Il est mort   1. sans qu'on se réveille.
b. Il doit arrêter de fumer   2. sous peine d'être hospitalisé.
c. Marie est partie discrètement   3. sans que leurs enfants en aient été avertis.
d. Vous devez payer l'amende avant le 31 mars   4. sans qu'on l'ait vu une dernière fois.
e. Le dossier ne sera pas classé   5. sans notre accord.
f. La maison a été vendue rapidement   6. sans m'en rendre compte.
g. Les enfants ont emprunté la voiture   7. sous peine de poursuites.
h. J'ai pris la mauvaise route   8. sans que les témoins aient été entendus.

511 Complétez par « sous peine de », « sans » ou « sans que ».
Exemple : Elle est sortie sur la pointe des pieds *sans* faire de bruit.

a. Le véhicule a fait une embardée .... quitter la route.
b. Nous avons perdu du poids .... changer de silhouette pour autant.
c. Votre fils doit s'engager à avoir une conduite exemplaire .... renvoi du collège.
d. Nos collègues ont emporté leurs affaires .... le directeur leur ait parlé.
e. Ne prenez aucune substance dopante .... être éliminé de la course.
f. Prévenez-nous de ses déplacements .... il se sente observé.
g. Consommez ces fruits .... vous priver, ils sont excellents.
h. Nous n'enregistrerons pas cette émission .... les invités ne donnent leur accord.

> • Les verbes de conséquence
>
> **Les chutes de neige ont occasionné de nombreux carambolages.** • **Les tuyauteries en plomb ont provoqué des maladies graves.**
>
> Certains verbes comme « produire », « provoquer », « générer », « entraîner », « engendrer », « créer », « être à l'origine de »… expriment aussi la conséquence

14 • L'expression de la conséquence

512 Écrivez des phrases à partir des éléments fournis en utilisant des verbes de conséquence.

Exemple : Pluies diluviennes / inondations en Normandie.
Les pluies diluviennes ont provoqué / entraîné de fortes inondations en Normandie.

a. Les moustiques / recrudescence du paludisme
→ ....

b. Le réchauffement climatique / élévation de la température
→ ....

c. Prise de conscience écologique / retour vers la nature
→ ....

d. Les vents violents / érosion des côtes
→ ....

e. Le réchauffement climatique / montée des eaux marines
→ ....

f. Interdiction des voitures dans les villes / développement du cyclisme
→ ....

g. Les pics de pollution / augmentation des maladies respiratoires
→ ....

h. Les difficultés de la circulation automobile / hausse du covoiturage
→ ....

B. La conséquence avec la manière et l'intensité

> **• La manière et la conséquence**
>
> La randonnée a duré une semaine **si bien qu'**on a traversé une partie du Vercors. Les chemins étaient magnifiques **de sorte que** nous avons fait de très belles photos.
>
> • « Si bien que », « de (telle) sorte que », « de (telle) manière que » et « de (telle) façon que » + indicatif indiquent la conséquence avec une nuance de manière. Ces expressions s'emploient surtout à l'écrit.
>
> • Dans « tant et si bien que », « tant » renforce la conséquence.
>
> ✋ « De sorte que », « de façon que » et « de manière que » + subjonctif expriment le but, l'intention.
>
> → Voir le chapitre 15 (p. 227).

513 Reliez le début et la fin des phrases.

a. Nous avons pique-niqué,   1. de sorte que nous avons pris le café en route.
b. Elle a pris un raccourci,   2. de manière que nous avons évité les bouchons.
c. Tu avais emporté une thermos,   3. si bien que nous n'avons pas perdu de temps.
d. Ils s'étaient connectés sur leur GPS, 4. de façon que nous ne sommes fatigués ni l'un ni l'autre.
e. J'ai emprunté des routes secondaires, 5. tant et si bien que le trajet nous a semblé moins long.
f. Zoé a conduit la moitié du trajet,   6. de manière qu'elle est arrivée avant nous.
g. Nous nous sommes arrêtés à mi-chemin, 7. de telle sorte qu'ils ont suivi le chemin le plus court.
h. Mon ami avait fait le plein au départ, 8. de telle façon qu'on n'a pas eu besoin de s'arrêter à la station-service.

B. La conséquence avec la manière et l'intensité

514 Complétez librement.

Exemple : Elle a dormi dix heures d'affilée, si bien qu'elle est en pleine forme ce matin.

a. Thierry a fait un long jogging ce matin, de sorte qu'...
b. Ma mère fait un peu de gymnastique chaque jour, de manière que ....
c. Tu es toujours gentil, de telle façon que ....
d. La stagiaire travaille très bien, si bien que ....
e. Le gardien est souvent absent, de telle manière que ....
f. J'ai trop veillé hier, tant et si bien que ....
g. Je me suis bien habillée, de sorte que ....
h. Elle s'est fait couper les cheveux, si bien que ....

> **• L'intensité et la conséquence**
>
> Nous avons **tellement/tant de** travail **qu'**on ne quittera pas le bureau avant 20 h. • On est **si** préoccupés **qu'**on en rêve la nuit. • Il passe son temps à lire, **à tel point qu'**il ne sort plus de chez lui. Il marche **jusqu'à** l'épuisement.
>
> - Verbe + « tellement/tant... que », « tellement/tant de » + nom + « que » et « si/tellement » + adjectif/ adverbe + « que » expriment la conséquence avec une nuance d'intensité.
> - D'autres expressions comme « au point/à tel point que » + indicatif, « au point de » + infinitif, et « jusqu'à » + nom/infinitif expriment la même idée.

515 Associez le début et la fin des phrases. (Il y a parfois plusieurs possibilités.)

a. Noé est
b. Nous avons
c. Vous semblez
d. Mon fils écrit
e. Nos amis gagnent
f. Je cours
g. Émilie fait
h. On sort

1. tant de
2. tant d'
3. tant que
4. tellement
5. tellement de
6. tellement d'
7. si

s. problèmes que je préfère ne pas en parler.
t. bien qu'il a été pris comme stagiaire au journal de la ville.
u. heureux qu'il en pleure de joie.
v. peu que je suis vite essoufflé.
w. progrès qu'on lui a offert une tablette.
x. perdue que je voudrais vous aider.
y. les enfants ne nous voient plus.
z. argent qu'ils achètent n'importe quoi.

(a → 4 → u shown as example)

516 Complétez par « tellement », « tant » ou « si ». (Il y a parfois deux possibilités.)

Exemple : Damien a tellement de connaissances qu'il se fait sans cesse inviter.

a. Il mange .... qu'il a pris trois kilos en un mois.
b. Nous aimons .... l'art que nous sommes abonnés au musée.
c. Elle a .... de chaussures dans son placard qu'elle en oublie certaines.
d. Elle travaille .... vite qu'elle aura terminé ce dossier dans une heure.
e. Mes enfants ont .... confiance en moi qu'ils ne me cachent rien.
f. Tu es .... impliqué dans cette affaire que tu as perdu tout sens critique.
g. Nous sommes partis .... vite que nous avons oublié une valise.
h. Il est inconsolable .... il l'aimait.

14 • L'expression de la conséquence

517 Complétez par « tellement », « tant » ou « si ». (Il y a parfois deux possibilités.)

Exemple : J'ai si froid que je grelotte.

a. Anne a eu .... peur qu'elle n'a pas dormi de la nuit.
b. On a .... mangé que je n'avais plus envie de sortir.
c. Ils sont rentrés .... vite qu'ils m'ont étonnée.
d. Les jeunes passent .... de temps sur les écrans que ça devient préoccupant.
e. Elle a .... dormi qu'elle a les yeux tout gonflés.
f. Les enfants se sont .... amusés qu'ils retourneront dans ce parc d'attractions.
g. On a eu .... d'émotions que je veux bien un petit café.
h. On est .... nombreux dans la famille qu'on ne se voit pas souvent.

518 Reliez les phrases à l'aide du mot entre parenthèses.

Exemple : Ils ont beaucoup d'amis. Ils ne peuvent pas tous les inviter au mariage. (*tant*)
→ Ils ont tant d'amis qu'ils ne peuvent pas tous les inviter au mariage.

a. Nous avons beaucoup ri. Nous nous sommes promis de nous revoir. (*tellement*)
→ ....
b. Ma fille a trop de livres. Sa bibliothèque est pleine. (*tant*)
→ ....
c. Suzanne est très extravagante. On la remarque partout où elle passe. (*si*)
→ ....
d. Mme Bertrand a beaucoup de courses à faire. Elle se les fait livrer. (*tant*)
→ ....
e. Le médecin est très réputé. Son carnet de rendez-vous est toujours plein. (*tellement*)
→ ....
f. Son mari est très stressé. Il ne dort plus la nuit. (*si*)
→ ....
g. Arthur a beaucoup d'humour. Toute sa classe l'adore. (*tant*)
→ ....
h. Notre voiture a beaucoup de kilomètres. On va la vendre. (*tellement*)
→ ....

519 Reliez les éléments qui se complètent. (Il y parfois deux possibilités.)

a. Ils riaient   1. la nausée.
b. J'ai couru   jusqu'à/au   2. vous avez perdu connaissance.
c. Nous avons gagné   3. en avoir mal à la mâchoire.
d. On a mangé   au point de/d'   4. tomber de sommeil.
e. Tu as dansé   5. il le connaissait par cœur.
f. Elle a lu   à tel point que/qu'   6. nous avons joué toute la nuit.
g. Vous avez jeûné   7. vertige.
h. Il a répété son texte   8. ne plus avoir de souffle.

B. La conséquence avec la manière et l'intensité

> **• « Suffire », « trop/pas assez/ assez… pour (que) »**
>
> Il faisait **trop** chaud **pour** aller à la plage. • **Il suffisait de** quelques degrés **pour** nous faire changer d'avis. • Trois minutes **suffisent pour que** la colle soit sèche.
>
> - Les verbes « suffire » et « être suffisant » expriment la condition nécessaire pour que la conséquence se réalise. Ils sont suivis de « pour que » + subjonctif ou de « pour » + infinitif.
> - « Suffire » peut être employé de manière impersonnelle : « il suffit de » + infinitif.
> - Verbe + « trop/assez/pas assez… pour/pour que » + infinitif /subjonctif indique aussi une conséquence.

520 Reliez les éléments qui se complètent.

a. Quinze minutes suffisent
b. Cet homme est trop poli
c. David n'aime pas assez le sucré
d. La soupe est trop chaude
e. Il est déjà trop tard
f. Une semaine de travail ne suffira pas
g. Ces chaussures sont trop usées
h. Il suffit d'un peu d'imagination

1. pour qu'on aille au cinéma.
2. pour que je les porte au mariage de Lucile.
3. pour préparer ce plat de pâtes.
4. pour décorer l'appartement.
5. pour que tu la boives maintenant.
6. pour que tu lui fasses plaisir avec un gâteau.
7. pour être honnête.
8. pour que les ouvriers réparent la toiture.

521 Complétez librement.

Exemple : Lucien est beaucoup trop grand pour apprécier ce genre de jeu.

a. Quelques fleurs suffiront pour que ....
b. Pour arriver à l'heure, il suffit que ....
c. Vous êtes trop scrupuleux pour ....
d. Il suffit que vous nous préveniez un peu à l'avance pour que ....
e. La voiture n'est pas assez confortable pour que ....
f. Vos enfants sont trop jeunes pour ....
g. Il suffit d'une bougie pour ....
h. Chloé est trop timide pour que ....

Bilan 14

Soulignez la locution qui convient.

Conséquences de la déforestation

La déforestation est estimée actuellement à 13 millions d'hectares de forêts qui disparaissent chaque année, ce qui correspond *donc / ainsi* (**a**) à un terrain de football toutes les quinze secondes. L'homme en est presque toujours responsable, mais il est souvent *peu / trop préoccupé* (**b**) par son bien-être immédiat *pour / pour qu'* (**c**) y réfléchir.

Dans des zones en voie de développement, notamment en Amazonie, l'agriculture se développe ; *d'où / aussi* (**d**) des milliers d'arbres sont-ils abattus. L'élevage se multiplie également ; *par conséquent / en conséquence* (**e**), il faut défricher de nouvelles terres pour élever le bétail.

Ainsi / Du coup (**f**) la déforestation est-elle principalement liée aux activités de l'homme, *si bien qu' / c'est pourquoi* (**g**) il faut reconnaître que les raisons économiques sont les premières responsables. En effet, *pour / pour que* (**h**) se chauffer, fabriquer du papier ou du textile, on utilise encore le bois, ce qui *provoque / est la cause* (**i**) un abattage des arbres insuffisamment contrôlé.

De plus, en Europe et en Amérique du Nord, les incendies de forêts se multiplient chaque année, notamment l'été, *c'est la raison pour laquelle / en conséquence* (**j**) des centaines d'hectares disparaissent par négligence. Un autre facteur de déforestation réside dans le développement des zones urbaines et des voies de communication *c'est pour cela qu' / d'où* (**k**) on crée de nouveaux espaces déboisés.

Les conséquences sont dramatiques pour la nature : les surfaces de forêts et de végétation diminuent *aussi / du coup* (**l**) certaines espèces végétales et animales sont-elles menacées de disparaître. Leur milieu naturel est détruit, *alors / d'où* (**m**) certaines espèces d'animaux tendent à disparaître, *sans / du coup* (**n**) se reproduire ni se nourrir.

Par ailleurs, les glissements de terrains, *résultat / généré* (**o**) de l'arrachage des arbres, sont *si / tant* (**p**) dangereux pour la flore qu'ils peuvent la détruire et *favoriser / résulter* (**q**) encore la désertification. En effet, lors de fortes pluies, les roches sont mises à nu, les plantes arrachées et les terrains glissent *du coup / de sorte* (**r**) que des inondations peuvent se produire dans des zones habitées, *c'est pourquoi / d'où* (**s**) des dégâts parfois dramatiques pour l'homme.

Des campagnes de reforestation sont en cours un peu partout dans le monde. *Il suffirait de / Sans* (**t**) planter un grand nombre d'arbres pour que la déforestation ne s'aggrave pas davantage. *Sans / Alors* (**u**) l'aide de chacun, nous n'arriverons pas à enrayer cette catastrophe dont l'homme est en grande partie responsable.

15 • L'expression du but

A. Le but avec le subjonctif

> • « Pour que », « afin que », « de sorte que », « dans l'espoir que », « histoire que »
>
> **Pour que** vous **puissiez** suivre les cours, il vous faudra un manuel. • Je paie des leçons particulières à ma fille **de sorte qu'**elle **suive** mieux en classe **et qu'**elle **ait** de meilleurs résultats.
>
> - « Pour que », « afin que » (plus soutenu), « de sorte que » expriment le but, ce que l'on cherche à atteindre. « Dans l'espoir que » insiste sur le but désiré, et « histoire que » (à l'oral) présente le but comme sans importance.
>
> - Toutes ces expressions sont suivies du subjonctif. On les emploie quand les sujets sont différents. Une deuxième subordonnée est toujours introduite par « que ».
>
> « De sorte que » + indicatif exprime la conséquence. → Voir le chapitre 14 (p. 217).

522 Reliez le début et la fin des phrases.

a. Je viendrai garder vos enfants
b. Elle se présentera à l'entretien
c. Nous avons un site de garde d'enfants sur Internet
d. Nous avons financé les études de notre fille
e. Peux-tu me donner le numéro de ta baby-sitter
f. Je me rends à la mairie
g. Elle fait appel à lui pour du baby-sitting
h. Mon enfant est à la halte-garderie

1. pour qu'elle vienne s'occuper des jumeaux ?
2. afin que les parents aient toutes les informations nécessaires.
3. de sorte que vous puissiez sortir.
4. dans l'espoir que vous la reteniez pour le job d'été.
5. histoire qu'il se fasse un peu d'argent de poche.
6. pour qu'elle devienne puéricultrice.
7. de sorte que mon fils soit inscrit à la crèche.
8. afin que je puisse sortir un peu plus tard du travail.

523 Reformulez avec « de sorte que », selon le modèle. Précisez s'il s'agit d'un but ou d'une conséquence et choisissez le bon mode (indicatif ou subjonctif).

Exemples : Il est rentré tard ; ainsi sa femme s'est inquiétée.
→ Il est rentré tard **de sorte que** sa femme **s'est inquiétée**. (Conséquence.)
Il est rentré tôt ; ainsi sa femme ne s'inquiéterait pas.
→ Il est rentré tôt **de sorte que** sa femme **ne s'inquiète pas**. (But.)

a. Ils ont envoyé leurs enfants en séjour linguistique ; ainsi ils sauraient parler anglais.
→ ....
b. Ils ont envoyé leurs enfants en séjour linguistique ; ainsi ils savent parler anglais.
→ ....
c. Mes amis ont fini leurs études ce printemps ; ainsi ils sont à la recherche d'un emploi dès l'été.
→ ....
d. Mes amis ont fini leurs études ce printemps ; ainsi ils seraient à la recherche d'un emploi dès l'été.
→ ....
e. Il hausse la voix ; ainsi les étudiants du fond de la salle feront attention à son exposé.
→ ....

15 • L'expression du but

f. Il hausse la voix ; ainsi les étudiants du fond de la salle font attention à son exposé.

→ ....

g. Le professeur lui a prêté son stylo ; ainsi l'élève pourrait finir sa composition.

→ ....

h. Le professeur lui a prêté un stylo ; ainsi l'élève a pu finir sa composition.

→ ....

524 Reliez les phrases en utilisant les expressions entre parenthèses pour exprimer un ou deux buts.

Exemple : Le médecin lui a délivré une ordonnance. Elle guérirait rapidement. (*afin que*)
→ Le médecin lui a délivré une ordonnance **afin qu'**elle guérisse rapidement.

a. Des chercheurs souhaiteraient découvrir une cellule immunitaire. On pourrait envisager une thérapie anticancéreuse universelle. (*de sorte que*)

→ ....
....

b. Les autorités sanitaires ont pris des mesures contre l'épidémie. Les individus infectés sont isolés. (*afin que*)

→ ....
....

c. Contre l'obésité, un certain nombre d'initiatives ont émergé ces dernières années dans le monde. Nous pouvons prévenir ce fléau. (*pour que*)

→ ....
....

d. Elle est allée consulter un addictologue avec son enfant. Son fils voudra se sortir de la dépendance. (*dans l'espoir que*)

→ ....
....

e. Mon mari va passer une batterie d'examens médicaux. Je ne lui ferai plus de réflexions sur sa santé. Tout ira bien entre nous. (*de sorte que*)

→ ....
....

f. Nombre d'entreprises prévoient un plan d'action sur le bien-être au travail. Leur personnel connaîtrait moins de stress et il aurait un environnement propice pour travailler. (*afin que*)

→ ....
....

g. Par suite de nos recherches, nous avons décelé une lacune. Celle-ci nous a permis de faire des propositions. Nous améliorerions la qualité de vie des malades souffrant de trouble mental. (*dans l'espoir que*)

→ ....
....

h. J'ai effectué mon stage dans une unité de soins psychiatriques. Ma formation d'infirmière serait complète. (*pour que*)

→ ....
....

A. Le but avec le subjonctif

525 Complétez par « histoire que » ou « afin que »

Exemple : Vos parents se proposent de vous aider **afin que** vous ne soyez plus dans le besoin.

a. Je vous avais écrit .... vous changiez d'avis.
b. Il m'a amené au cinéma .... je me change les idées.
c. Ils travaillent .... leurs enfants fassent des études.
d. On a fait une petite pause .... je prenne l'air.
e. Nous sommes allés sur la terrasse .... vous fumiez une cigarette.
f. Il nous a encouragés .... nous nous efforcions de toujours mieux faire.
g. J'ai sorti le chien .... il se dégourdisse dans le parc.
h. Je suis venue te voir .... on bavarde un peu.

• **L'omission de « pour/afin » devant « que »**

Donne-moi ton manteau, **que** je le mette au vestiaire. • Accordez-moi ce crédit, **que** je puisse créer mon entreprise.

Quand le verbe principal est à l'impératif et que les deux sujets sont différents, « **pour** » ou « **afin** » peuvent disparaître. « **Que** » est suivi du subjonctif.

---

526 Transformez les phrases selon l'exemple.

Exemple : Ne bouge pas ! Je voudrais te prendre en photo. → Ne bouge pas, **que je te prenne en photo** !

a. Regarde-moi dans les yeux ! Je voudrais savoir si tu me mens.
   → ....
b. Poussez-vous, s'il vous plaît ! Nous voudrions entrer dans le métro.
   → ....
c. Explique-moi à nouveau. J'aimerais comprendre.
   → ....
d. Fixons une autre date. J'aimerais être présente.
   → ....
e. Viens, ma chérie ! Nous aimerions te féliciter.
   → ....
f. Donnez-moi les clés. Je voudrais conduire la voiture.
   → ....
g. Reste encore un peu ! Je voudrais finir ce travail avec toi.
   → ....
h. Repassez demain ! J'aimerais vous remettre votre attestation.
   → ....

• **« De peur/de crainte… que… (ne) », « pour/afin que… ne… pas »**

Sara a téléphoné avant de venir **de peur que** nous **(ne)** soyons absents. • Je vous écris **afin que** vous **ne** soyez **pas** surpris par mon absence. • Elle t'a envoyé un texto **pour que** tu **n'**ailles **pas** la chercher.
- « De peur/de crainte que », « pour/afin que… ne… pas » expriment l'idée d'un but à éviter, non souhaité. Ils sont suivis du subjonctif.
- Après « de peur / de crainte que », le verbe est souvent accompagné d'un « ne » sans sens négatif.
→ Voir aussi le chapitre 9 (p. 135).

15 • L'expression du but

527 Transformez avec « de peur que » ou « de sorte que ». Précisez s'il s'agit d'un but à éviter ou souhaité.

Exemple : Passez ce concours ; vous n'aurez pas de regrets.
→ Passez ce concours **de sorte que** vous n'ayez pas de regrets. (*But souhaité.*)

a. Prévenez-la de votre visite ; elle a une réaction trop vive.
→ ....

b. Travaille sérieusement en classe ; tu réussiras dans la vie.
→ ....

c. Soyez plus objectif ; vous analysez mieux la situation.
→ ....

d. Vérifions l'orthographe de ce mot ; tu te trompes.
→ ....

e. Prends la vie du bon côté ; tu seras plus heureuse.
→ ....

f. Rappelez-nous notre rendez-vous ; nous allons l'oublier.
→ ....

g. Il met son téléphone en mode silencieux ; nous sommes dérangés.
→ ....

h. Faites ce qu'il faut ; tout s'arrangera.
→ ....

528 Complétez par « de crainte que » ou « afin que ».

Exemple : On ne vous a rien dit *de crainte que* vous ne vous fâchiez.

a. Cela vous est arrivé de mentir .... on ne vous punisse pas.
b. Il m'a tout caché .... je n'apprenne la vérité.
c. Elle n'a pas cessé de faire son éloge .... il ne me déplaise.
d. Il s'est caché dans le jardin .... tu ne le voies pas.
e. J'ai des voisins qui ne prennent jamais l'ascenseur .... il ne tombe en panne.
f. Il a invité Mélissa au restaurant .... elle ne lui en veuille pas.
g. Nous avons laissé beaucoup de liberté à nos enfants .... ils ne nous fassent pas de reproches.
h. Mes parents ne nous laissent pas seuls le week-end .... on ne reçoive nos amis sans leur permission.

529 Reliez les phrases en utilisant « de peur que » ou « de crainte que ».

Exemple : Elle a tenu à s'excuser. Vous vous êtes fâché. (*de crainte que*)
→ Elle a tenu à s'excuser **de crainte que** vous ne vous soyez fâché.

a. Elle nous a envoyé son adresse par texto. Nous avons mal compris. (*de peur que*)
→ ....

b. Mes amis nous ont téléphoné avant de passer à la maison. On est partis en week-end. (*de crainte que*)
→ ....

A. Le but avec le subjonctif

c. Nous avons offert des chocolats à la gardienne. Les voisins se sont plaints de notre soirée auprès d'elle. (*de peur que*)
→ ....

d. La banque nous a envoyé un courriel. Nous avons oublié le rendez-vous avec notre conseiller. (*de crainte que*)
→ ....

e. Ma mère s'est renseignée auprès du conseiller d'éducation. Je suis arrivé hier en retard au lycée. (*de peur que*)
→ ....

f. Elle n'a pas arrêté de t'appeler. Tu t'es endormie dans le train. Tu as raté la gare. (*de crainte que*)
→ ....

g. Il a demandé à son fils d'aller à votre rencontre. Vous vous êtes trompés de chemin. (*de peur que*)
→ ....

h. Je les avais dissuadés. Ils ont eu l'idée de venir hier. (*de crainte que*)
→ ....

> • « De manière que », « de façon que »
>
> **Elle a cessé tout contact avec vous de manière que vous ne l'importuniez plus.** • **Je lui ai laissé un délai supplémentaire de façon qu'il me rende l'argent que je lui avais prêté.**
>
> - « De manière que » et « de façon que » expriment le but en insistant sur la manière. Ils sont suivis du subjonctif.
>
> ✋ « De manière que », « de façon que » et « de sorte que » + indicatif expriment la conséquence.
> → *Voir le chapitre 14 (p. 217).*

530 **Complétez avec « de manière que » ou « de peur que ».**
Exemple : Le professeur explique la règle de manière que les élèves sachent faire les exercices.

a. L'enseignante parle fort .... le collégien du dernier rang entende ce qu'elle dit.
b. L'instituteur enseigne à ses élèves du cours préparatoire les précautions d'usage et de circulation ....
.... les écoliers fassent attention avant de traverser la rue.
c. Le lycée a renouvelé son matériel informatique .... il ne soit obsolète.
d. La réunion des parents-professeurs a été reportée .... tout le monde puisse y assister.
e. Sa mère lui a conseillé de déménager dans le Sud-Ouest .... il obtienne son master 2 de biologie marine.
f. Iris se renseigne au Salon de l'étudiant .... le cursus universitaire ne lui convienne pas.
g. Mes parents m'ont supplié de poursuivre la faculté .... des diplômes universitaires ne soient indispensables pour trouver un emploi.
h. Elle s'occupait de tout à la maison .... son compagnon ne se consacre qu'au concours de HEC.

531 **Soulignez la réponse qui convient.**
Exemple : Elle donne toujours un double des clés de son appartement à ses parents *de façon qu'* / *de crainte qu'*ils y aillent en cas d'urgence.

a. Il a travaillé jour et nuit *de façon que* / *de peur que* ses enfants ne manquent de rien.
b. On nous a placés à côté de nos amis *de façon que* / *de crainte que* nous soyons à l'aise durant la cérémonie.
c. Les pompiers ont sablé la route *de façon que* / *de peur que* les passants ne glissent pas.
d. Ils ont déplacé leurs sièges *de façon que* / *de peur que* les promeneurs ne les empêchent de voir le feu d'artifice.

15 • L'expression du but

e. Les enfants se sont cachés dans l'armoire *de façon que / de crainte que* leur cousin ne les voie.
f. Nous nous sommes assis le plus près de la fenêtre *de façon que / de peur que* l'air nous rafraîchisse.
g. Ils ont prévenu la police *de façon que / de crainte que* leur fils n'ait eu un accident.
h. Lisez attentivement la recette *de façon que / de peur que* votre plat soit préparé selon la tradition.

B. Le but avec l'infinitif

> • « Afin de », « pour » (Rappel)
>
> **Adrien porte une casquette pour éviter une insolation.** • **Elle a mis sa capuche et des lunettes afin de ne pas être reconnue.**
>
> • « Afin de » + infinitif et « pour » + infinitif s'emploient si les verbes ont le même sujet.
> • La négation se place tout de suite devant l'infinitif, sauf « ne… personne » et « ne… nulle part » qui se placent après l'infinitif.
>
> « Pour » peut aussi exprimer la cause. → *Voir le chapitre 13 (p. 200).*

532 **Complétez en employant le verbe entre parenthèses à la forme correcte.**

Exemple : Tu n'as pas bu d'alcool à la soirée afin de pouvoir (*tu, pouvoir*) conduire.
a. Vous avez choisi un accord à l'amiable afin .... (*vous, ne pas se disputer*).
b. Nous vous proposons des tarifs préférentiels afin .... (*vous, réserver*) dans les meilleurs délais.
c. Ils se sont enfermés dans le bureau afin .... (*on, ne pas les entendre*).
d. Afin .... (*nous, ne pas se réveiller*) trop tôt, nous avons pris un vol à 11 heures.
e. Dis-lui non afin .... (*tu, aller, nulle part*) ce week-end.
f. Un garde circule afin .... (*il, faire*) appliquer des règles strictes.
g. Il l'a aidée afin .... (*elle, réussir*) à faire ses exercices.
h. Afin .... (*il, ne pas faire*) des allers-retours, elle lui a loué un appartement près de la fac.

533 **Reliez le début et la fin des phrases.**

a. Il était prêt à tout afin d'   **1.** demander des renseignements.
b. Pour régler mes achats,   **2.** Quentin cessa de voir ses amis.
c. Nous nous sommes arrêtés à l'office du tourisme afin de   **3.** avoir une bonne situation.
d. Elle a demandé une augmentation de salaire pour   **4.** financer les études de son enfant.
e. Il n'est resté que cinq minutes afin de   **5.** ne jamais le déranger.
f. Je l'appelle toujours avant de venir pour   **6.** les collègues s'isolent dans un bureau.
g. Afin de ne parler à personne de ses ennuis financiers,   **7.** j'ai besoin de prendre ma carte de crédit.
h. Pour ne plus jamais rien dire en sa présence,   **8.** n'ennuyer personne.

534 **Dites si « pour » indique un but ou une cause.**

Exemple : Elle a changé de place dans le bus pour ne pas le saluer. But.
a. Le conducteur de bus a été licencié pour avoir conduit en état d'ivresse durant son service. ....
b. Les transports en commun se sont diversifiés pour répondre à la demande des usagers. ....

B. Le but avec l'infinitif

c. Consultez le site de la ville pour retrouver les informations relatives aux lignes du tramway. ....
d. La commune a été citée pour avoir su préserver l'environnement. ....
e. Les moyens de transport propres sont privilégiés pour assurer un cadre de vie qualitatif. ....
f. Le maire a été sanctionné pour ne pas avoir mis en place de service de transports alternatifs. ....
g. Elle a pris ses dispositions pour ne pas louer de véhicule. ....
h. Cinq parcs relais ont été créés pour stationner gratuitement et rejoindre le centre en tram. ....

535 Complétez librement pour exprimer le but.

Exemple : Évite de lui téléphoner pour *ne pas le déranger*.

a. La circulation a été interdite pour que ....
b. Mes parents ont répondu à notre lettre pour ....
c. Il faut parler de ce problème afin que ....
d. Célia est allée à la banque afin de ....
e. Notre grand-père roule à vélo pour ne pas ....
f. Prenez les transports en commun afin de ne pas ....
g. Ils ont amené leurs enfants à la montagne pour que ....
h. Nous sommes restés à la maison afin de ne pas ....

• **Omission de « pour » et « afin de »**

J'ai assisté à la réunion **pour participer** au vote **et exposer** mon projet. • **Va** chez le marchand de journaux me **chercher** *Le Monde*. • Elle **est restée boire** un verre.

- Quand il y a deux buts (ou plus), on emploie « **pour/afin** » seulement pour le premier, on ne le répète pas.
- Après un verbe de mouvement avec l'auxiliaire « **être** », « **pour** » et « **afin de** » peuvent disparaître. C'est aussi le cas avec les verbes « **courir (avoir couru)** » et « **rester** ».
---

536 Complétez par « pour » quand il est obligatoire.

Exemples : Je suis venu ∅ te rendre les clés.
Nous avons déplacé tous nos meubles **pour** faire un grand ménage de printemps.

a. Passe chez ton grand-père .... lui apporter son déjeuner.
b. Elle est allée à Marseille .... voir ses amies.
c. Ils ont descendu les chaises dans le garage .... les réparer et .... les repeindre.
d. Je suis montée au grenier .... déposer de vieux livres et .... prendre mes chaussures de ski.
e. Les enfants sont partis en ville .... acheter des vêtements.
f. Sortons .... écouter le concert donné dans la rue.
g. Ils ont monté cinq étages .... me livrer mon canapé.
h. En général, mes enfants courent .... répondre au téléphone.

• **« De peur de », « de crainte de », « de façon à », « de manière à », « de sorte à »**

Elle refusa de déboucher la bouteille de champagne **de peur de** blesser quelqu'un. • Il avait noté son rendez-vous **de sorte à** ne pas l'oublier.

- « **De peur de** » et « **de crainte de** » expriment l'idée d'un but non souhaité.
- « **De façon à** », « **de manière à** », « **de sorte à** » indiquent le but et la manière.
- Toutes ces expressions sont suivies de l'infinitif et s'emploient quand il y a un seul et même sujet.
---

15 • L'expression du but

537 Complétez en employant le verbe entre parenthèses à la forme correcte.

Exemple : Clara a pris son parapluie de crainte d'être (*Clara, être*) surprise par la pluie.

a. Il parlait rapidement de façon .... (*il, ne pas être*) interrompu.
b. Ils s'étaient couchés à 21 heures de sorte .... (*ils, affronter*) la longue route qui les attendait à leur réveil.
c. Faites une copie de ce document de manière .... (*ils, en avoir*) un exemplaire.
d. Ils ont installé une alarme de peur .... (*leur appartement, cambrioler*).
e. Ma mère nous a fait un plan détaillé de sorte .... (*nous, ne pas se perdre*).
f. Léo a déménagé près de sa mère de manière .... (*Léo, s'occuper*) d'elle en cas de nécessité.
g. Le moniteur lui montrait les mouvements de façon .... (*l'enfant, reproduire*) exactement les mêmes gestes.
h. Elle mit un bonnet et des gants de peur .... (*elle, attraper*) froid.

538 Terminez librement en employant une forme verbale correcte pour exprimer le but.

Exemple : Il travaillait son piano pendant des heures de manière à connaître son morceau par cœur.

a. Il faudrait l'aider de sorte qu'il ....
b. On lui a donné un médicament de manière qu'elle ....
c. Elle a changé les serrures de crainte que ....
d. Ils ont aménagé la terrasse de manière à ....
e. Mon fils a pris une nounou à domicile de sorte à ....
f. On a suivi une cure thermale de façon à ....
g. Les employés ne lui disent jamais rien de crainte de ....
h. Augmente le volume de façon que nous ....

• « En vue de », « histoire de »

Il travaillera tout l'été **en vue de** s'acheter un scooter. • Je suis passé te voir **histoire de** bavarder un peu.

- « En vue de » indique un but lointain ou proche dans le temps et insiste sur l'idée de projet.
- « Histoire de » présente le but comme sans importance et s'utilise à l'oral.
- Ils s'emploient quand les verbes ont le même sujet et ils sont suivis de l'infinitif.
✋ On emploie « histoire que » quand les verbes ont un sujet différent.

---

539 Complétez par « en vue de » ou « histoire de ».

Exemple : Sara s'est payé des cours particuliers en vue de réussir son concours.

a. Qu'est-ce que tu dirais de sortir .... nous changer les idées ?
b. Je fais une pause de cinq minutes .... souffler un peu.
c. Elle a mis de l'argent de côté .... de faire le tour du monde.
d. Romain a accepté ce poste en province .... fonder une famille.
e. .... promouvoir le sport dans sa commune, la mairie a lancé une enquête auprès des habitants.
f. Il a feuilleté un magazine dans la salle d'attente .... de passer le temps.

B. Le but avec l'infinitif

g. Elle s'est préparée activement à ces éliminatoires .... participer au championnat.
h. Arrêtons-nous quelques minutes .... boire un café.

540 Complétez en employant le verbe entre parenthèses à la forme correcte.

Exemple : Ils ont mis leur appartement sur un site en vue de le vendre (*ils, vendre*).

a. Il a accompagné son amie à l'agence histoire .... (*elle, ne pas y aller*) seule.
b. Elle est sortie histoire .... (*elle, voir*) des copains.
c. J'ai fumé une cigarette histoire .... (*je, me relaxer*).
d. Mes voisins ont déménagé en vue .... (*ils, se rapprocher*) de leurs enfants.
e. Je lui ai fait une remarque histoire .... (*je, taquiner*) un peu.
f. Nous partirons en week-end histoire .... (*vous, oublier*) vos problèmes.
g. Nous avons pris rendez-vous avec notre banquier en vue .... (*nous, placer*) notre argent.
h. Passe à la maison histoire .... (*on, boire*) un verre ensemble.

• « **Dans le but de** », « **dans l'intention de** », « **dans le dessein de** »…

Le DRH a répondu au mail de Chloé **dans le but de** la convoquer pour un entretien. • Il a suivi une formation **dans l'intention de** reprendre une activité professionnelle.

- « Dans le but de », « dans/avec l'intention de », « dans le dessein de » (formel), « dans/avec le souci de », « dans/avec l'idée de », « dans l'espoir de », « dans la perspective de » expriment le but.
- Ils s'emploient quand les verbes ont le même sujet et ils sont suivis de l'infinitif.
---

541 Reliez le début et la fin des phrases.

a. Il a offert des fleurs à son épouse dans l'espoir de
b. Ils ont envoyé à chaque participant un billet de transport dans le souci de
c. Elle est allée dans un SPA dans l'idée de
d. Les voisins sont à la recherche d'une grande maison dans le but d'
e. Ils ont acheté un appartement à Nice dans la perspective de
f. Divers travaux sont prévus dans le dessein d'
g. Gaël envoie son C.V. dans l'espoir de
h. On a renoncé à porter plainte dans l'intention de

1. se relaxer.
2. ne pas lui nuire.
3. se faire pardonner.
4. passer leur retraite sur la Côte d'Azur.
5. bien faire.
6. accueillir toute leur famille pour les vacances.
7. améliorer le réseau routier.
8. recevoir une réponse positive.

542 Complétez librement.

Exemple : Des mesures ont été prises dans le dessein d'accroître le pouvoir d'achat.

a. Je ne pense pas qu'elle peigne dans le but de ....
b. Peut-être que nos amis viendront avec l'idée de ....
c. Elle croit que son amie s'est habillée élégamment avec l'intention de ....
d. Il porte une cravate et un costume avec le souci de ....
e. Elle lui téléphone dans l'espoir de ....

15 • L'expression du but

f. Mon fils va ouvrir un nouveau magasin dans la perspective de ....
g. Les étudiants suivent des études dans le dessein de ....
h. Mes associés désirent créer une succursale à Bordeaux dans le but de ....

C. Le but avec un nom

• « Pour », « en vue de », « de peur de », « de crainte de »

J'ai accepté ce nouvel emploi **en vue d**'une augmentation de salaire. • Cette association milite **pour** la défense des animaux. • Il a préféré ne rien dire **de peur d**'une dispute avec son frère.

« Pour », « en vue de », « de peur de », « de crainte de »… peuvent être suivis d'un nom.

543 Reformulez en remplaçant le verbe par son substantif et en faisant les modifications nécessaires.

Exemple : Pour ouvrir un compte en banque, il est nécessaire d'accomplir des formalités.
→ **Pour l'ouverture d'un compte en banque**, il est nécessaire d'accomplir des formalités.

a. Il a passé un concours *en vue d'être admis à cette grande école*.
→ ....

b. *Pour lancer son entreprise*, il a recouru à un emprunt.
→ ....

c. Ils ont emprunté de l'argent à la banque *en vue d'acheter un appartement*.
→ ....

d. L'écolier mentit *de peur d'être renvoyé*.
→ ....

e. *Pour obtenir un visa*, il faut s'adresser à l'ambassade.
→ ....

f. Elle refuse de descendre à la cave *de crainte de tomber*.
→ ....

g. Munissez-vous de votre pièce d'identité *en vue de signer votre contrat*.
→ ....

h. Il travailla intensément *de peur de perdre son poste*.
→ ....

Bilan 15

1. Soulignez la locution qui convient.

Le bonheur au travail est à la mode dans diverses entreprises. Certaines proposent des congés payés illimités *afin que / histoire que* (a) les salariés ayant atteint leur objectif au cours du mois puissent partir en congé et *pour qu' / qu'* (b) ils aient davantage d'énergie, *dans le dessein de / de sorte que* (c) produire plus en moins de temps.

Pour / Dans le but de (d) le bien-être, mais également *afin d' / de sorte que* (e) attirer de nouveaux talents face à la pénurie de main-d'œuvre dans certains secteurs, les entreprises aménagent le temps du travail. Ces mesures visent aussi à dynamiser le collaborateur *de sorte qu' / de peur qu'* (f) il remplisse ses objectifs dans les délais. *De peur de / De crainte que* (g) les salariés ne soient dans la routine métro-dodo-boulot, les entreprises offrent également des activités sportives dans le cadre du temps de travail. Ainsi les employés prennent-ils plus de plaisir au travail.

Les entreprises s'engagent à ne plus envoyer de nombreux messages urgents *de manière que / afin de* (h) le droit à la déconnexion soit mis en pratique. Elles mettent aussi en place un service de crèche *pour / pour que* (i) les employés ne soient plus stressés au moment de déposer ou de récupérer les enfants. Elles s'engagent à envoyer moins d'e-mails et à avoir plus d'échanges réels *afin de ne pas / dans la perspective de* (j) faire gagner du temps aux salariés et développer la communication. Travaillant avec des architectes et des ergonomes *dans l'intention de / en vue de* (k) l'amélioration du confort des bureaux, les entreprises prennent en compte les besoins de chacun.

Travailler moins *de façon à / histoire de* (l) travailler mieux est également une piste pour certaines entreprises. Une journée de six heures est envisagée *de sorte que / pour* (m) les salariés soient plus productifs et *de sorte que / que* (n) le bien-être des collaborateurs ait sa place au travail.

2. Conjuguez les verbes entre parenthèses à la forme qui convient et soulignez ce qui est correct.

Il y a deux mois, j'ai fait la connaissance d'un nouveau collègue qui m'a fait une forte impression. Victor prend des cours du soir *en vue de / en vue que* .... (a. obtenir) une licence d'économie, alors il se lève tous les jours très tôt *afin de / afin que* .... (b. réviser) ses cours avant de se rendre au travail. Parfois, il fait un petit footing *pour / pour que* .... (c. garder) la forme. Puis il démarre sa journée avec un bon petit-déjeuner *de manière à / de manière que* .... (d. affronter) une matinée bien remplie. Il se rend au travail à vélo dans le souci de .... (e. arriver) à l'heure. *Pour / Pour que* le travail .... (f. être fait), il lui arrive de manger à midi un sandwich tout en travaillant. Puis il prend un café serré *de façon à / de façon que* .... (g. ne pas s'endormir). Il s'occupe activement des dossiers *de peur de / de peur que* ils ne .... (h. pouvoir être traité) à temps. Je l'entends téléphoner *de crainte que / de crainte de* le client .... (i. ne pas venir) au rendez-vous. Dans le but de .... (j. réussir) ses missions, il s'investit beaucoup. Victor agit ainsi avec l'idée de .... (k. avoir) une promotion et attend qu'un collègue .... (l. partir) à la retraite *afin de / afin que* .... (m. prendre) son poste de cadre. Je le vois tout faire *de sorte de / de sorte que* ses supérieurs le .... (n. savoir). Il ne rate pas l'occasion de demander des nouvelles de ses collègues, *histoire que / histoire de* nous le .... (o. trouver) sympathique avec tout le monde. Il m'a même envoyé des fleurs *dans l'espoir que / dans l'espoir de* je .... (p. aller) avec lui à une soirée. Je pense accepter.

16 • L'expression de l'opposition et de la concession

A. L'opposition

> **• L'opposition avec l'indicatif**
>
> En semaine, je me lève tôt **tandis que**, le week-end, je **fais** la grasse matinée. • L'un est expansif **alors que** l'autre **est** réservé. • Nous sommes à l'abri du besoin **quand** d'autres **sont** dans la nécessité.
>
> - L'opposition présente deux faits qui forment un contraste mais qui ne sont pas toujours contradictoires.
> - « Tandis que », « pendant que », « quand » (opposition dans le temps) et « alors (même) que » sont suivis de l'indicatif.
>
> ✋ Ils peuvent aussi être suivis d'un pronom d'insistance : « Elle est grande tandis que lui, il est petit. »

544 Reliez le début et la fin des phrases.

a. Lucie est bonne en mathématiques,
b. Il était prêt à sortir
c. Pendant que je faisais les bagages,
d. Alors qu'il faudrait partir de la boîte,
e. Alors même que les étudiants passaient leur examen,
f. Arthur a une vie sociale épanouissante
g. Lucas a des qualités,
h. Tu joues mal au tennis,

1. elle continue à danser.
2. un exercice d'alerte incendie a été effectué.
3. alors qu'elle est faible en langues.
4. tandis que son frère a trop de défauts.
5. alors que sa femme devait encore se doucher.
6. il se prélassait au bord de la piscine.
7. tandis que tu skies très bien.
8. tandis que son frère a tendance à s'isoler.

545 Reliez les deux phrases à l'aide du mot entre parenthèses.

Exemple : Dans le nord de la France, on cuisine avec du beurre. Dans le sud on utilise l'huile d'olive. (*alors que*)
→ Dans le nord de la France, on cuisine avec du beurre **alors que** dans le sud on utilise l'huile d'olive.

a. En août, l'eau de la Manche est entre 15 et 19 °C. L'eau de la Méditerranée fait de 21 à 25 °C. (*quand*)
→ ....

b. Les salades sont fréquentes dans le Sud. Les pommes de terre sont servies dans le Nord. (*tandis que*)
→ ....

c. On appelle « pain au chocolat » la viennoiserie connue de tous en France. Dans le Sud-Ouest, on la nomme « chocolatine ». (*alors que*)
→ ....

d. On sert du cidre à l'apéro en Bretagne. On boit du pastis dans le Sud. (*pendant que*)
→ ....

e. Le paysage exceptionnel des dunes des Flandres a une affluence faible. Les plages du Sud connaissent une affluence excessive. (*tandis que*)
→ ....

f. Les habitants du nord de la France sont réputés pour leur accueil chaleureux. Les habitants de la capitale sont moins accueillants. (*alors que*)
→ ....

A. L'opposition

g. Pour les Parisiens, le Nord est au-dessus de leur ville. Pour les Marseillais, il se trouve au-dessus de Lyon. (*tandis que*)

→ ....

h. La vie est plus douce et les contacts plus faciles hors des grandes villes. La vie à la campagne nous rend plus dépendants de la voiture. (*quand*)

→ ....

546 Terminez librement selon l'exemple.

Exemple : Je connais bien le théâtre alors que je suis inculte en musique.

a. Elle a peur des chats tandis qu'elle ....
b. Le rap est devenu la musique la plus écoutée aujourd'hui alors qu'il ....
c. Je vais souvent à l'Opéra pendant que je ....
d. Il ne suit pas l'actualité tandis que son frère ....
e. Elle ne connaît pas ses voisins, alors qu'elle ....
f. Pendant que nos parents faisaient fortune, nos grands-parents ....
g. La sœur aînée adore la peinture de la Renaissance tandis que sa cadette ....
h. Noé regardait tranquillement la télévision pendant que moi ....

**• « Au contraire », « à l'opposé », « inversement », « par contre », « en revanche » **

Il n'habite plus en banlieue ; **au contraire** il demeure au cœur de Paris. • Dans mon bureau, il y a des collègues sympathiques, **à l'opposé** il y en a d'autres qu'il faut absolument éviter. • Elle vote à gauche ; **inversement**, son mari vote pour des candidats de droite.

- « Au contraire » oppose une proposition négative (« ne... pas ») à une proposition positive.
- « À l'opposé », « inversement/à l'inverse », « par contre » et « en revanche » (soutenu) opposent des situations contraires.

---

547 Reformulez à l'aide de l'expression entre parenthèses, selon l'exemple.

Exemple : Le repas était excellent, mais les plats n'étaient pas assez variés. (*en revanche*)
→ Le repas était excellent, **en revanche** les plats n'étaient pas assez variés.

a. On t'a commandé une bavette saignante tandis que nous avons pris une côte de bœuf à point. (*par contre*)

→ ....

b. Je finis de manger toujours avant tout le monde alors que ma femme prend tout son temps. (*inversement*)

→ ....

c. Mon fils dévore, mais ma fille mange sans appétit. (*inversement*)

→ ....

d. Certaines personnes ne jurent que par les sushis alors que d'autres pensent qu'ils ont envahi nos tables. (*à l'opposé*)

→ ....

e. Nous ne sommes pas encore servis tandis que nos voisins demandent déjà l'addition. (*en revanche*)

→ ....

f. Raphaël n'avait pas faim, mais Adèle avait une faim de loup. (*au contraire*)

→ ....

16 • L'expression de l'opposition et de la concession

g. Certains s'habillent élégamment pour un dîner aux chandelles, d'autres sont vêtus plus simplement pour cette occasion. (*à l'opposé*)

→ ....

h. Avant Adam ne buvait que de l'eau à table alors qu'aujourd'hui, il a commandé un excellent bordeaux. (*au contraire*)

→ ....

548 Complétez librement.

Exemple : Les Français adorent les fromages forts et odorants, à l'opposé des touristes étrangers qui préfèrent les fromages aux arômes moins prononcés.

a. Vivant sur un archipel où cohabitent de nombreuses cultures, les habitants sont hospitaliers, inversement leurs voisins ....

b. Le directeur de l'hôtel a été satisfait du nombre des réservations, en revanche il ....

c. Nous n'avons pas envie de découvrir de nouveaux horizons, au contraire nous ....

d. Il souhaite se reposer sur une île paradisiaque ; à l'opposé, ses amis ....

e. C'est un pays rêvé pour faire des rencontres inoubliables, par contre, il ....

f. Les voyageurs rencontreront dans le Sud un peuple à la fois ouvert, drôle et accueillant ; à l'opposé, dans le Nord ils ....

g. C'est une destination très prisée des touristes pour son littoral et sa cuisine succulente. En revanche, elle ....
....

h. Ces petites îles n'abritent pas des habitants charmants, chaleureux, au contraire, elles ....
....

• « Contrairement à », « à l'opposé de », « inversement à », « contre » + nom

Contrairement à mes attentes, Noé a refusé d'être le témoin de mon mariage. • **À l'opposé du** marié, la mariée avait de nombreux invités. Ils se sont dit « oui » à Las Vegas, **à l'inverse de** leurs amis.

Avec un nom ou, parfois, un pronom, on peut employer :
- « contrairement à », « à l'opposé de », « inversement à/à l'inverse de », « à la place de » (idée d'opposition ou de substitution) ;
- « à la différence de », « au lieu de », « à l'encontre de » (langage soutenu) ;
- « contre », « face à » (idée de comparaison).

---

549 Reliez le début et la fin des phrases.

a. Contrairement aux prévisions des sondages qui annonçaient la victoire de la droite,	1. le gouvernement a annoncé des mesures sociales.
b. Il refuse d'intervenir dans les affaires politiques,	2. le candidat écologiste a gagné les élections.
c. Face au fiasco des élections,	3. les partis de gauche se sont remis en question.
d. À la place des partis politiques,	4. c'est contre tous ses principes.
e. Consommer sans compter,	5. les militants adhèrent à des associations.
f. Au lieu de nouvelles mesures fiscales,	6. va à l'encontre des convictions actuelles.
g. À l'inverse de mes parents,	7. à la différence de celle du Président qui a lieu tous les cinq ans.
h. L'élection du maire a lieu tous les six ans,	8. je ne vote pas.

(a → 2)

A. L'opposition

550 Soulignez l'expression d'opposition qui convient.

Exemple : À la différence / <u>Contrairement</u> à toi, je n'ai pas apprécié ce restaurant.

a. Ma fille a interrompu ses études pour passer un an en Asie à *l'inverse / contrairement* à toutes mes recommandations.
b. Les voitures roulent à gauche en France *à l'opposé / face* des trains qui, eux, roulent à droite.
c. *Face / À la place* à la montée des accidents de la route, une campagne de sécurité routière s'impose.
d. Thomas leur a cuisiné un plat espagnol *contrairement / au lieu* du traditionnel gigot d'agneau.
e. *Contrairement / À la différence* aux idées reçues, de nombreuses études démontrent que la mixité au travail améliore la performance des entreprises.
f. D'après des sources universitaires, *à la place / face* aux hommes, 70 % des femmes parviendraient mieux à faire plusieurs choses à la fois.
g. *À la différence / au lieu de* son père, Sara gagne bien sa vie.
h. 39 % des femmes ayant plusieurs enfants travaillent à temps plein, *à l'inverse / contrairement* des hommes qui, dans la même situation, sont 92 %.

• L'opposition avec un infinitif

Au lieu de regarder la télévision, tu ferais mieux de m'aider. • **Loin de** lui **cacher** la vérité, elle lui a tout révélé. • Donne-moi un coup de main **plutôt que de** rêvasser.

« Au lieu de », « loin de » (plus soutenu), « plutôt que de » sont suivis de l'infinitif.

---

551 Complétez par « au lieu de » ou « contrairement à ».

Exemple : Contrairement à ce qu'on m'avait dit, les femmes, au lieu d'être payées 25 % de moins que les hommes, sont en réalité payées 17 % de moins.

a. .... prendre un congé parental de six mois, mon mari a préféré prendre un congé d'un an, ... moi.
b. .... des rumeurs qui ont circulé, le DHR l'a gardé .... le licencier.
c. .... ses espoirs, on lui a accordé quinze jours de vacances en juillet .... lui donner trois semaines en août.
d. Ma collègue prolongera son congé de maternité .... reprendre son poste en début d'année, ... ses prévisions.
e. .... ce qu'il pensait, Benjamin a reçu une prime .... obtenir une augmentation de salaire.
f. Elle a demandé à faire des heures supplémentaires le soir .... travailler le dimanche, ... lui.
g. Arnaud a juste jeté un coup d'œil dans les dossiers .... s'y plonger sérieusement, ... ce que nous attendions de lui.
h. .... eux, je pense qu'............................ sanctionner les entreprises pour le non-respect de l'égalité salariale, il faudrait les contrôler et les inciter à l'appliquer.

16 • L'expression de l'opposition et de la concession

552 Reformulez à l'aide de l'expression entre parenthèses, selon le modèle.

Exemples : Je vais prendre une glace. Je ne vais pas prendre de tartre. (*au lieu de*) → **Au lieu de** prendre une tarte, je vais prendre une glace./ Je vais prendre une glace au lieu de prendre une tarte.

Cet emploi ne le satisfait pas. Il l'a plongé dans la dépression. (*loin de*) → Cet emploi, **loin de** le satisfaire, l'a plongé dans la dépression.

a. Ils se sont battus toute leur vie pour chercher la vérité. Ils n'ont pas oublié cette tragédie. (*au lieu de*)
→ ....

b. Il ne l'a pas démentie. Le ministre a préféré confirmer l'information. (*plutôt que de*)
→ ....

c. Cette nouvelle relation ne l'a pas stabilisée. Elle l'a perturbée. (*loin de*)
→ ....

d. Ses amis ne l'ont pas déçue. Ils l'ont soutenue dans cette triste épreuve. (*loin de*)
→ ....

e. Je veux me promener au bord de la mer. Je ne vais pas faire les courses au supermarché. (*plutôt que de*)
→ ....

f. Ses parents n'ont pas refusé. Ils l'ont encouragé à faire le tour du monde. (*loin de*)
→ ....

g. Il ne se repose pas. Il travaille aussi le week-end. (*plutôt que de*)
→ ....

h. Tom ne va pas accepter des petits boulots. Il va reprendre ses études. (*au lieu de*)
→ ....

B. La concession

> **• « Alors que », « même si » et « quand bien même »**
>
> Il n'est pas reconduit à son poste **alors que** c'est un bon enseignant. • **Même si** tu as fait des progrès, tu as des résultats médiocres. • **Quand bien même** il rattraperait son retard, il aurait du mal à suivre.
>
> On utilise la concession pour introduire une conséquence inattendue, illogique ou en opposition avec les faits.
>
> - « Alors que » est suivi de l'indicatif.
> - « Même si » est suivi de l'indicatif et présente un élément comme sans effet.
> - « Quand bien même », plus formel, a le même sens mais il est toujours suivi du conditionnel.
>
> « Alors que » peut aussi exprimer une opposition (*voir p. 238*).

553 Dites s'il s'agit d'une opposition (O) ou d'une concession (C).

Exemples : Ma sœur va voir souvent sa famille alors qu'elle ne rend jamais visite à ses beaux-parents. (O)
Ma sœur va voir souvent sa famille alors qu'elle a horreur des réunions familiales. (C)

a. Sa mère a skié toute la journée alors qu'elle n'aime ni le froid ni la neige.
b. Nous sommes jumeaux alors que nous ne nous ressemblons pas.

B. La concession

c. Lara est économe alors que sa jumelle est dépensière.
d. Ses cousins sont intéressants alors que ses cousines sont à mourir d'ennui.
e. On croit mon grand-père patient alors qu'il est empressé.
f. Son gendre souhaite se présenter aux élections municipales alors qu'il ne s'est jamais soucié de la vie locale.
g. Ma nièce n'achète que des sacs à main de luxe alors qu'elle a peu de moyens.
h. Mon petit ami a commandé un repas très copieux alors qu'il est au régime.

554 Complétez par « quand bien même » ou « même si ».

Exemple : **Même si** vous avez l'air d'être en forme, vous êtes fiévreux.

a. .... vous auriez un excellent C.V., nous n'avons aucun poste à pourvoir.
b. .... tu me le demandais, je ne te dirais rien.
c. .... elle me quitterait, je ferais tout pour la retrouver.
d. Il sait conduire une voiture .... il n'a jamais pris de leçon de conduite.
e. .... le restaurant serait fermé, nous irions à la brasserie d'à côté.
f. .... ma fille m'aurait invité, je n'aurais pas accepté.
g. .... tu revenais, je ne te pardonnerais pas.
h. .... vous vous seriez réveillé à l'heure, vous ne seriez pas arrivé à temps.

555 Terminez librement les phrases.

Exemple : Quand bien même tu m'aurais prévenu plus tôt, *je n'aurais pas pu la rencontrer.*

a. Même si tu n'avais pas beaucoup d'argent quand tu étais étudiant, ...
b. Elle rend visite tous les jours à son père hospitalisé alors que ....
c. Quand bien même je gagnerais un jour au loto, ...
d. Quand bien même nous aurions réussi notre examen, ...
e. .... même si j'avais travaillé davantage.
f. L'élève a été puni alors que ....
g. Même si elle a une allure très sportive, ...
h. Quand bien même Mathieu serait venu nous chercher, ...

• « Cependant », « néanmoins », « toutefois », « pourtant », « quand même »…

Il n'est pas venu et **pourtant** c'était un rendez-vous très important pour son avenir. • Il y avait un embouteillage à l'entrée de la ville **cependant** nous sommes arrivés à l'heure.

- « Toutefois », « néanmoins » et « cependant » (plus formel) sont synonymes. Leur place est variable : en tête de proposition, après le verbe ou l'auxiliaire.
- « Pourtant » introduit une opposition forte. Il a une position variable et peut s'accompagner de « et ».
- « Quand même » et « tout de même » s'utilisent à l'oral pour marquer une insistance et se placent après le verbe. Ils peuvent être accompagnés de « et/mais ».

16 • L'expression de l'opposition et de la concession

556 Reliez le début et la fin des phrases.

a. Noé m'avait assuré qu'il me rembourserait les 1 000 euros que je lui avais prêtés,
b. Je n'aime pas la cravate qu'elle m'a offerte, mais
c. Nathan était contre le mariage,
d. On n'est pas invités et
e. Elle est myope et
f. Tu as beaucoup mangé,
g. Ayant des opinions divergentes,
h. Le directeur était très occupé,

1. toutefois il se maria trois fois.
2. cependant il ne me les a toujours pas rendus.
3. pourtant elle ne porte ni lunettes ni lentilles.
4. je la porterai quand même.
5. ils se sont néanmoins toujours respectés.
6. on y va tout de même.
7. néanmoins nous sommes parvenus à le rencontrer.
8. tu n'avais pas faim, pourtant.

557 Reformulez à l'aide de l'expression entre parenthèses, selon le modèle.

Exemple : Il a offert une croisière à ses enfants. Il a un petit salaire. (*toutefois*)
→ Il a un petit salaire, **toutefois** il a offert une croisière à ses enfants.

a. Ce serait plus pratique que d'y aller à pied. Je préfère aller faire les courses en voiture. (*quand même*)
→ ....

b. Je n'ai pas beaucoup dormi. Je ne suis pas fatigué. (*et pourtant*)
→ ....

c. Tu me l'avais promis. Tu n'as pas encore rédigé ton mémoire. (*pourtant*)
→ ....

d. Les représentants du personnel ont rencontré des difficultés. Ils ont obtenu gain de cause. (*toutefois*)
→ ....

e. Prenez votre temps. Je dois partir dans quelques minutes. (*néanmoins*)
→ ....

f. Il est au chômage. Il fera des cadeaux pour Noël. (*mais... tout de même*)
→ ....

g. Je n'ai pas de réponse à vous donner. J'ai bien saisi le sens de votre question. (*cependant*)
→ ....

h. Elle ne pourra pas l'épouser. Elle aime Léo. (*néanmoins*)
→ ....

• « Bien que », « quoique », « sans que » + subjonctif

Bien que mes parents **fassent** du sport, cela n'a aucun effet sur leur stress. • **Quoique** ayant réussi son examen, il craint de ne pas pouvoir s'inscrire à la faculté. • Elle est sortie **sans que** vous l'**ayez vue**.

- « **Bien que** » et « **quoique** » (à l'écrit) sont souvent en début de phrase et sont suivis du subjonctif. Lorsque les deux verbes ont le même sujet, ils peuvent être suivis d'un adjectif ou d'un participe (présent ou passé) sans verbe conjugué.

- « **Sans que** » introduit une concession négative et est suivi du subjonctif. Il s'utilise si les deux sujets sont différents.

- « **Quoique** » peut être utilisé tout seul, sans verbe, à la fin d'une phrase... Il signifie alors « **on ne sait jamais** ».

✋ « **Sans que** » peut aussi exprimer la conséquence et la condition.

→ *Voir les chapitres 15 (p. 227) et 17 (p. 255).*

B. La concession

558 Reformulez en utilisant « bien que », selon le modèle.

Exemple : La tour Eiffel peut être l'attraction touristique la plus célèbre de France. Cependant, Disneyland est l'attraction la plus visitée par les touristes. → **Bien que** la tour Eiffel puisse être l'attraction touristique la plus célèbre de France, Disneyland est l'attraction la plus visitée par les touristes.

a. Le Français boit en moyenne 30 litres de bière par an. Il est cependant bien loin du Tchèque qui consomme 144 litres de bière.

→ ....
....

b. Le marché de l'alimentation bio en France est en pleine expansion et représente 9,7 milliards d'euros. Cependant, le Danemark reste le leader dans le domaine.

→ ....
....

c. 75 % des 18-30 ans voudraient partir à l'étranger pour une période de plus de trois mois. Cependant, seuls 26 % des interrogés ont déjà quitté la France pour un long séjour.

→ ....
....

d. L'Hexagone a toujours plus investi dans sa santé que ses voisins. Cependant, une commune sur trois manque de médecins généralistes proches.

→ ....
....

e. Le temps que l'on passe chaque semaine sur les applis de rencontre est de 4 heures. Cependant, 50 % des utilisateurs français mettent moins de 30 secondes à déterminer si une personne leur plaît.

→ ....
....

f. Pour 19 % des Français, la vie en ville correspond à leur paradis. Cependant, ils comprennent que la grande majorité de leurs compatriotes voient dans la campagne un cadre de vie idéal.

→ ....
....

g. 62,5 % des éleveurs français ont repris l'exploitation de leurs parents. Cependant, la reprise de l'exploitation est désormais le fruit d'une décision personnelle.

→ ....
....

h. 85 % des jeunes Français sont heureux. Cependant, ils redoutent la dégradation de l'environnement.

→ ....
....

559 Complétez par « quoique » ou « sans que ».

Exemple : La vente de la maison s'est faite sans que son mari soit présent.

a. Il a fait visiter l'appartement .... les propriétaires n'aient pas été informés.
b. .... on s'y attende, l'agent immobilier nous a fait une offre très intéressante.
c. Les acquéreurs ont changé la date de la signature de la vente .... le notaire le sache.

16 • L'expression de l'opposition et de la concession

d. .... ayant vu la villa, les visiteurs ont voulu la revisiter.
e. L'architecte continue de nous contacter .... le projet de construction ait été abandonné.
f. Son mari a mis la maison en agence .... elle veuille la vendre.
g. .... la propriété soit mal entretenue, elle a trouvé facilement preneur.
h. .... l'agent ait fait voir le jardin aux visiteurs, il a conclu la vente du chalet.

560 Terminez librement.

Exemple : En classe, Lou joue à un jeu sur son téléphone sans que le professeur s'en aperçoive.

a. L'élève a obtenu une mauvaise note quoique ....
b. On a eu un contrôle en maths sans que ....
c. Tom se bat à l'école bien que ....
d. Adèle a réussi son bac L quoique ....
e. Il a été frappé sans que ....
f. Rémi n'ose pas réciter la poésie bien que ....
g. La maîtresse a compris sans que ....
h. Les collégiens ont été punis bien que ....

• « Qui que », « quoi que », « (d')où que », « quel(s)/quelle(s) que soi(en)t »

Quoi qu'elle **puisse** dire, je ne la crois plus. • **Où que** vous vous **trouviez** dans l'hôtel, vous verrez la mer.
• **Quelles que soient** leurs raisons, ces élèves n'ont pas à être en retard.

- « Qui que » (animé), « quoi que » (inanimé), « (d')où que » (lieu) sont suivis du sujet puis du subjonctif.
- « Quel(s)/quelle(s) que » est suivi des verbes « être » ou « pouvoir être » au subjonctif puis d'un nom. Il s'accorde en genre et en nombre avec ce nom.
- Ils indiquent que la personne, l'action, le lieu n'ont pas d'importance.

✋ Il ne faut pas confondre « quoique » = « bien que » et « quoi que » = « peu importe quoi ».

---

561 Complétez par « qui que », « quoi que », « (d')où que », ou « quel que » à la forme correcte.

Exemple : Quoi qu'on vous ait dit, vous n'êtes pas à la bonne adresse.

a. .... soient leurs divergences, ils seront forcés de s'entendre.
b. .... tu viennes, sois la bienvenue chez nous.
c. .... tu ailles, je serai toujours à tes côtés.
d. .... on dise, vivre à la campagne, c'est reposant.
e. .... soit votre décision, je la respecterai.
f. .... soit le temps, nous nous entraînons au stade.
g. .... soient ses efforts, je pense qu'il échouera.
h. .... tu saches, ne dis rien.

562 Soulignez la forme correcte.

Exemple : *Qui que* / Quoi que ce soit qui téléphone, tu ne réponds pas.
a. *Quoi que* / *Quoique* témoins, ils ont refusé de témoigner.
b. *Quoi qu'* / *Quoiqu'* il fasse chaud, je préfère mettre un pull léger.

B. La concession

c. *Quoi que / Quoique* vous disiez, vos propos sont incompris.
d. *Qui que / Quel que* nous rencontrions, ne posons aucune question.
e. *Quelle que / Où que* tu veuilles habiter, il te faudra verser une caution.
f. *Quels que / Quoi que* puissent être ses souhaits, elle devra d'abord passer son bac.
g. *Quoi que / Quoique* j'aie pu dire, je ne le regrette pas.
h. *Quel que / Qui que* soit ton projet, on te soutiendra.

• « Si/Aussi/Tout » + adjectif

Si paresseux qu'ils soient, ils savent donner un coup demain quand il le faut. • **Aussi** triste qu'elle paraisse, elle ne doit pas baisser les bras. • **Tout** pauvre qu'il soit, il m'offre toujours des fleurs à mon anniversaire.

- « Si/aussi/tout » + adjectif + « que » introduisent une idée d'intensité avec un jugement personnel. Ils sont suivis du subjonctif.
- « Tout... que » peut s'utiliser avec le subjonctif ou l'indicatif.

---

563 Transformez à l'aide du mot entre parenthèses, selon l'exemple.

Exemple : Il est très fort, mais ce meuble est trop lourd pour lui. (*si*)
→ Si fort qu'il soit, ce meuble est trop lourd pour lui.

a. Elle est célèbre, mais cette chanteuse demeure inconnue dans toute l'Asie. (*aussi*)
→ ....

b. Ils paraissent répétitifs, mais ses oublis sont sans conséquences. (*si*)
→ ....

c. Ils sont compliqués, mais les dossiers sont intéressants. (*aussi*)
→ ....

d. Il paraît charmant en société mais il est désagréable dans l'intimité. (*tout*)
→ ....

e. Mon fils est timide, mais il est allé inviter la voisine. (*si*)
→ ....

f. Cela peut sembler inutile, mais cette nouvelle machine est indispensable. (*aussi*)
→ ....

g. Cela paraît incroyable, mais c'est la réalité. (*si*)
→ ....

h. Cela peut sembler dérisoire, mais la situation est grave. (*tout*)
→ ....

16 • L'expression de l'opposition et de la concession

> • « Sans », « au risque de », « quitte à », « avoir beau » + infinitif
>
> Il a réussi tous ses partiels **sans avoir travaillé**. • Je vais te dire la vérité **au risque de/quitte à te décevoir**.
> • J'**ai beau étudier tous** les jours, je rate tous mes examens.
>
> ▪ « **Sans** » introduit une concession négative, « **quitte à** » et « **au risque de** » expriment la nécessité de tenter quelque chose malgré un danger. Ils s'emploient si les deux sujets sont identiques et ils sont suivis d'un verbe à l'infinitif.
>
> ▪ « **Avoir beau** » + infinitif indique qu'un effort n'a pas eu de résultat. Il se place en début de phrase.

564 Complétez par « sans », « quitte à » ou « avoir beau » à la forme correcte.

Exemple : Il s'est inscrit à un tournoi d'échecs *sans* avoir une seule chance de gagner.

a. Il .... faire des économies, il est toujours à découvert.
b. Ils sont partis au collège .... avoir pris leur petit-déjeuner.
c. Nous avons roulé six heures .... avoir fait le plein d'essence.
d. Mes parents .... organiser la fête des voisins, ils ont peu de succès.
e. Max préfère acheter de bons produits coûteux .... ne pas les prendre en grande quantité.
f. On a décidé d'aller à Venise à la dernière minute .... dormir dans un hôtel à Mestre.
g. Laura .... faire des heures supplémentaires, elle ne parvient pas à rembourser toutes ses dettes.
h. Je terminerai la rénovation de mon appartement .... ne pas prendre de vacances.

565 Complétez par « sans », « sans que », « avoir beau » à la forme correcte ou « au risque de ».

Exemple : Il *avait beau* surveiller ses comptes bancaires, des dépenses étaient effectuées frauduleusement.

a. Noé .... se défendre, personne ne le croyait.
b. Il dépense sans compter .... être interdit bancaire.
c. Julie a utilisé la carte de crédit de sa mère .... on lui en ait donné l'autorisation.
d. Certains restaurateurs n'acceptent pas les chèques, ... perdre des clients.
e. À cause de mes découverts, je paie des frais bancaires élevés .... comprendre les tarifs des commissions.
f. La banque lui a accordé un crédit pour l'achat de sa maison .... il ait un capital personnel.
g. Le suspect .... affirmer qu'il n'avait pas volé de carte de crédit, on ne l'a pas cru.
h. Nous aimerions changer de banque .... savoir quel établissement bancaire choisir.

> • « Malgré », « en dépit de », « sans », « au mépris de » + nom ou pronom
>
> **Malgré** les pluies de ces derniers jours, la sécheresse persiste. • **En dépit de** tous ces problèmes, il reste confiant. • Il a été embauché **sans** les compétences exigées. • **Au mépris du** danger, elle a escaladé le mur d'enceinte.
>
> ▪ « **Malgré** », « **en dépit de** » (plus soutenu), « **sans** », « **au mépris de** » sont synonymes de « sans tenir compte de ». Ils sont suivis d'un nom ou d'un pronom.

B. La concession

566 Reliez le début et la fin des phrases.

a. Au mépris des règles du jeu,
b. Malgré sa victoire au Japon,
c. Sans mauvaise intention,
d. Malgré elles,
e. Au mépris des conventions de la danse,
f. Sans votre aide,
g. En dépit de ses promesses,
h. Au mépris des lois,

1. les volleyeuses ont essuyé une lourde défaite.
2. il a plaqué au sol son adversaire.
3. il n'a pas été sacré meilleur judoka du championnat.
4. les footballeurs se sont battus sur le terrain.
5. ma fille ne porte pas de tutu.
6. Léo ne s'est pas entraîné durant ces derniers mois.
7. 70 % des salles de sport ne respectent pas le droit des consommateurs.
8. j'ai tout de même obtenu des places pour la finale.

567 Transformez les phrases avec « malgré » ou « en dépit de » selon le modèle.

Exemple : Vous êtes allée à la piscine bien que vous ayez été enrhumée. (*malgré*)
→ Malgré votre rhume, vous êtes allée à la piscine.

a. Elle lui a pardonné quoiqu'il ait menti. (*en dépit de*)
→ ....
b. Il a accepté de revivre avec elle bien qu'il ait été las. (*malgré*)
→ ....
c. Il est resté indifférent quoique j'aie beaucoup insisté. (*en dépit de*)
→ ....
d. Leur père n'écoute pas les critiques bien que les enfants soient francs. (*malgré*)
→ ....
e. L'entraîneur a félicité les joueurs quoiqu'ils aient perdu. (*en dépit de*)
→ ....
f. Le candidat a été apprécié de tous bien qu'il ait été paresseux. (*malgré*)
→ ....
g. On lui a confié la trésorerie quoique Manon soit malhonnête. (*en dépit de*)
→ ....
h. Ils ont été ennuyeux bien qu'ils aient été brefs. (*malgré*)
→ ....

• « Mais », « or », « et »

Fanny adore Londres mais elle n'aimerait pas y vivre. • **Son père critique les réseaux sociaux. Or, il va ouvrir un compte sur Instagram.** • **Théo dort mal et il surfe sur son portable avant d'aller au lit.**

- « Mais » s'utilise pour marquer une contradiction ou une opposition.
- « Or » fait la liaison entre deux idées et souligne parfois que leur lien est inattendu.
- « Et » peut parfois exprimer la concession.

16 • L'expression de l'opposition et de la concession

568 **Transformez les phrases en utilisant « or ».**

Exemple : Malgré son ignorance des techniques de management, elle sait très bien gérer la société.
→ Elle sait très bien gérer la société. Or, elle ignore les techniques du management.

a. En dépit de sa méconnaissance de l'anglais, elle s'obstine à vouloir travailler aux États-Unis.
→ ....

b. Malgré l'absence de diplôme, Noé a réussi à trouver un emploi bien rémunéré.
→ ....

c. En dépit de sa grande maladresse, mon fils a été embauché comme serveur pour l'été.
→ ....

d. Malgré sa rupture de contrat, il a gardé des contacts avec son ancien employeur.
→ ....

e. En dépit des efforts de communication par l'entreprise, nous ne sommes pas parvenus à un accord.
→ ....

f. Malgré une mauvaise gestion de mon temps, je suis arrivée à boucler le dossier.
→ ....

g. En dépit de sa résolution, ce problème était ardu.
→ ....

h. Malgré le besoin de réfection des locaux, nous avons continué à travailler dans les bureaux.
→ ....

569 **Reliez le début et la fin des phrases.**

a. Tu m'avais promis de faire les courses. Or,
b. Vous m'aviez dit que vous viendriez et
c. Il y a beaucoup de circulation mais
d. Elle avait juré de préparer le dîner. Or,
e. Nous nous étions engagés à lui payer ses frais de scolarité mais
f. Je lui avais donné ma parole. Or,
g. On se mariera mais
h. Elle s'est obligée à moins fumer et

1. je ne l'ai pas respectée.
2. nous avons eu des soucis financiers.
3. tu ne les as pas faites.
4. elle achète toujours autant de cigarettes.
5. chacun vivra de son côté.
6. j'arriverai à l'heure.
7. vous n'êtes pas venus.
8. elle n'a rien fait.

• La concession avec un gérondif

Tout en partageant votre avis, j'aimerais ajouter quelque chose. • **Même en faisant** ses devoirs avec ses parents, Thomas a des difficultés scolaires.

▪ Le gérondif (à la forme présente ou passée) placé en tête de phrase introduit une contradiction avec l'idée principale. « Tout » et « même » renforcent la concession. (→ *Voir aussi le chapitre 11, p. 176*).

---

570 **Soulignez la suite la plus logique.**

Exemple : Même en se méfiant, *on s'est laissé abuser* / on a abusé de lui.

a. Tout en étant diplômé, Nathan *a trouvé du travail/ n'a pas trouvé de travail*.
b. Même en ayant échoué trois fois au concours, Elsa *ne se décourage pas/ est découragée*.

B. La concession

c. Même en se dépêchant, *on arrivera à temps pour le début du film/ on va rater le début du film.*
d. Tout en connaissant la vérité, *il parlera en présence de son avocat/ il ne veut rien révéler.*
e. Même en croyant bien faire, *elle a tout gâché/ elle a tout arrangé.*
f. Même en hurlant à l'aide dans la rue, *elle n'a pas été secourue/ elle s'est mise à la fenêtre.*
g. Tout en ayant appris *les bonnes conditions de traversée / la tempête imminente*, il a pris la mer.
h. Tout en étant de nature craintive, *elle a échoué / elle a réussi* à vaincre sa peur.

571 Complétez par le gérondif du verbe entre parenthèses.

Exemple : Tout en étant partie (*partir*) tôt, je suis arrivée tard.

a. Même .... (*comprendre*) votre problème, je ne peux pas vous aider.
b. Même .... (*chanter*) à tue-tête, il ne réveilla personne.
c. Tout .... (*parler*) l'espagnol, il n'est pas parvenu à communiquer avec Pablo.
d. Même .... (*pratiquer*) le golf, il manque d'adresse.
e. Même .... (*se marier*), ils n'ont pas vécu ensemble.
f. Tout .... (*dévorer*) son repas, il s'empressa de commander un deuxième dessert.
g. Même .... (*dévaler*) les escaliers, l'écolier ne fit tomber ni ses livres ni ses cahiers.
h. Tout .... (*être*) malade, il a obtenu une promotion.

• « Il n'empêche que… », « il n'en reste pas moins que… », « toujours est-il que… »

Vous vous êtes garés dans cette rue, il n'empêche que c'est interdit. • **Ils ne s'aimaient pas beaucoup les premiers temps, il n'en reste pas moins qu'ils se sont mariés.** • **Le directeur m'avait donné son accord, toujours est-il qu'il a changé d'avis.**

« Il n'empêche que », « il n'en reste pas moins que », « toujours est-il que » (plus oral) expriment un désaccord ou une incohérence avec ce qui précède et apportent une précision. Ces expressions sont suivies de l'indicatif.

---

572 Reliez le début et la fin des phrases.

a. J'ai fourni des efforts considérables,
b. La météo annonçait du mauvais temps,
c. Je lui ai fait de nombreuses recommandations,
d. Léa a très mauvais caractère,
e. Nous lui avons démontré qu'il avait tort,
f. Elle a voulu bien faire,
g. Mes grands-parents ont fait le tour du monde,
h. Tout le monde adore Olivia,

1. toujours est-il qu'elle a de nombreuses conquêtes.
2. il n'empêche qu'elle nous a créé des ennuis.
3. il n'empêche qu'il a fait beau toute la journée.
4. il n'en reste pas moins que j'ai échoué à mon examen.
5. toujours est-il qu'il a fait ce qu'il a voulu.
6. il n'empêche qu'elle est intolérante.
7. il n'en reste pas moins que nous ne l'avons pas convaincu.
8. il n'en reste pas moins qu'ils ont mis en danger leur santé.

16 • L'expression de l'opposition et de la concession

573 Terminez librement les phrases.

Exemple : Elle a du succès, elle est riche, toujours est-il qu'elle est malheureuse.

a. Paul fait un régime, il n'empêche que ....
b. Mon frère a son permis de conduire, il n'en reste pas moins que ....
c. Nous l'avons invité trois fois, toujours est-il que ....
d. Mon amie a un poste à responsabilités, il n'en reste pas moins que ....
e. Ils ont des problèmes financiers, toujours est-il que ....
f. Le prix des cigarettes a augmenté, il n'empêche que ....
g. L'affaire n'a pas été conclue, il n'empêche que ....
h. J'ai rencontré beaucoup de difficultés, il n'en reste pas moins que ....

Bilan 16

B. La concession

1. Complétez cette lettre en employant chacun des termes de la liste. (Il y a parfois deux réponses possibles, mais chaque mot doit servir une seule fois.)
tandis que – en dépit de – quand bien même – bien que – quoi que – plutôt que – si... que – avoir beau (à la forme correcte) – en revanche – malgré – quelle que – au risque de – quoique.

Chers parents,
.... (a) cela me fasse de la peine de vous apprendre cette nouvelle, je tenais à vous annoncer mon divorce avec Maxime.
.... (b) mes efforts pour vous cacher cette situation, je pense que vous vous êtes doutés de notre mésentente.
J'imagine à l'avance votre réaction, mais vous .... (c) essayer de me convaincre de réfléchir à deux fois, je ne changerai pas d'avis. .... (d) il me promettrait de devenir un mari parfait, je ne reviendrais pas en arrière.
.... (e) nous ayons vécu dans le passé, Maxime et moi, nous ne nous entendons plus. .... difficile .... (f) cela puisse paraître pour lui et pour moi, il est préférable d'en venir à ce choix. Je vous l'accorde, il était un gendre idéal, mais .... (g) soit votre opinion sur lui, j'ai décidé de le quitter.
Je lui ai souvent pardonné ses infidélités .... (h) ma tendance à être rancunière. Je m'occupais de toute l'intendance .... (i) il se contentait de faire parfois les courses.
.... (j), il a toujours été un bon père.
.... (k) je ne sache pas ce que l'avenir me réserve, je suis enfin apaisée d'avoir pris cette décision. .... (l) vous décevoir, j'ai préféré vous écrire .... (m) de vous parler de vive voix de ma décision.
J'espère que vous n'êtes pas inquiets et que vous serez ravis de savoir que votre fille est plus heureuse désormais.
Je vous embrasse très fort.
Eva

2. Complétez cette interview en employant chacun des termes de la liste. (Il y a parfois deux réponses possibles, mais chaque mot doit servir une seule fois.)

au contraire – néanmoins – même si – où que – quels que soient – à l'inverse de – si... que – contrairement à – cependant – il n'empêche que – sans que – alors que – tout – or.

Le retour de Franck Milo

– *Depuis votre passage à l'émission de divertissement du dimanche après-midi sur France 2, vous semblez avoir renoué avec le succès ?*

– C'est vrai. .... (a) j'ai eu un passage à vide pendant trois ans, je n'ai jamais renoncé à jouer mes sketches sur les scènes en province. Cette émission, ... (b), m'a permis de regagner une présence médiatique.

– .... (c) *en étant très occupé à préparer votre prochain spectacle, vous trouvez le temps de jouer dans un film et d'enregistrer aussi les épisodes d'une nouvelle série. Est-ce bien professionnel ?*

– Je vous l'accorde, ... (d) les efforts que l'on fasse, on a du mal à mener de front toutes ces activités. Je vous promets de faire de mon mieux pour tout mener à bien.

– *Préférez-vous la scène ou la télévision ?*

– .... (e) ce que je pensais, la télévision est très excitante. Elle a un haut niveau de qualité. .... (f), j'ai une préférence pour la scène.

– *Vous vous inspirez de votre vie pour écrire vos textes ?*

– J'écris .... (g) ma vie soit nécessairement mise en scène.

– .... (h) *vous alliez les salles sont pleines.*

– .... (i) chanceux .... soient les artistes, ils ont souvent une nature inquiète. .... (j), c'est vrai, j'ai de la chance et je remercie le public.

– *Vous vous moquez souvent des Parisiens .... (k) vous êtes Francilien.*

– C'est exact, je viens d'Île-de-France. .... (l) j'aime caricaturer les travers des Français et particulièrement des Parisiens.

– *Pour finir, ... (m) vos anciens spectacles, vous semblez plus critique.*

– Vous trouvez ? Je ne pense pas, ... (n), je trouve que je suis plus dans le consensus.

17 • L'expression de l'hypothèse et de la condition

A. La condition avec « si »

> **• « Si » + présent ou passé composé : hypothèse réalisable (Rappel)**
>
> Nous **irons** nous promener **si** vous **arrivez** assez tôt. • **Allons** au cinéma **si** tu **as fini** la vaisselle. • **Si** tu t'y **mets** maintenant, ce soir tu **auras fini**. • Nous **pourrions** partir tout de suite **si** vous **êtes** prêts.
>
> Quand une hypothèse est réalisable avec des conséquences dans le futur ou le présent, on utilise :
> - « Si » + présent // futur, futur antérieur, présent ou impératif.
> - « Si » + présent // conditionnel présent ou impératif (exprime une proposition, une suggestion).
> - « Si » + passé composé // présent, futur ou impératif.

574 Reliez le début et la fin des phrases. (Il y a parfois plusieurs possibilités.)

a. Si tu prends le train de nuit ce soir,
b. Si vous n'y voyez pas d'inconvénient,
c. Victoire pourra nous rejoindre à temps
d. Si les travaux sont terminés,
e. Si vous nous donnez le choix,
f. Faisons une dernière partie
g. Ferme la fenêtre
h. Si tu rentres tard,

1. je m'assois.
2. si elle mange en vitesse.
3. si vous en avez le temps.
4. tu seras arrivé pour le petit-déjeuner.
5. si tu as froid.
6. nous serons installés avant l'été.
7. j'aurais déjà couché les enfants.
8. on s'installe dans la chambre du premier.

575 Soulignez la forme verbale qui convient d'après le sens.

Exemple : Dans une heure, _j'aurai fini_ / je finis de charger la voiture si vous ne pouvez pas m'aider.

a. *Appelle-moi / tu m'auras appelé* si tu as un problème.
b. Maintenant, *allez / vous irez* vous coucher si vous vous sentez fatigué.
c. Si on n'est pas là, *sonne / tu auras sonné* chez le voisin, il t'ouvrira la porte.
d. Si vous rentrez tard ce soir, Maria *aura mis / met* la table.
e. *Tu auras terminé / Tu termines* ton roman bientôt si tu passes ton temps à lire.
f. Si sa mère part en août prochain, Véra *se débrouillera / se débrouille* très bien en son absence.
g. *Prenons / Nous aurons pris* ma voiture si la vôtre est en panne.
h. *Je vous prêterai / Je vous aurai prêté* 100 euros si vous êtes dans le besoin.

576 Conjuguez le verbe entre parenthèses au temps de l'indicatif qui convient selon le sens.

Exemple : Si vous préférez, ce soir, nous dînerons (*dîner*) dans le salon.

a. Si vous arrivez vers 14 heures, on vous .... (*attendre*) pour prendre le café.
b. .... (*s'installer*) sous la tonnelle si vous ne craignez pas la chaleur.
c. La soupe .... (*refroidir*) et vous pourrez la boire si vous patientez un peu.
d. .... (*prendre*) un morceau de pain avec du jambon si tu as faim.
e. Le vin .... (*être*) meilleur si vous ouvrez la bouteille une heure avant de le servir.

17 • L'expression de l'hypothèse et de la condition

f. Ce soir, je .... (*réserver*) une table pour quatre si tu me dis à quelle heure vous pensez arriver.
g. Si Delphine continue comme ça, elle .... (*terminer*) ses pots de confiture avant l'hiver.
h. Si vous préférez, ... (*aller*) faire vos courses chez les artisans du village.

• « Si » + imparfait : hypothèse présente plus ou moins possible

Si vous **étiez** d'accord on **pourrait** aller au cinéma ce soir. (*Possible*) • **Si** je **touchais** une grosse prime, je **changerais** de voiture. (*Difficilement possible*) • **Si** j'**avais** beaucoup d'argent, je **passerais** mon temps à voyager. (*Impossible*) • **Si** tu **étais** moins maladroite, tu **n'aurais pas cassé** ce verre. (*Impossible*)

- « Si » + imparfait // conditionnel présent exprime une hypothèse assez possible, difficilement possible ou impossible.
- « Si » + imparfait // conditionnel passé exprime toujours une conséquence impossible.

---

577 Indiquez si ces hypothèses sont possibles (P), difficilement possibles (DP) ou impossibles (I).

Exemple : Si ma tante avait quelques années de moins, elle quitterait son mari. (I)

a. Si nos enfants étaient plus raisonnables, on les laisserait seuls le soir.
b. Si vous leur donniez des conseils, ils les suivraient probablement.
c. Si ma grand-mère vivait encore, elle aurait gâté mes enfants.
d. Si tu finissais tes études rapidement, vous pourriez vous marier.
e. On vivrait ensemble si tu en avais envie.
f. Si tu étais divorcée, tu aurais trouvé la vie moins joyeuse.
g. Si vos parents habitaient près de chez vous, ils garderaient sûrement votre fille.
h. Si tu ne déménageais pas, on se verrait plus souvent.

578 Conjuguez le verbe entre parenthèses à la forme qui convient.

Exemple : Si tu obtenais ton diplôme, tu trouverais (*trouver*) facilement un emploi alors n'arrête pas tes études.

a. Vous entreriez en troisième année si vous .... (*travailler*) plus sérieusement.
b. Tu .... (*obtenir*) une chambre à la cité universitaire si tu en faisais la demande.
c. Chloé .... (*continuer*) ses études si ses parents l'aidaient financièrement.
d. Si Valentin était moins paresseux, il .... (*pouvoir*) trouver un job d'étudiant pendant l'été.
e. Mariana .... (*faire*) plus facilement ses recherches si elle disposait d'un ordinateur personnel.
f. Si tu discutais plus souvent avec tes professeurs, ils te .... (*conseiller*) intelligemment.
g. Si j'.................... (*obtenir*) une bourse, j'aimerais partir en Erasmus à Madrid.
h. Emma étudierait l'architecture, si vous lui .... (*donner*) votre accord.

• « Si » + plus-que-parfait : hypothèse passée impossible

Si tu **avais poursuivi** tes études d'architecture, aujourd'hui tu **pourrais** dessiner notre future maison. • **Si** vous **n'aviez pas bu** autant hier, vous **auriez été** en meilleure forme ce matin.

« Si » + plus-que-parfait // conditionnel présent ou passé indique un fait passé qui a eu lieu ou non et précise les conséquences qui n'ont pas eu lieu (irréelles).

A. La condition avec « si »

579 Reliez le début et la fin des phrases. (Il y a parfois plusieurs possibilités.)

a. Si tu ne m'avais pas donné d'explications
b. Si vous nous aviez invités,
c. Si elle ne t'avait pas appelé,
d. Si Grand-Père n'avait pas été souffrant,
e. Si vous aviez accepté notre invitation,
f. Si elle m'avait lu l'article,
g. Si les enfants ne s'étaient pas dépêchés,
h. Si vos amis n'étaient pas arrivés si tard,

1. on serait partis sans eux.
2. nous aurions passé le réveillon ensemble.
3. je n'aurais rien compris au film.
4. vous les auriez rencontrés.
5. je comprendrais mieux l'affaire.
6. tu serais arrivé trop tard.
7. nous serions parmi vous.
8. nous l'aurions emmené à la campagne.

580 Complétez librement les phrases par un conditionnel passé ou présent.

Exemple : Si vous n'aviez pas pris le train de 22 h 12, vous auriez manqué la correspondance / dormiriez cette nuit à Grenoble.

a. Si tu n'avais pas fait les courses, on ....
b. Si je ne t'avais pas écrit ce SMS, tu ....
c. Si on ne s'était pas retrouvés au musée, je ....
d. Si vous ne nous aviez pas accompagnés, nous ....
e. Si ma sœur n'avait pas téléphoné à Laurent, il ....
f. Si le train n'avait pas circulé, on ....
g. Si Valentin n'était pas venu à la soirée, nous ....
h. S'il n'avait pas été si tard, vous ....

581 Reliez le début et la fin des phrases.

a. Vous vous seriez installés en Écosse
b. On aurait pu vous retrouver à Bastia
c. Si j'avais eu plus d'argent,
d. Si leur santé le leur avait permis,
e. Si Marion avait fini son stage,
f. Si nous avions pu vous prévenir,
g. Si tu avais achevé tes études de documentaliste,
h. Mon fils se serait marié plus jeune

1. si vous y étiez restés une semaine de plus.
2. j'aurais aimé voyager plus longtemps.
3. mes parents auraient passé leur retraite à Antibes.
4. si vous y aviez trouvé un emploi.
5. nous aurions organisé autrement notre soirée.
6. s'il avait rencontré Luciana plus tôt.
7. elle aurait peut-être obtenu son premier emploi.
8. tu aurais pu travailler au centre documentaire de la banque.

582 Conjuguez le verbe entre parenthèses au plus-que-parfait ou au conditionnel passé.

Exemple : Si Isabelle Huppert n'avait pas été (ne pas être) une actrice de talent, elle n'aurait pas été nominée seize fois aux Césars.

a. Si Johnny Hallyday n'avait pas changé de nom, sa renommée .... (ne pas franchir) les frontières.
b. Si Serge Gainsbourg .... (vivre) plus longtemps, il aurait composé beaucoup d'autres chansons.
c. Si Charles Aznavour n'avait pas rencontré Édith Piaf, il .... (ne pas devenir) un chanteur international.

17 • L'expression de l'hypothèse et de la condition

d. Si Jean-Jacques Goldman .... (*ne pas écrire*) des chansons pour Céline Dion, elle aurait peut-être moins chanté en français.

e. Si Jacques Dutronc n'avait pas connu Johnny Hallyday très jeune, ils .... (*ne pas chanter*) ensemble.

f. Si le père d'Eddy Mitchell ne l'avait pas initié très jeune au cinéma, le chanteur .... (*ne pas présenter*) *La Dernière Séance*, une célèbre émission sur le cinéma.

g. Si Françoise Hardy n'avait pas fait carrière dans la chanson, elle .... (*se consacrer*) à l'astrologie.

h. Si Catherine Deneuve .... (*ne pas rencontrer*) Jacques Demy, elle n'aurait pas joué dans *Les Parapluies de Cherbourg* en 1964.

583 Faites des hypothèses impossibles, comme dans l'exemple.

Exemple : Si tu parlais mieux anglais, tu aurais pu (*pouvoir*) partir un trimestre à Boston.

a. Si les enfants étaient arrivés plus tôt, nous .... (*réveillonner*) ensemble.
b. Ils n'auraient pas eu d'accident si Gustave .... (*conduire*) mieux.
c. Si vous .... (*boire moins*) avant d'aller au lit, vous ne vous seriez pas levés cette nuit.
d. Si je travaillais moins, je .... (*mener*) une vie plus agréable.
e. Si Laura n'avait pas fait de longues études, elle .... (*vivre*) sans doute encore dans le Morvan.
f. Nos parents .... (*gagner*) mieux leur vie s'ils n'avaient pas choisi d'être artistes.
g. Si tu t'étais mariée plus jeune, tu .... (*avoir*) des enfants.
h. Si nous .... (*ne pas quitter*) les Alpes, mon mari serait peut-être moniteur de ski.

584 Reliez le début et la fin des phrases.

a. On aurait informé Louise
b. Si j'avais retrouvé ma carte bancaire,
c. Les enfants seraient venus nous voir
d. J'aurais préparé un repas plus copieux
e. Nous aurions pris le train pour Marseille
f. Tu aurais mieux dormi
g. Mon frère serait venu vous chercher en voiture
h. Vous auriez pu visiter l'exposition au Grand Palais

1. si j'avais su que vous veniez dîner.
2. si on avait eu son numéro de portable.
3. si nous avions trouvé des places hier soir.
4. si vous aviez su qu'elle finissait après-demain.
5. si tu avais moins mangé la veille.
6. j'aurais réservé nos vols en ligne.
7. si vous le lui aviez demandé.
8. s'ils avaient fait le pont.

585 Complétez librement ces phrases.

Exemple : Si on avait relu la pièce avant la représentation, on l'aurait mieux suivie.

a. Je vous aurais offert deux places si ....
b. On se serait retrouvés dans un bon restaurant si ....
c. Si Florian avait accepté leur invitation, ...
d. Si vous n'aviez pas été aussi nombreux, ...
e. Les voisins auraient frappé à la porte si ....

f. Vous auriez regardé le DVD avec nous si ....
g. Si nos amis étaient arrivés plus tôt, ...
h. Si tu nous avais passé un coup de fil, ...

586 Faites des hypothèses en transformant ces phrases comme dans l'exemple.

Exemple : Marion n'est pas allée en boîte, elle a passé une soirée maussade.
→ Si Marion était allée en boîte, elle n'aurait pas passé une soirée maussade.

a. Dimanche il a plu et nous sommes restés à la maison.
→ ....

b. La semaine dernière, j'ai fait du rangement et je me suis fait mal au dos.
→ ....

c. Samedi la voiture n'a pas démarré et nous n'avons pas pu partir pour Reims.
→ ....

d. Ma montre s'est arrêtée et je suis arrivée en retard.
→ ....

e. Élise n'a pas fait d'études et elle n'a pas trouvé un poste intéressant.
→ ....

f. Lucas n'a pas obtenu de stage et il n'a pas découvert le monde de l'entreprise.
→ ....

g. On n'avait pas de GPS et on s'est perdus en route.
→ ....

h. Je n'ai pas fait les soldes cette année et je ne me suis pas acheté de manteau.
→ ....

587 Complétez librement.

Exemples : Nous aurions voyagé davantage si nous avions eu plus de temps.
Si elle avait trouvé une bonne occasion, elle aurait acheté une voiture décapotable.

a. Nos voisins auraient gardé les enfants si ....
b. Si tu nous avais écoutés, ...
c. Mes parents vous auraient invités si ....
d. On t'aurait écrit si ....
e. Si on était allés au marché hier matin, ...
f. Si vous aviez visité le Louvre, ...
g. Paul t'aurait prêté son appartement si ....
h. Je lui aurais donné mes coordonnées si ....

17 • L'expression de l'hypothèse et de la condition

B. Les autres expressions de la condition

• « Sauf si », « même si », « comme si » + indicatif

Il serait venu **même si** on ne l'avait pas invité. • Elle n'accepterait pas **sauf si** tu allais la chercher. • Ils continuaient de lire **comme s'**ils n'avaient pas entendu ma question.

Ces trois locutions expriment elles aussi la condition.
- « Sauf si » : a une nuance de restriction. On emploie les mêmes temps qu'avec « si ».
- « Même si » : sert à opposer. On emploie les mêmes temps qu'avec « si ».
- « Comme si » + imparfait ou plus-que-parfait // indicatif : sert à comparer.

 « Quand bien même » + conditionnel a le même sens que « même si » + imparfait. Il peut aussi exprimer la concession → *Voir le chapitre 16 (p. 238)*.

588 Reliez le début et la fin des phrases.

a. Même si tu réussissais ton examen,
b. Romain a révisé ses partiels
c. Stéphanie s'est préparée à l'oral
d. On s'était inscrits en deuxième année
e. Sauf si son amie s'y oppose
f. Mélanie aurait trouvé un job d'été
g. Ils avaient préparé leurs bagages
h. Je serais allée étudier à Lille

1. comme si on avait déjà eu les résultats.
2. Sébastien acceptera un stage à Québec.
3. tu ne serais pas disponible avant juillet.
4. sauf si mon dossier avait été refusé.
5. comme s'ils étaient partis pour un mois.
6. comme s'il avait peur de les rater.
7. sauf si ses parents avaient eu besoin d'elle.
8. quand bien même elle aurait peu de chances d'être convoquée.

589 Complétez ces phrases par « sauf si », « même si », « quand bien même » ou « comme si ».

Exemple : Fanny arriverait en retard *même si* elle prenait un taxi.

a. On se précipite sur le plateau de fromages .... on n'avait rien mangé avant.
b. Je reprendrais bien une petite part de gâteau .... il n'en restait pas suffisamment.
c. .... vous nous auriez raccompagnés, nous ne serions pas venus à votre dîner.
d. Je pourrais encore me coucher à l'aube .... j'avais vingt ans.
e. Ils danseraient toute la nuit .... la musique s'arrêtait.
f. On vous attendra vers 20 heures .... cela ne vous convient pas.
g. Nous n'aurions pas compris votre refus .... vous aviez été en déplacement.
h. .... vous veniez avec votre chien, ce ne serait pas un problème pour moi.

590 Complétez librement ces phrases.

Exemple : Ils auraient fait ce trekking même *s'ils n'avaient pas trouvé de guide.*

a. On aurait franchi le col sauf si ....
b. Vous avez passé la nuit dans un refuge comme si ....
c. Même si ...., on aurait fait une pause vers 11 heures.
d. Tu te serais arrêtée sur le sentier quand bien même ....
e. Ils ont descendu la pente comme si ....

B. Les autres expressions de la condition

f. Même si ...., je ne porterais pas ton sac.
g. Tu ne voudrais pas mettre ces chaussures de marches sauf si ....
h. Ils ont dévoré leurs sandwichs comme si ....

• Le conditionnel sans « si »

Je **serais** Président (= Si j'étais Président), je **ferais** voter des lois plus sociales. • Tu **aurais** raté le train, on **serait** venu te chercher demain.

On peut exprimer une hypothèse avec un conditionnel présent ou passé suivi du conditionnel présent ou passé.

---

591 Reformulez sans « si », comme dans l'exemple.
Exemple : Si vous aviez réservé des places, vous auriez assisté au concert.
→ **Vous auriez réservé des places**, vous auriez assisté au concert.

a. Si tu t'étais inscrit au tournoi, tu aurais joué dans ma ville.
→ ....
b. Si vous faisiez la compétition, vous auriez une chance de remporter la coupe.
→ ....
c. Si nos enfants jouaient au basket, ils rencontreraient des jeunes de leur âge.
→ ....
d. Si vous aviez été plus entraînée, vous auriez pu courir le marathon.
→ ....
e. Si ma mère pratiquait encore la natation, elle serait plus en forme.
→ ....
f. Si nous étions inscrits au cours de yoga, nous suivrions les cours régulièrement.
→ ....
g. Si ma fille avait pris des cours de danse, elle se tiendrait probablement mieux.
→ ....
h. Si tu avais participé à la finale du match de rugby, je me serais déplacée à Toulouse pour te voir jouer.
→ ....

• « Au cas où », « dans l'hypothèse où », « en cas de », « dans l'éventualité de »...

Au cas où ma voiture ne démarrerait pas, tu pourrais me prêter la tienne ? • On réservera une chambre **dans l'hypothèse où** on resterait pour la nuit. • **Dans l'éventualité d'**un retard, nous vous préviendrons.

- Les expressions « au cas/dans le cas où » et « dans l'hypothèse où » ont toutes le même sens : elles indiquent une hypothèse possible, une éventualité pour le futur ou le présent. Elles sont suivies du conditionnel.
- On peut aussi employer « en cas de », « dans l'hypothèse/l'éventualité de » + nom.

---

592 Mettez le verbe entre parenthèses au temps qui convient. (Il y a parfois plusieurs possibilités.)
Exemple : Au cas où vous arriveriez (arriver) tard et que nous soyons (être) déjà endormis, nous laisserons les clés sous le paillasson.
a. Je passerai vous prendre vers 18 heures dans le cas où vous .... (quitter) le bureau et .... (être) prête plus tôt.

17 • L'expression de l'hypothèse et de la condition

b. Dans l'hypothèse où il .... (pleuvoir), nous ne pourrions pas planter la tente.

c. Dans le cas où Bertrand et Jules .... (marcher) plus vite que moi et si je .... (prendre) du retard, il faudra qu'ils m'attendent.

d. Nous ne serions pas joignables avant le 15 mars dans l'hypothèse où vous .... (vouloir) nous joindre et si vous .... (ne pas pouvoir) nous contacter par mail.

e. Je laisserais tes billets au contrôle au cas où tu .... (avoir) du retard même si je .... (être) déjà assise à mon siège.

f. Je recommande à mes enfants de réserver leurs places au cas où ils .... (ne pas déjà le faire).

g. Nous serions intéressés par votre appartement dans l'hypothèse où vous .... (envisager) de le quitter sauf si le loyer .... (ne pas nous convenir).

h. On vous laissera un message dans le cas où vous .... (ne pas arriver) à temps.

593 Reliez les éléments qui se complètent. (Il y a parfois plusieurs possibilités.)

a. En cas de
b. Au cas où
c. Dans l'hypothèse où
d. Dans le cas où
e. En cas d'

1. vous seriez intoxiqué,
2. noyade,
3. vous subiriez une agression,
4. incendie,
5. vous auriez été victime d'un vol,
6. vous seriez témoin d'un accident,

contactez la police ou les pompiers.

• Le gérondif

En rentrant plus tôt, tu pourrais t'occuper davantage des enfants. • **En travaillant** moins, on passerait plus de temps ensemble.

On peut employer le gérondif pour exprimer une condition. Le sujet des deux propositions doit être le même.
→ Voir le chapitre 11 (p. 176).

---

594 Reformulez avec un gérondif.

Exemple : Mangez moins gras, vous vous sentirez mieux. → **En mangeant moins gras**, vous vous sentirez mieux.

a. Buvez deux litres d'eau par jour et vous éliminerez vos toxines.
   → ....

b. Consommez cinq fruits ou légumes par jour et vous ferez le plein de vitamines.
   → ....

c. Dormez huit heures par jour et vous aurez la forme.
   → ....

d. Faites trente minutes de marche chaque jour, vous diminuerez le risque d'infarctus.
   → ....

e. Montez vos escaliers à pied, vous musclerez votre dos.
   → ....

f. Réduisez votre consommation d'alcool, vous en sentirez très vite les bienfaits.
   → ....

B. Les autres expressions de la condition

g. Achetez des produits frais, vous retrouverez les goûts d'autrefois.

→ ....

h. Évitez de grignoter entre les repas, vous perdrez quelques kilos superflus.

→ ....

595 **Reformulez avec un gérondif quand c'est possible.**

Exemples : On aurait moins froid si tu marchais plus vite. (Impossible)

Si vous aviez lu le journal, vous auriez su qu'on nommait un nouveau gouvernement.

→ **En lisant le journal**, vous auriez su qu'on nommait un nouveau gouvernement.

a. Si ton frère faisait plus d'exercice, il aurait meilleure allure.

→ ....

b. Je pense que si tu l'incitais à suivre un régime, ce serait une bonne idée.

→ ....

c. Vos enfants auraient davantage envie de lire si vous aviez plus de livres chez vous.

→ ....

d. Si tu t'abonnais à un hebdomadaire, tu le recevrais directement chez toi.

→ ....

e. Vous iriez au théâtre demain soir si je vous offrais ces places ?

→ ....

f. Je crois que vous verriez mieux si vous changiez de lunettes.

→ ....

g. Tu choisirais de faire du télétravail si on te le proposait ?

→ ....

h. Il me semble que si j'étais à ta place, je ne me marierais pas avec cet homme.

→ ....

• « Selon/suivant que… ou (que) », « que… ou que »

Selon/Suivant qu'il est de bonne humeur ou qu'il broie du noir, son mari change du tout au tout.
• **Qu'elle vienne ou qu'elle refuse, nous maintenons la soirée.** • **Selon son humeur, il rit ou il ne dit rien.**

Ces deux expressions indiquent une alternative, deux hypothèses possibles.
- « Selon/Suivant que … ou que… » + indicatif.
- « Que… ou que… » + subjonctif.

✋ « Selon » et « suivant » peuvent être suivis d'un nom.

---

596 **Conjuguez le verbe entre parenthèses au temps qui convient. (Il y a parfois plusieurs possibilités.)**

Exemple : Même si tu me suppliais/avait supplié(e) (supplier), je ne changerais/aurais pas changé (changer) pas d'avis.

a. Selon qu'on .... (partir) à la montagne en janvier ou qu'on .... (choisir) le mois de février, l'enneigement sera optimal.

b. Au cas où je .... (ne pas pouvoir) skier, je .... (faire) des randonnées à raquettes.

c. Si le brouillard .... (se lever), on .... (voir) les sommets enneigés.

17 • L'expression de l'hypothèse et de la condition

d. Dans l'hypothèse où une tempête .... (*se déclarer*) dans la nuit, tu .... (*devoir*) mettre la voiture à l'abri au sous-sol.

e. Que nous .... (*décider*) de dormir à l'hôtel ou que nous .... (*préférer*) une location, il convient de réserver au plus vite.

f. On .... (*passer*) un excellent moment sauf s'il .... (*neiger*) sans arrêt.

g. L'hiver prochain, quand bien même les enfants .... (*ne pas venir*), nous .... (*passer*) d'excellentes vacances.

h. Qu'il .... (*neiger*) ou qu'il y .... (*avoir*) du verglas, je ne .... (*ne pas skier*) aujourd'hui.

597 Reliez le début et la fin des phrases.

a. Selon que tes parents accepteront ou
b. Que vous preniez la voiture ou
c. Selon que tu décides de partir après-demain ou
d. Que nous allions au restaurant ou
e. Selon que tu fais la sieste ou
f. Que je fasse un régime ou
g. Selon que Paul s'occupe ou
h. Que tu mettes cette robe ou

1. que vous vous déplaciez en train, nous vous attendons.
2. que je mange beaucoup, ça ne change rien à ma silhouette.
3. que tu ne te changes pas, tu me plais toujours autant.
4. qu'ils refuseront, nous organiserons différemment le voyage.
5. que tu restes deux jours de plus, faisons cette excursion demain.
6. qu'il s'ennuie, je ne le supporte plus.
7. que nous dînions à la maison, cela m'est en fait égal.
8. que tu pars à la plage, rejoins-moi vers 17 heures au village.

• « À supposer que », « en supposant que », « en imaginant que », « en admettant que »

À supposer qu'il réussisse son entretien d'embauche, il pourrait peut-être s'installer à Grenoble. • En imaginant que tu ne sois pas éliminé, tu participeras à la finale.

• « À supposer que », « en supposant que », « en imaginant que », « en admettant que »... expriment une hypothèse peu probable.
• Ces expressions sont suivies du subjonctif. L'autre verbe est au conditionnel ou au futur.

---

598 Conjuguez le verbe entre parenthèses au présent du mode qui convient.

Exemple : En supposant qu'ils soient (*être*) intéressés par nos services, nous pourrions/pourrons (*pouvoir*) leur envoyer notre catalogue.

a. En admettant que vous .... (*passer*) votre commande avant la fin de la semaine, vous .... (*recevoir*) la livraison dans deux semaines.

b. Ta grand-mère n'........................... (*accepter*) jamais de refaire sa cuisine, à supposer qu'elle en .... (*avoir*) les moyens.

B. Les autres expressions de la condition

c. En imaginant que tu .... (*accepter*) leurs conditions, les travaux .... (*ne pas commencer*) avant avril.

d. À supposer qu'on .... (*prendre*) la décision de rénover le studio, on .... (*ne pas pouvoir*) le louer avant deux mois.

e. Il .... (*falloir*) qu'Emmanuelle trouve un appartement dans ses prix, en imaginant qu'elle .... (*vouloir*) déménager,

f. En supposant que tu .... (*devoir*) acheter un appartement, tu .... (*être*) obligé de faire un emprunt à ta banque.

g. Vous n'................................... (*avoir*) aucune chance de revendre votre deux-pièces, en admettant que cette idée vous .... (*venir*) à l'esprit.

h. À supposer que vous .... (*envisager*) de changer vos fenêtres, vous .... (*être*) contraints de refaire les peintures du salon.

• « Du moment que », « dès lors que », « dans ces conditions »…

Dès lors qu'elle a donné son avis, nous devons le respecter. • Tu risques de ne pas venir ? **Dans ce cas**, nous dînerons sans toi. Et **dans le cas contraire**, il y aura un couvert pour toi. • Vous ne participerez pas à la réunion ? **À ce compte-là**, j'annule notre contrat.

- « **À ce compte-là** », « **dans ce cas** », « **dans le cas contraire** » précisent des conditions variables.
- « **Dans ces conditions** », « **du moment que** » + indicatif, et « **dès lors que** » + indicatif précisent des conditions restrictives, avec une idée de conséquence.

---

599 Complétez par « selon (que) », « suivant que », « dès lors que », « dans ces conditions », ou « du moment que » en variant les réponses. (Il y a parfois plusieurs possibilités.)

Exemple : Du moment que vous acceptez, vous devez signer le contrat.

a. Nous réservons la voiture pour demain matin. .... je viendrai la chercher à 8 heures.

b. .... que vous choisissez le modèle avec ou sans options, le confort ne sera pas le même.

c. .... le kilométrage est illimité, nous pouvons faire de grands trajets.

d. J'ai pris l'assurance tous risques ; .... nous serons tranquilles.

e. .... le véhicule est diesel ou essence, le coût de la consommation est différent.

f. .... nous sommes bien assurés, nous pourrons excursionner où bon nous semblera.

g. Tu affirmes que la région est magnifique ; .... nous la découvrirons ensemble.

h. Nous nous arrêterons pour dormir .... les lieux qui nous plairont.

---

600 Complétez librement.

Exemple : Jade ne va pas voir le médecin. Dans ces conditions son rhume va traîner.

a. Selon que ...., on pourrait visiter la cathédrale de Reims

b. Suivant que ...., Mickaël nous rejoindra au théâtre.

c. Du moment que ...., vous pouvez la joindre par téléphone.

d. La locataire risque de ne pas continuer son bail. Dans le cas contraire, ...

e. Le temps semble s'améliorer, à ce compte-là ....

f. Vous dites que vous êtes libre demain ? Dans ce cas, ...

17 • L'expression de l'hypothèse et de la condition

g. Du moment que ...., je vous propose de nous arrêter pour déjeuner.

h. Ton portable est déchargé, dans ces conditions, ...

• Prépositions + nom/infinitif

Vous pouvez louer une voiture avec votre permis de conduire et une carte bancaire mais sans ça, c'est impossible. À moins d'annuler 24 heures à l'avance, vous ne serez pas remboursé.

On peut exprimer la condition avec des expressions comme :

- « sans », « avec » + nom ;

- « à moins de », « à condition de » + infinitif quand le sujet des deux verbes est le même.

✋ « Sans ça » s'utilise à l'oral. « Sinon » a le même sens dans un langage plus soigné.

Quand les sujets sont différents, on utilise « sans que », « à moins que » et « à condition que » + subjonctif.

---

601 Transformez à l'aide d'« avec » ou de « sans ».

Exemples : Si vous avez un visa, vous pourrez voyager en Indonésie. → **Avec un visa**, vous pourrez voyager en Indonésie.
Si on n'a pas d'argent, on ne peut pas vivre correctement. → **Sans argent**, on ne peut pas vivre correctement.

a. Si tu fais une réservation, on sera sûrs d'avoir une table pour cinq.

→ ....

b. Si vous appelez un taxi, nous arriverons plus vite.

→ ....

c. S'ils ne prennent pas de carnet de chèques, ils ne pourront pas payer leurs dettes.

→ ....

d. Si je n'ai pas de parapluie, je risque de me mouiller.

→ ....

e. Si vous mettez votre manteau, vous n'aurez pas froid.

→ ....

f. Si vous n'avez pas de gants, vous ne pourrez pas faire de boules de neige.

→ ....

g. Si elle a du temps, Adèle atteindra mieux son objectif.

→ ....

h. Si tu n'as pas de grande motivation, ton projet n'aboutira pas.

→ ....

602 Reliez les éléments qui se complètent.

a. Sans   **1.** retard au concert, laissez nos places à l'accueil.

                               2. prendre rendez-vous, vous aurez peut-être une place demain.

b. Avec   **3.** votre accord, nous prendrons trois jours de congé.

                               4. votre aide, je n'y serais jamais arrivée.

c. À condition de   **5.** leurs portables, les enfants sont désorientés.

                               6. des vélos, nous irions plus vite.

d. En cas de   **7.** nous dépêcher, nous avons une chance d'être au rendez-vous.

                               8. neige, prenez des vêtements chauds.

B. Les autres expressions de la condition

603 Complétez par « en cas de », « sans » ou « avec ».

Exemples : En cas de bouchons, nous éviterons l'autoroute.   Sans la pluie, ce serait mieux.

a. .... du soleil, on pourrait se baigner.
b. .... parasol, vous ne pourrez pas rester sur la plage.
c. .... insolation, ne vous exposez pas au soleil.
d. .... seau ni pelle, ce sera difficile de faire un château de sable.
e. .... noyade, appelez les secours..
f. .... bottes, on ne pourra pas aller à la pêche aux coques.
g. .... du sel, vous pourriez attraper des couteaux.
h. .... un pull, vous n'auriez pas eu froid.

604 Soulignez ce qui convient.

Exemple : À moins de / En cas de panne, appelez SOS garage.

a. N'oubliez pas de nous avertir à moins de / en cas de ne pas avoir de portable.
b. À moins de / En cas de ne pas avoir d'information, je vous contacterai.
c. À moins d' / En cas d'appeler un taxi, je ne vois pas comment arriver au théâtre à l'heure.
d. Vous êtes prié de vous rendre à l'hôpital à moins d' / en cas d'urgence.
e. À moins de / En cas de dîner au restaurant, je ne vois pas de solution.
f. Milena prendra une journée de congé à moins de / en cas de ne pas y être autorisée.
g. À moins de / En cas de contretemps, pourrais-tu m'accompagner chez le médecin demain ?
h. Je serai parmi vous pour Pâques à moins d' / en cas d'une intervention chirurgicale urgente

605 Complétez par « à moins de » ou « en cas de ».

Exemple : À moins de réserver longtemps à l'avance, vous ne trouverez pas de place pour ce spectacle.

a. Il vaudrait mieux partir tout de suite .... attendre demain.
b. Je vous ai déjà dit qu' .... coupure d'électricité, il faut appeler EDF.
c. .... avoir beaucoup d'argent, vous ne pourrez pas aller en vacances au Bhoutan.
d. Certaines stations de métro sont fermées .... inondations.
e. .... une erreur dans l'adresse indiquée, ce courrier aurait dû être distribué.
f. .... faire la fête ici, je ne vois pas de solution.
g. .... fortes pluies, le tunnel du pont de Saint-Cloud est fermé à la circulation.
h. Nos amis vont finir par arriver .... avoir eu un empêchement !

606 Complétez par une expression de la liste.

même si – en admettant que – selon que – que – dans l'hypothèse où – en cas de – si – sauf si – au cas où.

Exemple : Selon que tu viendras ou non, je m'organiserai pour notre soirée.

a. Je t'accompagnerais chez le médecin .... tu n'y tenais pas.
b. .... inondation, les riverains sont priés de garer leur voiture hors des berges.
c. Ma décision est prise et je n'en changerai pas .... vous me suppliiez de le faire.

17 • L'expression de l'hypothèse et de la condition

d. .... Stéphane acceptait et .... vous étiez d'accord, je lui proposerais de venir vous voir.
e. Je te contacterais .... notre rendez-vous serait annulé.
f. Je viendrais vous chercher .... vous auriez peur de vous perdre en chemin.
g. Ma sœur sort par tous les temps, ... il pleuve ou qu'il neige.
h. .... vous réussissiez à prendre ce train, ça m'étonnerait que vous arriviez à l'heure.

• Les expressions suivies du subjonctif

Il réussira son épreuve **pourvu qu'/ pour peu qu'**il se sente à l'aise. • **Si tant est que** vous veniez, nous vous accueillerions avec plaisir. • **Sans que** vous apportiez quoi que ce soit, vous serez bien reçus.

- « À condition que », « pourvu que », « si tant est que », « pour autant que », « à moins que » et « pour peu que » expriment une condition nécessaire. « Sans que » indique une condition négative.
- Toutes ces expressions sont suivies du subjonctif.

✋ Quand le sujet des deux verbes est le même, on peut utiliser « sans », « à condition de » et « à moins de » + infinitif. « À moins que » peut être utilisé avec un « ne » explétif.

---

607 Complétez librement.

Exemple : Vous serez les bienvenus chez nos parents pourvu que *vous apportiez une bonne bouteille.*

a. On pourrait partir avec vous à condition de ....
b. Nous nous occuperons des réservations d'hôtel pourvu que ....
c. Si tant est que ...., il n'y aura pas foule sur les pistes.
d. À condition que ...., ils nous réserveront un gîte.
e. Pourvu que ...., Angèle sera heureuse.
f. Charlotte accepte de nous rejoindre pour quelques jours à condition que ....
g. Nos amis seront d'accord pour autant que ....
h. Nous prendrons nos forfaits à l'arrivée à condition de ....

608 Reliez le début et la fin des phrases.

a. Tu iras au cinéma à condition de   1. ne leur tienne pas tête.
b. Tout se passera bien pourvu que ton père 2. rester tranquille pendant le film.
c. Tu pourras rencontrer Alice à condition que 3. vous ne lui serviez pas des huîtres.
d. Elle mangera de tout si tant est que   4. je la prévienne.
e. À moins de suivre un régime,   5. à moins que tu lui en conseilles un autre.
f. Elle verra ce spécialiste   6. pour peu qu'elle la nettoie régulièrement.
g. Il a guéri très vite   7. vous ne maigrirez pas.
h. Sa plaie cicatrisera   8. sans prendre un seul médicament.

609 Complétez par « à moins que/de », « pour peu que » ou « sans (que) ».

Exemple : *À moins que* vous ne preniez un taxi, je ne vois pas comment vous pourriez être à l'heure à l'aéroport.

a. .... avoir un visa, vous ne pourrez pas entrer en Inde.
b. Tu réserveras facilement une chambre à Delhi .... tu t'y prennes un peu à l'avance.
c. Tu communiques assez facilement avec les Indiens .... tu ne parles du tout anglais.

B. Les autres expressions de la condition

d. Vous pourrez prendre vos repas à l'hôtel .... risquer d'être malades.
e. Ils nous ont retrouvés rapidement devant le Fort rouge .... nous les ayons cherchés.
f. .... prendre un guide, vous aurez du mal à comprendre comment vivent les Intouchables.
g. Vous ne voyagerez pas en train dans le sud de l'Inde .... être armés d'une grande patience.
h. Je vous déconseille d'entrer dans les bidonvilles indiens .... vous vouliez jouer les voyeurs.

610 Complétez librement.

Exemple : Tu as réussi tes examens sans t'y être particulièrement préparé.

a. Vous entrerez en deuxième année de fac pour peu que ....
b. Ils ont choisi d'étudier à Aix à moins que ....
c. À moins de .... Hélène ne sera pas admise au concours.
d. Je prendrai l'option « langue vivante » à condition de ....
e. Sans que ...., Alix s'est inscrite en droit.
f. Tu pourras te présenter au secrétariat du département à condition que ....
g. Sans ...., ton fils n'aura pas son bac.
h. Le professeur acceptera de nous aider pourvu que ....

Bilan 17

1. Soulignez la forme correcte.

Si *j'étais / je serais* (a) né goéland ou cormoran, *j'avais / aurais* (b) traversé les océans et *j'aurais / avais* (c) beaucoup voyagé. Selon *les vents / qu'il vente* (d) et mes envies, j'aurais survolé des contrées magnifiques. Je ne *me serais / m'étais* (e) pas attardé autour des décharges même si beaucoup de mes congénères le *font / fassent* (f), mais *j'aurais pêché / avais pêché* (g) les poissons les plus fins.
Si *j'aurais été / avais été* (h) un chat et si *je vivais / j'avais vécu* (i) dans une maison bien confortable, *je puisse / j'aurais pu* (j) dormir toute la journée et je *n'avais pas / n'aurais pas eu* (k) à chasser les souris pour peu que ma maîtresse me *nourrirait / nourrisse* (l) bien.
J'avais aussi aimé / aurais aussi aimé (m) être un paresseux. Dans ce cas, *je pourrais / j'aurais pu* (n) me prélasser dans les arbres. À condition *d'être / que je sois* (o) assez malin, *je m'étais installé / je me serais installé* (p) avec ma famille dans un arbre des feuilles duquel on *s'était / se serait* (q) régalés... Mais même si *j'avais / j'ai eu* (r) de la chance dans ma vie, je suis né humain !

2. Mettez les verbes à la forme correcte.

Madame, Monsieur,

Au cas où ce courrier vous (**a.** *sembler*) .... sans importance, prenez néanmoins quelques secondes pour le lire.

Imaginons que vous (**b.** *avoir*) .... l'intention de changer de domicile, pour autant que votre appartement (**c.** *ne plus vous convenir*) ...., que vous (**d.** *envisager*) .... d'avoir un enfant ou pour toute autre raison.

Nous pourrions alors vous aider dans votre projet immobilier à condition que vous nous (**e.** *contacter*) . ... Selon (**f.** *vous attendre*) ...., nous (**g.** *pouvoir*) .... vous accompagner dans votre projet, (**h.** *nous vous présenter*) .... notre catalogue de maisons et appartements libres à la location.

Au cas où vous (**i.** *posséder*) .... déjà un bien immobilier et que vous (**j.** *envisager*) .... de le mettre en vente, nous (**k.** *se faire*) .... un devoir de vous aider grâce à nos conseils d'experts. Même si votre décision (**l.** *ne pas être*) .... fermement arrêtée, nos agents (**m.** *se tenir*) .... prêts à vous rencontrer pour peu que vous nous (**n.** *contacter*) .... Pourvu que vous nous (**o.** *indiquer*) .... vos disponibilités, un conseiller (**p.** *venir*) .... vous rencontrer à votre domicile.

Pour autant que cette proposition vous (**q.** *intéresser*) ...., gardez précieusement notre courrier et n'hésitez pas à nous contacter.

Cordialement,
Agence immobilière Effimmo

N° d'éditeur : 10304493
Achevé d'imprimer en septembre 2024 par Bona SpA en Italie

PRATIQUE GRAMMAIRE

Corrigés

B2

Évelyne Siréjols
Giovanna Tempesta

01. Les pronoms relatifs

1. b-1 ; c-6 ; d-8 ; e-7 ; f-2 ; g-3 ; h-5.

2. a. que ; b. qui ; c. où ; d. qui ; e. où ; f. que ; g. qui ; h. qui.

3. a. Elle a enfin récupéré son colis *qui venait d'Inde*. b. J'ai trouvé dans ma boîte aux lettres un avis de passage *où on m'invitait à aller retirer une lettre recommandée*. c. Je n'ai pas encore reçu la carte *que tu m'as envoyée de Turquie cet été*. d. Tu as acheté des timbres *qu'on utilise pour des lettres non prioritaires*. e. Je connais bien la nouvelle factrice *qui est très consciencieuse dans sa tournée*. f. Nous allons habituellement dans un bureau de poste *qui se trouve en face du tramway*. g. Vous m'avez apporté un courrier *que je ne pensais pas recevoir si vite*. h. Nous n'avons pas pu lire cette adresse *que la pluie avait en partie effacée*.

4. a. par où ; b. d'où ; c. où ; d. par où ; e. où ; f. où ; g. d'où ; h. où.

5. b-7 ; c-8 ; d-1 ; e-2 ; f-5 ; g-4 ; h-6.

6. a. Le dessert *dont mon ami m'a donné la recette* a toujours beaucoup de succès. b. Ma voisine *dont je tairai le nom* est une femme excentrique. c. Le véhicule *dont les Thierry ont besoin* doit être récent et confortable. d. Je vais essayer de retrouver ces anciens copains *dont j'ai perdu la trace*. e. La ville *dont nous avons parlé* se trouve tout près de Périgueux. f. Le nouveau manteau *dont j'ai envie* se trouve dans la boutique à côté de chez moi. g. Paul voudrait écouter une chanson de Delerm *dont il a oublié le titre*. h. Nathalie, *dont nous n'avons plus de nouvelles*, vit maintenant à Angers.

7. a. Ces clients *dont je me serais bien passé* sont de mauvais payeurs. b. Roxane n'a pas pu rencontrer le professeur *dont je lui avais dit beaucoup de bien*. c. La choucroute, *dont Louis est fou*, est un plat d'hiver. d. L'ordinateur, *dont je me sers constamment*, est un outil de travail essentiel. e. La Vénus de Milo, *dont j'ai une reproduction chez moi*, est une statue superbe. f. Laurent a écrit un article *dont il est fier* sur un artiste. g. Les enfants ont passé leurs vacances dans une maison de famille *dont Marco a hérité récemment*. h. La crise des migrants est un *sujet d'actualité dont toute la presse s'empare*.

8. a. C'est un designer *dont je reconnais le style*. b. C'est le film *dont Emmanuelle a acheté l'affiche*. c. C'est l'auteur *dont ton ami a lu le dernier roman*. d. C'est la pièce de théâtre *dont nous avons adoré l'intrigue*. e. C'est un concerto de Brahms *dont il écoute régulièrement un morceau*. f. C'est l'émission de France Culture *dont Anna est une auditrice fidèle*. g. C'est la troupe de Decouflé *dont le public applaudit un spectacle*. h. C'est Zaz *dont elle est en train de chantonner une chanson*.

9. a. où ; b. que ; c. qui ; d. que ; e. où ; f. dont ; g. qui ; h. dont.

10. a. Pourquoi tu ne mets plus cette écharpe *que tu as achetée au début de l'hiver* ? b. J'aime ce manteau *dont la couleur se marie bien avec tes cheveux*. c. Mon fils a déchiré son/le pantalon *que je venais tout juste de raccourcir*. d. Julien a perdu ses nouveaux gants *dont il était très fier*. e. Je ne porte pas ces chaussures *dont les talons sont trop hauts pour moi*. f. Je pourrais t'emprunter ton sac orange *qui irait parfaitement avec mes bottes* ? g. Ma mère préfère des vêtements larges *qui cachent un peu ses rondeurs*. h. Paul a organisé une soirée vernissage *où Emma portait une jolie robe longue*.

11. a. E ; b. D ; c. D ; d. D ; e. D ; f. D ; g. E ; h. E.

12. Virgule : c, d, g.

13. Virgule : b, d, g, h.

14. a. lequel ; c. lesquelles ; d. laquelle ; f. lequel ; g. laquelle.

15. a. lequel ; b. lesquels ; c. laquelle ; d. lequel ; e. lesquelles ; f. lesquels ; g. laquelle ; h. lequel.

16. b-7 ; c-1 ; d-8 ; e-2 ; f-5 ; g-3 ; h-6.

17. a. Le gamin *avec qui tu es rentré de l'école* n'est pas très poli. b. Impossible. c. Le chien *pour qui tu as acheté un os* a l'air heureux. d. La femme *chez qui tu loges* semble très aimable. e. Impossible. f. Impossible. g. Nous vous attendons au café, vous et le collègue *avec qui vous avez suivi le stage*. h. Impossible.

18. a. Anita est une femme *pour laquelle*

l'argent n'a pas d'importance. b. Noé est le garçon *devant lequel tu étais assis au théâtre hier*. c. Mon frère a croisé le *candidat contre lequel il s'était présenté au conseil d'administration*. d. Les Lamy sont des amis *sur lesquels on peut compter*. e. Leurs filles sont des gamines *pour lesquelles la musique est essentielle*. f. Ma mère est une femme *sans laquelle je n'aurais jamais apprécié la littérature*. g. Ces amis *par lesquels nous avons trouvé notre appartement* sont des gens exceptionnels. h. Les personnes *sur lesquelles je suis tombée au musée* étaient des amis d'enfance.

19. a. ... lequel Tristan ne se déplace jamais est en permanence dans son sac. b. ... lequel le peintre dispose sa toile est pliant. c. ... laquelle il y a ses couleurs préférées. d. ... lequel le sculpteur travaille est situé sous la lampe. e. ... lesquelles vous avez eu un coup de cœur. f. ... lequel tu as posé est très réussi. g. ... lesquels Denis peint sont arrivés de Shanghai le mois dernier. h. ... lesquelles l'une me plaît particulièrement.

20. a. Nous avons invité le directeur, *qui se déplace pourtant rarement*, et les employés ; ils sont tous venus. b. Les pommes, *qui viennent de mon verger*, et le coing m'ont permis de préparer une délicieuse gelée. c. Les glaces, *qui viennent de la meilleure pâtisserie de la ville*, et les cafés vous seront offerts. d. Sa grand-mère, *qui a du mal à se déplacer*, et ses parents arriveront en même temps. e. Les trottinettes, *qui présentent un réel danger*, et les vélos électriques sont interdits dans le parc. f. Ils sont abonnés au *Monde*, *qui est un quotidien du soir*, et à *La Revue française*. g. Pierre, *qui a divorcé il y a peu de temps*, et Alice envisagent de se pacser. h. Mes amis, *qui viennent d'arriver de Montréal*, et moi serions ravis d'aller à ta soirée d'anniversaire.

21. b-1 ; c-2 ; d-8 ; e-3 ; f-4 ; g-5 ; h-7.

22. b-7 ; c-1 ; d-5 ; e-8 ; f-2 ; g-4 ; h-6.

23. a. dont/duquel ; b. de qui/desquels ; c. dont ; d. desquelles ; e. dont/duquel ; f. de qui/dont/de laquelle ; g. dont/de laquelle ; h. dont/duquel.

24. a. desquelles ; b. dont/de laquelle ; c. de laquelle ; d. dont/desquels ; e. desquels ; f. dont/duquel ; g. dont/desquels ; h. de laquelle.

25. a. de qui/desquels ; b. de laquelle/de qui ; c. de laquelle ; d. duquel ; e. de qui/desquels ; f. de laquelle ; g. de qui/duquel ; h. de laquelle.

26. a. Marc, *près duquel elle a vécu la plus grande partie de sa vie*, part maintenant s'installer au Québec. b. Les enfants, *à cause desquels vous vous êtes séparés*, ne supportaient pas vos disputes. c. Nos parents, *loin desquels nous habitons*, le vivent mal. d. Le sujet *à propos duquel ils ont eu un différend* n'en valait pas la peine. e. La pelouse *au milieu de laquelle les fleurs poussent* est ainsi plus agréable à regarder. f. La vieille ville, *au cœur de laquelle la cathédrale se tient*, offre de belles promenades aux visiteurs. g. La déforestation, *à propos de laquelle nous avons discuté longuement*, a provoqué un débat houleux. h. Tu dois contourner le rond-point *au centre duquel il y a une sculpture monumentale*.

27. a. auquel. b. desquels/ de qui. c. à laquelle. d. à qui/auxquelles. e. auquel. f. duquel/de qui. g. à qui/auxquels. h. auquel.

28. b-1 ; c-7 ; d-2 ; e-6 ; f-8 ; g-5 ; h-3.

29. a. Les passants *auxquels nous nous sommes adressés* nous ont répondu aimablement. b. Mon oncle, *auquel Pierre a fait appel pour obtenir ce poste*, vient d'être nommé directeur. c. Les sujets à côté *desquels tu passes* sont à mon avis préoccupants. d. Nos amis, *desquels nous sommes très proches*, s'intéressent à l'art brut. e. Le centre médical *auquel Paul a téléphoné* est le plus proche de son domicile. f. Mon ancien directeur, *auquel j'ai demandé une lettre de recommandation*, me l'a aussitôt envoyée. g. Le long voyage *auquel vous vous préparez* vous permettra de découvrir l'Amérique. h. Les chercheurs au milieu *desquels nous nous sommes retrouvés* étudiaient les effets du dérèglement climatique.

30. a. desquels/de qui ; b. auquel/à laquelle/à qui ; c. auquel ; d. desquels ; e. de laquelle ;

f. desquelles/de qui ; g. duquel ; h. à qui/ à laquelle.

31. b-4 ; c-1 ; d-8 ; e-3 ; f-2 ; g-5 ; h-6.

32. a. Le gîte *dans lequel les randonneurs ont dormi* était très calme. b. La colline *sur laquelle ils ont pique-niqué* était verdoyante. c. L'hôtel *dans lequel nous sommes descendus* était confortable. d. La chambre *de laquelle nous avions une belle vue* nous convenait parfaitement. e. Le château *auquel nous envisagions de jeter un œil* était fermé pour travaux. f. Les tours *dans/sur lesquelles nous voulions monter* étaient inaccessibles. g. L'étape *à laquelle nous envisagions de faire une halte* nous a surpris agréablement. h. La rivière *dans laquelle nous nous sommes baignés* nous a détendus.

33. a. Les ruelles *par où/par lesquelles elle accède à son immeuble* sont étroites et mal éclairées. b. La cour *par où/ à travers laquelle elle doit passer pour s'y rendre* est plantée d'arbres. c. Son appartement *où/ auquel elle accède via plusieurs couloirs* est situé au 6ᵉ étage. d. Elle a installé un grand canapé *où/ dans lequel elle s'assoit le soir pour lire*. e. Près de la fenêtre, *d'où/ de laquelle elle domine toute la ville*, elle a organisé son bureau. f. Elle a mis un tableau noir dans sa cuisine *où/ sur lequel elle note les choses à faire*. g. Elle va souvent dans l'appartement à côté du sien *dans lequel/où vit un jeune couple*. h. Dans l'immeuble, de nombreuses fêtes sont organisées *où/auxquelles Roxane est souvent invitée*.

34. b-1 ; c-8 ; d-1/7 ; e-2/5 ; f-6 ; g-3 ; h-2/5.

35. a. Le sujet sur lequel porte la conférence... b. Le texte auquel il fait référence... c. *Impossible*. d. Les propos auxquels il a tenu à répondre... e. Il existe peu de raisons pour lesquelles il se mette... f. *Impossible*. g. Les idées contre lesquelles il s'oppose... h. L'opposition à laquelle vous faites face...

36. ... une solution à laquelle on ne pouvait pas souscrire. b. ... des projets sur lesquels nous travaillons. c. ... ce sur quoi compte votre famille. d. Le point à quoi/auquel ils font référence... e. ... la part d'héritage à laquelle ils ont droit. f. La décision contre laquelle vous avez réagi... g. Les débats au cours desquels ils ont pris la parole... h. Ce à quoi je me suis opposée...

37. b-8 ; c-4 ; d-1 ; e-7 ; f-2 ; g-3 ; h-5.

38. a. contre quoi ; b. contre quoi ; c. grâce à quoi ; d. sur quoi ; e. grâce à quoi ; f. pour quoi ; g. à quoi ; h. à quoi/vers quoi.

39. a. ce qui ; b. ce dont ; c. ce qui ; d. ce qui ; e. ce qui ; f. ce que ; g. ce dont ; h. ce que.

40. a. qui ; b. pour quoi ; c. à quoi ; d. dont ; e. sur quoi ; f. qui ; g. que ; h. dont.

41. a. *Ce dont nous rêvons, c'est être totalement autonomes*... ; b. *Ce à quoi je me consacre, c'est la préparation*... ; c. *Ce sont les fruits et légumes de notre jardin qu'on mangera exclusivement*. d. *Ce que nous attendons de notre éolienne, c'est qu'elle produise*... ; e. *C'est le système de gouttière qui approvisionne*... ; f. *C'est de nos poules et de nos lapins que nous nous nourrissons*... ; g. *Ce sont nos propres engrais naturels qu'on utilise dans*... ; h. *C'est des plantes et des animaux de la propriété que je m'occupe.*

42. a. ceux avec qui ; b. celle à qui ; c. ceux dont ; d. celles qui ; e. ceux avec qui ; f. ceux dont ; g. celles dont ; h. ceux avec qui.

43. a. Elle ne nous a pas présenté cette femme, *celle avec qui elle collabore*. b. Élise nous avait prêté quelques CD, *ceux qu'on a eu plaisir à écouter*. c. Nous avons rencontré des enfants adorables, *ceux qui habitent en face de chez elle*. d. Mélanie rend souvent service à ses voisins, *ceux qui viennent d'emménager*. e. Ma mère a retrouvé sa robe de soirée, *celle qu'elle avait portée pour une première à l'Opéra*. f. Léon me parle souvent de son directeur, *celui qui a pris ses fonctions en janvier dernier*. g. Le petit dernier, *celui qui est né au début de l'été*, pleure toutes les nuits. h. Nos nouveaux locaux, *ceux que nous avons entièrement refaits*, sont situés dans le centre historique.

Bilan

1. a. que ; b. qui ; c. qu' ; d. lesquels ; e. dont ; d. où ; g. auxquels ; h. laquelle ; i. dont ;

j. lesquels ; k. qui/lequel ; l. lequel/qui ; m. ce qui/laquelle ; n. auxquelles.

2. a. laquelle/qui ; b. laquelle ; c. que ; d. dont/duquel ; e. qui/lequel ; f. lesquelles ; g. auquel ; h. lesquels ; i. dont ; j. auxquels ; k. qu' ; l. qu' ; m. qui ; n. à laquelle ; o. qu' ; p. auquel ; q. dont.

02. Les pronoms compléments

44. a-3/5/7 ; b-1/8 ; c-5/6 ; d-3 ; e-1/6 ; f-2/4 ; g-1/6 ; h-3/5/6.

45. a. je ne vous conduis pas /nous ne vous conduisons pas… b. ils nous/vous invitent… c. je ne vous entends pas/nous ne vous entendons pas… d. nous vous accompagnons/je vous accompagne… e. vous ne me ramenez pas chez moi/chez nous. f. je ne t'embrasse pas. g. je vous apprécie/nous vous apprécions. h. je te/vous regarde…

46. a. les ; b. les ; c. le ; d. le ; e. la ; f. l' ; g. le ; f. l'.

47. a. Ces chaussures, ne *les* cirez pas. b. Ce costume, porte-*le*… c. Ces pulls, ne *les* lavons pas… d. Cette chemise, repassez-*la*… e. Ces bottes, nettoyons-*les*. f. Ces sous-vêtements, mets-*les*… g. Nos jeans, repassez-*les*. h. Cette ceinture, ne la porte pas…

48. a. Paul désire *le* louer. b. Adèle envisage de *le* partager. c. Nos amis voudraient les envoyer en vacances. d. Lisa ne peut pas *les* recevoir chez elle. e. Je ne sais pas *la* conduire. f. Nous ne pouvons pas *l*'accueillir chez nous. g. Vous ne savez pas *le* faire fonctionner ? h. On devrait *la* terminer cette année.

49. b-8 ; c-1 ; d-2 ; e-4 ; f-3 ; g-6 ; h-7.

50. a. Les cours de conduite, la famille veut *les* offrir à Éloïse. b. Le Code de la route, elle devra d'abord *l'*apprendre. c. Des panneaux routiers, elle n'*en* connaît pas encore beaucoup. d. Les règles essentielles, elle pense *les* mémoriser très vite. e. Sa première leçon de conduite, elle *la* prendra avec un moniteur expérimenté. f. Les principales manœuvres, il va *les* expliquer à Éloïse. g. Des notes, Éloïse a décidé d'*en* prendre après chaque leçon. h. L'examen, elle devrait *le* passer avant la fin de l'année.

51. b-1 ; c-2 ; d-7 ; e-3 ; f-4 ; g-8 ; h-5.

52. a. elle *l'*a renouvelé ; b. nous ne *les* avons pas retenues ; c. il *les* a invités ; d. il *les* a réservées ; e. je ne *l'*ai pas retrouvée ; f. nous *l'*avons /je *l'*ai annulée ; g. il n'*en* a pas choisi ; h. je *l'*ai visitée.

53. a. je n'*en* ai pas/nous n'*en* avons pas pris. b. je *les* ai mises de côté. c. nous ne *l'*avons pas /je ne *l'*ai pas pris. d. j'*en* ai/nous *en* avons emporté. e. elle *l'*a mise dans… f. je ne *l'*ai pas rechargé. g. il ne *l'*a pas chargée ; h. je *l'*ai / nous *l'*avons mise dans…

54. Souligner : refuser ; interdire ; plaire ; manquer ; répondre ; écrire ; téléphoner ; montrer ; expliquer ; parler ; proposer.

55. a. je *vous* dirai ; b. tu *nous* a téléphoné ; c. Ø ; d. on *nous* écrira ; e. on s'écrivait ; f. ils *m'*offraient ; g. je ne *te* cachais ; h. elle *nous* le montrait.

56. a. à mon frère et moi ; b. à Marine et toi ; c. à Pierre et moi ; d. à Julie et toi ; e. à Sophie et moi ; f. à Alice et toi ; g. à Marco et moi ; h. à Mathilde et toi.

57. a. leur ; b. leur ; c. les – leur ; d. lui – lui ; e. lui ; f. lui, l' ; g. les – leur ; h. lui, l'.

58. Souligner : s'adresser, faire référence, s'habituer, s'intéresser, s'opposer, penser, faire attention, se présenter, renoncer, songer, tenir.

59. b-5 ; c-7 ; d-1 ; e-2 ; f-8 ; g-3 ; h-4.

60. a. lui, lui ; b. lui, à lui ; c. lui, à lui ; d. à lui, lui ; e. lui, lui ; f. lui, à lui ; g. à lui, lui ; h. lui, lui.

61. a. me, à moi ; b. m', à moi, à moi ; c. me ; à moi ; d. m', me ; e. à moi, me ; f. à moi, me ; g. à moi, à moi ; h. à moi, à moi.

62. a. Elle s'intéresse à *vous* et parfois elle s'oppose *à vous*. b. Je m'adapte *à vous* et souvent je *vous* donne des conseils. c. Elle se présente *à vous* et elle *vous* sourit. d. Je *vous* téléphone et je *vous* annonce une bonne nouvelle. e. Cette valise *vous* appartient et elle *vous* manque. f. Elle tient à *vous* et elle s'intéresse à *vous*. g. L'ermite renonce à *vous* mais il pense à *vous*. h. Je vous pardonne et ça *vous* plaît.

63. a. Mes collègues *lui* demandent une augmentation. b. Les témoins *lui* ont fourni des preuves. c. Les jeunes s'intéressent beaucoup *à lui*. d. Il *leur* parle rudement. e. Les passagers se sont adressés *à eux*. f. Manuela s'adapte bien *à eux*. g. Nous *leur* apportons une bouteille de champagne. h. Elle s'est présentée *à elle*.

64. a. elle s'est adressée *à elle*. b. nous *lui* avons pardonné… c. je me suis présenté à *elle*. d. nous *lui* avons demandé… e. elle s'est habituée *à eux*. f. il *lui* a montré… g. on *lui* a proposé un aménagement… h. elle s'est opposée *à eux*.

65. a. Amélie y pense chaque jour. b. Demain, Anita va se présenter *à eux*. c. Nous ne nous y opposons pas. d. Camille *leur* a fait face. e. François doit s'y adapter. f. Léo ne s'oppose pas *à eux*. g. Nous devons nous présenter *à eux*. h. Ils s'y sont opposés.

66. a. Judith aime se confier *à lui*. b. Nous avons souvent affaire *à lui*. c. Cette année, ils y participeront. d. Adressez-vous plutôt *à elles*. e. Elle pense souvent *à eux*. f. Nous y tenons beaucoup. g. Il y croit très fort. h. Elle s'est très vite attachée *à eux*.

67. Souligner : parler, dépendre, hériter, se servir, se méfier, répondre, rire, se moquer, attendre, se soucier.

68. b-6 ; c-7 ; d-5 ; e-1 ; f-8 ; g-2 ; h-3.

69. a. je n'ai pas besoin *de toi*. b. elle ne dépend plus *de nous*. c. je suis fière *de lui*. d. ils *en* manquent. e. elle n'a pas peur *de lui*. f. je ne m'*en* sers pas. g. j'*en* suis fatigué. h. ils sont contents *d'eux*.

70. a. Vous avez besoin *de lui*. b. Nous *en* manquons. c. Vous *en* avez peur. d. J'*en* ai envie. e. Tu *en* es heureux. f. Ils se moquent *d'eux*. g. Nous avons besoin *d'eux*. h. Elle se souvient très bien *d'elle*.

71. a. Je *leur* interdis… b. On se soucie *d'eux*. c. Le directeur *leur* demande… d. Mon amie s'intéresse *à eux*. e. Vous vous moquez *d'elles*. f. Ma mère s'intéresse *à eux*. g. Nous nous préoccupons *d'eux*. h. On s'adresse *à eux*.

72. a. On *en* parle dans la presse. b. Je m'intéresse beaucoup *à lui*. c. L'actrice *en* est ravie. d. Tu ne devrais pas te moquer *d'elle*. e. Vous devez vous y adresser. f. J'aimerais faire appel *à lui*. g. Tu pourrais t'y inscrire. h. Vous *lui* faites confiance ?

73. Phrases possibles : a. Non, je n'*en* ai encore jamais vu. b. Oui, j'ai peur *d'eux*. c. Oui, je m'y intéresse. d. Oui, je me méfie *d'eux*. e. Non, je ne me confie pas *à eux*. f. Oui, je m'oppose parfois *à lui*. g. Non, je n'*en* ai pas besoin. h. Non, je ne me plains pas *d'eux*.

74. a. Floriane n'a rien hérité *d'eux*. b. Nous n'avons pas pris de photo *d'elle*. c. Il ne m'a pas dit ce qu'il *en* pensait. d. Elle dit beaucoup de mal *d'elle*. e. On s'*en* doutait. f. J'ai obtenu un autographe *d'elle*. g. Pourquoi tu te méfies de *lui* ? h. On s'*en* soucie.

75. a. Julia me l'a expliqué. b. Elle me l'a assuré. c. L'employé me l'a affirmé. d. Je me *le* demande. e. On ne *le* sait pas. f. Je me *le* demande. g. Ma sœur me l'a proposé. h. Nous l'avons décidé.

76. Je le/l' : d, f, i. – J'y : b, c, h. – J'en : e, g, j.

77. Je le/l' : b, d, h. – J'y : e, g, i, j. – J'en : c, f.

78. a. en ; b. y ; c. en ; d. y ; e. le ; f. y ; g. le ; h. en.

79. a. ils n'y pensent pas. b. nous *en* sommes heureux. c. je ne *le* décide pas. d. elle *le* craint. e. il n'y est pas prêt. f. j'*en* suis certain. g. il *en* est capable. h. je n'*en* ai/nous n'*en* avons pas besoin.

80. a. j'*en* ai/nous *en* avons besoin. b. je ne *le* veux pas / je ne t'y accompagnerai pas. c. je te *le* promets. d. j'*en* suis certain. e. elle ne *le* regrette pas. f. il l'admet. g. ils ne l'ont pas reconnu. h. il ne l'a pas refusé.

81. b-7 ; c-8 ; d-2 ; e-6 ; f-3 ; g-1 ; h-5.

82. a. à Mélanie ; b. au bar ; c. à tes enfants ; d. Pierre et Julia ; e. l'argent ; f. la monnaie ; g. au restaurant ; h. ta mère et toi.

83. a. La société m'y envoie. b. Tu me les donnes. c. Vous allez nous l'offrir. d. Je vous les ai transmises. e. Il nous le téléphonera. f. Ils me l'ont demandé. g. Je vous ai expliqué la démarche à suivre. h. Ils nous inviteront au restaurant dimanche.

84. a. Je lui en parlerai demain. b. Ils ne le leur ont pas distribué hier soir. c. Tu le lui rendras immédiatement. d. Je ne l'y rangeais pas habituellement. e. Tu ne nous en as pas refusé. f. On vous en parlera bientôt. g. Vous me l'avez déjà interdit. h. Elle vous les demande souvent.

85. b-7 ; c-1 ; d-2 ; e-6 ; f-8 ; g-4 ; h-5.

86. a. je l'y ai aidé. b. je *les leur* ai envoyées. c. elle ne *les lui* a pas remis. d. elle *les leur* a demandées. e. elle ne *les lui* a pas communiqués. f. je ne *le lui* ai pas expliqué. g. ils *lui en* ont demandé une. h. elle *le leur* a montré.

87. b-7 ; c-4 ; d-2 ; e-3 ; f-1 ; g-6 ; h-8.

88. a. Envoie-le lui. b. Ne lui en demande pas. c. Retrouvons-nous y. d. Ne le quittons pas avec eux. e. Prévenez-l'en. f. Explique-la-lui. g. Ne les y expédiez pas. h. Informe-l'en.

89. Phrases possibles : a. Ne parle pas à tes voisins de tes ennuis. b. Ne te mets pas maintenant à tes exercices. c. N'offrez pas de fleurs jaunes à Joséphine. d. Offre-moi ce bijou. e. Rends ces jouets à ton cousin. f. Donnez des chocolats à Lucien. g. Ne m'apporte pas de dessert. h. Ne vous attardez pas au marché.

Bilan

1. a. l' ; b. lui ; c. les ; d. à eux ; e. y ; f. y ; g. les ; h. à elle ; i. la ; j. la ; k. en ; l. y ; m. en ; n. y ; o. l'.

2. a. vous la passe ; b. y suis allée ; c. peux/pourrais me dire ; d. le connais ; e. l'ai déjà lu ; f. nous a parlé de lui ; g. faire une recherche sur lui ; h. On peut la faire ; i. la connais ; j. l'ai déjà étudiée ; k. peux/pourrais me les passer ; l. les recopie ; m. demande-les ; n. vais les lui demander ; o. avoir affaire à lui ; p. peux compter sur elle ; q. le fait ; r. te retrouverai.

03. Les adjectifs et les pronoms indéfinis

90. b-5 ; c-6 ; d-8 ; e-1 ; f-2 ; g-4 ; h-7.

91. a. plusieurs ; b. quelques ; c. plusieurs ; d. plusieurs ; e. quelques ; f. plusieurs ; g. plusieurs ; h. quelques.

92. a. quelque ; b. quelques ; c. quelque ; d. quelque ; e. quelque ; f. quelques ; g. quelque ; h. quelques.

93. a. Tout (= chaque) ; b. tous ; c. toute ; d. Tous ; e. tout (= chaque) ; f. Toutes ; g. tout ; h. Tout (= chaque).

94. a. toutes, chaque ; b. toutes, toutes ; c. Toute (= chaque), tous ; d. Tous, chaque ; e. tous, tous ; f. chaque, chaque ; g. Chaque, toutes ; h. Toute, chaque.

95. a. Tout ; b. Aucun ; c. nul ; d. plusieurs ; e. Chaque ; f. quelques ; g. nulle ; h. aucune.

96. a. Certaines, d'autres ; b. quelques ; c. certaines/différentes ; d. certaines/différentes, quelques ; e. quelques/différentes, d'autres ; f. quelques, certaines/différentes ; g. certains/différents ; h. certains.

97. a. des autres spectacles qui passent ; b. d'autres places ; c. d'autres œuvres ; d. des autres catalogues ; e. d'autres morceaux ; f. d'autres arts ; g. d'autres actrices célèbres ; h. des autres sculptures.

98. a. n'importe quel ; b. n'importe quel ; c. n'importe quelles ; d. n'importe quel ; e. n'importe quelle ; f. n'importe quelles ; g. n'importe quels ; h. n'importe quelles.

99. a. mêmes ; b. autres ; c. même, même ; d. autre ; e. même, autres ; f. autres ; g. même ; h. même.

100. a. Certains, Plusieurs, quelques autres ; b. Chacun, tous ; d. Quelques-uns, d'autres ; f. Les uns, les autres, d'autres ; g. Certains ; h. Aucun, Tous.

101. b-6 ; **c**-7 ; d-1 ; e-3 ; f-8 ; g-2 ; h-4.

102. a. Quiconque ; b. Quelqu'un ; c. Quiconque ; d. quelque chose ; e. n'importe qui ; f. n'importe quoi ; g. n'importe lequel ; h. n'importe laquelle.

103. a. n'importe quel ; b. n'importe laquelle ; c. n'importe lequel ; d. quiconque ; e. n'importe quelle ; f. n'importe lequel ; g. n'importe laquelle ; h. n'importe quelle.

104. a. N'importe qui ; b. n'importe lesquelles ; c. n'importe lesquels ; d. N'importe lesquelles/quoi ; e. n'importe quoi ; f. N'importe laquelle ; g. N'importe lequel ; h. n'importe lesquelles.

105. a. il n'a *rien* volé. b. *aucun* d'eux/*personne* n'a entendu crier. / ils n'ont *rien* entendu. c. il n'a *rien* emporté. d. *Pas un/Aucun*. / il n'a *rien* dérobé. e. ni *l'un*, ni *l'autre*. f. *nul/personne* ne viendra. g. *aucun de nous/personne* ne saurait répondre. h. *nul/personne* ne se plaint...

106. a. plusieurs ; b. plusieurs ; c. Les uns, les autres ; d. Certains, d'autres ; e. Les unes, les autres ; f. certains ; g. quelques-unes, certaines ; h. Quelques-uns.

107. a. je les ai tous enregistrés. b. ils ne les ont pas toutes réservées. c. tout est prêt pour mon départ. d. tout va bien. e. il croit avoir tout fait. f. tous viendront/ils viendront tous. g. je ne les ai pas toutes perdues. h. je les utilise tous.

108. a. chacune ; b. chacun ; c. chacune ; d. on ; e. tous ; f. toutes ; g. on, chacun ; h. Chacun.

109. a. Les uns, les autres ; b. les mêmes ; c. un autre ; d. le même ; e. autrui ; f. la même ; g. d'autres ; h. autrui.

Bilan

a. différentes ; b. Plusieurs ; c. d'autres ; d. Certains ; e. Tout ; f. chaque ; g. quelques ; h. N'importe quel ; i. nul ; j. n'importe laquelle.

04. Les repères de temps et de lieu

110. b-6 ; c-1 ; d-3 ; e-8 ; f-7 ; g-2 ; h-5.

111. a. depuis ; b. il y a ; c. depuis ; d. depuis ; e. il y a ; f. il y a ; g. depuis ; h. depuis.

112. a. Voilà/Ça fait/Il y a... que ; b. il y a ; c. Depuis ; d. il y a ; e. depuis ; f. Voilà/Ça fait/Il y a... qu' ; g. Depuis.

113. b ; c ; f.

114. b-7 ; c-5/8 ; d-5 ; e-2/5/8 ; f-1/7 ; g-6 ; h-4/6.

115. a. pour ; b. pendant ; c. pendant ; d. pendant ; e. pendant ; f. pour ; g. Pendant ; h. pour.

116. a. pour ; b. pendant ; c. en ; d. En ; e. Dans ; f. En ; g. pour ; h. pour.

117. a. en ; b. Pendant ; c. pour ; d. Pendant ; e. en ; f. dans ; g. dans ; h. en.

118. a. Dès ; b. après ; c. Dès : d. Après/Dès ; e. dès ; f. Après ; g. Dès ; h. dès que.

119. a. dès ; b. à partir de ; c. À partir de ; d. Après ; e. dès ; f. Au bout de ; g. À partir de/Dès ; h. au bout d'.

120. a. dès ; b. après ; c. à partir de ; d. dès ; e. dès ; f. à partir du ; g. au bout d' ; h. dès.

121. b. sous ; d. sous ; g. jusqu'à ; h. avant.

122. b-1/7 ; c-2/3/8 ; d-1/7 ; e-3 ; f-5 ; g-8 ; h-6.

123. a. jusqu'à ; b. avant ; c. avant ; d. avant ; e. sous ; f. avant ; g. jusqu'à ; h. sous

124. a. pendant ; b. après ; c. dès ; d. avant/pendant ; e. pour/pendant, dès ; f. avant ; g. À partir de/Dès ; h. jusqu'à, au bout de.

125. b-5 ; c-1 ; d-1/6 ; e-3 ; f-1/6 ; g-2/4 ; h-5.

126. a. sur, sur ; b. par ; c. sur ; d. par ; e. par ; f. à ; g. de ; h. sur.

127. Phrases possibles : a. Noémie voit *parfois/rarement* son dentiste. b. Vos parents viennent *rarement/occasionnellement* vous rendre visite. c. Nous allons *occasionnellement* au cirque avec les enfants. d. Pierre n'est *jamais* allé à New York. e. Nous prenons *rarement* des places pour l'opéra. f. Je vais *régulièrement/souvent* voir les nouveautés au cinéma. g. Il m'est *quelquefois/rarement* arrivé de dîner dans un restaurant étoilé. h. Quand David est chez lui, sa radio est *constamment/toujours* allumée.

128. a. Delphine a fréquemment regardé... b. Nos voisins sont rarement sortis... c. Ils ont constamment écouté... d. Nous sommes occasionnellement allés... e. Tu as quelquefois emmené... f. Elle a toujours demandé... g. Je n'ai jamais dormi... h. Tu as souvent rencontré...

129. Phrases possibles : a. *Hier*, nous avons déjeuné à Sartène *et l'après-midi* nous avons continué jusqu'à Bonifacio. b. *Avant-hier*, nous avons visité Ajaccio. c. *Il y a trois jours* nous avons visité Corte et nous sommes allés jusqu'à Ajaccio en train. d. *Le jour précédent/La veille*, nous avons visité L'Île-Rousse. e. *Le jour précédent/La veille*, nous avions visité Calvi. f. Nous sommes arrivés *il y a six jours*. g. *Demain*, nous rentrons à Bastia et *après-demain*, nous reprendrons l'avion pour Lille.

130. Phrases possibles : a. *La veille*, nous avions déjeuné à Sartène *et l'après-midi* nous avions continué... b. *L'avant-veille*, nous avions visité... c. *Trois jours auparavant/plus tôt*... d. *Le jour précédent*... e. *Cinq jours avant*... f. Nous étions arrivés *six jours auparavant*. g. *Le lendemain*, nous rentrions à Bastia et *le jour suivant/le surlendemain*, nous reprenions...

131. a. *Hier*, on a déneigé la route. b. *Ce matin-là*, la voiture était couverte de neige. c. *Quelques heures plus tard*, nous irions au village. d. *À midi*, nous retrouvons nos amis pour déjeuner. e. *Le lendemain*, tu devrais partir pour Montréal. f. Tu ne dois revenir que *la semaine prochaine*. g. *Ce soir-là*, ton vol avait été annulé à cause des intempéries. h. *La semaine dernière*, nous avons eu une grosse tempête

132. Phrases possibles : a. ... *à ce moment-là/tout à coup* le coq s'est mis à chanter. b. ... *tout à coup* un rayon de soleil a traversé les nuages. c. ... *aussitôt* elle a fait un malaise. d. ... *quand soudain* une alarme s'est déclenchée. e. ...et nous *immédiatement* avons pris les dispositions nécessaires. f. ... *et aussitôt/tout à coup* j'ai pris peur. g. *Immédiatement à/après* la fin des gelées, il faudra... h. ... et il a aussitôt obtenu l'appel.

133. a. S ; b. I ; c. S ; d. I ; e. I ; f. I ; g. S ; h. I.

134. Phrases possibles : a. *Alors qu'*on se promenait, on a vu passer... b. *Tandis qu'*elle traversait la rue, une voiture... c. *Pendant que/Alors que* tu es à Metz, n'oublie pas... d. ... *au moment où* je sortais du métro. e. *Parallèlement/En même temps* elle travaillait... f. ... *en même temps/à ce moment-là* son frère l'a appelée. g. ... *en même temps/parallèlement*, ils visitent des brocantes. h. ... *pendant que* je regarde une série.

135. a. tout en rangeant ses tiroirs ; b. tout en jouant des petits morceaux au piano ; c. Tout en étant à la retraite ; d. *impossible* ; e. Tout en faisant du yoga ; f. *impossible* ; g. *impossible* ; h. Tout en marchant dans les rues.

136. a-5/7 ; b-3/4 ; c-2/6 ; d-1/8.

137. a. auparavant ; b. auparavant/avant ; c. plus tôt/avant ; d. jadis/ autrefois ; e. déjà ; f. D'abord ; g. Avant que ; h. antérieurement/avant.

138. b-2 ; c-6 ; d-3 ; e-1/7 ; f-4 ; g-8 ; h-1/7.

139. b-2 ; c-1 ; d-3 ; e-8 ; f-5 ; g-4 ; h-7.

140. a. sur ; b. dans, en, au ; c. dans, sur ; d. sur, dans, dans ; e. sur, dans, au ; f. dans, au ; g. dans, à ; h. dans, dans, au.

141. a. sur, en, en, en, en, en ; b. En, en, en, au ; c. En, au, en, au, au, au ; d. En, en ; e. à, en, au, en, au, au, au ; f. En, dans, en ; g. Dans, en, à.

142. b-8 ; c-4 ; d-1 ; e-2 ; f-3 ; g-6 ; h-7.

143. a. derrière, en haut ; b. dehors - dedans ; c. en haut, en bas ; d. ici/là, là-bas ; e. dedans ; f. ici, là ; g. là, devant ; h. dehors, derrière/devant.

144. a. dehors ; b. devant ; c. ici ; d. dedans ; e. à l'extérieur ; f. derrière ; g. ici, là-bas ; h. dehors, dedans.

145. b-1 ; c-2 ; d-7 ; e-6 ; f-3 ; g-8 ; h-4.

146. a. Au, dans, à ; b. En, dans, à l'intérieur ; c. au-dessus de, à l'intérieur de ; d. À, dans, près de, à l'extérieur de, dedans.

147. b-2 ; c-1 ; d-8 ; e-4 ; f-5 ; g-7 ; h-6.

148. a. partout ; b. près ; c. dehors ; d. loin ; e. près ; f. dessous ; g. dessus ; h. nulle part.

149. a. en haut, de là-haut ; b. ici/là ; c. là-bas, loin ; d. ailleurs ; e. partout, nulle part ; f. dessus, devant ; g. ici, près de/à côté de/devant ; h. dedans, à côté/au-dessus/en dessous.

150. a. au sein de la famille ; b. Parmi les valeurs morales ; c. au sein de la philosophie des Lumières ; d. au sein de l'équipe ; e. parmi les ruelles de la vieille ville ; f. Parmi tous ces costumes de théâtre ; g. Au sein du pouvoir ; h. parmi ses enfants.

151. a. à fleur de ; b. au large de ; c. Au pied de ; d. au pied de ; e. Au cœur de ; f. dans les bras de ; g. Au sommet du ; h. le long de.

Bilan

1. a. de ; b. à ; c. dans ; d. jusqu'à ; e. à ; f. de ; g. avec ; h. sur ; i. dans ; j. Dès ; k. au-dessus ; l. à ; m. des ; n. de ; o. parmi ; p. à ; q. avec ; r. de ; s. de ; t. de ; u. sans ; v. de ; w. de ; x. de ; y. de ; z. à.

2. a. en ; b. depuis ; c. par ; d. de ; e. à ; f. pour ; g. dans ; h. Dès ; i. lors ; j. sur ; k. depuis /dès ; l. À partir des ; m. en ; n. par ; o. partout. ; p. sur ; q. à travers ; r. hors de ; s. en haut ; t. Après ; u. en ; v. parmi ; w. depuis.

05. Les prépositions et les adverbes

152. a. à ; b. d' ; c. à, à ; d. de ; e. à ; f. à ; g. d' ; h. de.

153. a. à ; b. d' ; c. à ; d. d' ; e. à ; f. de ; g. à ; h. de.

154. a. avec ; b. sans ; c. avec ; d. sans ; avec ; f. sans ; g. sans ; h. Sans.

155. a. en plus de ; b. excepté ; c. Outre ; d. excepté ; e. sauf ; f. sauf ; g. excepté ; h. Outre.

156. Phrases possibles : a. l'anglais ; b. des magazines ; c. spectacles de danse ; d. des légumes et des fruits ; e. en Autriche ; f. l'assiette de charcuteries ; g. l'avion ; h. du café.

157. Phrases possibles : a. les préparer ; b. voir l'avenir ; c. respecter ; d. la chasse ; e. vous communiquer une mauvaise nouvelle ; f. d'obtenir ce studio ; g. d'un téléphone ; h. vous annoncer.

158. à : c, d, f, h, k, n, q, r ; de : a, b, c, e, g, j, l, m, o, p, r, s, t, u ; d' : i.

159. a. ... désolée de l'échec des enfants ; b. ... heureux du mariage de Mickaël et Élise ; c. ... soulagée du prochain déménagement de sa fille ; d. ... fier de l'emploi de son fils dans une banque ; e. ... jaloux du voyage d'Antoine et Aurélie ; f. ... surpris de l'annonce de leur séparation ; g. ... étonnés de sa perte d'emploi ; h. ... consternée du vol de ses bijoux.

160. Souligner : résolu, décidé, favorable, opposé, hostile, déterminé.

161. a. à, de ; b. de, à ; c. à, à ; d. de, à ; e. à, de ; f. à, à ; g. des, à ; h. à, de.

162. a. Des rendez-vous sont simples à organiser. b. Il est facile de faire ces mots croisés. c. Ce travail est impossible à faire en si peu de temps. d. Il est difficile de comprendre ce jeu de mots. e. Ces expressions sont faciles à traduire. f. Il est compliqué de copier ces plans. g. Il est simple de programmer les réunions. h. Ces informations sont importantes à prendre.

163. a. Ø, à ; b. à ; c. à, Ø ; d. Ø, à ; e. à, Ø, à ; f. à, à ; g. à, à ; h. à, Ø.

164. a. à-à ; b. Ø-à- à ; c. à-à-Ø ; d. à-Ø ; e. à-à ; f. à ; g. à-à ; h. à-à.

165. b-à-1/2/3 ; c-à-1/3 ; d-d'-1/de-2/3 ; e-à-2 ; f-à-2 ; g-d'-1/de-2/3 ; h-à-1/3.

166. a. de ; b. de, de ; c. de ; d. Ø- de ; e. de, Ø ; f. de, de ; g. d', de ; h. de, de.

167. a. de ; b. de ; c. Ø, de, de ; d. de, de ; e. Ø, de, de ; f. d', de ; g. de, de ; h. Ø, de.

168. a-5/8 ; b-1/3/4 ; c-5/6/8 ; d-1/3/4 ; e-1/2/3 ; f-7/8 ; g-5/6 ; h-5/7/8.

169. a. à nos clients d'acheter ces actions boursières ; b. aux filles de la classe de ses exploits sportifs ; c. à mes étudiants de relire leurs copies ; d. à sa mère de l'accompagner au concert ; e. à Émilie de venir ce soir ; f. au médecin de ces symptômes ; g. à nos enfants de présenter leurs carnets de notes ; h. au galeriste du mauvais éclairage des toiles.

170. a. à - de ; b. à, de ; c. de, aux ; d. à, de ; e. au, d' ; f. aux, à ; g. aux, de ; h. aux, de.

171. Questions possibles : a. Avez-vous prêté votre tablette à Lucas ? b. Vous avez accordé le permis de trekking à ces jeunes touristes ? c. Tu as emprunté ce matériel à ces alpinistes ? d. Avez-vous proposé vos services à vos clients ? e. Tu as interdit de fumer à tes enfants ? f. Avez-vous suggéré à vos amis de prendre le train ? g. Pierre a-t-il promis sa vieille voiture à sa nièce ? h. As-tu donné les codes d'entrée aux Dubois ?

172. a. dans l'espoir d' (B) ; b. Par crainte de (C) ; c. histoire de (B) ; d. Inversement à (O) ; e. avec l'intention de (B) ; f. À force de (C) ; g. Par manque de (C) ; h. dans le but de (B).

173. b-7 ; c-1 ; d-8 ; e-5 ; f-2 ; g-4 ; h-6.

174. a. ... au mépris des embouteillages. b. ... en vue d'obtenir des dédommagements/ de l'obtention de dédommagements. c. Dans l'intention de faire bonne impression à son directeur... d. ... contrairement à sa sœur. e. ... par suite de travaux sur la voie. f. À force

de persévérance... g. ... par manque d'argent.
h. En vue de la traversée des Alpes...

175. a. heureusement ; b. récemment ;
c. abondamment ; d. poliment ; e. naïvement ;
f. suffisamment ; g. superficiellement ;
h. gaiement.

176. a. pesamment ; b. patiemment ;
c. voluptueusement ; d. ingénument ;
e. méchamment ; f. gentiment ; g. évidemment ;
h. intelligemment.

177. a. ... lourdement ; b. ... courtoisement ;
c. ... bruyamment ; d. ... abondamment ;
e. ... crûment ; f. ... assidûment ;
g. ... énormément ; h. ... sérieusement.

178. a. intensément ; b. curieusement ;
c. impunément ; d. simplement ; e. décemment ;
f. imprudemment ; g. impulsivement ;
h. couramment.

179. a. faux/mal ; b. mieux, mieux ; c. mal, vite ;
d. mieux, mal ; e. bien, bas ; f. juste/bien, haut ;
g. fort ; h. vite, haut.

180. b-6 ; c-8 ; d-7 ; e-1 ; f-5 ; g-2 ; h-4.

181. a. Vous avez mal entendu ? b. Elle n'a pas
vite compris. c. Vous n'avez pas mieux chanté.
d. Tu as bien progressé. e. On ne s'est pas bien
entendus. f. Tu as mal lu. g. Elles ne se sont pas
senties bien. h. Vous avez mieux conduit.

182. a. surtout ; b. aussi, c. aussi ; d. Plutôt ;
e. ainsi ; f. aussi ; g. ensemble ; h. surtout.

183. a. surtout ; b. Plutôt ; c. ensemble ; d. aussi ;
e. surtout ; f. plutôt ; g. ainsi ; h. surtout.

184. a. Fanny dort moins que moi. J'ai besoin
de plus de sommeil qu'elle. b. Nous passons
autant de temps ensemble à réviser mais elle
travaille plus que moi. c. Paul gagne autant
que Louis mais il passe plus de temps à son
bureau. d. Je paie mon appartement plus
cher que ma voisine pourtant le mien offre
moins de confort. e. Nous consommons moins
de graisses que dans les années 80, mais
les cas d'obésité sont plus fréquents. f. Les
loyers coûtent moins cher en banlieue, aussi
les familles habitent plus souvent dans les
périphéries. g. Lyon et Marseille attirent autant
de touristes pourtant la deuxième, étant au
bord de la mer, est mieux située. h. Les salaires
augmentent moins vite que les dépenses
quotidiennes alors de nombreuses personnes
vivent plus modestement.

185. a. Armelle mène une existence moins/
aussi amusante que toi. b. Tu gagnes aussi/plus
souvent que Théo. c. On vit moins/aussi bien
que nos voisins. d. Linda mange autant/plus
que sa sœur. e. Vous dormez moins/plus que
moi. f. Les enfants grandissent autant/moins
que l'an dernier. g. On boit moins/plus de
café que de thé. h. Elle est restée moins/plus
dynamique que toi.

186. a. très, très ; b. très, très ; c. beaucoup, très ;
d. beaucoup, très ; e. très, beaucoup ;
f. beaucoup, beaucoup ; g. beaucoup, très ;
h. beaucoup, beaucoup.

187. a. très, très ; b. très, trop ; c. très, trop ;
d. très, trop ; e. trop, trop ; f. trop, très ; g. très,
trop ; h. très, trop, très.

188. a. peu, un peu ; b. peu, un peu ; c. un peu ;
d. peu, un peu ; e. peu, un peu ; f. peu, un peu ;
g. peu, peu ; h. peu, un peu.

189. a. peu, assez ; b. peu de, assez de ; c. assez,
peu ; d. peu de, assez ; e. peu de, assez ; f. assez,
peu d' ; g. assez, un peu de ; h. peu, assez.

190. a. très ; b. un peu d' ; c. peu, davantage ;
d. assez ; e. peu, davantage ; f. trop, un peu ;
g. très, un peu/davantage ; h. assez, très.

191. a. si/tellement ; b. tant de/tellement de ;
c. si/tellement ; d. tellement ; e. tellement/si ;
f. tellement/si ; g. tant de/tellement de ; h. tant
de/tellement de.

192. b-8 ; c-7 ; d-5 ; e-6 ; f-1 ; g-3 ; h-2.

193. a. Camille a tant grandi que je dois lui
acheter des vêtements. b. Ses parents étaient
si émus qu'ils se sont mis à pleurer. c. Tu ris
tellement fort que mes voisins t'entendent.
d. La caisse est si grosse qu'elle n'entre pas
dans l'ascenseur. e. Les mariés ont reçu tant de
cadeaux qu'ils ne peuvent pas tous les emporter.
f. Marion est si contrariée qu'elle préfère rester
seule. g. On a tant de livres qu'on ne sait pas où
les ranger. h. Tu gagnes tellement d'argent que
tu achètes n'importe quoi.

194. Phrases possibles : a. cuisiner qu'elle
envisage d'en faire son métier. b. vite que je ne

peux pas vous suivre. c. arrogant qu'il n'a plus aucun ami. d. d'argent qu'ils ne savent plus comment le dépenser. e. temps qu'elle ne fait rien de ses journées. f. que vous donnez vos restes à vos voisins. g. petite qu'ils se cognent contre les meubles. h. de bibelots qu'il vous faudrait de nouvelles étagères pour les ranger.

195. a. environ ; b. presque/quasiment ; c. presque/quasiment ; d. presque /quasiment, environ ; e. presque/quasiment ; f. presque/quasiment ; g. environ ; presque/quasiment.

196. a. plutôt (P) ; b. Certes (C) ; c. évidemment (C) ; d. notamment (P), particulièrement (P) ; e. sans doute (certitude) ; f. malheureusement (A) ; g. au moins (R) ; naturellement (C).

197. b-7 ; c-2 ; d-6 ; e-3 ; f-8 ; g-5 ; h-1.

198. a. vraiment ; b. évidemment ; c. Dommage ; d. naturellement/évidemment ; e. heureusement ; f. certes/bien sûr ; g. bien sûr ; h. peut-être.

199. a. seulement (R) ; b. globalement (G) ; c. habituellement (G) ; d. exceptionnellement (R) ; e. au moins (R) ; f. du moins (R) ; g. dans l'ensemble (G) ; h. en général (G).

200. a. généralement ; b. tout du moins ; c. du moins ; d. seulement ; e. du moins ; f. au minimum ; g. essentiellement ; h. exclusivement.

201. a. plutôt ; b. surtout ; c. même ; d. même ; e. plutôt ; f. surtout ; f. surtout ; g. plutôt.

202. a. surtout ; b. même ; c. même ; d. même ; e. notamment ; f. plutôt ; g. précisément ; h. notamment.

203. a. évidemment (C) ; b. peut-être (D) ; c. assurément (C) ; d. effectivement (C) ; e. apparemment (D) ; f. certainement (C) ; g. effectivement (C) ; h. vraisemblablement (D).

204. Phrases possibles : a. de mauvaise foi ; b. il est souffrant ; c. je vais le suivre ; d. il a des problèmes en ce moment ; e. ça ne les gêne pas ; f. elle était épuisée hier soir ; g. pris l'ascenseur ; h. lu ton message.

205. b-4 ; c-1 ; d-6 ; e-7 ; f-8 ; g-2 ; h-3.

206. a. cependant ; b. en revanche ; c. par ailleurs ; d. toutefois ; e. cependant ; f. par contre ; g. quand même ; h. cependant.

207. Phrases possibles : a. ils ont été un peu déçus. b. tu n'es pas capable de me résumer la situation. c. il s'est mis à pleuvoir en fin d'après-midi. d. elle est arrivée très en retard. e. je l'ai reconnue. f. on se dit bonjour. g. nous étions en pleine forme. h. son patron ne l'a pas félicitée.

208. a. c'est pourquoi/du coup/par conséquent ; b. aussi/ainsi ; c. par conséquent ; d. du coup/c'est pourquoi ; e. aussi/ainsi ; f. par conséquent/du coup/c'est pourquoi ; g. du coup ; h. aussi.

209. Phrases possibles : a. Lucile avait mal à la tête, c'est pourquoi elle a pris un comprimé. b. Nos parents viendront bientôt, par conséquent nous repeignons le salon. c. Les enfants s'étaient couchés tard, aussi ont-ils fait la grasse matinée. d. Ils m'ont apporté des chocolats, aussi je vous en offre. e. Vous êtes fatigués, par conséquent allez faire une petite sieste ; f. J'avais trop chaud, du coup j'ai enlevé mon pull. g. Notre voiture était en panne, ainsi avons-nous réservé un covoiturage. h. Tu t'étais trompé de route, c'est pourquoi tu as fait demi-tour.

Bilan

1. a. des ; b. de ; c. à ; d. de ; e. d' ; f. à ; g. de ; h. en ; i. du ; j. d' ; k. de ; l. aux ; m. au ; n. du ; o. plus ; p. au ; q. à ; r. d' ; s. d' ; t. aux ; u. bien, v. aussi ; w. de ; x. ainsi ; y. pour ; z. tard ; a'. plus.

2. a. confortablement ; b. tranquillement ; c. calmement ; d. distraitement ; e. Soudain ; f. vraisemblablement ; g. Adroitement ; h. miraculeusement ; i. évidemment ; j. incroyablement ; k. rapidement ; l. franchement ; m. Immédiatement ; n. heureusement ; o. gentiment ; p. vraiment ; q. joyeusement.

06. Les temps de l'indicatif

210. a. habitait (D) ; b. vivaient (D) ; c. partait (H), était (D) ; d. s'occupait (D), veillait (H) ; e. trouvait (D) ; f. trouvait (D) ; g. passions (H), jouions (D), était (D) ; h. continuions (H).

211. a. vous alliez souvent au théâtre. b. Romain Gary exerçait une carrière de diplomate. c. il ne se levait jamais avant 10 heures. d. on les emmenait au parc le mercredi. e. Charlotte passait souvent prendre de tes nouvelles. f. mes parents ne sortaient plus beaucoup. g. tu lisais davantage. h. les enfants croyaient au Père Noël.

212. a. La pluie *venait de cesser* quand un arc-en-ciel *est apparu*. b. Le facteur *venait de passer* quand les chiens *se sont mis* à aboyer. c. Minuit *venait de sonner* lorsqu'on *s'est souhaité* la bonne année. d. Elles *venaient de sortir* du magasin quand l'alarme *a retenti*. e. Tu *venais d'acheter* des gants quand tu en *as perdu* un dans le bus. f. *Je venais de parler* de Marie quand elle *m'a appelé*. g. Vous *veniez de décider* de vous coucher quand ta mère *t'a appelé(e)*. h. On *venait de choisir* une plante quand la vendeuse *a fermé* le magasin.

213. a. n'avait pas obtenu ; b. avait eu lieu ; c. avions prise ; d. s'était passé ; e. s'était déclaré ; f. n'avions pas été informés ; g. s'était éteinte ; h. avait eu.

214. b-8 ; c-7 ; d-1 ; e-6 ; f-2 ; g-3 ; h-5.

215. Phrases possibles : a. Non, elle y est allée hier soir. b. Non, ils se sont amusés hier toute la journée. c. Non, ils sont partis tôt ce matin. d. Non, il n'est pas venu en voiture mais en train. e. Non, elle est tombée dans la nuit. f. Non, nous nous sommes levés tôt ce matin. g. Non, ils se sont retrouvés au café à 11 heures. h. Non, ils se sont rejoints au restaurant.

216. a. as parlé, parlais ; b. a dormi, dormais ; c. j'ai lu, lisais ; d. comprenais, j'ai compris ; e. revoyait, j'ai revu ; f. disait, disait ; g. faisait, j'ai fait ; h. travaillait, a travaillé.

217. a. avait préparés, étaient ; b. restait, n'avait pas eu ; c. tombait, n'était pas passée ; d. s'était bien passée, restait ; e. écoutions, avaient vécues ; f. étais, ne reconnaissais pas, n'avais pas vue ; g. cherchait, n'avait pas rangé ; h. devait, avait oublié, avait demandé.

218. a. croyais, était partis ; b. a annoncé, avait eu ; c. ai demandé, avait reçu ; d. a croisé, n'avait pas vue ; e. regardait, l'ont appelé ; f. ont pris, était, ne se sont pas pressées ; g. a entendu, avaient été augmentés ; h. avez lu, souhaitait.

219. a. est arrivés, avait allumé ; b. avions commandé, l'avons reçu ; c. a ramassé, avais coupées ; d. avait cueilli, a préparé ; e. avons fini, avais faites ; f. a rencontré, avait recommandé ; g. as réparé, avait cassée ; h. avait donné, avons suivis.

220. a. Minuit *a sonné*. On *s'est embrassés*, on *s'est souhaité* la bonne année et on *a bu* le champagne que mon père *avait remonté* de la cave. b. Les enfants *ont cherché* dans le jardin les sujets en chocolat que leurs parents y *avaient cachés*. *C'était* une tradition pour Pâques. c. *J'avais acheté* un brin de muguet pour les gens que *j'aimais*, notamment pour ma grand-mère qui *tenait* beaucoup à ces coutumes. Quand *je suis arrivée* chez elle, *j'ai découvert* qu'on lui en *avait déjà offert* plusieurs brins. d. Quand on *allait* au cimetière pour la Toussaint, il *était* important d'apporter quelques outils : cette année, on les *avait oubliés* et *c'était/ça avait été* plus difficile d'enfouir notre pot de fleurs. e. Chaque année, mon ami *m'invitait* au restaurant pour la Saint-Valentin. Cette année, il *n'a rien prévu* et je lui *ai fait* la remarque. Il *avait* tout simplement *oublié*. f. Noël *approchait*. Les familles *avaient commencé* à faire leurs achats et je *n'avais* encore rien *prévu*. Il *était* temps d'y penser. g. Il *restait* quelques jours avant le 14 juillet. Sur la place, on *commençait* à dresser l'estrade pour l'orchestre et les enfants *attendaient* avec impatience le feu d'artifice. L'année dernière, ils *avaient veillé* tard pour le voir. h. Nous *étions* en Alsace le 6 décembre, jour de la Saint-Nicolas. Ma mère *avait acheté* des bonshommes en pain d'épice et elle *a invité* la famille. *Ça a été/C'était* une bonne occasion de se retrouver.

221. a. Ø, e ; b. Ø- e ; c. s, s ; d. Ø, e ; e. e, e ; f. Ø, e ; g. e, e ; h. Ø, e.

222. b-7 ; c-2 ; d-4 ; e-5 ; f-3 ; g-1 ; h-8.

223. a. Ø, s ; b. e, e ; c. Ø, e ; d. e, Ø ; e. Ø- s ; f. Ø, es ; g. e, Ø ; h. s, Ø.

224. a. a jeté, n'avait pas utilisés ; b. a donné, n'avait plus portés ; c. sommes/étions allés,

avons déposé ; d. ont trié, avaient déjà lus ;
e. avions reçues, avons classées ; f. sont/étaient
partis, ont déposé ; g. s'est débarrassée, avait
gardés ; h. avions demandé, ont prêtée.

225. a. retrouvés, indiquée ; b. prévenue,
arrivée ; c. rencontrée, croisé(e)s ; d. faits,
montrés ; e. revues, promis ; f. appelés, envoyé ;
g. vue, conseillé ; h. amusées, décidé.

226. retrouvées ; rouvert ; visitée ; rendues ;
pris ; fatiguées ; désaltérées ; installées ; discuté;
passé ; raconté ; mises ; trouvé ; assises ; dégusté.

227. a. a perdu, aviez offertes, semblait ;
b. j'écoutais, ai appris, avait arrêté,
conduisaient, avaient bu ; c. ont vendu, avaient
acquise, avaient restaurée ; d. a retrouvé, avait
disparu, recherchait, avait peinte ; e. avons fêté,
semblaient, avait préparée, avait invité, sont
venus ; f. ai découvert, existait, avaient pris,
dégustaient ; g. pleuvait, sommes rentrés,
s'est plaint, avait retourné, sommes arrivés,
s'est mis ; h. vivait, avait rencontré, se sont vus,
ont su, étaient.

228. Ils sont arrivés… ; Ils avaient pris… ;
c'était… ; Ils souhaitaient… ; ils ne connaissaient
pas… ; ils ont voulu… ; Ils ont dû attendre… ; ils
n'avaient pas réservé… ; l'exposition leur
a beaucoup plu … ; on s'est retrouvés… ; Ils ont
adoré ça et nous nous sommes régalés… ; on a
passé… ; on est allés… ; ce qui nous a donné… ;
c'était bien… ; ce quartier était… ; Valérie a fait… ;
Marc prenait ; ils sont repartis… ; Ils étaient
ravis… et nous ont invités…

229. a. Ø ; b. Ø ; c. e ; d. Ø ; e. Ø ; f. Ø ; g. e ; h. e.

230. a. Ø, es ; b. Ø, e ; c. Ø, s ; d. Ø, e ; e. Ø, s ;
f. e, e ; g. Ø, s ; h. Ø, es.

231. Souligner : s'aimer ; se regarder ;
se défendre ; s'entraider ; se comprendre ;
se tromper ; se rencontrer ; se quitter ;
se poursuivre ; se chercher ; se cacher.

232. a. es ; b. es ; c. es ; d. Ø ; e. es ; f. Ø ; g. Ø ;
h. es.

233. a. Vous vous êtes regardées. b. Vous
vous êtes comprises. c. Vous vous êtes
soutenues. d. Vous vous êtes donné rendez-
vous. e. Vous vous êtes téléphoné. f. Vous vous
êtes ressemblé. g. Vous vous êtes quittées.
h. Vous vous êtes entraidées.

234. a. retrouvés ; b. appelés ; c. écrit ;
d. disputés ; e. réconciliés ; f. installés ;
g. pacsés ; h. entre-tués.

235. a. Ils se sont sentis tomber. b. Elle
s'est entendue pouffer. c. Ils se sont laissé
emmener…. d. Nous nous sommes vu inviter.
e. Ils se sont laissés punir. f. Elle s'est vue
consoler. g. Ils se sont entendus demander…
h. Ils se sont fait préparer…

236. -ai/-as/-a : rêver, éviter, danser, amuser,
ranger, jouer ; -is/-is/-it : dire, prendre, offrir,
écrire, faire, naître, tendre, répondre, sortir,
mettre, comprendre, peindre, obéir, dormir ;
-us/-us/-ut : croire, être, lire, pouvoir, boire,
devoir, connaître, savoir, avoir.

237. a. décider ; b. vouloir ; c. voir ; d. manger ;
e. déclarer ; f. venir ; g. vaincre ; h. fêter.

238. a. Il croit ; b. je prends ; c. Ils veulent ;
d. elle doit ; e. on connaît ; f. tu nais ; g. elles
deviennent ; h. ils tiennent.

239. a. ils eurent ; b. vous avez fait ; c. elle est
morte ; d. ils ont été ; e. ils peignirent ; f. tu as
attendu ; g. nous dûmes ; h. j'ai compris ;
i. ils lurent.

240. a. Ils moururent… b. Ils se battirent…
c. Elles se défendirent… d. Elle partit…
e. Ils vécurent… f. On fut récompensés…
g. Elle eut… h. Il reçut…

241. Souligner : entendis ; parlai ; fit ;
s'empara ; tombai ; sembla ; compris ;
se peignit ; désola.

242. b-1 ; c-6 ; d-8 ; e-2 ; f-3 ; g-5 ; h-7.

243. a. commença, s'allumèrent ; b. se mirent,
découvrirent ; c. vit ; d. apparut ; e. fit, héritèrent ;
f. partit, ouvrit, devint ; g. arriva, reprirent ;
h. se leva, emporta.

244. a. prirent, partait ; b. se coucha, ressentait ;
c. descendit, discutait ; d. entendirent, venait ;
e. revit, passaient ; f. plu, avait ; g. présenta,
étudiait ; h. invitèrent, fêtèrent.

245. a. Les filles de l'ogre *dormaient* dans
un grand lit. Auparavant, le Petit Poucet *avait
changé* leurs couronnes contre les chapeaux
de ses frères et, dans la nuit, l'ogre *dévora*
ses propres filles. b. Le petit tailleur *cousait*
un vêtement alors que des mouches le

dérangeaient. Il les *tua* d'un coup, *sortit* dans la rue et les habitants *pensèrent* qu'il *était* capable de les débarrasser d'un dragon. c. La petite sirène, qui *avait mené* une vie heureuse sous la mer, *voulut* connaître le monde des hommes. Elle *choisit* de changer sa queue de sirène pour des jambes et elle *connut* l'amour malheureux. d. Blanche-Neige *s'était installée* chez les nains. Un jour, une vieille sorcière *présenta* une pomme empoisonnée à Blanche-Neige qui *nettoyait* la maison. La jeune fille *croqua* la pomme et *tomba* inanimée. e. Le roi *avait donné* à sa fille chérie des vêtements extraordinaires, puis il se *remaria*. La belle-mère *chassa* la jeune fille qui *devint* une pauvre malheureuse. f. Deux bûcherons *vivaient* dans la forêt avec leurs sept fils. Comme ils *étaient* très pauvres, les parents *décidèrent* d'abandonner leurs enfants car ils ne *pouvaient* plus les nourrir. g. La jeune fille se *piqua* le doigt avec une aiguille et elle *tomba* inanimée. Quand elle *était née*, une mauvaise fée lui *avait jeté* un sort. h. Le Petit Chaperon rouge *portait* dans son panier une galette qu'*avait préparée* sa mère. Le loup la *croisa* en chemin et la petite fille ne se *méfia* pas.

246. Verbes au présent historique : Ils voient, il montre, ils ne comprennent pas, Virginie s'écrie.

247. b-3 ; c-5 ; d-1 ; e-7 ; f-8 ; g-6 ; h-4.

248. a. On a été arrivés. b. Vous avez eu su. c. Ils ont eu appris. d. Nous avons eu cherché. e. J'ai eu voyagé. f. Tu as été sorti(e). g. Vous avez eu installé. h. Elle a eu dormi.

249. a. le médecin me l'a eu conseillé ; b. vous avez eu pris ; c. avoir décidé ; d. elle a eu reçu ; e. tu as été arrivé ; f. la factrice m'a eu déposé ; g. elle a eu compris ; h. ils ont eu décidé.

250. a. a eu distribué, a commencé ; b. a retrouvé, ont eu donné ; c. a été tombée, ont apparu ; d. s'est eu découvert, a éclairé ; e. a ri, a eu compris ; f. s'est mis, a eu servi ; g. ai répondu, ai eu reçu ; h. avons eu pris, nous sommes rendus.

251. a. Vous aurez fait. b. Nous aurons eu. c. On sera venus. d. Vous aurez dû. e. J'aurai su. f. Tu auras été. g. Elles auront pu. h. Il aura fallu.

252. a. 2-1 ; b. 1-2 ; c. 2-1 ; d. 1-2 ; e. 2-1 ; f. 2-1 ; g. 1-2 ; h. 1-2.

253. a. partirons, seront rentrés ; b. auras libéré, irai ; c. pourrez, aurez terminé ; d. serons revenus, ferai ; e. repassera, auront séché ; f. aura fini, reviendra ; g. sera tombée, rentreront ; h. utiliserons, sera passé.

254. Phrases possibles : a. le repas sera terminé ; b. tu auras écouté ces informations ; c. vous l'aurez informé ; d. j'aurai terminé mes visites ; e. vous serez arrivés dans le hall ; f. elle sera rentrée ; g. nous l'aurons préparée ; h. nous aurons déménagé.

255. a ; b ; e ; f.

256. a. Elle aura oublié... b. Elle aura eu... c. Elle aura rencontré... d. Elle aura reçu... e. Elle aura fait... f. Elle aura envoyé... g. Elle aura été contrôlée... h. Elle aura eu envie de...

257. a. On aura découvert un... b. On aura amélioré l'... c. On aura interdit la... d. On aura généralisé la... e. On aura organisé l'... f. On aura créé des... g. On aura développé de... h. On aura harmonisé les...

258. Phrases possibles : a. Dans vingt ans, elle sera sortie de l'adolescence. b. Dans une trentaine d'années, elle sera rentrée dans la vie professionnelle. c. À ce moment-là, elle aura acquis de bonnes ressources financières. d. Dans vingt ans, elle aura changé de lieu de vie. e. Elle aura peut-être découvert un grand amour. f. Elle aura alors fondé une famille. g. Elle aura su s'entourer d'un environnement amical agréable. h. Dans ses dernières années, elle aura dressé un bilan positif de son existence.

Bilan

1. a. naquit ; b. partit ; c. suivit ; d. rencontra ; e. se marièrent ; f. obtint ; g. commença ; h. utilisait ; i. analysait ; j. menaient ; k. découvrirent ; l. avait déjà soutenu ; m. reçut ; n. était ; o. mourut ; p. le remplaçait/l'avait remplacé ; q. devint ; r. reçut ; s. fut créé ; t. dirigeait/avait dirigé ; u. parcourut ; v. avaient organisé ; w. participa ; x. mourut ; y. furent transférées.

2. a. aurez lu ; b. avez traversé ; c. je suis partie ; d. a eu ; e. était ; f. avait menacée/menaçait ; g. avait changé ; h. s'est montré ; i. avez fait ; j. suis arrivée ; k. ai rencontré ; l. avait vécu ; m. avait divorcé ; n. s'est terminée ; o. avons passé ; p. aura oubliée ; q. a déjà oublié ; r. aura/a probablement réfléchi ; s. a compris ; t. avoir rencontrée.

07. Le conditionnel

259. Souligner : savoir ; pouvoir ; devoir ; permettre ; connaître ; il faut ; plaire, dire, être + adjectif ; vouloir ; aimer ; apprécier ; avoir ; à votre place ; si j'étais vous ; accepter ; penser.

260. a. tu viendrais ; b. nous étudierions ; c. vous comprendriez ; d. je saurais ; e. ils auraient ; f. il serait ; g. tu ferais ; h. elles pourraient.

261. a. Est-ce que quelqu'un saurait où sont les toilettes ? b. Qui serait assez aimable pour me donner du feu ? c. Aurais-tu de la monnaie de 10 euros ? d. Te serait-il possible de me prêter ta voiture ? e. Ça vous dérangerait qu'on ouvre la fenêtre ? f. Accepteriez-vous que je prenne cette chaise ? g. Tu pourrais me passer le sel, s'il te plaît ? h. Auriez-vous l'amabilité de m'envoyer ce document ?

262. a. Voudriez ; b. pourrais ; c. ennuierait ; d. Pourriez ; e. dérangerait ; f. seriez ; g. Voudrais ; h. fatiguerait.

263. a. ferait ; b. auriez ; c. accepterait ; d. plairait ; e. serais ; f. dirait ; g. trouverais ; h. iraient

264. a. Il vaudrait mieux... b. Tu ferais mieux... c. Nous ne devrions pas prendre... d. Ça ne vaudrait pas la peine... e. Il faudrait rouler... f. Il serait préférable... g. On devrait y aller... h. Vous feriez mieux...

265. a. À leur place, je n'étudierais pas... b. À votre place, je n'irais pas... c. Si j'étais toi, je ne mourrais pas... d. À votre place, je ne viendrais pas... e. À leur place, je ne voudrais pas... f. Si j'étais toi, je n'aurais pas... g. À sa place, je ne pourrais pas... h. Si j'étais toi, je ne saurais...

266. a. Pourquoi vous n'opteriez pas... b. Pourquoi tes frères ne conviendraient-ils pas... c. Pourquoi nous ne verrions pas... d. Pourquoi tu n'enverrais pas... e. Pourquoi je n'essaierais/essayerais pas... f. Pourquoi Noé ne recevrait-il pas... g. Pourquoi nous n'appellerions pas... h. Pourquoi vous ne courriez pas...

267. a. Vous pourriez répondre quand on vous dit bonjour ! b. Tu pourrais t'essuyer les pieds avant d'entrer ! c. Gabriel devrait aller chez le coiffeur un peu plus souvent ! d. Les enfants pourraient débarrasser la table de temps en temps ! e. Tu pourrais me laisser tranquille ! f. Julia devrait s'épiler les jambes ! g. Vous pourriez vous abstenir de fumer ! h. Jade et Chloé, vous devriez vous laver les mains avant de manger !

268. a. apprécierais ; b. voudraient ; c. aimerais ; d. souhaiteriez ; e. préférerions ; f. souhaiterions ; g. apprécieraient ; h. préférerais.

269. a. feraient – *Fait incertain*. b. serais, seriez, ferais, vous me poursuivriez – *Fait imaginaire*. c. se marierait – *Fait incertain*. d. aurait – *Fait imaginaire*. e. pourraient – *Projet hypothétique*. f. seraient, se comporteraient – *Fait imaginaire*. g. connaîtrait – *Projet hypothétique*. h. paraîtrait, commenceraient – *Fait incertain*.

270. a. Fait incertain ; b. Suggestion ; c. Reproche ; d. Demande polie ; e. Conseil ; f. Projet hypothétique ; g. Souhait ; h. Fait imaginaire.

271. b-3 ; c-1 ; d-7 ; e-6 ; f-8 ; g-5 ; h-2.

272. a. saurions ; b. Aurait, enverrait ; c. sauriez ; d. dirait ; e. Serait, continuerait ; f. sauriez ; g. pourrait ; h. tiendrais.

273. Phrases possibles : a. au cas où je sortirais tard du travail. b. dans le cas où il n'y aurait plus de transports en commun. c. dans l'hypothèse où nous arriverions en retard. d. pour le cas où Théo viendrait à l'agence. e. dans le cas où nos partenaires souhaiteraient aller déjeuner après la réunion. f. au cas où vous auriez besoin de mon aide. g. dans l'hypothèse où il désirerait me rencontrer. h. pour le cas où tes parents s'inquiéteraient.

274. b-6 ; c-8 ; d-1 ; e-7 ; f-2 ; g-4 ; h-5.

275. Phrases possibles : a. nous ferions la connaissance des Milanais. b. je rentrerais plus facilement en contact avec la population. c. tu aurais une vision d'ensemble du pays. d. vous seriez plus détendus pour reprendre le travail. e. nous en profiterions pour nous rendre en Alaska. f. nous ferions des économies. g. nous pourrions y séjourner quelques jours. h. tu serais beaucoup mieux installé.

276. a. produisions, économiserions ; b. réduirait, prenait ; c. évitaient, consommerait ; d. fermais, ferais ; e. participeraient, préféraient ; f. sauverions, appliquions ; g. respecterait, enseignait ; h. avait, se porterait.

277. a. Il aurait fallu. b. Ça m'aurait fait plaisir. c. Ça m'aurait plu. d. Il aurait mieux valu. e. J'aurais été prêt. f. Tu t'y serais habitué. g. Nous serions venus. h. Ça nous aurait été égal.

278. a. Regret ; b. Regret ; c. Regret ; d. Reproche (!) ; e. Conseil ; f. Regret ; g. Reproche (!) ; h. Conseil.

279. a. aurais dû ; b. serions arrivés ; c. y serais resté ; d. auriez pu ; e. aurait mieux fait ; f. ne me serais pas inquiétée ; g. n'auriez pas dû ; h. n'aurais pas pu.

280. a. aurais parcouru ; b. se serait déplacée ; c. auraient été ; d. aurais vécu ; e. aurions interprété ; f. aurait fallu ; g. aurait été ; h. nous serions produits.

281. a. N'aurais-tu pas laissé… ; b. … qui aurais emprunté… ; c. Vous ne seriez pas allé… ; d. … qui auriez oublié… ; e. Vous n'auriez pas trouvé… ; f. n'aurait pas fait… ; g. … qui se serait enfermée… ; h. Ne seriez-vous pas sortis…

282. a. aurais aimé ; b. aurions dansé ; c. aurait anéanti ; d. aurait fait ; e. t'aurait dit ; f. se serait battue, aurait vaincu ; g. aurait tentés ; h. se serait relevé, l'aurait défié.

283. a. aurait touché ; b. se serait renversé ; c. aurait fait ; d. aurait-il été tué, serait-il mort ; e. détiendrait ; f. aurait été commandité ; g. se seraient rendus ; h. aurait rassemblé.

284. b-5 ; c-6 ; d-7 ; e-2 ; f-1 ; g-4 ; h-8.

285. a. Quand bien même mes parents *seraient restés* des années en France, ils *n'auraient pas parlé*… b. Quand bien même mon fils *aurait vécu* en Suisse, il *ne se serait pas habitué*… c. Quand bien même j'*aurais conduit* ta voiture, elle *ne serait pas sortie*… d. Quand bien même tu l'*aurais couvert* de cadeaux, ton enfant *ne les aurait pas acceptés*. e. Quand bien même nous *serions allés* lui rendre visite, il *n'aurait pas apprécié*. f. Quand bien même les salariés *se seraient mis* en grève, ils *n'auraient pas négocié*. g. Quand bien même vous *seriez arrivé* plus tôt, vous *n'auriez pas fait*… h. Quand bien même je *me serais levé* à 7 h ce matin, je *ne serais jamais arrivé*…

286. a. n'aurait pas obtenu ; b. ne les aurait pas punis ; c. se serait fait ; d. n'auraient pas péri ; e. vous seriez marié ; f. aurait été ; g. n'aurions pas récupéré ; h. ne serait pas née.

287. a. te serais réveillé ; b. nous serions amusés ; c. n'y aurait pas eu ; d. aurait fait ; e. serait-il devenu ; f. n'aurais pas ; g. aurions sauvegardé ; h. n'aurais pas mal.

288. a. Vous *seriez passés* chez moi, on… b. Nos amis *n'auraient pas divorcé*, nous… c. Tu *aurais pu* garder mon chien, je… d. J'*aurais été* riche, je… e. Tu *aurais obtenu* ton diplôme, tu… f. Tes parents *seraient venus*, nous… g. Tu *aurais passé* moins de temps devant la télé, tu… h. Elle *aurait été acceptée* dans cette école, elle…

289. a. qu'ils *viendront* lui rendre visite prochainement et qu'ils *verront* combien de temps ils resteront. b. elle *recevrait* toute sa famille pour Noël. Elle *reverrait* ses cousins de l'étranger. c. il *ferait* un tour d'Europe. Il *visiterait* toutes les capitales européennes. Il *travaillerait* tout l'été pour financer son voyage. d. qu'ils *vendront* leur maison et qu'ils *s'installeront* en Nouvelle-Calédonie. e. qu'il *conviendrait* de fixer un rendez-vous médical et qu'il *faudrait* le prendre avant la fin de l'année. f. que ses petits-enfants *ne seraient pas* là pour Pâques et qu'ils *iraient* en vacances à Istanbul. g. que nous *devrons* quitter notre travail, que nous *ferons* un long voyage en bateau et que nous *serons* heureux. h. que ses filles *feraient* de longues études et que cela *vaudrait* la peine de se sacrifier.

290. a. viendrais ; b. verrais ; c. aurait achevé ; d. ferait ; e. arriverait ; f. irait ; g. aurions accompli ; h. aurait fini.

Bilan

1. a. retarderait ; b. aurait ; c. serait ; d. ralentiraient ; e. auraient ; f. présenteraient ; g. développeraient ; h. seraient ; i. permettrait.

2. a. accepteriez-vous ; b. seriez-vous ; c. irais ; d. fréquenterais ; e. préférerais ; f. aurait exécuté ; g. devrait ; h. paraîtrait ; i. construirait ; j. serait ; k. ouvriraient ; l. aurait ; m. contiendrait ; n. ferait ; o. apprécierais ; p. devrait ; q. passerait ; r. verrais ; s. auriez-vous choisi ; t. aurais eu ; u. aurais joué ; v. serais devenue ; w. répondriez ; x. dirait ; y. aurais ; z. ennuierait.

08. Le discours rapporté

291. a-2/4/6/ ; b-1/3/5/7/8 ; c-1/2/3/5/7/8 ; d-2/6 ; e-2/4/6 ; f-2/4/6 ; g-1/2/3/7/8 ; h-5.

292. a. On enverra un SMS à Odile. b. Nous avons envoyé leurs billets à nos clients. c. Vous serez prêts ? d. Je ne vous rejoindrai pas cet été. e. Nous ne les apprécions pas du tout. f. Vous ne le connaissez pas. g. Partez au plus vite ; h. Ils ne vous répondront pas.

293. Il/Elle demande à son amie a. s'il/elle a décidé de venir… b. s'ils viendront seuls. c. par quel moyen ils arriveront. d. vers quelle heure ils les attendront. e. comment elle s'habillera. f. si leurs enfants auront déjà dîné. g. où ils dormiront. h. ce qu'ils ont prévu de faire.

294. a. « Je ne prendrai pas mon appareil photo car tu prendras le tien. » b. « Tu devras conduire prudemment ; il y aura du brouillard. » c. « Tu dois surveiller le gâteau dans le four ». Elle ajoute : « Je dois sortir. » d. « Je pourrais t'emprunter ton blouson fourré ? Je te le rendrai dès mon retour de la montagne. » e. « Je t'accompagnerai si j'ai un peu de temps. » f. « Je viendrai avec toi voir l'exposition que ton amie organise. » g. « Je suis très occupée en ce moment et je ne pourrai pas garder votre fils ce week-end. » h. « J'ai été hospitalisée et je suis attente d'un cancer. »

295. a. « Nous emmènerons nos enfants. » b. … que tu te marieras avec la femme qui te plaira, même si elle ne lui plaît pas. c. « J'ai mal agi envers mes amis. » d. … s'il ne pourrait pas nous aider à porter nos bagages. e. « Ils ne nous ont pas accueillis, ma femme et moi, d'une façon très chaleureuse. » f. … que nous irons vous chercher à l'aéroport quand vous aurez décidé de venir. g. « Où vos enfants devront descendre ? Comment ils pourront me rejoindre ? » h. … que nous avons fait une erreur mais qu'elle va trouver une solution.

296. a. « Mets-toi à lire les textes officiels. » b. « Installe-toi chez nous. » c. Viens réviser avec moi. » d. « Lis/lisez plusieurs recueils d'annales. » e. « Pose-toi des questions fréquentes. » f. « Prépare-toi des fiches synthétiques de chaque cas. » g. « Couche-toi tôt et nourris-toi bien. » h. « Ne te stresse pas trop. »

297. Il me dit : a. de mettre des gants pour me protéger les mains ; b. d'enfiler un pull car… ; c. de prendre ce rabot et de raboter la bordure ; d. de ne pas m'y prendre comme ça, que je vais me blesser ; e. de le regarder, qu'il va me montrer ; f. de prendre mon temps et de m'appliquer ; g. de lui apporter ce marteau et de soutenir la fenêtre ; h. de nous arrêter et de prendre un café (ensemble).

298. … qu'elle a une bonne idée. Il ajoute que, s'il fait beau, ils pourraient partir tôt et déjeuner sur place. Il lui demande si elle préfère aller au restaurant ou faire un pique-nique. Jeanne répond qu'elle préfère pique-niquer. Elle lui demande où ils pourraient aller. Léon répond qu'il lui propose la vallée de Chevreuse, que c'est joli et qu'il y connaît un bel endroit assez sauvage. Jeanne répond qu'elle lui fait confiance et qu'elle s'occupe du déjeuner. Elle lui demande vers quelle heure il viendra la chercher. Léon répond qu'il viendra à 10 heures et demande si ça lui convient.

299. a. devriez ; b. programmerait/programmait ; c. était ; d. j'avais déjà vu ; e. tenait ; f. avaient été créés ; g. adorerait ; h. chercherait, prévoyait.

300. b-7 ; c-1 ; d-3 ; e-8 ; f-6 ; g-4 ; h-2.

301. a. avaient pris ; b. aviez gagné, c. avait changé ; d. était rentré ; e. se durcissait ; f. acceptait ; g. avait rénové ; h. aviez eu.

302. a. « On partira… » b. « Nous nous sommes trompés. » c. « Nous aurions mieux fait… » d. « Je t'aimerai… » e. « Nous déménagerons plus tôt si nous pouvons. » f. « Je devrai partir… » g. « Je n'ai aucune envie de t'accompagner… » h. « On vous offrira des places… »

303. a. J'ai dit à Lucas qu'il ne devrait pas sortir ce matin(-là). b. Tu m'as dit que tu ne te sentais pas bien. c. Tu nous as expliqué que tu croyais avoir pris froid hier/la veille. d. Je lui ai répondu qu'il devrait se faire… e. Sa sœur a précisé qu'elle le trouvait… f. J'ai ajouté qu'il était possible qu'il ait de la fièvre. g. Il m'a dit que s'il n'allait pas mieux demain/le lendemain, il irait… h. J'ai répondu que je devais partir mais que, s'il avait besoin de moi, il pouvait m'appeler.

304. a. Elle a dit qu'elle avait rempli le réfrigérateur la veille. b. Tu as répondu que c'était trois jours avant/auparavant/plus tôt. c. Elle a assuré qu'elle avait fait la lessive l'avant-veille. d. Je vous ai promis que nous irions le lendemain soir au cinéma. e. Je vous ai demandé si vous iriez à la campagne le week-end suivant. f. Vous m'avez répondu que nous y étions déjà allés la semaine précédente. g. Nous avons affirmé qu'elle finirait ses études deux ans plus tard. h. Je vous ai assuré que nous avions vu cette pièce quelques années plus tôt/avant/auparavant.

305. a. nous partions plus souvent en vacances. b. le gaz et l'électricité coûtaient de plus en plus cher. c. le prix du carburant risquerait d'augmenter en janvier suivant. d. ces derniers mois/mois passés, les gens mangeaient de moins en moins de viande. e. la réussite au baccalauréat s'était améliorée l'année précédente/dernière. f. les tarifs des transports urbains seraient réduits quelques mois plus tard. g. la fréquentation des musées se serait intensifiée dans cinq ans/cinq ans plus tard. h. le nombre de chômeurs avait diminué six mois plus tôt/auparavant.

306. a. Elsa a avoué être arrivée en taxi. b. Maxime a dit avoir raccompagné sa sœur. c. Delphine a assuré être très contente. d. *Impossible*. e. Julie a déclaré ne pas être bien informée. f. Arthur a annoncé vouloir s'acheter une moto. g. Nos amis ont prétexté partir en week-end. h. *Impossible*.

307. a. J'ai dit avoir trop mal à la tête pour sortir ce soir-là. b. Amélie a annoncé avoir perdu son sac ce jour-là. c. Nous avons reconnu être arrivés trop tard. d. Tu as assuré être en forme pour le marathon du dimanche suivant. e. Vous avez affirmé avoir réservé une chambre double le jeudi précédent. f. Adèle a répondu ne pas être d'accord avec vous. g. Julien a dit mourir de faim ce soir-là. h. Les enfants ont déclaré sortir le lendemain soir en boîte.

308. a. « Je n'ai pas eu besoin de ton aide hier. » b. « Je n'ai plus jamais recommencé. » c. « Je n'ai pas touché à la boîte de chocolats. » d. « Nous ne sommes pas allés à la montagne l'année dernière. » e. « Nous avons fait une erreur lundi dernier. » f. « Fermez bien les volets avant votre départ. » g. « Nous nous sommes servis de la voiture en votre absence. » h. « Merci, vous m'avez /Je vous remercie de m'avoir soutenue pendant le conflit. »

309. a. Émilie a dit avoir rencontré Axel en faisant ses courses le samedi précédent. b. Vous m'avez assuré que, le mois précédent, le vétérinaire avait bien soigné votre chat. c. Tu m'as appris que, la veille, Noémie et Olga avaient eu un accident. d. Je voulais savoir si tu avais retrouvé ta valise perdue la semaine précédente. e. Vous nous avez informés que le dernier film de Cédric Klapisch sortirait le mercredi suivant. f. Tu m'as assuré que Paul ne reverrait pas Louise avant son départ. g. Vous leur avez affirmé que vous auriez bientôt un enfant. h. Tu nous as avoué que tu nous aurais quittés avant la fin de ce mois-là.

Bilan

1. Cécile a proposé à Théo d'aller voir l'exposition Francis Bacon ce samedi-là. Elle lui a demandé si ça lui dirait. Théo lui a répondu que ce n'était franchement pas son peintre préféré. Il a ajouté qu'il le trouvait très noir et qu'il ne comprenait pas bien son art. Cécile lui a assuré que c'était un des grands artistes du xxe siècle, précisant qu'elle voudrait mieux le connaître et que c'était pour cela qu'elle lui proposait d'y aller avec elle. Théo a répondu que ce serait vraiment pour lui faire plaisir. Il a proposé d'aller ensuite dîner chez Marianne. Il lui a demandé si elle connaissait (ce restaurant). Cécile a reconnu que non/ qu'elle ne le connaissait pas et elle a demandé où c'était et quel genre de cuisine on y trouvait. Théo a expliqué que ce n'était pas loin du centre Pompidou, que c'était un restaurant libanais où on dégustait des mezze. Il a ajouté qu'il y avait souvent dîné. Cécile a accepté/a répondu que c'était d'accord et elle lui a proposé de le retrouver/qu'ils se retrouvent à l'entrée du musée vers 16 heures.

2. a. se souviendrait ; b. avait toujours trouvé ; c. coûtaient ; d. se promenait ; e. avait soudain été pris ; f. mangeait ; g. pouvait ; h. était ; i. croyaient ; j. était ; k. était ; l. voyait ; m. était entré ; n. avait ; o. l'avait accueilli ; p. s'appelait ; q. connaîtrait ; r. fallait ; s. était ; t. avait-il retenu ; u. avait tendu ; v. n'avait rien dit ; w. n'aurait jamais fait ; x. avait dû ; y. avait pris.

09. Le subjonctif

310. Souligner : il croie ; tu vives ; nous payions ; elle guérisse ; nous triions ; vous oubliiez ; ils apprennent ; je plaise ; elles demandent ; nous nous promettions ; je voie ; ils disent ; tu conduises ; on sorte ; je lise ; on écrive ; vous publiiez ; tu ries.

311. b-1/7/4 ; c-8 ; d-1 ; e-6 ; f-2 ; g-4/7 ; h-3.

312. a. tu travailles … ; b. tu prévoies … ; c. vous appreniez … ; d. tu tiennes compte … ; e. vous choisissiez … ; f. tu cesses de … ; g. tu t'endormes … ; h. vous vous exerciez à …

313. a. contraigne ; b. sentes ; c. créions ; d. rappeliez ; e. prenne ; f. écrivent ; g. prévoyions ; h. remettes.

314. a. être ; b. avoir ; c. pleuvoir ; d. valoir ; e. savoir ; f. aller ; g. faire ; h. être.

315. b-5 ; c-1 ; d-2 ; e-3 ; f-8 ; g-6 ; h-7.

316. a. puissiez ; b. aille ; c. voulions ; d. soyez ; e. aies ; f. fassions ; g. vaille ; h. fasses.

317. a. mon fils aille chercher ses enfants à l'école. b. nous sachions que ton frère est en prison. c. tu puisses annuler notre rendez-vous. d. mes parents veuillent toujours avoir raison. e. il vous faille beaucoup de temps. f. il ne pleuve presque jamais. g. ces livres ne vaillent pas cher. h. vous fassiez attention à ses propos.

318. a. sortes ; b. alliez ; c. vive ; d. ait ; e. séjournions ; f. puissent ; g. disiez ; h soient.

319. a. I ; b. I ; c. D ; d. I ; e. V ; f. N ; g. N ; h. O.

320. a. se construise ; b. soient ; c. se bâtisse ; d. puissent ; e. aillent ; f. voie ; g. prenne ; ait.

321. a. tu invites trois cents personnes. b. vous fassiez un vin d'honneur dans le jardin du château. c. tu ailles réserver le traiteur et la salle. d. tu choisisses le menu du dîner. e. tu portes cette robe de mariée. f. vous avertissiez les invités un an à l'avance. g. vous sachiez danser la valse. h. vous célébriez le mariage à la campagne.

322. a. aille ; b. repeignions ; c. devienne ; d. mette ; e. puisses ; f. veuillent ; g. sentes ; h. m'achetiez.

323. b-1 ; c-6 ; d-5 ; e-2 ; f-4 ; g-8 ; h-7.

324. a. S. ; b. V ; c. S ; d. V ; e. S ; f. S ; g. S ; h. V

325. a. ne connaissent pas ; b. vouliez ; c. veuille ; d. contraigne ; e. obtiennent ; f. souhaitions ; g. puisses ; h. mette.

326. b-3 ; c-2 ; d-5 ; e-8 ; f-1 ; g-6 ; h-4.

327. a. qu'elle me réponde mal. b. que vous commettiez des erreurs. c. que nous ne fassions pas attention à ce que nous mangeons. d. que j'aille au-delà de mes limites. e. que ces logiciels vaillent très cher. f. qu'on ne la croie pas. g. que tu vives avec qu'elle. h. que ses amis sachent tout de nous.

328. b-4 ; c-1/7/8 ; d-2 ; e-5/6 ; f-5/6. – 1. voie ; 2. perçoives ; 4. parveniez ; 5. décidions ; 6. disparaisse ; 7. s'assoient/s'asseyent ; 8. réécrive.

329. Souligner : il paraît inutile que ; il ne me paraît pas nécessaire que ; Il ne me semble pas important que ; il est bon que ; il est absurde que ; il est surprenant que ; il me semble superflu que ; il semble étonnant que ; il semble que.

330. a. Ø ; b. satisfaisant ; c. Ø ; d. primordial ; e. Ø ; f. urgent ; g. naturel ; h. inadmissible.

331. Souligner : il se peut que ; je ne pense pas que ; il est peu probable que ; je ne suis pas sûr que ; il est impossible que ; il y a peu de chances que ; il n'est pas impossible que ; nous ne croyons pas que ; il se pourrait que ; il est possible que ; il est peu vraisemblable que ; il est rare que ; il arrive que ; il n'est pas évident que.

332. a. remporte ; b. inscrive ; c. suit ; d. prendra ; e. est ; f. fassions ; g. batte ; h. veuillent.

333. a. que tous les invités viennent accompagnés de leur conjoint. b. que ça lui dise d'aller au cinéma. c. que tu veuilles aller voir ce film. d. qu'Alexandre ait envie de boire un pot. e. que ça te plaise de faire une promenade au bord de l'eau. f. que ça vous tente un restau. g. que vous soyez libre ce soir. h. qu'elle aille voir une expo de photos.

334. a. fasse, pleut ; b. va, puisse ; c. avez, dîniez ; d. vive, revient ; e. mentons, puissions ; f. voyez, sache ; g. soient, ait ; h. lisions, achetions.

335. a. Je n'ai pas l'impression que nous nous *tutoyions* entre collègues. b. Il n'est pas évident que tu *t'entendes* avec ton responsable. c. Lorenzo n'imagine pas que sa sœur *poursuive* ses études en Italie. d. Je n'ai pas le sentiment que son travail lui *plaise*. e. Il n'est pas certain qu'Antoine *veuille* sympathiser avec ce collègue. f. Je ne suis pas sûr que le comptable *suive* mes instructions. g. Il semble que la secrétaire *soit* absente toute la semaine. h. Il est douteux que tu *t'abstiennes* de tout commentaire.

336. a. Pensez-vous que la suppression de l'impôt de solidarité sur la fortune *soit*... b. Êtes-vous sûr que l'agriculture et l'écologie *soient*... c. Trouvez-vous que la limitation de vitesse à 80 km heure *ait*... d. Est-il certain que le gouvernement *accorde*... e. Êtes-vous d'avis qu'on *doive*... f. Considérez-vous qu'il s'*agisse*... g. Êtes-vous convaincu que l'école obligatoire *convienne*... Estimez-vous que le bulletin de paie simplifié *rende*...

337. a. Trouvez-vous que la revalorisation des salaires des infirmières *soit* légitime ? b. Affirmez-vous que les revendications des chômeurs *puissent* aboutir ? c. Jugez-vous que les partis écologistes *doivent* s'unir ? d. Il est certain que nous *menons* une action efficace ? e. Croyez-vous qu'une pétition en faveur des énergies renouvelables *aboutisse* ? f. Êtes-vous persuadé que la grève *vaille* la peine ? g. Vous êtes convaincu que les conflits sociaux *sont* plus nombreux ? h. Avez-vous l'impression qu'on *réfléchisse* davantage au pouvoir d'achat ?

338. a. Qu'elle le veuille, c'est probable. b. Qu'ils le *sachent*, c'est vraisemblable. c. Qu'il se *dise* acteur, c'est certain. d. Que tu *détiennes* la vérité, ça ne fait pas de doute. e. Que vous *partiez* en août, c'est sûr. f. Que je *grossisse*, c'est visible. g. Qu'elles *puissent* lui parler, c'est indéniable. h. Que nous *soyons* les meilleurs, c'est indubitable.

339. a. faites ; b. progressions ; c. faille ; d. t'améliores ; e. connaisses ; f. sachiez ; g. veulent ; h. lise.

340. a. viennes ; b. fasse ; c. vaille ; d. ne soit plus ; e. puisse ; f. passions ; g. prenne ; h. ayez.

341. b-1 ; c-2 ; d-5 ; e-3 ; f-6 ; g-8 ; h-7.

342. b-7 ; c-6 ; d-8 ; e-1 ; f-3 ; g-2 ; h-4.

343. a. vienne ; b. ayez ; c. soit ; d. fais ; e. as ; f. puissiez ; g. a ; h. saches.

344. a. paraît ; b. puisse ; c. ayez ; d. lise ; e. fais ; f. suive ; g. a ; h. est.

345. a. que je sois fatigué, que tu reviennes ; b. qu'il n'y en ait plus ; c. qu'on dise, que tu dises ; d. que nous sachions, que je sache ; e. que l'infirmière vienne ; f. que tu fasses, que je finisse ; g. qu'une camarade l'a insulté ; h. que nous sommes partis, que tu es parti.

346. a. finisse ; b. appelions, c. avons ; d. sortira ; e. vienne ; f. consultons ; g. passiez ; h. recevrons.

347. Phrases possibles : a. elle finisse son année universitaire. b. une entreprise canadienne te recrute. c. leurs parents aillent au lit. d. tu auras des soucis financiers.

e. je revienne. f. il écrive ses mémoires. g. avions fini notre travail. h. les enfants sont partis.

348. a. soit ; b. retarde ; c. nuise ; d. réveille ; e. réduise ; f. aient ; g. apparaisse ; h. fasse.

349. a. … de façon que la vieille dame le comprenne. b. … de façon qu'ils n'aient pas froid. c. … de peur que le bus parte sans nous. d. … de façon que le bureau soit bien aéré. e. … de façon que je rentre plus vite. f. … de peur que la nuit les surprenne. g. … de peur qu'elle n'ait pas de place en septembre. h. … de peur que nous n'ayons pas assez d'argent jusqu'à la fin du mois.

350. Phrases possibles : a. votre grand-mère ne nous attende pas trop. b. nous ne trouvions plus de chambres en cette saison. c. mon entreprise soit représentée au salon des nouvelles technologies. d. Maxime soit trop ivre pour conduire sa voiture. e. son amie puisse lui rendre visite. f. l'employé comprenne votre réclamation. g. le restaurant fasse la réservation. h. nous voyions mieux l'écran.

351. a. … bien que vous ayez un compte Facebook. b. … quoique tu t'en plaignes. c. … bien qu'il ne se rende pas compte que son intimité est exposée publiquement. d. … quoique vous n'imposiez pas un temps limité de connexion. e. … bien que nous divulguions des informations à caractère personnel. f. … quoique vous ne vérifiiez pas régulièrement les paramètres de confidentialité de vos enfants. g. … bien qu'ils puissent être déçus, frustrés et tristes s'ils n'en ont pas suffisamment. h. … quoique d'autres soient victimes de cyberintimidation ou de harcèlement.

352. a. sans que ; b. sans que ; c. bien qu' ; d. bien que ; e. sans qu' ; f. bien qu' ; g. bien que ; h. sans que.

353. b-5 ; c-6 ; d-8 ; e-2 ; f-4 ; g-7 ; h-1.

354. a. qui que ; b. Quoi que ; c. où que ; d. qui que ; e. Quel que ; f. Quoi que ; g. quelles que ; h. Où que.

355. a. Quoi qu' ; b. Quoiqu' ; c. Quoi qu' ; d. quoique ; e. quoique ; f. Quoi qu' ; g. Quoi que ; h. Quoiqu'.

356. b-7 ; c-1 ; d-2 ; e-3 ; f-5 ; g-6 ; h-8.

357. a. … à condition que tu viennes me chercher à l'aéroport. b. … pourvu qu'elle ne prenne pas de valise. c. … à condition qu'il n'y ait pas de grève des pilotes. d. … pourvu que vous suiviez mes instructions. e. … à condition que je fasse une réservation sur ce vol. f. … pourvu que nous embarquions immédiatement. g. … à condition que vous imprimiez votre carte d'embarquement. h. … pourvu que vous vous enregistriez en ligne.

358. a. pour peu qu'/à condition qu'on le fasse ; b. à condition que/pour peu que nous achetions ; c. à supposer que/à condition que l'entreprise puisse ; d. à moins que la nouvelle collection ait ; e. pour peu qu'/à condition qu'on lui demande ; f. à moins que nous bénéficiions ; g. pour peu que/à condition que vous ayez ; h. à supposer qu'/ à condition qu'ils veuillent.

359. a. Je change d'opérateur, *non pas qu'il ne fasse pas* l'affaire, mais il est trop cher. b. Il achète un nouveau canapé *ce n'est pas que* l'ancien *soit* inconfortable mais il préfère un convertible. c. Mes grands-parents font agrandir leur maison, *non pas qu'ils aient* besoin de plus d'espace, mais c'est pour recevoir tous les petits-enfants. d. Nous ne parlons plus à notre voisin, *ce n'est pas que nous lui en voulions* mais il nous ignore. e. L'immeuble est bien entretenu, *non que* les résidents *soient* propres mais le gardien en prend soin. f. Je refais ma cuisine, *ce n'est pas qu'elle soit* démodée mais elle n'est pas fonctionnelle. g. Les enfants veulent une chambre individuelle, *non pas qu'ils ne s'entendent* pas mais ils aspirent à plus de liberté. h. Elle quitte la campagne, *ce n'est pas qu'elle y voie* des inconvénients mais elle a trouvé un emploi en ville.

360. a. soit qu'elle soit, soit qu'elle ait ; b. soit que je ne veuille pas, soit que je ne fasse pas ; c. soit que je lui déplaise, soit que je l'intimide ; d. soit qu'on n'aille pas, soit qu'on ne puisse pas ; e. soit qu'il se sente, soit qu'il vienne ; f. soit que notre fille sorte, soit que nous fêtions ; g. soit qu'il pleuve, soit qu'elle attende ; h. soit qu'elle n'en vaille pas, soit qu'il faille.

361. a. gardez, êtes ; b. soit ; c. sache : d. choisisse, mette ; e. connaît ; f. veulent ; g. veuille ; h. aime, sors.

362. b-4 ; c-1 ; d-6 ; e-3 ; f-5 ; g-8 ; h-7.

363. a. Il a trop mal travaillé à l'école pour que son bulletin scolaire soit bon. b. Elle n'écrit pas assez bien pour qu'on *puisse* la comprendre. c. Ils connaissent peu leurs tables de multiplications pour que la maîtresse leur *mette* une bonne note. d. Les élèves ne sont pas assez intéressés pour que le professeur *réussisse* à captiver leur attention. e. Les horaires d'ouverture sont assez longs pour que les étudiants *aillent* étudier à la bibliothèque. f. Les enseignants suivent assez régulièrement des formations pour que les écoliers *aient* des cours ludiques. g. La directrice de l'école s'investit trop peu pour que les repas de la cantine *soient* de qualité. h. La maîtresse est trop sévère avec les élèves pour que les parents l'*apprécient*.

364. a. trop peu ; b. trop peu d' ; c. pas assez ; d. trop peu de ; e. pas assez ; f. pas assez ; g. trop peu de ; h. pas assez de.

365. Phrases possibles : a. j'apprenne à conduire avec toi. b. nous vous laissions seul sur cette piste rouge. c. il puisse me choisir pour le défilé de mode. d. vous lui donniez votre fille à garder. e. les propriétaires veuillent nous louer leur appartement. f. leurs parents ne se fassent pas de souci pour elles. g. pour que je vienne avec vous. h. pour qu'on tienne compte de leur avis.

366. a. Je ne peux pas faire une erreur sans qu'elle me le dise. b. Tu ne peux pas écouter de l'opéra sans qu'il se plaigne. c. Nous ne pouvons pas discuter de politique sans qu'elle se taise. d. On ne peut pas se promener sans qu'elle s'asseye/s'assoie. e. Vous ne pouvez pas téléphoner à l'heure des repas sans qu'il se mette en colère. f. Nous ne pouvons pas rentrer après minuit sans qu'il le sache. g. On ne peut pas visiter une exposition sans qu'il y aille. h. On ne peut pas manger des frites sans que les enfants en veuillent.

367. a. n' ; b. ne ; c. Ø ; d. ne ; e. Ø ; f. ne ; g. Ø ; h. n'.

368. a. la route soit embouteillée. b. les bouchons ne nous fassent perdre beaucoup de temps ? c. les travaux de l'autoroute ne s'éternisent ? d. la grève des trains ne fasse du tort au commerce. e. le tram nuise aux taxis. f. les avions restent cloués au sol. g. ses enfants n'aillent à l'école malgré la neige. h. son bus scolaire puisse rouler malgré le verglas.

369. a. ne ; b. Ø ; c. ne ; d. Ø ; e. Ø ; f. ne ; g. Ø ; h. ne.

370. a. a-2, b-1 ; b. a-1, b-3 ; c. a-3, b-2 ; d. a-2, b-1 ; e. a-1, b-3 ; f. a-2, b-3 ; g. a-2, b-1 ; h. a-3, b-2.

371. a. ne soient ; b. ne prennent ; c. ne passions ; d. ne vous souveniez ; e. ne puisse ; f. ne réclame ; g. ne soient ; h. ne prenne.

372. Phrases possibles : a. il ne disparaisse. b. le magasin ne fasse faillite. c. on ne lui demande. d. nous n'augmentions son salaire. e. ses salariés ne puissent y parvenir un jour. f. nous n'allions voir la concurrence. g. vous ne soyez licenciés. h. l'entreprise ne puisse être en difficultés pour négocier.

373. Souligner : a. aies été admise ; c. aies réussi ; e. ait envoyé ; h. n'aient pas accepté.

374. a. que tu sois parti ; b. qu'ils aient tenu ; c. qu'elle ait fait ; d. que nous soyons sortis ; e. que je sois couché ; f. que vous ayez pu ; g. qu'il soit mort ; h. que nous ayons su.

375. b-7 ; c-8 ; d-2 ; e-3 ; f-5 ; g-4 ; h-1.

376. a. ... que vous vous soyez aperçu(s) de l'erreur. b. ... qu'il soit arrivé malheur à son enfant. c. ... que vous vous soyez souvenu de moi. d. ... que tu aies fait de telles réflexions. e. ... qu'elle se soit moquée de vous. f. ... que Noé se soit inscrit à l'université. g. ... qu'il se soit déplacé à vélo ? h. ... que tu sois allé au ski.

377. b-4 ; c-1 ; d-2 ; e-3 ; f-8 ; g-6 ; h-7.

378. Souligner : a. il ne se soit pas excusé ; b. elle vous ait dit ; c. il ait confirmé ; d. ton frère m'ait vue ; h. il n'ait pas pris.

379. a. avez fait ; b. soient morts ; c. ait voulu ; d. soyez parvenu ; e. sommes rentrés ; f. as passé ; g. aie pu ; h. a pris.

380. b-3 ; c-2 ; d-1 ; e-5 ; f-7 ; g-8 ; h-6.

381. a. C'est le plus beau but que j'aie marqué. b. *Les Fleurs du mal*, c'est le premier recueil de poésies que j'aie acheté. c. Victor Hugo, c'est le plus grand écrivain que la France ait connu. d. Ce sont les derniers romans qu'elle a lus. e. C'est le pire vin qu'il ait bu. f. C'est le premier candidat qui a gagné le voyage. g. Est-ce le seul film avec Catherine Deneuve que tu aies vu ? h. C'est le premier documentaire sur l'environnement qui va aussi loin.

382. a. Cela m'agace *qu'il soit* toujours en retard. b. Elle ne supporte pas *qu'on la contredise*. c. Elle aimerait *pouvoir* faire ce voyage. d. Nous sommes heureux *de recevoir* le premier prix. e. Je me réjouis *d'aller* vivre en Italie. f. Vous êtes flatté *qu'on vous fasse* beaucoup de compliments. g. Je n'apprécie pas du tout *que vous changiez* de région. h. Il est aux anges *d'avoir* enfin une petite fille.

383. a. ... *d'avoir perdu* son téléphone portable. b. ... *que nous soyons venus* leur rendre visite. c. ... *que nos enfants n'aient pas téléphoné* à leur grand-mère. d. ... *d'être devenu* un artiste reconnu. e. ... *qu'il se soit trompé* de date. f. ... *d'avoir fait* notre travail. g. ... *que tu sois arrivé* rapidement. h. ... *d'avoir dû* partir précipitamment.

384. a. Nous croyons ne pas avoir travaillé suffisamment. b. Il croit ne pas être rentré à l'heure. c. Le policier a l'intention de ne pas les interroger. d. J'aimerais ne pas découvrir la vérité. e. Ça me surprend de ne pas emprunter de l'argent. f. Je pense ne pas avoir bien appris ma leçon. g. Il rageait de ne pas aller à l'école. h. Vous croyez ne pas vous être sorti d'affaire.

385. a. me présenter/m'être présentée ; b. nous être habitués ; c. vous être inscrits ; d. t'être trompé ; e. de se perdre ; f. nous séparer/nous être séparés ; g. de se marier/s'être mariée ; h. de s'être fâchés.

386. a. prévenir. b. mémoriser. c. avoir acheté ; d. perdre ; e. finir/avoir fini ; f. aller ; g. d'échouer ; h. vous offrir.

387. Phrases possibles : a. elle vous *interrompe* alors que vous parlez. b. *prendre* l'avion pour aller à 200 km de chez vous ? c. tu *répondes* à ses avances. d. *m'être bien fait* comprendre.

e. la direction *n'ait pas* été présente à la réunion. f. *vous l'ayez déjà vu*. g. *rester* bloqué. h. *avoir pris* son petit-déjeuner.

Bilan

1. a. veniez ; b. ait ; c. avoir passé ; d. faire connaître ; e. vouliez ; f. avoir renversé ; g. veniez ; h. devoir ; i. soyez ; j. fassions ; k. accueillir ; l. préciser ; m. ne sache pas ; n. passerez ; o. sera ; p. faire.

2. a. avoir ; b. ne prennes pas ; c. travailler ; d. aille ; e. sois ; f. plaise ; g. revenions ; h. arrivions ; i. inviter ; j. puissent ; k. soit ; l. avoir vu ; m. sera.

10. Le passif et la nominalisation

388. Souligner a, d, e, g, h.

389. b-4 ; c-1 ; d-2 ; e-8 ; f-7 ; g-6 ; h-3.

390. a. Des soirées pour les réveillons de fin d'année *étaient organisées* par le comité des fêtes. b. Un tarif intéressant pour ce spectacle *a été obtenu* par le comité d'entreprise. c. Les photographies de la cérémonie *seront prises* par un photographe officiel. d. Un opéra *va être chanté* par de grandes voix internationales. e. Le *Boléro* de Ravel *est interprété* par l'orchestre philharmonique de Berlin. f. Le Festival international du cirque de Monte-Carlo *avait été créé* par le prince Rainier III. g. Nous serions invités à un cocktail par le P.-D.G. h. Un concert *est donné* à l'église Sainte-Rita par l'ensemble musical.

391. a. a été inventé ; b. ont été conçues ; c. a été inventée ; d. a été élaborée ; e. a été répandu ; f. a été réalisée ; g. a été créé ; h. a été fabriquée.

392. a. qui avaient été volés en 1940 ont été récupérés... b. qui avait été expédié a été reçu... c. qui avait été dérobée à Antibes a été saisie... d. qui avait été frappé par la foudre n'a jamais été réparé. e. qui avait été détruit à Gênes a été reconstruit. f. qui avaient été annoncées ont été suivies g. qui avaient été déclarés à la préfecture ont été acceptés. h. qui avait été proposé n'a jamais été adopté.

393. a. La SNCF *mettra* en place plusieurs navettes de substitution. b. La RATP *lança* de nouvelles campagnes publicitaires. c. Le maire *inaugurait* une nouvelle ligne de tramway. d. La municipalité *avait examiné* d'autres projets de transports en commun. e. La SNCF *a remboursé* certains détenteurs d'abonnement. f. Les chauffeurs de taxi *viennent de prendre* en charge les derniers voyageurs. g. Les sociétés d'autoroutes *vont augmenter* les péages. h. Un designer célèbre *rénoverait* quelques stations du métro parisien.

394. a. *Impossible*. b. *Impossible*. c. La chambre sera bientôt repeinte par mon frère. d. La maison familiale fut construite par notre arrière-grand-père en 1930. e. *Impossible*. f. *Impossible*. g. Les deux voisines ont été pardonnées par les parents d'Arthur. h. Les victimes vont être secourues par les sapeurs-pompiers.

395. a. la victime n'a toujours pas été retrouvée. b. la moto aurait été réparée en une semaine. c. une déclaration de vol sera faite cet après-midi. d. des traces de freinage auraient été trouvées sur la chaussée. e. les secours ont déjà été appelés. f. une enquête soit faite. g. l'adresse de l'accident m'a bien été transmise. h. nos dépositions n'ont pas été signées.

396. a. d' ; b. d' ; c. par ; d. par ; e. de ; f. de ; g. par ; h. de

397. a. Son chemisier était bordé de dentelle. b. La bibliothèque était ornée de statuettes. c. Cette assiette de porcelaine est entourée d'un liseré d'or. d. Il a été ignoré par son amie toutes les vacances. e. Dans un mois, les montagnes seront couvertes de neige. f. La ville avait été encerclée par les soldats durant la nuit. g. Ton portable est couvert par ta compagnie d'assurance. h. Cette émission va être animée par un nouveau présentateur.

398. a. de ; b. par ; c. par ; d. de ; e. de ; f. d' ; g. de ; des.

399. b-5 ; c-7 ; d-6 ; e-8 ; f-1 ; g-2 ; h-4.

400. a. se porte ; b. se conserve ; c. se dégrader ; d. s'entretient ; e. se cuisinent ; f. se boivent ; g. se prennent ; h. se lisent.

401. a. Je vais me faire faire un détartrage par le dentiste de ma fille. b. Les enfants se sont fait disputer par leurs parents. c. Je me suis fait voler mon portable. d. Elle s'est fait inviter dans un palace parisien. e. C'est la première fois que nous nous faisons cambrioler dans l'immeuble. f. La victime s'est fait violer lors d'une soirée. g. Vous vous ferez apporter votre petit-déjeuner au lit. h. Elles se sont fait prendre en stop par un automobiliste italien.

402. b-7 ; c-1 ; d-4 ; e-2 ; f-3 ; g-8 ; h-6.

403. a. s'est entendu ; b. se sont laissé ; c. s'est laissé ; d. se sont vu ; e. s'est entendu ; f. s'est laissé ; g. se sont vu ; h. s'est laissé.

404. a. la boisson ; b. le rêve ; c. la vente ; d. la perte ; e. la montée ; f. le tour/la tournée ; g. la punition ; h. la déduction.

405. a. la suffisance ; b. la paresse ; c. la loyauté ; d. la diplomatie ; e. l'innocence ; f. l'étourderie ; g. la traîtrise ; h. la grandeur.

406. Souligner : sauter ; voler ; arrêter ; oublier ; ajouter ; débuter ; chanter ; appâter ; crier ; emprunter ; plier ; bondir ; appeler.

407. Souligner : déjeuner ; souper ; sourire ; dîner ; parler ; coucher ; lancer ; savoir ; toucher.

408. a. Depuis le début de l'année, la réserve naturelle *est protégée* par des gardes forestiers. b. Depuis de nombreuses années, la faune et la flore aquatiques *sont préservées* en Polynésie. c. L'année prochaine, un parc à thème marin *sera fermé* sur la Côte d'Azur. d. Le mois dernier, un refuge pour animaux de ferme *a été créé*. e. Pour Noël prochain, trente-trois chiens du refuge de la SPA *seront adoptés*. f. Depuis cette année, des animaux délaissés et en détresse *sont accueillis* dans un nouveau chenil. g. Votre chien *est pris* en charge par l'assurance Animalia. h. Prochainement, vos frais vétérinaires *seront/vont être réduits*.

409. a. La délicatesse de mon compagnon *est appréciée* de mes enfants. b. La franchise de son ami *a été mal perçue* par ses parents. c. La douceur de ce vin *ne sera pas aimée* de mes invités. d. Sa cruauté *lui sera* tôt ou tard reprochée. e. Son désespoir *est méconnu* de ses collègues. f. Son éclat *était remarqué* par tous les hommes. g. Le réalisme de ce film *va être mal accueilli* par la critique. h. La clarté de ses explications *a toujours été estimée* de ses collaborateurs.

410. a. Une personne âgée *a été agressée* à l'arme blanche dans une maison de retraite. b. Cinq personnes sur un voilier en perdition *étaient sauvées* par la SNSM. c. Des réfugiés *vont être soignés* à bord des navires. d. Le projet de loi de finances *fut rejeté* par le Sénat. e. Un ancien ministre et maire d'une commune parisienne *serait condamné*. f. Le lien social dans les quartiers défavorisés *était maintenu*. g. Les raffineries de pétrole *avaient été bloquées* par les agriculteurs en colère. h. La course autour du monde à la voile en solitaire *est partie*.

Bilan

1. a. est donné ; b. est consommée ; c. est nommée ; d. est cuite ; e. se déguste ; f. être ajouté ; g. a été introduite ; h. est vendue ; i. est servie ; j. être dégustée ; k. être confondue ; l. était mangée ; m. se mange ; n. soit accompagnée.

2. a. Des randonneurs ont été sauvés par les chasseurs alpins. b. Des statues ont été volées par des soldats. c. La grève illimitée a été décidée par les cheminots. d. 50 % des vols ont été annulés par la compagnie Transavia. e. La taxe d'habitation pour les retraités a été supprimée. f. Le match a été interrompu par les supporters du club de football de Paris. g. Un nouveau musée a été conçu par Jean Nouvel. h. Le corps d'un naufragé a été découvert sur la côte nord de la baie.

11. Le participe présent, le gérondif et l'adjectif verbal

411. a conduisant ; b. salissant ; c. éteignant ; d. sachant ; e. joignant ; f. étant, g. s'asseyant/s'assoyant ; h. ayant.

412. a. Ne voulant pas ; b. commençant ; c. pouvant ; d. Négligeant ; e. n'ayant plus ; f. Venant ; g. Ne s'entendant plus ; h. N'étant plus.

413. a. Le chef du personnel *envisageant* de recruter deux des stagiaires à l'issue de leur formation... ; b. Nous cherchons un hôtel avec une salle de réception *pouvant*... ; c. Gabriel *travaillant davantage*... ; d. Les enfants *fatiguant l'institutrice*, ... ; e. *Votre comportement ne nous donnant pas satisfaction*, ... ; f. Il y a beaucoup d'élèves *adhérant* ... ; g. ..., *faisant* tomber tous ses livres. h. ..., *laissant* le sort du lycéen entre les mains de ses collègues.

414. b-6 ; c-7 ; d-1 ; e-2 ; f-4 ; g-8 ; h-5.

415. a. faisant ; b. s'étant arrêtée ; c. étant partie ; d. Redoutant ; e. ayant fondu ; f. ayant mangé ; g. criant ; h. S'étant réveillé.

416. a. En t'inscrivant à la médiathèque... b. ... en lui disant la vérité c. En prenant des cours particuliers d'anglais... d. En suivant mes conseils... e. ... en sortant de cours f. En arrivant à la maison... g. ... en ayant un ami à Marseille. h. ... en prenant sa douche.

417. a. En te coupant les cheveux... b. En se décolorant en blonde... c. *Impossible*. d. En te faisant une coupe au carré... e. *Impossible*. f. ... en changeant totalement de coupe. g. *Impossible*. h. ... en m'occupant de leurs cheveux ou de leurs ongles.

418. a. en ignorant ; b. arrivant ; c. en voyageant ; d. En descendant ; e. en conduisant ; f. venant ; g. présentant ; h. m'annonçant.

419. a. contenant ; b. ayant ; c. en sachant ; d. en téléphonant ; e. Ne pouvant pas ; f. en attendant ; g. en claquant ; h. En cherchant.

420. a. En partant très tôt de chez lui... ; b. Partant très tôt de chez lui... ; c. ... voulant monter une société dans sa ville natale. d. ... en voulant monter une société dans sa ville natale ? e. Roulant lentement... f. Marchant beaucoup... g. En se mettant à marcher chaque jour... h. En freinant à temps...

421. a. En vous étant exercé ; b. en ayant réalisé ; c. En ayant écrit ; d. en ayant trouvé ; e.

en ayant compris ; f. en s'étant fâché ;
g. en ayant fait ; h. En ayant été accepté.

422. a. En ayant trouvé ; b. Ayant joué ; c. Ayant enregistré ; d. en ayant côtoyé ; e. Ayant connu ;
f. Ayant applaudi ; g. en ayant marqué ;
h. en ayant reçu.

423. Souligner : sécurisant ; attaquant ; reposant ; souriant ; vivant ; endurant ; froissant ; écrasant ; agaçant ; flagrant ; exubérant.

424. a. assommants ; b. désespérante ;
c. émouvant ; d. démêlant ; e. naissante ;
f. blessantes ; g. passantes ; h. changeante.

425. Souligner : b. trépignant ; d. Attaquant ;
e. décevant ; f. amusant.

426. a. tordants ; b. parlante ; c. aimant ;
d. parlant ; e. aimante ; f. prévoyant ;
g. amusants ; h. prévoyantes.

427. a. AV ; b. PP ; c. PP ; d. AV ; e. AV ; f. AV ;
g. PP ; h. PP.

428. a. provocante ; b. suffocante ;
c. éblouissante ; d. zigzagante ; e. fatigants ;
f. désobligeants ; g. émergents ; h. choquante.

429. a. communiquant ; b. fatigants ;
c. communicants ; d. fatiguant ; e. intrigant ;
f. Vaquant ; g. Intriguant ; h. convaincant.

430. a. influent ; b. coïncidant ; c. influent ;
d. violant ; e. somnolant ; f. violent ;
g. somnolent ; h. affluant

431. a. différant ; b. précédant ; c. équivalente ;
d. précédents ; e. équivalant ; f. excellant ;
g. différents ; h. Adhérant.

432. a. Influents ; b. équivalents ;
c. convaincantes ; d. équivalant ; e. provocantes ;
f. divergeant ; g. communiquant ; h. divergents.

Bilan

1. a. convaincantes ; b. émergents ;
c. extravagantes ; d. fatigantes ; e. exigeant-négligent ; f. suffocantes ; g. provocantes ;
h. influent ; i. intrigantes ; j. convergents-divergents ; k. différentes ; l. excellent.

2. a. En traversant, roulant, provoquant ;
b. obéissante, parlant, faisant, en donnant ;
c. en pratiquant, enrichissante, divergentes, équivalent, en te déplaçant, en rencontrant ;
d. partageant, Aimant, sachant, en appréciant ;
e. affluant, émergeant, effectuant ; f. délirante, en chantant, provocante ; g. en ayant pris, en étant allé, précédant ; h. Ayant été, convaincant, embarrassantes.

12. La négation et la restriction

433. b-5 ; c-4 ; d-1 ; e-7 ; f-3 ; g-8 ; h-6.

434. a. *Personne ne* t'/vous a demandé. b. Elle *n*'a rencontré *personne* en rentrant. c. *Rien ne* m'a été épargné. d. *Aucune* modification *n*'y a été apportée. e. Je *ne* suis *jamais/pas encore* allé à l'étranger. f. On *ne* m'a *rien* appris.
g. Ils *n*'ont *plus* eu intérêt à le poursuivre.
h. Nous *n*'avons trouvé *aucune* solution.

435. a. Je n'avais guère eu le temps de m'occuper de cette affaire. b. Cela n'a guère eu d'importance. c. Elle portait toujours des gilets sans manches. d. Je n'ai guère aimé son attitude. e. Tu peux venir sans invitation.
f. Ils n'ont point été convaincus. g. Elles ne sont point parties en vacances. h. Le ministre ne va point vous recevoir aujourd'hui.

436. a. Je *ne* sais *point*... b. ... les personnes sans ressources. c. Cet enfant *n*'est *guère* sage.
d. Elle *n*'aime *guère* les sushis. e. Gabriel *n*'a point de patience... f. ... sans hésiter/hésitation.
g. ... *sans* être vue. h. Il *ne* l'a *point* dit.

437. a. Nul ne veut manquer le spectacle.
b. Il n'en tira nul avantage à se conduire ainsi. c. Noé n'avait nulle aptitude pour les maths. d. Ils ne seraient allés nulle part.
e. Nul être humain au monde n'en est capable.
f. Pensez-vous que vous n'en avez nul besoin ?
g. Nul ne viendra nous voir ce soir.
h. Elle ne s'est ennuyée nulle part.

438. b-6 ; c-2 ; d-7 ; e-1 ; f-8 ; g-4 ; h-5.

439. b-4 ; c-1 ; d ; 7 ; e-8 ; f-3 ; g-5 ; h-6.

440. a. Je n'ai *ni* chat *ni* chien. b. Ils *ne* vont prendre *ni* le train *ni* l'avion. c. Il n'avait pris *ni* son écharpe *ni* ses gants. d. Nous *ne* voulons *ni* nous reposer *ni* nous bronzer au bord de la piscine. e. Elle *ne* met *ni* miel *ni* sucre dans son thé. f. Lucas n'avait mis ni costume ni cravate. g. Maxime ne cuisine ni ne fait les courses. h. Tu ne prendras ni eau ni soda ?

441. b-4 ; c-1 ; d-2 ; e-6 ; f-5 ; g-8 ; f-7.

442. a. sans, ni ; b. sans, ni ; c. ne, ni, ni ; d. ne, ni, ni ; e. sans, ni ; f. sans, sans ; g. ne, ni, ni ; h. sans, ni.

443. a. ... sans masque ni palmes. b. ... sans envie ni passion. c. ... sans exceller ni lutter. d. Ni l'entraîneur, ni le directeur sportif ne voulaient... e. ... sans crainte ni tremblement. f. ... sans pinailler ni polémiquer. g. ... sans se faire surprendre par une bosse et sans manquer de porte. h. ... sans désespoir ni douleur.

444. b-1/3/6 ; c-5 ; d-1/3/6 ; e-1/3/6 ; f-1/3/6 ; g-2/4 ; h-1/3/6.

445. a. Je n'ai jamais eu personne. b. Je n'aime plus personne. c. Je ne supporte plus personne. d. Je n'ai croisé personne nulle part. e. Je n'ai jamais été suivi par personne. f. Je n'ai remplacé personne nulle part. g. Je ne vois jamais personne. h. Je n'ai jamais aidé personne.

446. a. Plus personne ne ; b. Jamais personne n' ; c. Jamais personne ne ; d. Jamais personne ne ; e. Plus personne ne ; f. Plus personne ne ; g. Jamais personne n' ; h. Plus personne ne.

447. a. Je ne possède plus rien depuis l'incendie. b. Elle n'a rien trouvé nulle part. c. Il n'y a plus rien dans le frigo. d. Nous n'avons jamais rien gagné. e. On n'achètera rien nulle part. f. Nous ne nous étions jamais rien dit auparavant. g. Tu n'avais jamais rien lu de cet auteur. h. Il veut que je n'oublie rien nulle part.

448. a. n'avez rien trouvé nulle part ; b. n'avaient jamais rien cuisiné ; c. ne sait plus rien dit ; d. n'avons plus rien vu ; e. ne leur dise jamais rien ; f. n'a rien bu nulle part ; g. n'ai jamais rien compris ; h. ne mange plus rien.

449. a. plus jamais rien ; b. plus jamais ; c. plus jamais personne ; d. plus jamais rien ; e. plus jamais nulle part ; f. plus jamais ; g. plus jamais nulle part ; h. plus jamais personne.

450. b-4 ; c-7 ; d-5 ; e-1 ; f-2 ; g-8 ; h-6.

451. a. Je *ne verrai plus jamais* Raphaël/personne. b. Elle *n'est plus* partie *nulle part*. c. Zoé *n'écrit plus jamais rien*. d. *Je ne danserai plus jamais* avec lui en boîte. e. Elle *ne laissera plus jamais personne* lui dire que c'est impossible. f. Sa fille *ne va plus jamais nulle part* sans son petit ami. g. Il *ne nous donnera plus jamais rien*. h. *Ne laisse plus jamais personne* te rabaisser.

452. a. Ne pousser personne. b. Ne jamais traverser les voies. c. Ne pas accélérer au feu orange. d. N'emprunter aucun/nul souterrain./ Ne pas emprunter le souterrain. e. Ne pas s'en tenir au règlement. / Ne s'en tenir à nul/aucun règlement. f. Ne se garer nulle part. g. Ne plus rouler vite. h. Ne rien jeter sur la chaussée.

453. a. ... de ne plus rien dire. b. ... de ne voir aucun embouteillage sur la route. c. ... de ne jamais sortir avec leur père. d. ... de ne plus rien faire le week-end. e. ... de ne rencontrer jamais personne. f. ... de ne plus travailler. g. ... de n'aller nulle part cet été. h. ... de ne s'intéresser à rien.

454. a. ... ne pas parler. b. ... ne plus rien dire. c. ... n'aller nulle part. d. ... ne plus voir personne. e. ... ne pas rester à la maison. f. ... ne plus vous le dire. g. ... ne jamais prendre les transports en commun. h. ... ne mener nulle part.

455. Je regrette : a. de n'en avoir lu aucun. b. de n'être pas venu. c. de n'avoir voyagé nulle part. d. de ne m'être jamais réveillé tôt. e. de n'avoir vu personne. f. de n'y avoir jamais cru. g. de ne m'être rien acheté. h. de n'en avoir vu aucun.

456. a. ... *de ne m'être jamais trompé* de chemin. b. ... *de n'avoir jamais rencontré personne* à cette heure tardive. c. ... *de ne nous être plus rendus* dans votre pays. d. ... *de ne l'avoir rangé nulle part*. e. ... *de n'avoir pris aucun* guide de voyages. f. ... *de n'avoir vu personne*. g. ... *de n'être plus jamais allé nulle part*. h. Je doute de *n'avoir rien oublié*.

457. a. Ø ; b. Ø, pas ; c. Ø ; d. Ø ; e. Ø ; f. pas ; g. Ø , pas ; h. pas, pas.

458. a. Ø ; b. Ø ; c. Ø ; d. Ø ; e. Ø ; f. pas ; g. Ø ; h. pas.

459. a. Je *n'achète qu'*en ligne. b. Je *n'ai essayé qu'*un pantalon... c. Nous *n'avons offert que* des cadeaux aux enfants. d. *Je ne lui ai payé que* des boucles d'oreille. e. *Je ne fais que* les magasins pour les fêtes. f. Elle a choisi de *n'aller que* dans sa petite boutique préférée. g. Nos parents *ne font leurs courses que* le samedi. h. Le magasin *n'ouvrira qu'*à 10 heures.

460. a. pas ; b. Ø ; c. pas ; d. Ø ; e. pas ; f. Ø ; g. pas ; h. Ø.

461. a. *Il n'y a qu'à* réserver tôt. b. *Tu n'as qu'à* lui téléphoner. c. *Tu n'avais qu'à* bien travailler. d. *Tu n'as qu'à* consulter ton médecin. e. *Il n'y a qu'à* lui envoyer un SMS. f. *Tu n'as qu'à* te coucher. g. *Vous n'avez qu'à* mettre le lave-vaisselle en marche. h. *Il n'y a qu'à* augmenter le chauffage.

Bilan

1. a. Je n'en ai parlé à personne d'autre. b. Le problème n'est survenu nulle part. / Nulle part. c. Il n'y a aucun point que je voudrais aborder. d. Il ne s'est rien passé après. e. Je n'ai pensé à rien. f. Personne ne m'a dit cela. / Personne. g. Ma femme n'est jamais à la maison le lundi. h. Il n'y avait plus personne nulle part. i. Le problème ne consiste en rien. j. Personne ne m'a apporté son soutien. k. Je ne lui ai pas parlé avec mépris. / Je lui ai parlé sans mépris. l. Je n'ai collaboré ni avec la police ni avec les avocats. / J'ai collaboré sans la police ni les avocats. m. Je ne bois ni ne fais la fête. n. Rien n'a précédé ni suivi cette situation. o. Je ne sais comment le retrouver.

2. a. ne ; b. pas ; c. sans ; d. ne jamais ; e. sans ; f. ni ; g. ne pas ; h. Aucune ; i. n' ; j. il n'y a qu'à ; k. ne ; l. pas ; m. n' ; n. ni ; o. ni ; p. n'avez qu'à ; q. ne pas ; r. n' ; s. plus ; t. sans ; u. sans ; v. ni ; w. n' ; x. nulle ; y. ne jamais.

13. L'expression de la cause

462. b-5 ; c-6 ; d-2 ; e-7 ; f-8 ; g-1 ; h-4.

463. a. puisque/car ; b. Puisqu' ; c. Comme ; d. puisque ; e. Comme ; f. car/puisque ; g. car/puisque ; h. Comme.

464. a. Je ne veux pas aller à cette fête parce que j'ai ... b. Il lui a été impossible de vous rencontrer parce qu'il était... / En effet, il était... c. L'augmentation du prix de l'essence des derniers jours ne sera pas la dernière. En effet, plusieurs médias annoncent... d. Je ne connais pas ce fruit exotique parce que je... / En effet, je n'en ai jamais mangé. e. Vous ne le rencontrerez jamais le vendredi après-midi. En effet, il part... f. Je ne suis pas passé vous voir parce que je ne voulais pas... g. Nous éviterons ce quartier en voiture parce qu'il y a... h. Elle doit être malade. En effet, je ne la vois plus.

465. a. C'est parce qu' ; b. parce qu' ; c. c'est qu'/parce qu' ; d. C'est parce qu' ; e. parce qu' ; f. C'est parce qu' ; g. c'est que/parce que ; h. parce qu'.

466. a. vu que ; b. Étant donné que ; c. Vu qu' ; d. Étant donné que ; e. du fait qu' ; f. vu qu' ; g. Du fait que ; h. Étant donné que.

467. b-4 ; c-1 ; d-2 ; e-7 ; f-8 ; g-5 ; h-6.

468. a. Étant donné que vous avez un visa de court séjour, ... b. Dès lors qu'elle ne s'est pas présentée à la convocation, ... c. Dès l'instant qu'il a été soupçonné d'être au cœur d'une vaste affaire de corruption, ... d. Du fait que les avocats sont en grève, ... e. Étant donné que nous ne possédons pas tous les éléments nécessaires, ... f. Vu que les médias seront présents, ... g. Du moment que vous établissez une déclaration de perte, ... h. Dès lors que votre préfecture vous aura envoyé une convocation, ...

469. b-1 ; c-4 ; d-3 ; e-7 ; f-8 ; g-5 ; h-6.

470. Phrases possibles : a. il avait été retardé par les embouteillages. b. nous nous y sommes pris la veille du spectacle. c. l'histoire vous déplaisait mais vous aviez un appel urgent à passer. d. nous n'aurions jamais pu voir ce concert à un autre moment. e. il était souffrant. f. il n'avait pas trouvé le site sur internet. g. elle préfère sortir avec ses copines mais son petit ami est toujours en déplacement. h. elle ne sait pas danser.

471. a. n'aient pas faim ; b. ait eu, ait oublié ; c. détestiez ; d. faille, aies oublié ; e. se soit perdu, n'ait pas été expédié ; f. soit ; g. ait ; h. déplaise.

472. a. est, se repose ; b. fasse, adore ; c. soient, apprécient ; d. convienne, ont été mutés ; e. mente ; f. pleuve ; g. lise, collectionne ; h. a pris, a contactés.

473. a. non pas que ; b. de peur que ; c. soit qu', soit qu' ; d. de peur que ; e. non pas qu' ; f. de peur que ; g. soit qu', soit qu' ; h. de peur qu'.

474. a. En raison de la ; b. Grâce au ; c. À cause des ; d. En raison d' ; e. Grâce à ; f. À cause des ; g. En raison des ; En raison du.

475. a. ... grâce au soutien de mon amie.
b. ... en raison de l'échec des négociations.
c. ... en raison de la baisse de son pouvoir d'achat. d. ... grâce au recul du gouvernement.
e. ... grâce à l'aide de mes parents. f. ... en raison de la perte de leur travail. g. ... en raison de l'aggravation de conditions de travail.
h. ... grâce à l'obtention d'un prêt avantageux.

476. b-5 ; c-3 ; d-6 ; e-7 ; f-2 ; g-4 ; h-1.

477. a. ... du fait de l'abandon de la Ferrari.
b. ... par suite de son ensablement.
c. ... du fait de ses antécédents judiciaires.
d. ... à la suite de votre commande téléphonique. e. ... par suite de la restriction budgétaire. f. ... du fait du report de la date du voyage. g. ... à la suite de la restructuration de l'entreprise. h. ... du fait de l'augmentation/ la hausse des vols.

478. b-1 ; c-5 ; d-6 ; e-8 ; f-3 ; g-4 ; h-7.

479. a. Étant donné l'entretien de la cour intérieure, ... b. Étant donné l'élargissement de la rue, ... c. Étant donné la petitesse des locaux, ... d. Étant donné l'incertitude des travaux, ... e. Étant donné la multiplication des trottinettes sur les trottoirs, ... f. Étant donné l'ouverture de la chasse, ... g. Étant donné le remplacement d'une pièce de la chaudière, ... h. Étant donné l'inquiétude des parents d'élèves, ...

480. a. à force de ; b. à force de ; c. faute d' ; d. Faute de ; e. Faute de ; f. À force d' ; g. Faute de ; h. faute de.

481. a. À force de ; b. Faute de ; c. Faute de ; d. à force de ; e. faute de ; f. Faute de ; g. À force de ; h. Faute de.

482. a. sous prétexte qu' ; b. sous prétexte d' ; c. sous prétexte que ; d. Sous prétexte d' ; e. sous prétexte de ; f. Sous prétexte de ; g. sous prétexte qu' ; h. sous prétexte de.

483. b-5 ; c-8 ; d-1 ; e-7 ; f-2 ; g-6 ; h-3.

484. a. pour ; b. par ; c. pour ; d. de ; e. de ; f. par ; g. pour ; h. pour.

485. Réponses possibles : a. par erreur ; b. par prudence ; c. de honte/de colère ; d. pour espionnage ; e. par politesse ; f. pour ta gentillesse ; g. par solidarité ; h. de peur.

486. a. Devant l'insistance de son frère ; b. sous le poids de mes bagages ; c. À la demande d'Alex ; d. de fièvre ; e. C'est par pudeur qu'il a... f. Devant l'incompréhension de ses parents ; g. de bonheur ; h. pour conduite sans permis.

487. a. pour avoir giflé un client. b. ... pour être morts au combat. c. ... pour avoir fait un faux témoignage. d. ... pour s'être caché dans le train d'atterrissage d'un avion. e. ... pour avoir fraudé dans le tramway. f. ... pour ne pas être arrivé à l'heure. g. ... pour avoir tué son agresseur. h. ... pour ne pas avoir obtenu de bons résultats.

488. a. pour avoir été brûlé – pour sa brûlure ; b. pour avoir abusé d'alcool – pour son abus d'alcool ; c. pour avoir été mordue – pour sa morsure ; d. pour avoir été brave – pour sa bravoure ; e. pour avoir tenu des propos sexistes – pour ses propos sexistes ; f. pour avoir été maladroit – pour sa maladresse ; g. pour avoir été franc – pour sa franchise ; h. pour avoir été clairvoyante – pour sa clairvoyance.

489. b-4 ; c-1 ; d-5 ; e-7 ; f-2 ; g-6 ; h-8.

490. a. faute d' ; b. pour ; c. d' ; d. faute de ; e. de ; f. pour ; g. de ; h. faute d'.

491. a. À force de/De crainte de ; b. À force de ; c. À force de ; d. Sous prétexte d' ; e. À force de ; f. sous prétexte de ; g. de crainte de ; h. sous prétexte de.

492. Réponses possibles : a. avoir raté son train ; b. ne pas avoir eu l'accord de la copropriété ; c. aller chercher ses enfants à l'école ; d. avoir des troubles du sommeil ; e. s'être trompée de taille ; f. le rénover ; g. vouloir parler anglais couramment ; h. s'être disputés pour une bêtise.

493. b-3 ; c-7 ; d-1 ; e-2 ; f-4 ; g-8 ; h-6.

494. a. Me référant aux dispositions légales, ... b. Connaissant l'informatique et étant trilingue, ... c. Étant dans votre région, ... d. Espérant une réponse favorable à sa demande, ... e. Ayant des revenus supérieurs, ... f. Le professeur de chimie étant absent jusqu'à jeudi, ... g. L'école se réclamant d'une nouvelle pédagogie, ... h. Ne recevant plus mon courrier, ...

495. a. Ayant obtenu d'excellents résultats, ... b. Les lycéens ayant été accusés de fraude, ... c. La bibliothèque ayant été rénovée, ... d. Le savant s'étant exclusivement consacré à la recherche, ... e. Les enfants ne s'étant pas réveillés à l'heure, ... f. Le professeur n'ayant pas eu le temps de terminer le leçon, ... g. Le surveillant ayant demandé de déposer les portables à l'entrée de la salle, ... h. L'élève s'étant mal conduit, ...

496. a. Le vol ayant été annulé, ... b. Nos valises pesant plus de dix kilos, ... c. Les touristes ayant fait une croisière, ... d. Le court de tennis étant fermé, ... e. Voyageant seule, ... f. Les enfants voulant partir en colonie, ... g. Nos parents étant descendus à l'hôtel Negresco, ... h. Toute la classe ayant été malade durant le voyage en autocar, ...

497. Souligner : a. mangeant ; b. En faisant, Faisant ; c. étant ; d. ayant séduit ; e. en étant, étant ; f. en se multipliant, se multipliant ; g. En faisant/Faisant ; h. restant.

498. a. Exclue des cours, ... b. Impossible. c. Renvoyé, ... d. Impossible. e. Absente pendant quinze jours, ... f. Impossible. g. Réveillé tôt le jour de la rentrée des classes, ... h. Puni, ...

Bilan

1. a. Ayant été surchargée ; b. non que ; c. Étant ; d. Ayant vécu ; e. sachant ; f. Étant donné ; g. sous prétexte que ; h. de ; i. car ; j. Vu que ; k. À force de ; l. Du moment que ; m. pour ; n. par.

2. a. à la suite d' ; b. Pour ; c. puisqu' ; d. Ce n'est pas que ; e. c'est parce que ; f. En raison du ; g. par ; h. par ; i. n'ayant pas retrouvé ; j. voyageant ; k. soit qu' ; l. ait eu ; m. soit qu' ; n. ait entendu ; o. Vu/Étant donné ; p. Étant donné/Vu.

14. L'expression de la conséquence

499. a. donc nous sommes passés sans payer ; b. aussi sommes-nous sortis à la suivante ; c. nous nous sommes arrêtés à une cafétéria ; d. aussi avons-nous fait une halte sur une aire de service ; e. alors je lui ai laissé la place à mi-chemin ; f. donc tu ressens la fatigue ; g. alors la conduite devint plus pénible ; h. ainsi pouvions-nous discuter tranquillement.

500. b-4 ; c-8 ; d-5 ; e-1 ; f-3 ; g-7 ; h-6.

501. b-alors-5 ; c-aussi-7 ; d-donc-8 ; e-alors-2 ; f-aussi-3 ; g-donc-4 ; h-donc-6.

502. a. ainsi ; b. par conséquent ; c. ainsi ; d. en conséquence ; e. par conséquent ; f. ainsi ; g. ainsi/par conséquent ; h. ainsi.

503. a. aussi ; b. alors/par conséquent ; c. aussi ; d. alors/par conséquent ; e. par conséquent ; f. alors/aussi ; g. aussi ; h. par conséquent.

504. a. de ce fait ; b. par conséquent ; c. de ce fait/par conséquent ; d. par conséquent/de ce fait ; e. en conséquence ; f. par conséquent ; g. par conséquent/de ce fait ; h. en conséquence.

505. a. c'est la raison pour laquelle il a préféré rentrer en taxi ; b. ce qui explique que je parlais si fort ; c. c'est pour cela que je vais faire la diète demain ; d. c'est pour ça qu'elle nous a tous invités ; e. ce qui explique toutes ces allées et venues dans l'immeuble ; f. c'est pourquoi on a eu du mal à garer la voiture ; g. c'est pour ça qu'on a passé la soirée à danser ; h. c'est pourquoi la station de métro était fermée.

506. Phrases possibles : a. que le quartier était fermé. b. les clients sont plus nombreux dans les magasins. c. certains transports en commun fonctionnent mal aujourd'hui.

d. le gouvernement voit remonter sa cote de popularité. e. la lenteur des négociations. f. nous ne sortirons pas ce soir. h. ma mère commence à protéger ses rosiers.

507. a. il en résulte que ; b. il en résulte que ; c. il en résulte que ; d. du coup ; e. il en résulte que ; f. d'où ; g. il en résulte que ; h. il en résulte que.

508. Phrases possibles : a. mon retard. b. j'aimerais bien emprunter la tienne. c. les primes seront réduites les prochains mois. d. la grogne des bouchers. e. le nombre d'étudiants augmentera à la rentrée prochaine. f. les gens en ont moins peur. g. que certains décident de quitter le domicile des parents. h. je n'ai pas envie de donner à MSF.

509. Phrases possibles : a. de ce fait/du coup, elle n'a aucune séquelle... b. du coup, on réveillonnera tous ensemble/d'où un réveillon tous ensemble. c. de ce fait, les vacanciers vont pouvoir en profiter. d. il en résulte que/ de ce fait, le personnel bénéficiera d'une prime exceptionnelle. e. du coup, ils vont organiser une petite fête/d'où l'organisation d'une petite fête. f. il en résulte qu'/ du coup elle tousse et se sent fiévreuse. g. du coup/de ce fait, je ne suis pas sortie de la soirée. h. il en résulte que/ de ce fait sa carrière est assurée.

510. b-2 ; c-1/5 ; d-7 ; e-8 ; f-3 ; g-5 ; h-6.

511. a. sans ; b. sans ; c. sous peine de ; d. sans que ; e. sous peine d' ; f. sans qu' ; g. sans ; h. sans que.

512. Phrases possibles : a. Les moustiques *ont occasionné/provoqué* la recrudescence du paludisme. b. Le réchauffement climatique *est à l'origine de/a généré* l'élévation de la température. c. La prise de conscience écologique *a entraîné/provoqué* un retour vers la nature. d. Les vents violents ont *provoqué/entraîné* l'érosion des côtes. e. Le réchauffement climatique *est à l'origine de/a généré* la montée des eaux marines. f. L'interdiction des voitures dans les villes *a favorisé* le développement du cyclisme. g. Les pics de pollution *ont généré/sont à l'origine* de l'augmentation des maladies respiratoires. h. Les difficultés de la circulation automobile *ont provoqué/favorisé* la hausse du covoiturage.

513. b-6 ; c-1 ; d-7 ; e-2 ; f-4 ; g-5 ; h-8.

514. Phrases possibles : a. il va se reposer cet après-midi. b. elle reste musclée. c. tout le monde t'adore. d. elle restera sûrement dans l'entreprise. e. nous souhaitons en changer. f. je ne me suis pas réveillé ce matin. g. je suis présentable pour mon entretien. h. elle paraît dix ans de moins.

515. a-4/7-u ; b-1/5-s ; c-4/7-x ; d-4/7-t ; e-2/6-z ; f-4/7-v ; g-1/5-w ; h-3-y.

516. a. tellement/tant ; b. tellement/tant ; c. tellement/tant ; d. si ; e. tellement ; f. si/tellement ; g. si/tellement ; h. tellement/tant.

517. a. si/tellement ; b. tant/tellement ; c. si/tellement ; d. tant/tellement ; e. tellement ; f. tant ; g. tellement/tant ; h. tellement/si.

518. a. Nous avons tellement ri que nous nous sommes promis... b. Ma fille a tant de livres que sa bibliothèque est pleine. c. Suzanne est si extravagante qu'on la remarque... d. Mme Bertrand a tant de courses à faire qu'elle se les fait livrer. e. Le médecin est tellement réputé que son carnet de rendez-vous est toujours plein. f. Son mari est si stressé qu'il ne dort plus la nuit. g. Arthur a tant d'humour que toute sa classe l'adore. h. Notre voiture a tellement de kilomètres qu'on va la vendre.

519. b-jusqu'à-8 ; c-à tel point que-6 ; d- jusqu'à-1 ; e-jusqu'à-8/jusqu'au-7/au point de-4 ; f-jusqu'à-4 ; g-à tel point que-2 ; h-à tel point qu'-5.

520. b-7 ; c-6 ; d-5 ; e-1 ; f-8/4 ; g-2 ; h-4.

521. Phrases possibles : a. la pièce soit plus accueillante. b. tu partes avec une heure d'avance. c. laisser passer une telle erreur. d. nous vous réservions une chambre. e. ta mère fasse ce long voyage. f. regarder ce genre d'émissions. g. que l'atmosphère soit plus intime. h. tu m'emmènes dans cette boîte.

Bilan 14

a. donc ; b. trop ; c. pour ; d. aussi ; e. par conséquent ; f. Ainsi ; g. si bien qu' ; h. pour ; i. provoque ; j. c'est la raison pour laquelle ;

k. c'est pour cela qu' ; l. aussi ; m. alors ; n. sans ; o. résultat ; p. si ; q. favoriser ; r. de sorte ; s. d'où ; t. Il suffirait de ; u. Sans.

15. L'expression du but

522. b-4 ; c-2 ; d-6 ; e-1 ; f-7 ; g-5 ; h-8.

523. a. … de sorte qu'ils sachent parler anglais. (But) b. … de sorte qu'ils savent parler anglais. (Conséquence) c. … de sorte qu'ils sont à la recherche d'un emploi dès l'été. (C) d. … de sorte qu'ils soient à la recherche d'un emploi dès l'été. (B) e. … de sorte que les étudiants du fond de la classe fassent attention à son exposé. (B) f. … de sorte que les étudiants du fond de la classe font attention à son exposé. (C) g. … de sorte que l'élève puisse finir sa composition. (B) h. … de sorte que l'élève a pu finir sa composition. (C)

524. a. … de sorte qu'on puisse envisager une thérapie anticancéreuse universelle. b. … afin que les individus infectés soient isolés. c. … pour que nous puissions prévenir ce fléau. d. … dans l'espoir que son fils veuille se sortir de la dépendance. e. … de sorte que je ne lui fasse plus de réflexions sur sa santé et que tout aille bien entre nous. f. … afin que leur personnel connaisse moins de stress et qu'il ait un environnement propice pour travailler. g. … dans l'espoir que nous améliorions la qualité de vie des malades souffrant d'un trouble mental. h. … pour que ma formation d'infirmière soit complète.

525. a. afin que ; b. histoire que ; c. afin que ; d. histoire que ; e. histoire que ; f. afin que ; g. histoire qu' ; h. histoire qu'.

526. a. … que je sache si tu mens ! b. … que nous entrions dans le métro ! c. … que je comprenne. d. … , que je sois présente ! e. … que nous te félicitions. f. … que je conduise la voiture. g. … que je finisse ce travail avec toi ! h. … que je vous remette votre attestation !

527. a. … de peur qu'elle n'ait une réaction trop vive. (But à éviter.) b. … de sorte que tu réussisses dans la vie. (But souhaité.) c. … de sorte que vous analysiez mieux la situation. (But souhaité.) d. … de peur que tu ne te trompes. (But à éviter.) e. … de sorte que tu sois plus heureuse. (But souhaité.) f. … de peur que nous ne l'oubliions. (But à éviter.) g. … de peur que nous ne soyons dérangés. (But à éviter.) ; h. … de sorte que tout s'arrange. (But souhaité.)

528. a. afin qu' ; b. de crainte que ; c. de crainte qu' ; d. afin que ; e. de crainte qu' ; f. afin que ; g. afin qu' ; h. de crainte qu'.

529. a. … de peur que nous n'ayons mal compris. b. … de crainte qu'on ne soit partis en week-end. c. … de peur que les voisins ne se soient plaints de notre soirée auprès d'elle. d. … de crainte que nous n'ayons oublié le rendez-vous avec notre conseiller. e. … de peur que je ne sois arrivé hier en retard au lycée. f. … de crainte que tu ne te sois endormie dans le train et que tu n'aies raté la gare. g. … de peur que vous ne vous soyez trompés de chemin. h. … de crainte qu'ils n'aient eu l'idée de venir hier.

530. a. de manière que ; b. de manière que ; c. de peur que ; d. de manière que ; e. de manière que ; f. de peur que ; g. de peur que ; h. de manière que.

531. a. de façon que ; b. de façon que ; c. de façon que ; d. de peur que ; e. de crainte que ; f. de façon que ; g. de crainte que ; h. de façon que.

532. a. de ne pas vous disputer ; b. que vous réserviez ; c. qu'on ne les entende pas ; d. de ne pas nous réveiller ; e. de n'aller nulle part ; f. de faire ; g. qu'elle réussisse ; h. qu'il ne fasse pas.

533. b-7 ; c-1 ; d-4 ; e-8 ; f-5 ; g-2 ; h-6.

534. a. Cause ; b. But ; c. But ; d. Cause ; e. But ; f. Cause ; g. But ; h. But.

535. Phrases possibles : a. les pompiers puissent maîtriser l'incendie. b. nous annoncer leur venue en France le mois prochain. c. votre assurance soit mise au courant. d. retirer de l'argent. e. ne pas perdre la forme. f. ne pas subir les embouteillages. g. les grands-parents les aient pour les vacances. h. ne pas être infectés par le virus.

536. a. Ø ; b. Ø ; c. pour, Ø ; d. Ø, Ø ; e. Ø ; f. Ø ; g. pour ; h. Ø.

537. a. à ne pas être ; b. à affronter ; c. qu'ils en aient ; d. que leur appartement ne soit cambriolé ; e. que nous ne perdions pas ; f. à s'occuper ; g. que l'enfant reproduise ; h. d'attraper

538. Phrases possibles : a. puisse trouver un travail. b. ne souffre plus. c. son ex-compagnon ne revienne. d. pouvoir en profiter en toutes saisons. e. travailler sans se soucier des horaires. f. soulager nos douleurs articulaires. g. lui déplaire. h. écoutons les informations.

539. a. histoire de ; b. histoire de ; c. en vue de ; d. en vue de ; e. En vue de ; f. histoire de ; g. en vue de ; h. histoire de.

540. a. qu'elle n'y aille pas ; b. de voir ; c. de me relaxer ; d. de se rapprocher ; e. de la taquiner ; f. que vous oubliiez ; g. de placer ; h. qu'on boive.

541. b-5 ; c-1 ; d-6 ; e-4 ; f-7 ; g-8 ; h-2.

542. Phrases possibles : a. exposer ses tableaux. b. nous aider à déménager. c. assister à la soirée de gala. d. séduire sa nouvelle collègue de travail. e. reporter la date de son entretien d'embauche. f. créer une épicerie fine artisanale. g. s'insérer sur le marché de l'emploi. h. développer le chiffre d'affaires.

543. a. ... en vue de son admission à cette grande école. b. Pour le lancement de son entreprise, ... c. ... en vue de l'achat d'un appartement. d. ... de peur de son renvoi. e. Pour l'obtention d'un visa, ... f. ... de crainte d'une chute. g. ... en vue de la signature de votre contrat. h. ... de peur de la perte de son poste.

Bilan

1. a. afin que ; b. qu' ; c. dans le dessein de ; d. Pour ; e. afin d' ; f. de sorte qu' ; g. De crainte que ; h. de manière que ; i. pour que ; j. dans la perspective de ; k. en vue de ; l. de façon à ; m. de sorte que ; n. que.

2. a. en vue d'obtenir ; b. afin de réviser ; c. pour garder ; d. de manière à affronter ; e. dans le souci d'arriver ; f. Pour que le travail soit bien fait ; g. de façon à ne pas s'endormir ; h. de peur qu'ils ne puissent être traités ; i. de crainte que le client ne vienne pas ; j. Dans le but de réussir ; k. avec l'idée d'avoir ; l. parte ; m. afin de prendre ; n. de sorte que ses supérieurs le sachent ; o. histoire que nous le trouvions ; p. dans l'espoir que j'aille.

16. L'expression de l'opposition et de la concession

544. b-5 ; c-6 ; d-1 ; e-2 ; f-8 ; g-4 ; h-7.

545. a. ... quand l'eau de la Méditerranée fait de 21 à 25°C. b. ... tandis que les pommes de terre sont servies dans le Nord. c. ... alors que dans le Sud-Ouest, on la nomme « chocolatine ». d. ... pendant qu'on boit du pastis dans le Sud. e. ... tandis que les plages du Sud connaissent une affluence excessive. f. ... alors que les habitants de la capitale sont moins accueillants. g. ... tandis que pour les Marseillais, il se trouve au-dessus de Lyon. h. ... quand la vie à la campagne nous rend plus dépendants de la voiture.

546. Phrases possibles : a. caresse tous les chiens qu'elle rencontre. b. était décrié il y a encore quelques années. c. ne vais jamais voir un concert rock. d. écoute les infos tous les jours. e. fréquente la gardienne de l'immeuble. f. vivaient dans la misère. g. n'aime que l'art moderne. h. je m'affairais à préparer le repas.

547. a. ... par contre nous avons pris une côte de bœuf à point. b. ... inversement, ma femme prend tout son temps. c. ... inversement, ma fille mange sans appétit. d. ... à l'opposé, d'autres pensent qu'ils ont envahi nos tables. e. ... en revanche, nos voisins demandent déjà l'addition. f. ... au contraire, Adèle avait une faim de loup. g. ... à l'opposé, d'autres sont vêtus plus simplement pour cette occasion. h. ... au contraire aujourd'hui, il a commandé un excellent vin de bordeaux.

548. Phrases possibles : a. sont isolés et vivent à l'écart du reste du monde. b. est déçu par la rentabilité du restaurant. c. souhaitons nous installer en Provence pour la retraite. d. désirent passer leurs vacances à

New York. e. présente un patrimoine monumental dégradé. f. pourront côtoyer une population plus réservée. g. manque d'attrait dans le domaine culturel.
h. hébergent une tribu hostile au monde.
549. b-4 ; c-3 ; d-5 ; e-6 ; f-1 ; g-8 ; h-7.
550. a. contrairement ; b. à l'opposé ; c. Face ; d. au lieu ; e. Contrairement ; f. face ; g. À la différence ; h. à l'inverse.
551. a. Au lieu de, contrairement à ; b. Contrairement à, au lieu de ; c. Contrairement à, au lieu de ; d. au lieu de, contrairement à ; e. Contrairement à, au lieu d' ; f. au lieu de, contrairement à ; g. au lieu de, contrairement à ; h. Contrairement à, au lieu de.
552. a. ... au lieu d'oublier cette tragédie. b. ... plutôt que de la démentir. c. Cette nouvelle relation, loin de la stabiliser, ... d. Ses amis, loin de la décevoir, ... e. ... plutôt que de faire les courses au supermarché. f. Ses parents, loin de refuser, ... g. ... plutôt que de se reposer. h. ... au lieu d'accepter des petits boulots.
553. a. C ; b. C ; c. O ; d. O ; e. C ; f. C ; g. C ; h. C.
554. a. Quand bien même ; b. Même si ; c. Quand bien même ; d. même si ; e. Quand bien même ; f. Quand bien même ; g. Même si ; h. Quand bien même.
555. Phrases possibles : a. tu essayais d'aller au théâtre chaque mois. b. elle habite à 150 km de là. c. je ne quitterais pas mon travail. d. nous n'aurions pas trouvé de place dans cette école. e. Je n'aurais pas réussi f. il n'avait rien fait. g. elle ne pratique aucun sport. h. nous serions arrivés en retard.
556. b-4 ; c-1 ; d-6 ; e-3 ; f-8 ; g-5 ; h-7.
557. a. Je préfère aller faire les courses en voiture, *ce serait quand même* plus pratique que d'y aller à pied. b. Je n'ai pas beaucoup dormi *et pourtant je ne suis pas fatigué.* c. Tu n'as pas encore rédigé ton mémoire, *(pourtant)* tu me l'avais promis, *(pourtant).* d. Les représentants du personnel ont rencontré de nombreuses difficultés, *toutefois ils ont obtenu* gain de cause. e. Je dois partir dans quelques minutes. *Néanmoins, prenez votre temps.* f. Il est au chômage *mais il fera tout de même* des cadeaux pour Noël.

g. J'ai bien saisi le sens de votre question, *cependant je n'ai pas* de réponse à vous donner. h. Elle aime Léo, *néanmoins elle ne pourra pas* l'épouser.
558. a. Bien que le Français boive en moyenne 30 litres de bière par an, il... b. Bien que le marché de l'alimentation bio en France soit en pleine expansion et qu'il représente 9,7 milliards d'euros, le Danemark... c. Bien que 75 % des 18-30 ans veuillent partir à l'étranger pour une période de plus de trois mois, seuls 26 %... d. Bien que l'Hexagone ait toujours plus investi dans sa santé que ses voisins, une commune... e. Bien que le temps que l'on passe chaque semaine sur les applis de rencontre soit de 4 heures, 50 %...
f. Bien que, pour 19 % des Français, la vie en ville corresponde à leur paradis, ils ...
g. Bien que 62,5 % des éleveurs français aient repris l'exploitation de leurs parents, cette reprise ... h. Bien que 85 % des jeunes Français soient heureux, ...
559. a. quoique ; b. Sans qu' ; c. sans que ; d. Quoiqu' ; e. quoique ; f. sans qu' ; g. Quoique ; h. Sans que
560. Phrases possibles : a. il ait appris sa leçon. b. le prof nous ait avertis. c. cela soit interdit. d. elle ait eu une note médiocre en philo. e. son camarade réagisse.
f. il la connaisse par cœur. g. l'écolier le lui dise. h. ils n'aient pas été entendus par le principal.
561. a. Quelles que ; b. D'où que ; c. Où que ; d. Quoi qu' ; e. Quelle que ; f. Quel que ; g. Quels que ; h. Quoi que.
562. a. Quoique ; b. Quoiqu' ; c. Quoi que ; d. Qui que ; e. Où que ; f. Quels que ; g. Quoi que ; h. Quel que.
563. a. Aussi célèbre qu'elle soit, ... b. Si répétitifs qu'ils paraissent, ... c. Aussi compliqués qu'ils soient, ... d. Tout charmant qu'il paraisse en société, ... e. Si timide que mon fils soit, ... f. Aussi inutile que cela puisse sembler, ... g. Si incroyable que cela paraisse... h. Tout dérisoire que cela puisse sembler...
564. a. a beau ; b. sans ; c. sans ; d. ont beau ; e. quitte à ; f. quitte à ; g. a beau ; h. quitte à

565. a. avait beau ; b. au risque d' ; c. sans qu' ; d. au risque de ; e. sans ; f. sans qu' ; g. a eu beau ; h. sans.

566. b-3 ; c-2 ; d-1 ; e-5 ; f-8 ; g-6 ; h-7.

567. a. En dépit de son mensonge, ... b. Malgré sa lassitude, ... c. En dépit de mon insistance, ... d. Malgré la franchise des enfants, ... e. En dépit de la défaite, ... f. Malgré sa paresse, ... g. En dépit de la malhonnêteté de Manon, ... h. Malgré leur brièveté, ...

568. a. Elle s'obstine à vouloir travailler aux États-Unis. *Or, elle ne connaît pas l'anglais.* b. Noé a réussi à trouver un emploi bien rémunéré. *Or, il n'a/avait pas de diplôme.* c. Mon fils a été embauché comme serveur pour l'été. *Or, il est très maladroit.* d. Il a gardé des contacts avec son ancien employeur. *Or, il a interrompu son contrat.* e. Nous ne sommes pas parvenus à un accord. *Or, l'entreprise s'est efforcée de communiquer.* f. Je suis arrivée à boucler le dossier. *Or, j'ai mal géré mon temps.* g. Ce problème était ardu. *Or, il a été résolu.* h. Nous avons continué à travailler dans les bureaux. *Or, il a fallu refaire les locaux.*

569. b-7 ; c-6 ; d-8 ; e-2 ; f-1 ; g-5 ; h-4.

570. a. n'a pas trouvé de travail ; b. ne se décourage pas ; c. on va rater le début du film ; d. il ne veut rien révéler ; e. elle a tout gâché ; f. elle n'a pas été secourue ; g. la tempête imminente ; h. elle a réussi à vaincre sa peur.

571. a. en comprenant ; b. en chantant ; c. en parlant ; d. en pratiquant ; e. en s'étant mariés ; f. en ayant dévoré ; g. en dévalant ; h. en ayant été.

572. b-3 ; c-5 ; d-1 ; e-7 ; f-2 ; g-8 ; h-6.

573. Phrases possibles : a. il n'arrête pas de grignoter ; b. il refuse de conduire dans les grandes villes ; c. il n'a jamais accepté de sortir avec nous ; d. elle gagne peu pour ce type de poste ; e. ils refusent notre aide ; f. je n'ai toujours pas arrêté de fumer ; g. j'ai fait tout ce que je pouvais ; h. j'ai réussi à terminer ce travail.

Bilan

1. a. Quoique/Bien que ; b. En dépit de ; c. aurez beau ; d. Quand bien même ; e. Quoi que ; f. Si ... que ; g. quelle que ; h. malgré ; i. tandis que ; j. En revanche ; k. Quoique/Bien que ; l. Au risque de ; m. plutôt que.

2. a. Même si ; b. néanmoins/cependant ; c. Tout ; d. quels que soient ; e. Contrairement à ; f. Cependant/Néanmoins ; g. sans que ; h. Où que ; i. Si ... que ; j. Or ; k. alors que ; l. Il n'empêche que ; m. à l'inverse de ; n. au contraire.

17. L'expression de l'hypothèse et de la condition

574. b-1 ; c-2 ; d-6 ; e-8 ; f-3 ; g-5 ; h-7.

575. a. Appelle-moi ; b. allez ; c. sonne ; d. aura mis ; e. Tu auras terminé ; f. se débrouillera ; g. Prenons ; h. prêterai.

576. a. attendra ; b. Installez-vous ; c. aura refroidi ; d. Prends ; e. sera ; f. réserverai ; g. aura terminé ; h. allez.

577. a. DP ; b. P ; c. I ; d. P ; e. P ; f. I ; g. DP ; h. DP.

578. a. travailliez ; b. obtiendrais ; c. continuerait ; d. pourrait ; e. ferait ; f. conseilleraient ; g. obtenais ; h. donniez.

579. b-7/2 ; c-6 ; d-2/8 ; e-2 ; f-5 ; g-1 ; h-4.

580. Phrases possibles : a. serait allés dîner au restaurant. b. tu n'aurais pas appris la nouvelle. c. t'aurais appelé. d. ne serions peut-être pas sortis. e. l'aurait attendu pour rien. f. aurait dû prendre la voiture. g. nous serions moins amusés. h. auriez pris une tisane avec nous.

581. b-1 ; c-2 ; d-3 ; e-7 ; f-5 ; g-8 ; h.6.

582. a. n'aurait pas franchi ; b. avait vécu ; c. ne serait pas devenu ; d. n'avait pas écrit ; e. n'auraient pas chanté ; f. n'aurait pas présenté ; g. se serait consacrée ; h. n'avait pas rencontré.

583. a. aurions réveillonné ; b. conduisait/avait mieux conduit ; c. buviez moins/aviez moins bu ; d. mènerais/ aurais mené ; e. vivrait ; f. gagneraient/auraient mieux gagné ; g. aurais/ aurais eu ; h. n'avions pas quitté.

584. Phrases possibles : a. j'avais su que tu avais une amie. b. j'avais pu réserver. c. mes parents l'auraient rencontré. d. on vous aurait tous invités à dîner. e. nous avions fait du bruit. f. on avait su que vous n'aviez pas vu ce film. g. on aurait pu visiter une exposition avec eux. h. je t'aurais gardé une part de dessert.

585. b-6 ; c-8 ; d-1 ; e-3 ; f-5 ; g-7 ; h-4.

586. a. S'il n'avait pas plu dimanche, nous ne serions pas restés à la maison. b. Si je n'avais pas fait de rangement la semaine dernière, je ne me serais pas fait mal au dos. c. Si samedi la voiture avait démarré, nous aurions pu partir pour Reims. d. Si ma montre ne s'était pas arrêtée, je ne serais pas arrivée en retard. e. Si Élise avait fait des études, elle aurait trouvé un poste intéressant. f. Si Lucas avait obtenu un stage, il aurait découvert le monde de l'entreprise. g. Si on avait un GPS, on ne se serait pas perdus en route. h. Si j'avais fait les soldes cette année, je me serais acheté un manteau.

587. Phrases possibles : a. on le leur avait demandé. b. tout cela ne te serait pas arrivé. c. vous les aviez appelés. d. on avait eu ta nouvelle adresse. e. on aurait acheté des produits frais. f. vous auriez découvert des chefs-d'œuvre. g. tu le lui avais demandé. h. j'avais su qu'il voulait me contacter.

588. b-6 ; c-8 ; d-1 ; e-2 ; f-7 ; g-5 ; h-4.

589. a. comme si ; b. sauf s' ; c. Quand bien mê»eme ; d. comme si ; e. même si/sauf si ; f. sauf si ; g. sauf si ; h. Même si.

590. Phrases possibles : a. il s'était mis à neiger. b. vous y étiez habitués. c. tu ne t'étais pas plaint de la fatigue. d. tu n'aurais pas eu mal aux pieds. e. ils avaient eu des ailes. f. tu me donnais tout l'or du monde. g. tu y étais obligé. h. c'était un repas de fête.

591. a. Tu te serais inscrit au tournoi, tu aurais joué dans ma ville. b. Vous feriez la compétition, vous auriez une chance de remporter la coupe. c. Nos enfants joueraient au basket, ils rencontreraient des jeunes de leur âge. d. Vous auriez été plus entraînée, vous auriez pu courir le marathon. e. Ma mère pratiquerait encore la natation, elle serait plus en forme. f. Nous serions inscrits au cours de yoga, nous suivrions les cours régulièrement. g. Ma fille aurait pris des cours de danse, elle se tiendrait probablement mieux. h. Tu aurais participé à la finale du match de rugby, je me serais déplacée à Toulouse pour te voir jouer.

592. a. quitteriez, seriez ; b. pleuvrait ; c. marcheraient, prenais ; d. voudriez, pouvez/pouviez ; e. aurais, suis ; f. ne l'auraient pas déjà fait ; g. envisageriez, ne nous convient/convenait pas ; h. n'arriveriez pas/ne seriez pas arrivés.

593. b-1/3/5/6 ; c-1/3/5/6 ; d-1/3/5/6 ; e-4.

594. a. En buvant deux litres d'eau par jour... b. En consommant cinq fruits ou légumes par jour... c. En dormant huit heures par jour... d. En faisant trente minutes de marche chaque jour... e. En montant vos escaliers à pied... f. En réduisant votre consommation d'alcool... g. En achetant des produits frais... h. En évitant de grignoter entre les repas...

595. a. En faisant plus d'exercice, ton frère aurait meilleure allure. b. *Impossible*. c. *Impossible*. d. En t'abonnant à un hebdomadaire, tu le recevrais directement chez toi. e. *Impossible*. f. Je crois que vous verriez mieux en changeant de lunettes. g. *Impossible*. h. Il me semble qu'en étant à ta place, je ne me marierais pas avec cet homme.

596. a. part, choisit/partira, choisira ; b. ne pourrais pas, ferais/n'aurais pas pu, j'aurais fait ; c. levait, verrait/s'était levé, aurait vu ; d. se déclarerait, devrais ; e. décidons, préférions ; f. passera, neige ; g. ne viendraient pas, passerons ; h. neige/ait neigé, ait, skierai.

597. b-1 ; c-5 ; d-7 ; e-8 ; f-2 ; g-6 ; h-3.

598. a. passiez, recevrez ; b. acceptera, ait ; c. acceptes, commenceraient ; d. prenne, ne pourrait pas ; e. faudrait, veuille ; f. doives, serais ; g. avez, vienne ; h. envisagiez - seriez.

599. a. dans ces conditions ; b. Selon que/Suivant que ; c. Dès lors que/Du moment que ; d. dans ces conditions ; e. Selon que/Suivant que ; f. Dès lors que/Du moment que ; g. dans ces conditions ; h. selon.

600. Phrases possibles : a. on aura du temps. b. il sera disponible assez tôt. c. vous l'appelez

avant 18 heures. d. nous devrons lui demander de quitter l'appartement. e. on devrait avoir une belle éclaircie en fin d'après-midi.
f. je vous propose de nous rencontrer.
g. vous n'êtes pas trop pressé. h. tu ne peux pas l'appeler maintenant.

601. a. Avec une réservation… ; b. Avec un taxi… ; c. Sans carnet de chèques… ; d. Sans parapluie… ; e. Avec votre manteau… ; f. Sans gants… ; g. Avec du temps… ; h. Sans grande motivation…

602. a-5 ; b-3/6 ; c-2/7 ; d-1/8.

603. a. Avec ; b. Sans ; c. En cas d' ; d. Sans ; e. En cas de ; f. Sans ; g. Avec ; h. Avec.

604. a. à moins de ; b. À moins de ; c. À moins d' ; d. en cas d' ; e. À moins de ; f. à moins de ; g. À moins de ; h. à moins d'.

605. a. à moins d' ; b. en cas de ; c. À moins d' ; d. en cas d' ; e. À moins d' ; f. À moins de ; g. En cas de ; h. à moins d'.

606. a. sauf si ; b. En cas d' ; c. même si ; d. Si, que ; e. au cas où/dans l'hypothèse où ; f. dans l'hypothèse où/au cas où ; g. qu' ; h. En admettant que.

607. Phrases possibles : a. prendre peu de bagages. b. vous nous donniez vos dates possibles. c. nous partions hors période scolaire. d. tu appelles les propriétaires. e. ses amis soient présents. f. les trains ne soient pas bondés.
g. vous les préveniez assez tôt. h. faire la queue.

608. b-1 ; c-4 ; d-3 ; e-7 ; f-5 ; g-8 ; h-6.

609. a. À moins d'/Sans ; b. pour peu que ; c. à moins ; d. sans ; e. sans que ; f. À moins de ; g. à moins d' ; h. à moins que.

610. Phrases possibles : a. votre travail soit régulier ; b. leurs dossiers de candidature soient refusés ; c. d'avoir de la chance ; d. réussir le test de sélection ; e. nous ayons pu lui donner notre avis ; f. toutes les pièces requises soient réunies ; g. un minimum de travail personnel ; h. nous lui montrions notre motivation.

Bilan

1. a. étais ; b. aurais ; c. aurais ; d. les vents ; e. me serais ; f. font ; g. aurais pêché ; h. avais été ; i. j'avais vécu ; j. j'aurais pu ; k. n'aurais pas eu ; l. nourrisse ; m. aurais aussi aimé ; n. j'aurais pu ; o. d'être ; p. me serais installé ; q. se serait ; r. j'ai eu.

2. a. semblerait ; b. ayez ; c. ne vous convienne plus ; d. envisagiez ; e. contactiez ; f. vos attentes ; g. pourrions ; h. nous vous présenterions ; i. posséderiez ; j. envisagiez ; k. nous ferions ; l. était pas ; m. se tiendraient ; n. contactiez ; o. indiquiez ; p. viendrait ; q. intéresse.